潘懋元肖像油画（魏楚予画）

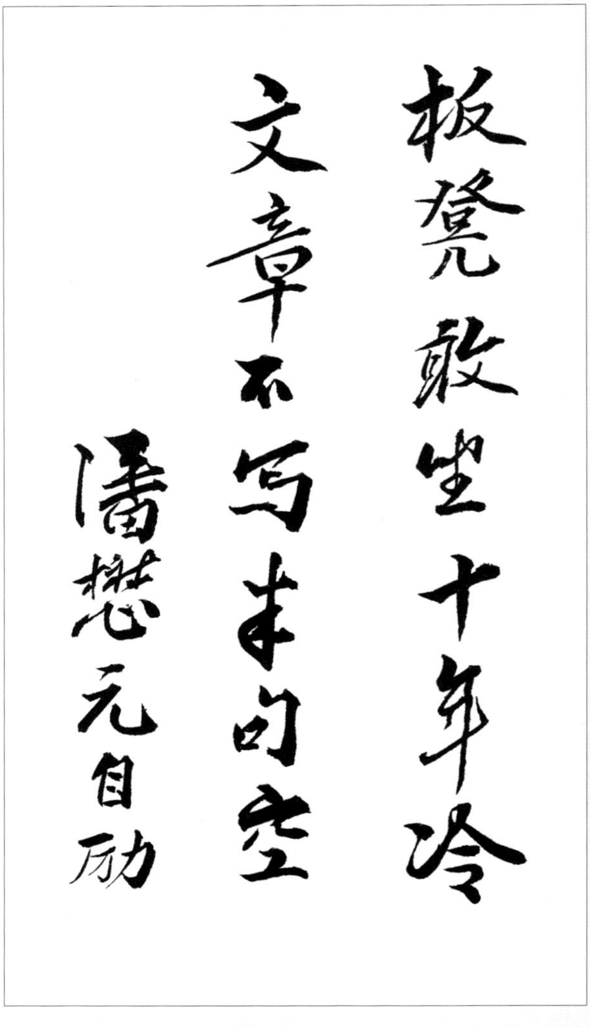

2006 年题铭自励

潘懋元文集

卷五・序文

潘懋元◎著

广东高等教育出版社
Guangdong Higher Education Press
・广州・

图书在版编目 (CIP) 数据

潘懋元文集. 卷五，序文 / 潘懋元著 . —2 版 . —广州：广东高等教育出版社，2020. 6

ISBN 978 – 7 – 5361 – 6753 – 7

Ⅰ. ①潘…　Ⅱ. ①潘…　Ⅲ. ①潘懋元 – 文集 ②序言 – 作品集 – 中国 – 当代　Ⅳ. ① C53 ② I267

中国版本图书馆 CIP 数据核字（2020）第 065313 号

PANMAOYUAN WENJI JUANWU XUWEN

出版发行	广东高等教育出版社 地址：广州市天河区林和西横路 /510500 营销电话：（020）87554153 http://www.gdgjs.com.cn
印　　刷	佛山市浩文彩色印刷有限公司
开　　本	787 毫米 ×1 092 毫米　1/16
插　　页	2
印　　张	34. 25
字　　数	546 千
版　　次	2010 年 9 月第 1 版　2020 年 6 月第 2 版
印　　次	2020 年 6 月第 2 次印刷
定　　价	138. 00 元（全套定价：1388. 00 元）

《潘懋元文集》编辑委员会

谨以本书庆贺潘懋元先生百岁华诞暨从教八十五周年

编辑说明

潘懋元，1920年出生于广东汕头，厦门大学文科资深教授。现任厦门大学教育研究院名誉院长，教育部人文社会科学重点研究基地厦门大学高等教育发展研究中心名誉主任；中国高等教育学会顾问、高等教育学专业委员会终身名誉理事长。兼任教育部教育发展研究中心、国家教育行政学院、南京大学、华中科技大学、华南师范大学、华中师范大学、广西大学、深圳大学等十多所研究机构和大学的客座或兼职教授。曾任厦门大学副校长、顾问、教务处处长、高等教育科学研究所所长、海外教育学院院长，国务院学位委员会教育学科评议组召集人，中国高等教育学会副会长，高等教育学专业委员会理事长，等等。

潘懋元先生是中国高等教育学科的奠基者和创始人。作为著名的教育理论家，潘懋元先生教育理论研究硕果累累，为创建我国高等教育学科，丰富和发展我国乃至世界高等教育理论体系做出了重要贡献。作为杰出的教师，他培养了大批高层次教育学人才，桃李满天下，为建设我国高等教育学科骨干教师队伍和研究队伍做出了重要贡献；作为一位优秀的教育活动家，他对我国若干重要教育改革决策提出了许多宝贵的意见和建议，为我国高等教育宏观决策科学化做出了重要贡献。

潘懋元先生从1935年15岁开始从事教育工作，在15岁之前就已经进行创作和发表。涉及范围从最初的文学创作，到后来从事教育史研究、教育学研究，开创高等教育学科以及长期从事高等教育研究等，时间跨度长达80多年，内容精彩，成果丰硕，卓有建树，其中尤以高等教育研究成果为最。

这套《潘懋元文集》收录了潘懋元先生的绝大多数成果，约550万字。根据潘懋元先生创作及研究成果的特点，我们进行了分类整理，一共有9卷11册。各卷名如下：

卷一·高等教育学讲座
卷二·理论研究（上、下）
卷三·问题研究（上、下）
卷四·历史与比较研究
卷五·序文
卷六·讲课录
卷七·昔年作品及其他
卷八·潘懋元教授纪事年表
卷九·潘懋元教育口述史

上述9卷基本上反映了潘懋元先生学术人生的全貌。其中，卷一是潘先生作为高等教育学科奠基人的奠基之作，1983年5月在人民教育出版社出版第一版，1985年、1992年分别出版第二版、第三版。2010年广东高等教育出版社出版《潘懋元文集》时，将此书收入作为卷一。本书虽然个别地方的表述与现在说法稍有出入，但为了尊重历史和潘先生奠基性的贡献，力求保持原貌。卷二至卷四集中反映了潘先生对教育特别是高等教育方方面面的研究成果，包括理论研究和问题研究。卷五是潘先生为学者们的教育研究专著所作的序言，话题宽泛。卷六是最新版讲课内容，是潘先生给2019级博士生讲授“高等教育学专题研究”课程内容的实录。卷七包括潘先生早年的学士学位论文和文学作品、散论等，最早的作品作于16岁。卷八包括各个时期个人生活、学术活动等内容的照片和教学、科研及学术活动纪事。卷九以教育口述史的形式，以时间为主线，以思想为专题，生动地反映了潘懋元先生的教育人生。该卷由北京师范大学出版社于2007年出版，这次收入文集时略有修订。

在对书稿进行编辑加工的过程中，我们对一些时间概念、专有名词、数据、注释等做了规范处理。为方便选择和阅读，每卷每册开头都编排了编辑说明、代序，末尾编排了潘先生的百岁感言和编者的后记，特此向读者说明。

编　者
2019年10月28日

代　序

潘懋元：中国高等教育研究的奠基人①

［加拿大］许美德（Ruth Hayhoe）

潘懋元教授，1920 年出生于粤东沿海的汕头市，家境贫寒。在这样的家庭中，能获得基础教育就相当不容易了。但他对教育的热爱却使得他在 1941 年抗战时期考入当时迁于福建长汀的厦门大学，随后他的教育生涯就与厦门大学的历史结下了不解之缘。厦门大学位于福建省东南沿海的厦门（厦门旧称 Amoy，与台湾隔海相望），有着独特的发展历史。

在我涉足中国高等教育之初，了解到潘懋元教授很早就在该领域从事重要的工作。1988 年秋，我在南京大学召开的高等教育改革会议上首次聆听他的报告。第二年我移居北京，做加拿大驻中国大使馆的文化参赞。其间，我荣幸地接受了潘懋元教授的邀请访问厦门大学，了解到厦门大学在高等教育研究领域所做的工作。我为这滨海校园之美所打动，它的建筑风格成功地糅合了中西方的特点。

---

① 许美德．思想肖像：中国知名教育家的故事［M］．周勇，等译．北京：教育科学出版社，2008．许美德教授是国际著名的比较教育专家，多年来她对我国高等教育研究投入了大量的精力，成果丰硕。她对潘懋元教授的地位和贡献给予了高度的评价。本次出版《潘懋元文集》，我们征得许美德教授本人同意，将此文章作为文集的代序（少数地方根据现在的出版或文字规范稍有删改）。

更为重要的是，我获知了很多厦门大学高等教育科学研究所（以下简称“高教所”）的工作，它是潘懋元教授于1978年创办的，源头则要追溯到潘教授自20世纪50年代在厦门大学所做的工作。

1997年11月，我再次有机会访问厦门大学高教所，拜访潘懋元教授，并邀请他讲述自己的人生故事。此前我已定居香港，时任香港教育学院院长。本文的主要资料就来源于那一年的两次长谈。[①]我也有幸看见他每周六晚在自己家里为研究生们举办的学术沙龙，由此领略了他的教学风格。

潘懋元教授住的是一栋两层楼的房子，位于厦门大学校园内的一座小山上。二楼是宽敞的斯巴达式的书房，里面整齐地排放着书架，桌子和沙发点缀其间，还准备了许多客人来访坐的小凳子。当晚来了12名研究生，我能感受到他们对于沙龙的热情和期待。潘教授寥寥数语先起了个头，介绍了晚上所要讨论的主题。当晚的主题是一位研究生的论文涉及的论题，她在此之前曾写过一篇论文，与南京的一位著名学者提出的教育社会观进行商榷。这位研究生认为，南京学者的那篇文章的理论前提完全忽视了高等教育作为独特领域而发挥的功能。南京学者于是又发表了一篇文章与她反商榷，这位研究生正在准备她的再次应答。于是学生们围绕着这个问题给她提供各自的意见，他们分成两派，充当论辩中的不同角色。在热情生动的争论中，几个小时不知不觉过去了，学生们在争论之中探讨了高等教育方方面面的社会功能。潘教授不时插入几句简短的评论，以免出现跑题的现象，但辩论主要由学生自主进行。我入迷地观察着整晚的沙龙，亲眼见识到了潘教授的教学风格和对学生和蔼

① 对潘懋元教授的访谈时间是在1997年12月6日和8日。

可亲的态度，而这是此前在相对正式一点的场合中我所从未见过的他。

本文中我所描绘的潘懋元形象主要基于他的那次自述，还有自己所拜读的他在高等教育领域的部分研究成果。我从厦门大学开始讲起，自 1939 年直至现在，这是他为生、为师以及成为学校管理者和教授的地方。

1920—1949 年在中国东南地区的成长

1920 年，潘懋元出生于广东东部沿海毗邻福建厦门的汕头市。由于贫困，家里无法供他上学，所以他的早期教育是不正规和断断续续的，由兄长和父亲在家教他认字。8 岁时，他被送到当地的小学插班读三年级。他记得所学课程的主要内容都是传统经典。启蒙教育的内容是《三字经》，接下来是儒家经书和古代历史书籍。虽然 1919 年爆发了五四运动，新文化运动提倡采用接近口语的白话文，但潘懋元接受的仍然是传统教育，学的是文言文，直到后来才接触现代汉语。

小学毕业后，由于家庭无力支持，少年潘懋元无法继续上学。他的父亲希望他留在家中帮助碾米做一些发糕来卖。非常幸运的是，小学校长杨雪立在阅读毕业试卷时发现了潘懋元的中文写作才能。得知他待在家中，不能继续上学，杨校长帮助其减免一半的学费，使他得以上初中学习。就读的那所中学是一所非常传统的中学，称为时中中学。在那里他主要学习了 3 年的中文。潘懋元的很多老师参加过封建时期的科举考试，有的甚至考中举人。后来，他感觉到传统经典的学习给他的一生奠定了一个很有价值的基础。他回顾说，最为重要的是他学会了如何做人。

潘懋元15岁时，知道家里不可能再资助他上学了。但他得到一个到小学当教师的机会，他满腔热情地投入到工作中，但很快发现，教小学生并不是想象中那么容易。他每上一堂课要备课数个小时。初次讲课，备好的课讲不到半小时便无话可说，站在讲台上，面对乱哄哄的课堂不知所措。不甘失败的他决定想办法到师范学校学习，学习如何当老师，同时也找一些教育书籍来读。

他首先找到的是浙江大学庄泽宣教授的《教育通论》，这成了他的启蒙书。潘懋元发现这本书理论复杂，学问深入，他读不太懂，这更加坚定了他要找机会去师范学校读书的决心。1936年，终于有机会到海滨中学高中师范科做旁听生，学习了教育心理学、小学教材教法和教育行政等几门课程。当时，他已能通过教夜校和赚稿费维持生活。在海滨中学学习期间，他写过几篇短篇小说和许多散文，有一些已发表。

1937—1939年，潘懋元在农村小学教书。那时正是日本侵华战争时期，战争使得民不聊生。潘懋元热爱教书，但他越来越多地投身于抗日的洪流中，参加抗日宣传活动，组织民众起来抗日。他加入了汕头地下党组织的青年抗敌同志会，揭发敌人的罪恶行径，鼓舞民众的抗日激情。1939年6月，日军侵占了汕头，在其后的几个月里，潘懋元不得不辞去热爱的教学工作，参加抗日军队，全身心地投入到抗日运动中。

出于多种缘故，1940年，潘懋元决定离开家乡。离家的一个原因就是去接受进一步的教育，以便能做一个称职的老师。那一年他19岁，战争的局势日渐恶化。他翻山越岭，艰苦跋涉，一个星期之后，终于来到福建长汀，厦门大学于1937年迁移至此。他参加了厦门大学的入学考试，虽然他的中文很优秀，但由于事先未做充分准备，英语和数学未合格，结果名落孙山。为了读师范，他考入一所中等师资养成所学习了一年。次年，他终于考入厦门大学教育系。

潘懋元回顾说，1941—1945 年在厦门大学的学习生活对他是很大的锻炼。当时在厦门大学担任教授的多是留美学者，其中教育系主任李培囿是杜威的学生，翻译了杜威的一些著作。另一名在教育系工作的知名学者陈景磐教授，于 20 世纪 30 年代在多伦多大学获得博士学位，其博士论文是关于孔子生活的背景和为师之道。[①] 通过这些年的学习，潘懋元成为杜威著作的敬慕者，并对陶行知把杜威的理论运用到中国教育实践特别欣赏。陶行知的教育实验在中国有很大的影响，虽然杜威 1921 年来华时仅在福建有过短暂访问（Keenan，1977），陶行知的实验工作也主要是在南京和上海，但他的思想在福建却备受推崇。[②]

为了糊口，在厦门大学读书期间，潘懋元先在一所小学担任兼职教师，接着又在一所中学做兼职教师。大学四年级时，他还担任了一所县立中学的教务主任，从而可以将自己所学的知识用于实际的教学当中。1945 年大学毕业后，潘懋元在江西省的两所中学任教一段时间。与此同时，厦门大学也迁回厦门市。1946 年，他收到厦门大学校长和教育系主任的邀请，要他担任厦门大学附属小学的校长，并在厦门大学教育系兼做助教。这期间，他发现陶行知的理论对他主持校长工作的帮助很大，虽然他很遗憾没有机会与陶行知会面。在这一点上，潘懋元与李秉德的认识是一致的，后者也认为陶行知的理论最符合中国教育的实际需要。

---

① CHEN J P. Confucius as a teacher: philosophy of Confucius with special reference to its educational implications [M]. Beijing: Foreign Languages Press, 1990.

② 刘海峰，庄明水. 福建教育史 [M]. 福州：福建教育出版社，1996：422－438.

新方向与新事业：社会主义时期

对潘懋元来说，1949 年的革命胜利意味着新教育生涯的开始。中华人民共和国成立后，他继续留在厦门大学当讲师。1951 年秋季，他被派到中国人民大学进修研究生课程，学习教育。一年后，李秉德也在此学习。潘懋元发现，在众多学友中，一些是和他一样的研究生；另外还有一些年长的教授，他们在此学习马列主义的理论知识，目的是为了更好地胜任未来的教育领导岗位。在潘懋元学习的班上，有好几位学者后来都成了北京师范大学的知名教授，包括教育哲学家黄济、教育学家王策三和王天一、心理学家章志光。1952 年初，因为院系调整，这项进修计划从中国人民大学转到了北京师范大学。

潘懋元对在中国人民大学的学习至今记忆犹新，他记得有 4 位苏联教授给他们上马列主义的课程，还有苏联教育理论，他甚至还记得 4 位教授的名字，但是，对所学的那点儿俄语则记得甚少。当时的教学是有翻译协助的。学习给他留下了深刻的印象，他当时感受到苏联的课程组织的方式和教学计划的制订都非常严谨，能够达到有效的控制。

在北京学习一年之后，1952 年夏，潘懋元便被厦门大学校长王亚南召回，协助厦门大学的教学和课程改革。他被任命为教学改革办公室的负责人，负责指导大学的各专业制订新的教学计划。他曾经非常推崇杜威的教育思想和美国的其他教育理念，感觉富有活力而且极具灵活性，但在控制严格的民国时期（指 1912 年 1 月 1 日至 1949 年 9 月 30 日，下同），实践这些理念是十分困难的。两者相比，他感到苏联的教育计划能够较好地使学生获得系统的知识，打好扎实的基础。特别是在诸如工程和自然科学等领域，这些对于社会主义建设是十分重要的。

潘懋元感到，事实上苏联的高等教育模式根植于欧洲大陆模式，特别是法国模式，与英美模式区别很大。他觉得苏联模式和中国自己的知识传统相对应，强调知识基础厚，存在一种中心化、系统化的知识方法。潘懋元特意提到著名的北京大学校长蔡元培，认为他是民国时期最杰出的大学校长。蔡元培在自己的高等教育思想中融合了德国、法国、中国的理念，他采用德国学问之道，特别是在研究和教学上，这得益于他在柏林大学和莱比锡大学的经历。蔡元培极力效仿法国模式的高等教育体系，因为其管理结构十分理性，并按地理区域均匀分布。在教育哲学方面，蔡元培陶醉于中国传统的自学之路，特别是对书院情有独钟，学生可以自主掌握学习进程。蔡元培极力提倡将学校分为从事理论知识研究的综合性大学和担负为国民经济各部门训练高级人力资源的专门学院。潘懋元认为20世纪50年代早期的改革，出现了大量的专门学院，同时只保留了数量相对较少的综合性大学，是较符合当时国情的，适应了中国发展的需要。[①]

但对于20世纪50年代初的院系调整，将一些民国时期优秀的综合性大学的系科进行削减，形成像苏联模式那样的综合性大学，潘懋元持保留意见，他觉得这些是完全可以避免的。他对按高等教育区域进行院系调整发表了看法，以自己所从事的教育领域为例，他认为，中心区按地理分布强调更多的是政治因素而非教育因素，这就导致了反常现象的出现。在南部的中心区里，位于广州市的中

① 潘懋元．潘懋元论高等教育［M］．福州：福建教育出版社，2000：521－560.

山大学，其师范学院实力雄厚，1953年与其他教育系合并组建了华南师范学院。然而，华南师范学院当时只是不受重视的省级院校，经费和师资都受到限制，以致影响教育学科的进一步发展。

总的来说，潘懋元认为受苏联模式影响的院系调整在当时是起了积极作用的，为中国20世纪50年代国民经济建设培养了一批人才。在1956年中国共产党第八次全国代表大会上，周恩来强调了要尊重知识分子。[①] 如果一直贯彻这一项政策的话，潘懋元相信中国也许能够同日本和东亚其他地区一样经济快速发展。

苏联模式的高等教育有很多薄弱环节，但他感到，完全能够用一种平衡、理性的方法来解决。问题之一是对学生在不同领域能力的认识和实践强调得不够，常常希望学生通过刻苦专注的学习来达到课程所规定的较高的学术标准，而不是将更多的注意力放在教和学过程的研究上。另一个问题是过于迷信翻译过来的苏联资料，其实并不是所有的材料都适合中国国情。

1954年对潘懋元来说是十分重要的一年。他得知厦门大学教育系被并入福建师范学院，他很想前往，专心于教育史的研究和教学。然而，王亚南校长却舍不得他走，决定把他留在教务处，继续管理厦门大学的教学工作。他决心留下来，此举为一门新学科的诞生创造了条件，也由此改变了他日后的工作和生活的方向。

潘懋元感觉到在教育研究、学校教学和担任学校领导的生涯中，他所学的教育知识与高等教育领域的联系很少。大学层次的学生需要一个全新的教育理论，以及高等教育课程发展和教学制度。

---

① ZHOU E L. On the question of intellectuals［M］//BOWIE R R, FAIRBANK J K. Communist China 1955—1959: policy documents with analysis. Cambridge, Mass.: Harvard University Press, 1962: 128－144.

总体来说，高等教育是一个一直被教育理论者所忽视的知识和研究领域。到那时为止，不只是中国，苏联和西方国家也是这样。他曾为捷克一位教授在教育科学会议上所做的讲演所感，这个讲演认为教育理论仅仅关注普通学校，很少关注高等专业院校。潘懋元随后写了一篇题为《高等专业教育问题在教育学上的重要地位》的文章，发表在 1957 年厦门大学《学术论坛》上。同年，他与几位同事合作写出《高等学校教育学讲义》。这本书随即在中国的综合性大学和师范大学内广泛流传，作为课程改革和教学计划发展的资源。[①] 尽管这本书从未正式出版，但它却是中国高等教育研究领域内最早的学术书籍。

潘懋元着力将此发展为一个新的研究领域，并兴奋地发现，这能为高等教育系统、课程发展和教学计划的制订提供重要的学术基础。然而，1957 年是一系列政治运动的开端，他所希望的研究和发展几乎是不可能的。因出身贫寒，他并未受到 1957 年“反右”运动的影响，但他悲伤地看到，厦门大学的一些老教授虽然做出了杰出的学术贡献却被打成右派，从学术研究工作中被隔离出来。随后的 1958 年“大跃进”，同样侵扰着潘懋元。当时大量的教材都是从苏联翻译过来的，他认为这样的教材更加应该中国化。他同时感觉到，建立中国传统中医学院意义重大，因为中国传统医学把人体看成一个整体，发展起了不同于西方医学的中医方法，它是一笔巨大的遗产，不应该丢失。

就总体而言，潘懋元认为 1958 年的教育革命是个误导。1958 年前，他在厦门大学教务处，参与了当时所有的课程变革。他感到

① 忻福良．当代中国高等教育家［M］．上海：上海交通大学出版社，1995：199.

很多想法都未经过细致思考，不过是一种政治运动口号罢了，对教育缺乏真正的理解。在潘懋元看来，让学生代替教师编写教学大纲和教材，这样做显然超过了学生的能力范围，因为他们大多数并没有足够的学科知识来做这些工作。改革强调增加学生参加生产活动实践的机会，然而这大都是出于政治目的，并没有多少教育价值。总之，过多的政治活动以及体力劳动引起很大的混乱。他记得，学生真正听学术课程的时间，一年之中只有70天。潘懋元认为，所谓“开门办学”的思想在某些方面固然有一定的可取之处，但是它无法替代对科学知识的系统教学，而中国的发展又需要这些科学知识来培养各行各业的专门人才。

潘懋元对高等教育作为一个研究领域逐渐有了兴趣，同时对中国高等教育系统在更大范围内发生的变化也给予了密切关注。社会上的学习机会一下子增加了许多，大量的所谓的“红专大学”的开设，给很多个人背景条件稍差的青年人提供了学习机会，但是这些学校根本没有足够的资源用于真正开展高等教育工作，大多数在几年内就关闭了。如江西新建的许多共产主义劳动大学，没有合格的师资，根本无法生存。然而另外有些新成立的院校，比如福州大学，是省内唯一的一所工科院校，被认为对本省经济发展起着至关重要的作用，因此得到省政府支持。

1961 年的“困难时期”过后，20 世纪 50 年代初期的那种学术氛围开始恢复，学术质量受到特别的重视。潘懋元再次希望能有机会发展高等教育这一研究领域。然而，1966 年开始的“文化大革命”又使他的希望落空了。

建立一门新学科

1977年，邓小平复出。潘懋元准备开始他事业的一个全新阶段，他过去当过厦门大学的教务处处长，现在他致力于建立一门新学科——高等教育学，先是在厦门大学，再推广至全国。我们知道，在20世纪50年代中期他已经开始此项研究，并于1957年发表了一篇题为《高等专业教育问题在教育学上的重要地位》的论文。随后到来的政治运动和混乱年代让他更深刻地体会到研究这一领域理论的重要性，他认为这项研究将使人们对高等教育与社会、经济、政治、文化发展的关系有更深刻的理解。20世纪50年代至70年代后期，高等教育发展中最严重的问题是缺少能给高等教育的政策制定提供理论支持的系统理论研究。随着邓小平时代的到来，全国积极响应邓小平提出的“教育要面向现代化，面向世界，面向未来”的号召，潘懋元最终找到了追求自己理想的舞台和时机。

1978年，潘懋元在厦门大学建立了高等学校教育研究室，很快发展成为一个全国高等教育研究的中心。1983年，高等教育学被教育部认定为教育学的二级学科，有资格建立硕士点和博士点。厦门大学高等教育科学研究所招收全国第一批高等教育专业的硕士和博士。到1998年庆祝高教所成立20周年时，已经有20个博士生和75个硕士生毕业于此①，他们已在全国各地的大学工作，为这一领域的进一步发展贡献着力量。高教所承担了高等教育各个领域的主要研究课题，举办了十多次全国和国际学术会议。

虽然北京大学、华中科技大学、华东师范大学等其他大学都有

① 刘海峰．厦门大学高等教育科学研究所建所二十周年工作报告［C］//建所二十周年纪念活动专集．1998：33－35.

高等教育学的研究及相应的研究生培养，但是厦门大学高教所于2000年9月被评为该领域全国唯一一所国家级研究中心，被评为文科重点研究基地，国家提供数量相当的发展基金。这是政府支持人文社会科学研究项目的一部分，其目的是要使一些研究中心能够达到世界同等水平，使其能积极开展国际研究交流活动。厦门大学能排除地理上的相对劣势获得国家的认可，是非比寻常的。当然，这与潘懋元先生用毕生的精力致力于建立高等教育学这门新学科所做的贡献是分不开的。同时也表明，尽管在1949年中华人民共和国成立后的30年，中国政策和社会环境有许多束缚，但一个忠诚的教育家还是能有所作为的。

1978年以后，潘懋元又把工作重心放在学术研究上，他在厦门大学进行教学和研究工作。每周六晚上，他在家里开沙龙，与研究生们聊学习、聊生活，是一个和蔼可亲的长者。然而，他还想推动这门学科在全国范围内发展，希望中国高等教育学作为一门学科能够对国际学术发展做出贡献。1979年，他和上海市高教局及其他7所大学的学者召开了第一次全国高等教育研究会议。1981年，他组织编写了第一部高等教育学著作《高等教育学》，并于1984年出版。[①] 这是1983年教育部确立这门学科后的第一本高等教育学著作。在随后的这些年里，潘懋元仍然是这一领域中富有远见的领导者，他启发新思想、新的研究方法，鼓励其他人做研究，写作和发表论文，他自己也在这一领域中发表了大量文章，出版了大量著作。

潘懋元工作的中心是想通过建立坚实的理论基础、清晰的概

① 潘懋元．潘懋元论高等教育［M］．福州：福建教育出版社，2000：96.

念，以及研究方法来确保这门新兴学科的发展。1983 年，中国高等教育学会成立时，潘懋元感到高等教育学被认为只是一个研究领域，而不是一门学科。于是，1992 年，他在厦门大学组织了一次学术会议，提出要把高等教育学作为一门学科来研究。次年，在上海召开的高等教育学会议上，成立了一个新的组织——高等教育学研究会，它把高等教育学作为一门学科来研究，挂靠在中国高等教育学会之下。此后，会议定期召开。潘懋元在一篇回顾该学会前三次会议进程的文章中，列出了这一新学会的目标、工作范围，并鼓励进行理论争鸣与探讨。

高等教育学研究会的主要任务是要为理解中国的高等教育建立一个系统性的理论基础。工作范围主要有以下 5 个领域：理论、历史、高等教育的当代实践、未来发展以及研究方法。[①] 潘懋元对一些理论的观点和看法，使得这些会议开得活跃而有趣，对中国高等教育给予了深刻的关注和洞察。其中一个关键的理论问题是高等教育的功能问题，对其与社会、经济与政治体制的关系展开讨论。与此相关的是高等教育的目的，国内的研究者普遍认同以下 3 点，即培养人才，发展知识，为社会服务。然而，第三个目的在近年来受到了强烈的质疑，主要是由于许多大学通过各种形式的咨询服务或与企业的直接关系进行着大量的“创收”活动。有人认为，这些活动将会使大学远离学术追求。由此，一些中国学者们建议，高等教育应有以下 6 个目的：教学、继承知识、传播知识、发展知识、社会批判、对社会实施监督。[②] 这将激起高校对社会的特殊使命；大学将与社会经济和政治力量建立互动关系，而不只是对社会的发展

① 潘懋元．潘懋元论高等教育［M］．福州：福建教育出版社，2000：86.
② 潘懋元．潘懋元论高等教育［M］．福州：福建教育出版社，2000：87.

做消极的应对。

另外一个生动的议题是潘懋元在第二篇论述该学科发展的文章中提到高等教育的个体功能和社会功能问题。一派学者认为，人是教育的主体，教育的基本功能在于促进人的自我发展，达到个性的全面发展；与此相对立的观点是，教育是一种社会活动，按社会发展的需要塑造人，教育的基本功能在于满足社会的需要，促进社会的发展。[①] 如此公开著文承认个体发展的重要性及对自我价值的追求是十分有意义的，它使我们思考新儒学教育观“为自我而学习”，以及儒家哲学中所说的个人价值发展的重要性。尽管在20世纪50年代初期计划经济体制下，个人选择的自由受到很大的限制，五六十年代的政治运动给很多人造成了巨大的伤痛，但中国传统教育的价值观仍然保留着它的生机和活力。

在对高等教育学作为一门学科做全面综合研究时，潘懋元看到了两个理论挑战：第一，必须界定高等教育与政治、社会、经济、文化系统的关系，探索这些系统与高等教育系统的相互关系；第二，对高等教育内部各系统之间的关系——如学术与职业、通才教育与专才教育、教学与科研的关系等进行研究。

在发展这门学科的过程中，潘懋元感到既具挑战性又令人兴奋的重要原因在于它的开拓性。与学术体系和学习过程有关的教育学理论有着一百多年的历史，而高等教育学不仅在中国而且在全世界都是一门比较新的学科。在中国，基础教育和学校教育的理论建构受到欧美西方思想和苏联的重大影响，这一点潘懋元在早年的教育研究中就已经意识到了。然而，高等教育学作为一门学科就不再如

① 潘懋元．潘懋元论高等教育［M］．福州：福建教育出版社，2000：101.

此。回顾在中国建立这一学科的这些年，潘懋元强烈地感到中国所做的独特贡献，同时又感到很骄傲，因为在中国发展起来的这些思想和观点不是别人的派生产物，而是稳稳地扎根于中国自己的知识社会和文化土壤，近几年才开始对国外高等教育的理论有所引进。

潘懋元鼓励他的同事们为世界高等教育研究的发展做贡献，并指出中国学者在发展这个领域承担重要角色的4个原因。其一，中国有着在亚洲历史上颇具影响的古老的学术文化。其二，中国是全世界最大的高等教育体系之一，其规模超过俄罗斯，接近美国。它不仅是一个非常庞大的系统，而且近年来随着社会主义市场经济的成功发展，它经历了快速而且巨大的变化，在这个过程中出现了许多有意义的问题，对高等教育提出了挑战。其三，中国有着一支庞大的高等教育研究队伍，从事这一领域研究的学者可能比其他任何国家都多。其四，中国高等教育发展成为一门学科，靠的是学者个人和地方院校的创造和努力，因此它更具灵活性和自主性。这与中国的其他大部分学科不同，它们多是由自上而下的行政决定建立起来的。中国的高等教育理论可以说是“本土理论”，因为这些理论来自对中国近年来正在进行的高等教育改革中出现的实践问题的研究。[①]

潘懋元非常重视中国的传统文化，他的一篇文章对中国传统文化的特点以及文化对中国现代化进程的贡献进行了比较深入的探讨。潘懋元指出，现代化不能等同于工业化或西方化，它影响社会各个方面发展的过程。不同的文化背景塑造不同的现代化。文化的传承和创新是高等教育的功能，它塑造发生在不同社会中的现代化

① 潘懋元. 潘懋元论高等教育［M］. 福州：福建教育出版社，2000：107－110.

的不同特征。潘懋元否定那种认为西方社会已经进入“后现代时期”并建立了一套后现代的标准。他建议要对现代化概念本身做全面的理解，必须首先考虑中国现代化发展的轨迹。他还认为这一论点同样适用于正在经历现代化进程的其他非西方国家。[①]

潘懋元对现代化进程的定义是把“文化价值”放在核心地位，他认为现代化应该是人类共同追求的一个价值，其终极目标是实现“人”的价值，包括个人、集体和社会价值。这个共同追求会导致产生整个人类共同文化遗产，这是一种吸收了不同文明的多样化的遗产。[②] 中国传统教育的许多因素对中国的快速发展做出过积极的贡献，也应该是这一共同文化遗产的重要组成部分。这些思想使我们联想到联合国致力于文化之间对话的观点：“把重点放在人类文化、精神层面，放在人类的相互依存和人类的多样性上。”

结语：集多种传统之大成

当被问到什么因素对他的教育事业影响最大时，潘懋元开玩笑地回答道：受益最大的是“文化大革命”中批判的三种意识形态“封”“资”“修”。他早年学习中国古典文学，从中获得了受益终身的良好道德基础，一生的教育经验使他感到儒学的确是适应任何时期的一种哲学。他在大学时代学习过美国的教育思想，特别是杜威的理论，他从中得到了对改善学校、获得生动的教学方法以及课程设置的很多有用的思想。20 世纪 50 年代，他曾广泛接触苏联的教育理论和模式，慢慢理解并重视苏联模式中全国统一的学术标准，结构严密的教材和教学工作中精细备课的价值。在思考影响了

① 潘懋元. 潘懋元论高等教育［M］. 福州：福建教育出版社，2000：229－241.

② 潘懋元. 潘懋元论高等教育［M］. 福州：福建教育出版社，2000：231.

他思想的两种国外传统时，他感到，基于欧洲理性主义的苏联教材和教育方法，比美国的更加适应中国的环境，因为中国有着集中知识模式的传统，也因为苏联模式更符合当时中国发展的现实需要。

1997年，我曾两次有幸与潘教授进行深入交谈。当我问到他对中国高等教育未来的看法时，他说他感到当前面临最大的挑战就是要进行教学改革，必须要考虑学生的多样性，最大限度地发掘他们的才能。这反过来又强调了高等教育对优秀师资的迫切需要。总的来说，他对过去15年研究生教育所取得的进步感到高兴和满意。很多素质高的年轻人进入大学教师队伍，但他强调这些教师应该得到足够的支持。他感到高等教育改革应该把重点放在教学和研究的质量上，而不是放在管理结构的改革上，因为后者牵涉到政治改革的重大问题。

对于中国的高等教育体系，潘懋元觉得它将更适应未来世界发展的趋势，强调知识的广度和适应性，注重毕业生总体的德育和智育质量。他认为，终身学习是一种趋势，因为中国人会慢慢发现，为了跟上社会的快速发展，必须经常更新他们的知识。潘懋元相信，在中国快速走向高等教育大众化的时代，为了满足社会发展的需要，私立高校将会起到越来越重要的作用。

2000年，在庆祝潘懋元教授八十寿辰时，他的同事和学生们在厦门大学举行了一系列特殊的庆祝活动。其中之一是收集出版了他有关高等教育学的最重要的理论著作。[①] 然而，这并不是一个退休告别会，潘懋元仍然是一个积极的学者、教师，继续活跃在进一步发展高等教育学的工作中。他在2001年出版的新著《多学科观点

① 潘懋元．潘懋元论高等教育［M］．福州：福建教育出版社，2000：727.

的高等教育研究》就是企图以新的方法论来推进高等教育学的理论建设。是什么使这位来自贫苦家庭的谦谦君子，保持着发展一门新学科的热忱和忠诚，50年来从不言悔？潘教授谈到早年所受的中国传统教育时说的一番话也许能给我们答案。他可能从没掌握过一门外语，在数学和自然科学中也并没有很高的造诣，但在他早期所接受的教育中，首先学会了怎样做人，同时也学会了用汉语表达自己的思想，他把对文学的热爱转化成了从事教育工作的关键财富。最后，他学会了把从各处学来的有用知识融入他学生时代形成的知识框架中。

目录

CONTENTS

学科建设编

高等教育基本理论

高等教育分支学科

专题研究编

高等教育历史研究

高等教育比较研究

高等教育管理研究

院校研究

改革发展编

高等教育发展理论

高等教育与市场经济

高校课程与教学改革

各类高等教育编

本科教育

高等职业教育

民办高等教育

成人高等教育

丛书·文集编

丛　书

学者文集

纪念文集

其　他

学科建设编

在广东顺德（1992 年）

高等教育基本理论

《高等教育学选讲》[①]序

开展高等教育理论研究，不仅要靠教育理论工作者，还应有高等学校的教师、干部参加，还应有社会科学和自然科学工作者参加，因为高等教育是专业性教育，既有文、法、经、管，又有理、工、农、医，还有众多交叉学科、横向学科。只有社会科学、自然科学工作者参加研究，才能深入到课程内容与教学方法中去总结经验，探讨微观的教育规律以之丰富并发展高等教育理论。

任宇同志长期从事自然科学的教学研究与编辑工作，从自然科学，特别是物理学的教学实际出发，由特殊到一般，不但总结了教学经验，提升为教学理论；而且吸收了当前高等教育科学研究的一些新成果，阐述了若干高等教育基本理论问题。这种从实际出发探索教学规律的研究路子与研究方法，是研究高等教育的最好途径。所以这本《高等教育学选讲》具有材料具体充实、反映当前改革及时、理论联系实际紧密、说理深入浅出的特点。加以通俗易懂，文笔流畅，我相信将是一本受读者欢迎的书，尤其是理工科教师，读来当更感亲切。

当然，由于是“选讲”，不可能要求其体系如何严整；由于高等教育改革才开始，高等教育理论还不成熟，还不能把所阐述的理论都作为定论。如果

① 任宇．高等教育学选讲［M］．北京：高等教育出版社，1986.

作为启发读者更好地去思考教育改革问题，探讨教育与教学规律，把学习教育理论和研究教育问题结合起来，我想，学习的效果会更好，而这本书的社会效益也会更高。

潘懋元
1985 年 12 月

《大学教学概论》[①] 序

高等教育同普通教育的区别，主要在于教学。因为高等教育是建立在普通教育基础上的专业性教育，它的培养对象是身心基本成熟，又具有普通文化知识，受过基本思维训练，有一定社会经验的青年人。从而，教学目标、教学过程、教学内容、教学形式与方法，不能照搬以普通学校教育为研究对象的普通教育学所论述的理论与方法。

在迎接新技术革命的挑战、建设社会主义现代化社会过程中，高等教育面临大改革。高等教育的改革，有宏观、微观两个方面。宏观改革，指体系、结构、调控与管理等；微观改革，指思想政治教育、课程教材、方法手段等。一切宏观方面的改革，最终要体现为微观方面的改革，才能收到教育改革的效益。而近年来，高等教育改革的研究，宏观方面讨论得较多，这是必要的；微观方面，除思想政治工作外，教学改革问题，相对来说，讨论得较少。即使有所讨论，也多是经验性的总结或国外教学情况的介绍。对于高等学校教育原理的研究，如高等学校教学过程的特点与本质、大学课程论、大学教学方法论等基本理论的探讨，还未充分引起重视，已经出版的教学论的论著，仍然是以普通学校教学作为研究对象的理论。这些理论，对于高等学校改革，虽有一般的指导意义，但缺乏针对性。因此，探讨高等学校教学理论，对当前教育改革具有现实意义，对丰富与发展高等教育理论，也有深远的意义。

现在，这个工作已由陈列、陆有德、袁君毅三位同志做起来了。眼前这

① 陈列，陆有德，袁君毅．大学教学概论［M］．杭州：浙江大学出版社，1987.

部有一定分量的《大学教学概论》，就是他们共同努力、齐心探索的成果。

我相信这本著作的出版，对于转变传统教育思想，指导高等教育的教学改革实践，是能发人思考的。当然，社会主义现代化教育思想，现在正在探索之中，高等学校教学改革的理论，不可能是已经成熟了的。正是还未成熟，就更具有生命力。希望读者也要抱着探索、思考的态度来读这本著作。

潘懋元
1987 年 1 月 10 日于厦门大学

《大学教育思想研究》[①] 序

在长沙召开的“高等教育思想研讨会”，我因故未能参加，也未及遍读全部学术论文。就我所了解的会议内容和所浏览的若干篇论文看来，这次会议是开得比较成功的。学术会议是否成功，并不是以会上大家认识完全一致、论文观点完全正确为标志，而在于会议开得生动活泼，有思想的交流，有学术的争鸣；许多论文有较深的见解，有理有据，质量较高。现在会议的主持者选出部分论文，刊印成册，相信对于我国高等教育改革，必将起推动的作用。因为教育改革的问题，首先是转变教育思想的问题，有了正确、明确的认识，就能较好地转向正确的方向改革与发展高等教育。

我国高等教育改革与发展的方向，众所周知，是社会主义教育现代化。教育现代化的蓝图及其实现的途径与方法，并不是凭空构想出来的。一方面，它只能在传统教育的土壤中发生与发展起来，同时对传统教育有所扬弃；另一方面，它必须借鉴发达国家包括西方发达国家的现代教育，从中汲取某些有益的东西。因此，在社会主义教育现代化过程中，我们要以马克思主义为指导，一方面在继承中批判传统教育中不适应现代化要求的“腐朽”的东西；另一方面在借鉴中澄清西方现代教育与社会主义教育现代化的含义及其关系。如果说前者是为扫清教育改革道路中的障碍，那么后者就是为使教育改革免于误入歧途。前一阶段，教育思想的研究与讨论，着重于批判传统教育思想，这是必要的，也已有很大的收获，取得比较一致的认识，即对于传统教育，

① 华中工学院，等．大学教育思想研究［M］．长沙：湖南大学出版社，1987.

应当分清糟粕与精华，也分别予以抛弃、保存与提高；但有一个时期，对于西方发达国家的现代教育与社会主义教育现代化的关系，不是那么清楚，以致有同志有意无意地把西方的现代教育作为教育改革的模式。这就要求我们教育理论工作者必须从理论上探讨两者各自的含义及其关系，从实践上判别哪些可以借鉴，哪些不能照搬，逐步地走出中国自己的发展社会主义高等教育的道路。

潘懋元

《大学教学原理》[①] 序

高等教育的改革和发展，宏观的预测、体制的改革，都是必要的；但改革的归宿，最终必须落实到培养人才的数量和质量上，才能收到经济的和社会的效益。教学是培养人才的主要途径，关于高等学校教学理论与实践的研究，当前虽然不是“热点”，但仍然有不少教师和教育理论工作者自发地进行辛勤的劳动。近年来，有了不少研究成果。文章很多，专著也有几本。其中不乏理论深刻，见解精辟，对大学教学实践有指导意义的著作。我认为，宓恰群同志的《大学教学原理》就是其中之一。这本书尚难说是成熟的教育科学著作，但它提出了一些当前高等学校教育工作上的实际问题，试图进行理论的分析和解决，颇能发人深思。

这本书的特点，我认为是：

（一）有一套自成体系的理论。这套理论的基础是作者所提出的一条高等学校教学过程的特殊规律，称之为“回归律”（认识过程由独立到不独立，回归到“再独立”）。它的表现是三个递增与三个递减，即：学生的自主作用递增，教的作用递减；教学的发现性递增，传习性递减；参加直接实践递增，接受间接经验递减。在这个基础上，作者探讨了高等学校教学原则的体系，论述了高等学校的课程理论和教学方法理论。逐步展开，脉络清楚，顺理成章，体系严整。

（二）这套理论，刻意求新，而能尊重并兼取国外国内有价值的高等教育

① 宓恰群．大学教学原理［M］．上海：上海交通大学出版社，1989.

理论，也有丰富的实践经验的根据；对于传统教育的继承与批判，基本上是实事求是的，即该批判的能剖析入理，该继承的也敢于充分肯定。它没有当前某些教育理论文章中那种食古不化、崇洋轻中、光凭主观思辨夸夸其谈的轻率态度。

（三）虽然是一本理论书，但却很重视实践的可行性。在课程理论和教学方法理论方面，介绍了一些可贵的教学经验，提出了一些有应用价值的建议和意见。有些意见是正确的，有些意见虽不成熟但能启发人们去思考。书中还有许多尖锐的警语，有的虽难免失之偏颇，但多能切中时弊，鞭辟入里；加以引喻生动，文气流畅，深入而不晦涩，浅出而不庸俗，易读易懂，引人入胜，能让人一口气读下去，欲罢不能。

序文写至此，似有“溢美”之嫌，但这是我读后的真情实感，但必须申明的是，我对作者所提出的某些论点，有所存疑，特别是这套理论的基础。所谓“回归律”，将认识过程分为“独立—不独立—再独立”三个阶段，似有一定道理，但科学论证不足，还只是一种“假设”；书中列举普通学校教学过程的五个特点，是否在高等学校教学过程中都被否定了？尤其是高等学校教学过程中教师的主导作用是被否定了呢，还是在主导的形式和方法上不同于普通学校？凡此种种，我希望有更科学的论证以使人折服。

一本有价值的书不一定是一本理论上成熟的书。这本书的价值，与其说是理论成熟，立论正确，还不如说是提出了许多存疑问题，启发人们去思考、去争论。学术的繁荣与发展在于争鸣，我希望这本书能在高等学校教学理论领域引起争鸣，推进教学理论的发展，在教育改革中推动教学改革的深化。

潘懋元

1988年7月25日于琼岛海口

《大学课程论》[1] 序

课程，是教育系统中处于核心地位的子系统，因为它是教育目标的主要载体，学生知识的主要源泉，师生关系的主要中介。课程质量的优劣，在总体上“决定着教育质量的高低，决定着教育目标能否完满实现”[2]。因此，课程理论应是教育科学的核心理论，课程改革应是深化教育改革的核心问题。

但是，正是这一核心的理论，在我国教育科学研究中是最为薄弱的；正是这一核心问题，在当前我国教育改革中尚未受到应有的重视。

关于前一现状的原因，有人认为是由于我国各级学校教育的课程基本上是统一的，广大教育工作者只要执行统一的课程，不需自行编制课程，因而无须课程理论指导。如果说，以往的“无须”有一定的道理（其实是一种误解，因为编制统一的课程，就须理论指导；执行统一课程，同样也要懂得课程理论），那么，在深化教育改革的今天，“无须”的道理正成为“亟须”的理由。近年来，随着教育改革的深化和教育科学的发展，课程研究的论文逐渐增多，但大多数文章或者只是介绍西方（主要是美国）的各派课程理论和各种课程模式，不太了解中国的课程实际，一味要求按西方某种模式改造中国的课程，不结合国情便缺乏可行性；或者只是总结一些具体的经验，未能在理论提高上下功夫，缺乏科学性与普遍性。

关于后一现状的原因，恐怕是由于教育改革的决策部门将主要力量集中

① 张圻福．大学课程论［M］．南京：江苏教育出版社，1992.

② 陈侠．课程论［M］．北京：人民教育出版社，1989：11.

于教育体制与管理的改革，无暇顾及课程改革；或者是认为课程改革只是教师的事，在“决定”“纲要”等政策文件中只顺便提一笔就行。在当前，体制与管理的改革无疑是重要的，但它毕竟只是教育改革的前提，为深化教育改革提供优化环境与条件，却不是作为培养人的教育自身的改革与完善。教育改革的最终目的是提高教育质量、实现教育目标、提高全民族的素质和更好地培养经济与社会发展所需要的人才。为了达到这一目的，课程改革才是核心的环节。

课程改革这一核心环节是特别复杂的，难度也是较大的。课程，尤其是大学的课程，一方面，它直接受经济、政治、科技、文化所制约，得及时地反映科技进步、社会发展；另一方面，它又有自身的发展规律，得同大学内部诸多因素相协调，是教育外部关系与内部关系的交汇点。因此，课程改革，更需要课程理论的指导。当然，一般教育学、教学论的论著，都有课程研究的牵连，但只局限于作为教学内容的教学计划、大纲、教材所体现的显性课程，并且往往只铺叙课程编制的若干原则和现行的具体规定，不可能全面深入地探讨课程理论、课程设置、课程设计、课程实施以及课程评价等问题的理论与方法，更难以涉及隐性课程和广义课程领域。

课程论作为一门独立学科或独立开课，在我国尚有不同意见；课程论作为专门论著，更是少见。课程理论专家陈侠的《课程论》，是一部 1989 年才出版的比较全面系统的专著，但着重论述一般课程理论并着重于普通学校课程；近年来大学教学论与教学法译著、专著倒是出版了好几部，而与大学课程论有关的专著，我所读过的只有范印哲主编的《大学教学与教材概论》一书，这部专著正如其书名所标明，是以教材建设为中心而涉及一般课程理论与教学理论，它在大学的经验总结和研究报告的基础上形成，因而有很高的实用价值，但还不是系统的大学教学论。而建立一门新学科，系统的专著是必要的依托之一，人们希望着大学课程论的出版。

张圻福同志主编、苏州大学的同志们集体编写的《大学课程论》，我只浏览了目录，阅读了若干章节，听取了编者的设计与思路，觉得这部著作的框架是完整的，思路是清晰的，全书的主要线索是大学课程的理论基础—大学课程建设的原则—大学课程建设的实际，殿以大学课程沿革和理论流派，内容既紧扣中国课程改革的实际，又对课程理论有所阐发。该书既可以作为学科建设的系统专著和开课的教材，也可以作为教师和教学管理干部的参考书。这部专著的出版，必将对深化教育改革起促进作用。

潘懋元

1992 年 6 月 8 日于厦门大学

《科学的教育价值》[①] 序

从近代开始，教育与科学就结下不解之缘，尤其是高等教育，可以说，没有科学的发达，就没有近现代的高等教育。近现代高等教育不同于古代的“大学”，就在于它是建立在普通教育的基础上，并按学科进行科学教育的专门性教育。而能够按学科分门别类地进行科学教育，只有科学发达到一定时期，学科分化了，才有可能。因而，近代高等教育是科学发达的产物；现代高等教育的发展，它的内在动力也是科学的发展与进步。同时，科学的发展与进步，也有赖于高等教育传递科学文化、培养科学人才；高等学校不但负起传授科学的任务，也负起发展科学的任务。如果说，19 世纪以前，大学仅仅做到把科学引进课堂，则 20 世纪初以来，大学因其科学人才集中，学术思想活跃，已经成为科学创造发明的温床。无数新的科研成果，是在大学里产生然后推向社会的。

现代大学，具有培养人才与发展科学的双重职能；大学教师，承担了教学与科研的双重任务。然而，正是这些孜孜矻矻致力于科学教育的人们，对于科学的教育价值，认识并不全面。一般来说，科学的知识教育价值，不难理解；科学的能力培养价值，往往被忽视；科学的德育与美育价值则知者不多。

当然，科学最基本的意义是求真，或者叫作认识世界，因而科学的教育价值，最基本的是智育价值。我不同意有的人所认为的求真只是低层次的功

① 周川．科学的教育价值［M］．南京：江苏教育出版社，1993.

利主义，求善才是高层次的科学真谛，求美则是最崇高的科学境界。但是，如果只看到科学的智育价值（更不要说只看到知识教育价值），而忽视科学内在蕴含着的善与美，不去发掘与实现科学的德育与美育价值，把培养全面发展的人之中的德育与美育，看成是科学教育以外的事，教师就很难负起“教书育人”的全面任务。

周川同志的《科学的教育价值》一书的意义，就在于在我们面前展示科学教育的全部价值，引导我们如何全面地认识、发掘、实现科学内在的教育价值，以培养全面发展的人。因而，它不但是一部在教育理论上有学术价值的著作，也是一部有指导教育实践作用的书。

周川同志在本科学习阶段，先后学习化学与教育两个专业，其后在厦门大学攻读高等教育学硕士学位，因而有扎实的自然科学与教育科学基础。他好学深思，每有创见，是厦门大学高等教育科学研究所历届研究生中最有才华的青年之一。在校期间，受英国著名科学家、科学学创始人J. D.贝尔纳的影响，潜心研究科学教育，前后用了四五年时间，积累材料，不断探索，完成了这部著作。如果说，贝尔纳已经指出科学的教育价值，不但在于传授科学知识，而且在于培养学生科学思维方法和创造能力，则周川的著作，超过智育范围而有说服力地论证了科学的德育与美育价值，更为全面深入地阐明科学教育的全部意义。我相信这部著作的出版，对于教育基本理论建设和深化教育改革，都是有贡献的。

潘懋元

1992年11月于厦门大学

《高等教育学新论》[①] 序

1992 年 12 月，在厦门大学召开的第一届“全国高等教育学科建设研讨会”上，我曾就高等教育学的学科体系建设问题谈了自己的看法。我认为“社会科学的学科，可能有三种相互联系的不同体系：第一，理论体系；第二，知识体系（经验体系、工作体系）；第三，课程体系（教材体系）”。在中国，高等教育学的专著、教材虽然已经出版多部，然而高等教育学尚不是一门成熟的学科。学科建设，应当把最终建立完整的科学理论体系作为一个长远努力的目标。追求达到这个目标，已不是我力所能及，只能期望于正在成长的年轻的高等教育理论工作者。[②]

当时我已经知道，几位执着于高等教育理论研究而又富于创新精神的青年学者，已经在积极地“思索与追求”[③] 并已写出一部近于理论体系的专著初稿。经过一番修改、论稿，终于在 1993 年 10 月华东师范大学召开的第二届“全国高等教育学科建设研讨会”时，送来了这部《高等教育学新论》的校样，并要我为之写个序。作为一名高等教育理论队伍的马前卒，面对这部新著，我的心情是欣喜、宽慰、感谢！

《高等教育学新论》是否已是一本完整的科学理论体系的专著，达到学科建设的最终目标呢？我的看法是：朝向这个目标跨过一大步，在“走向成熟的学科”的巉岩间攀上了一个新台阶。

---

① 胡建华，等. 高等教育学新论［M］. 南京：江苏教育出版社，1995.

② 关于高等教育学科建设的若干问题［J］. 高等教育研究，1993（2）.

③ 《高等教育学新论》一书的“后记”，第 442 页。

《高等教育学新论》的作者们，是以构建“一个新的学科体系”[①] 自期的，也确实构建了一个有别于知识体系、课程体系的学科框架。这个框架的主线是历史—现实—未来；导前有高等教育学科论，殿后有高等教育研究论；主线中主体部分是“现实篇”，基本构件是论述高等教育的外部关系规律，高等教育的价值、目的、结构、过程这些学科建设中的基本理论。全书条理清晰，结构严整，具有中国式的学科体系构建的特色，超越西方某些高等教育只是作为一个研究领域而构建的松散、无序的论著。

但是，学科的科学理论体系，一般认为首先应当确定它的逻辑起点，从逻辑起点出发，借助逻辑手段，按照学科的内在规律，层层推导，逐步展开，从抽象上升为具体，构成严谨的逻辑系统。如果按此要求，则这部“新论”，是属“高等教育原理”一类的专著，从知识体系到抽象、概括的原理，也就是“走向成熟的学科”过程中的一个重要的台阶。这里有必要指出，把最终建立完整的科学理论体系作为学科建设的一个长远努力的目标，并不就是唯一的目标。在学科建设过程中，每个基本理论问题的研究，都有它的理论意义，都是走向成熟学科的积累。即使是知识体系，也有其理论的与现实的意义。从而知识体系的完善与发展，也是学科建设的任务，甚至是更为紧迫的任务。那种轻视、排斥知识体系的建设，不是实事求是的态度。

作为高等教育原理的“新论”，有许多优点：首先是信息量较大，尤其是汇集了西方从哲学的、经济学的、社会学的、文化人类学的以及自然科学的各个角度来研究高等教育理论的许多有参考价值的观点。有的地方，作者们还发表了自己精辟的见解。例如，关于制约高等教育的经济因素与其他因素的关系、文化因素与高等教育的特殊关系、外部因素与高等教育活动的内在逻辑的关系、高等教育的价值原理、高等学校教学过程的性质与走向、探索未来教育的基本思路等，都有助于澄清当前理论界的某些混乱现象。关于人的全面发展，虽着墨不多，但以人的素质为基础来研究人的全面发展而不拘泥于经典著作词句的诠释，无疑开拓了研究全面发展教育的新思路。这些，都体现了作者具有广博的知识、宽阔的视野，是深入钻研的科研成果而不是

① 《高等教育学新论》一书的第一章，第 27 页。

当前流行的口气大、花架多的空谈。

本书的不足之处是：有些篇章，对中国生动丰富的高等教育改革的实践、众多高等教育理论工作者的科研成果，不像对西方的教育理论与教育实际那样重视。借鉴西方的高等教育经验，吸取西方某些正确的教育理论是必要的，但要有自己的选择与判断。而要建设有中国特色的社会主义高等教育理论，还必须对中国的教育实践与教育理论做更深入的研究。立足中国，面向世界，这是我对作者们进一步的期望。

潘懋元
1993 年 12 月

《学导式教学法的理论与实践》[1] 序

近年来，我国的教育改革热点集中在宏观的体制改革与管理改革方面，这当然是必要的。因为当前面临世界科技革命和我国向市场经济的转变，教育体制与教育管理必须有相应的改革，才能适应社会主义现代化建设的需要；但任何教育改革的根本目的，都是为了提高质量，出好人才。宏观的改革，最终必须落实到微观的教学改革上，包括课程改革、教材改革、教学方法改革、现代化教学技术的推广应用等，如此才能切切实实地收到提高质量的实效。然而，由于教育行政部门忙于管理和改革，学校的主要精力用于解决教育经费问题，对教学改革虽有所提倡，偶或也举办过一些优秀教学成果评奖活动，但缺乏系统的部署、有力的支持。尤其是教学方法的改革，由于缺乏理论指导与长期试验，难以形成为大家所公认的科学的教学方法。如果说，近年来普通教育方面，还可以举出自学辅导法、六步教学法、六课型教学法、八字教学法、快乐教学法等有一定试验基础的教学方法改革；则高校教育方面，只有一些未经认真整理、缺乏系统试验的零星的经验总结。比如，有的是从国外引进的，如发现教学法、案例教学法；有的是从普通教育移植的（往往也是国外引进的），如掌握学习、尝试教学的理论与实践；还有的只是一些设想，未经试验。相对来说，学导式教学法是在中国的高等学校所产生的，是一种流传较广、影响较大的教学法改革，受到人们的注意，尤其在成

① 黑龙江矿业学院学导式教学法研究室．学导式教学法的理论与实践［M］．北京：煤炭工业出版社，1994.

人高等教育方面。

学导式教学法自20世纪80年代初提出以来，国内评论者多，且褒贬不一；对于其理论阐释，争论尤多。对此，我的看法是：（1）任何教育改革，都要有一个发展过程。只要它基本符合教学改革的精神，就应当鼓励；只要它在实践中获得一些积极的效果，就应当肯定。（2）有不同意见是好事。有批评，有争论，才能推动改革从不完善到比较完善。如果一出台就一片赞誉，听不见不同意见，这足以阻碍它的不断改进，从而停滞不前。（3）任何教学方法，即使是行之有效的教学方法，都有一定的局限性，只能适用于一定条件、一定范围。教育内容与教育形式的多样化，要求教学方法的多样化，没有一种万能的教学方法，不要刻意去追求一种所谓“最佳的教学方法”来教任何课程，[①] 在理论总结时，尤其要持慎重的态度。

在科技迅猛发展、生活缤纷多彩的今天，加强学生智能的发展，是现代世界性教学方法改革的主要趋势之一。不论是发现法、问题教学、掌握学习、范例教学、凯勒方案（自学辅导）、读书指导法或中国所提倡的“精讲多练”，其主要精神都是为了更好地调动学生学习的自觉性与积极性，培养学生的自主学习能力。从传统的以教为重点的教学方法到教与学并重，从只重知识的传授到传授知识与发展能力并重；但不是像有些人所说的那样，要以“学习法”代替“教学法”，要从“教师中心”转变为“学生中心”，要以“学生主体”否定“教师主导”，把教与学分别开来，学导式教学法所提倡的“学为主体，导为主线”，其用意是在教师主导下，明确学生在教学过程中的主体地位，变学生被动接受知识为主动学习知识，并发展他们的自学能力。它同教学方法改革的趋势是基本符合的。至于它的实践结果与理论总结是完善或不完善的，哪些论点是正确或不正确的，过去有争论，今后还可以争论。我赞同作者在“前言”中所表明的态度：“到目前为止，我们仍认为它还不完善，还不成熟，还必须本着实践—认识—再实践—再认识的指导思想，与我国广大教师、教育理论家和教育工作者进一步研究、探讨和完善，为发展与完善这一教学法而努力。”这虽是态度，也是事实。事实是这本《学导式教学

① 潘懋元. 高等教育学讲座［M］. 3版. 北京：人民教育出版社，1993：248－253.

法的理论与实践》，已经把过去零散的经验集中起来，使之系统化；在原先朴素的思想基础上，吸收有关学科的理论与各个方面的意见，进行理论提高。它的出版，既可以进一步推广应用，又可以更广泛地征集意见。

潘懋元
1994 年 4 月 10 日
于厦门大学高等教育科学研究所

《高等教育科学发展研究》[①] 序

“高等教育科学发展研究”是一项元科学的研究，虽以历史和现状为线索，但涉及若干基本观念与方法论问题，它所要探究的无疑是高等教育科学研究人员所普遍关心的。

在中国，有关高等教育的论述早已有之，但作为一门学科对之进行系统的研究，则在20世纪70年代末才起步。这不仅晚于国外高等教育发达的国家，而且也落后于我国一般教育学研究。可喜的是起步虽然稍晚，发展却甚迅速。在短短的20年里，无论是研究组织的机构与队伍，还是研究成果的数量与质量，在我国教育科学领域及国际高等教育研究格局中都是十分突出的。从研究范围之广、规模之大、成果之丰硕上说，中国已是高等教育研究的大国。尽管如此，这方面的研究还难以有效满足教育科学整体发展和高等教育改革实践的需要。高等教育研究的进一步提高和高等教育科学的进一步发展是每一位高等教育科研工作者都能感受到的时代迫切要求，而对历史的系统总结与对现状的全面分析则是这种提高和发展的最基础性工作。正如英国学者珀金所言：“历史学家恰如其分地告诉我们，如果你要知道往哪儿走，知道你曾经到过哪儿是有帮助的。我们还可以说：知道现在在哪儿也是有帮助的。”显然，《高等教育科学发展研究》一书就是试图描述中国高等教育研究已经走过的路，分析中国高等教育科学现已达到的境界，并在此基础上探索中国高等教育科学明天要走的路。

① 李文长，等．高等教育科学发展研究［M］．北京：光明日报出版社，2000.

我了解到，本书作者们的目的是要对中国高等教育科学研究发生发展的历史、现状及前景做一个全景式的描述与分析。应该说，这一点在该书的整体框架设计与主体内容上得到了比较充分的体现，并且作者们掌握的基本材料、遵循的思维逻辑及表达的重要观点也确有给人以启发之处。通览全书，我们不仅能形成一个关于我国高等教育科学研究全面的印象，而且还能从中获得大量的有关资料，这对于开展相关研究颇有参考意义，可以相信作者们的探索精神和本书的学术价值会得到同行们的认可。当然，在当事人还在，有关情况又为不少人所熟知，且认识又不可能完全一致的背景下，要对我国近 20 年来高等教育科学研究进行全面评说是需要学术勇气的，而更需要的是充分的实证材料和科学的思辨。尽管三位作者的勇气是可嘉的，在这方面下了很大的功夫，但本书的若干评价与观点也可能是一家之言。这些评价与观点得到同行们的广泛认可当然是作者们所期待的，但即使引起同行们的某些思考而有所争议也是一种价值的体现。我粗览全书，对其整体给予充分的肯定；对其个别论点，赞赏者十分之九，也仍有一成保留意见。我之所以竭诚推荐，不在于本书的完美无瑕，而在于本书所研究的问题是有意义的，所提出的观点或看法是值得参考的。

潘懋元
1998 年 6 月

《论大学人才培养模式》[①] 序

我在长期的高等教育工作中，经常听到来自两个方面的抱怨：理论工作者抱怨实际工作者不重视理论研究成果，拍脑袋决策，凭经验办事，往往违反教育规律；实际工作者则抱怨理论工作者的理论研究脱离实际，不能解决实际问题，流于空谈。双方都有一定理由，问题出在什么地方？难道实际工作者都轻视理论指导，理论工作者都只尚空谈吗？有这种人，但不是全体。我接触过许多实际工作者，他们在做出决策或采取措施之前，真诚地而不是口头地希望得到理论的指导，但觉得理论太高太抽象，难以在实际中运用；更多的理论工作者，希望自己的研究成果能够被采纳，在实际工作中实现其价值，但对实际工作者所提出的问题，觉得与理论相距太远、不属于理论研究范围，其勉强解说，总有隔靴搔痒的感觉。这是一个一直令人困惑的问题，为了解决这一问题，1997 年高等教育学研究会第四次学术年会的主题定为“高等教育理论研究如何更好地为高等教育的改革与发展服务”。在主题报告中，我提出了一个观点：教育理论，尤其是基本理论的研究成果，必须通过一个或一系列中介环节，才能转化为教育实践。理论工作者和实际工作者都应在中介环节上下功夫，相互接近，以发挥理论指导实践的功能，避免实际工作的盲目性，并对中介环节提出了自己的构思。会议的代表们认同这一观点但对于中介环节是什么，发表了各种不同的意见。会后，有几位同志写文章探讨中介环节问题，“上海高教研究”还组织了一次笔谈。高等教育学研究

① 龚怡祖．论大学人才培养模式［M］．南京：江苏教育出版社，1999.

会又于1998年召开了一个小型研讨会，专门讨论中介环节问题，交流了各自的思路，对中介环节的性质、功能以及如何构建中介环节的认识有所加深；但对中介环节是什么，并未取得一致意见，也不急于取得一致意见。正是由于各种意见言之成理，持之有故，才能够更好地引发大家深思，况且不同角度、不同领域，可能有不同的中介环节。龚怡祖副教授的《论大学人才培养模式》一书，就是从人才培养的角度，探讨教育理论与教育实践之间的中介环节。他认为："模式是位于经验与理论之间、目标与实践之间的那种知识系统。培养模式是以某种教育思想、教育理论为依据建立起来的既简约又完整的范型，可供学校教育工作者在人才培养活动中据以进行有序的实际操作，能够实现培养目标。它集中体现了人才培养的目的性、计划实施性、过程控制性、质量保障性等一整套方法论体系，是教育理论与教育实践得以发生联系和相互转化的桥梁与媒介。""研究大学人才培养模式的目的，是为大学培养模式提供比较清晰的操作思路"，"既是改革实践的需要，也是理论发展的需要"。

人才培养模式，是一个人们经常提到的概念。但对于这个概念的理解，却很模糊、浮浅，因而在概念的使用上，往往是不准确或简单化的。1998年教育部召开的第一次全国普通高校教学工作会议的主文件——《关于深化教学改革，培养适应21世纪需要的高质量人才的意见》，对这一概念的表述是："人才培养模式是学校为学生构建的知识、能力、素质结构，以及实现这种结构的方式，它从根本上规定了人才特征并集中地体现了教育思想和教育观念。"在这表述中，包含了人才培养模式的依据（教育思想）和作用（规定人才特征）、主体（学校）和客体（学生）、静态（诸因素的结构）和动态（实现结构的方式）等，可以说，揭示了概念若干重要的内涵，但远不是全面的概括，更不是科学的界定。更多的人在使用这一概念时，只是把它简单化地理解为一种铸造人才的模具或可以模仿的式样，而不是深究其内在的因素和发展过程。简单化的理解导致简单化的生搬硬套，因此，深入地、比较准确地理解人才培养模式这一概念的内涵、外延、特点及其在理论向实践转化过程中的地位与作用，以及它在认识过程中的运行机制，不但有教育理论上的价值，而且对于人才培养的实践有重要的意义。

本书的基本内容及其逻辑顺序是：首先对人才培养模式概念的内涵、外延、属性、特点，从正反两面、各个角度进行界定与辨析，确定人才培养模式是教育理论向教育实践转化的整个过程，属于“过程范畴”，是“对人才培养过程质态的一种总体性表述”。然后遵循概念发展从抽象到具体的逻辑，逐步展开：继基本理论（第 1 章）之后，分别研究培养模式作为一个系统的构成要素（第 2 章）和作为一个过程的运行机制（第 3 章），进而阐述培养模式的实质性构建（第 4 章）和实践化形式（第 5 章）。这一逻辑顺序，体现了人才培养模式这一中介环节从抽象的理论到具体的应用逐步逼近的过程。如果说，第 2、3 章分别从静态与动态来分析这一中介环节，则第 4、5 章分别从实质性和实践化角度去构建这一中介环节，最后落实于可在实践中操作的培养方案上，从而完成了从理论到实践的整个过程。

本书除了总体上遵循从抽象到具体、从理论到实践的逻辑逐步展开之外，许多章节也尽可能按这一逻辑顺次展开。例如，第 4 章分别阐述知识、能力、素质三个实质性因素的八条建构途径，每条途径，都先摆理论观点，后谈原则方法，也体现了从抽象到具体、从理论到实践的逻辑顺序。正是由于逻辑严谨，例证丰富，论据充分，紧密联系当前大学教育改革与发展的实际问题，虽然是一本理论著作，却能引人入胜，易读易懂。当然，对于作为中介环节的人才培养模式的研究，这只是一种尝试，其中有些论点，可能还不够成熟。希望这本书的出版，能引起更多的高等教育工作者关注中介环节问题，共同促进高等教育理论向实践的转化。

潘懋元
1998 年 8 月 5 日于厦门大学

《大学学习学——学生成才学习理论》① 序

从1987年第一部《大学学习论》专书出版，到1998年这一部《大学学习学——学生成才学习理论》的出版，历经11年。这本新著，虽基本上保持前书的框架与特色，而学术水平却大大地提高，实践经验更加丰富。它既反映林毓锜教授11年来实践经验的积累和不断探索的研究成果，也在一定程度上反映这段时间“学习论”或“学习学”这一研究领域的进展。与前书比较，我认为本书有如下的新进展：

（一）及时反映时代的新精神。21世纪将是知识经济的新时代，知识经济要求于高等教育的是培养具有创新精神与创新能力的高级人才。新著对大学生的创造性学习给予充分的重视，在保持前书论述自主学习的同时，把创造性学习摆在重要的地位，使自主学习与创造性学习成为贯串全书的两条红线。

（二）充分汲取教育科学研究的新成果。近年来，对于大学生素质教育的研究与试验有不少新成果，新著汲取了这些成果，提出“素质—专门知识—专门能力”的教育目标结构，以及“高级学习素质”“高级全面素质”等观念并进行分解。这既丰富了大学生素质教育的理论，又使之具有可操作性。

（三）广泛运用教育学、心理学、脑科学以及其他自然科学、社会科学、思维科学的理论，尤其是运用系统科学的方法论，以解释学习现象，解决学

① 林毓锜. 大学学习学：学生成才学习理论［M］. 西安：西安交通大学出版社，1999.

习问题，但又不囿于现成的定论，往往有所创新。例如将学习能力分为内化学习能力与外化学习能力，从而显示吸收与应用的相互关系；将需要层次分为正三角形与倒三角形，以显示价值观、人生观对优势需要的制约作用。特别值得提出的是增加“学习公理”一节，从长期大量的实践经验提炼概括十条不证自明的“学习公理”，并逐一试行推论。尽管个别“公理”未必为人们所共认，但总体上可以成立，而其理论勇气更值得嘉许。

（四）全书框架由粗而精，进而形成结构比较严密的网络。全书由基本概念与学习公理—学习观—目标论—结构论—方法论—控制论等六个相互连接的部分所组成，逻辑连贯，条理分明，基本形成比较完整的学科体系。

以上所说，只是我读后的体会，相信读者还可以从书中获得更多的心得。当然，任何学科都有个从不够成熟到比较成熟，从不太完善到比较完善的过程，何况“学习论”或“学习学”的研究，为时尚短，还将不断发展、完善。这本专书的出版，它的作用，不仅是为大学生提供一本“学会学习”的教材，为“学习论”或“学习学”的学科建设做出新的贡献，而且对于21世纪转变高等教育思想，尤其是转变教学观、教师观和学生观，也将起积极的作用。

潘懋元

1998年10月8日

《宏观高等教育学》[①] 序

我很荣幸地在《宏观高等教育学》出版前读到书稿。20 世纪 80 年代初，就有同志创议编写一部《宏观教育学》，并组织了一个写作组，写了几年，数易提纲，终未写成。表面看来是写作人员的水平问题，但这不是主要的，其实质是当时的客观条件尚不具备。写一部《宏观教育学》，我认为至少应具备两个条件：其一，教育在宏观发展上面临严峻的挑战，教育与社会发展之间关系的复杂性及其矛盾已经充分暴露；其二，积累了比较充分的宏观教育改革经验，并有相当的宏观教育方面的理论研究成果。条件如不具备，即使勉强成书，恐怕也只能是对传统教育学总论中关于教育与社会发展之间关系的有关章节做简单地扩充。

时至今日，相对来说，客观条件比较成熟了，主要是近 20 年来，在改革开放的形势下，经济的发展、社会的进步、人民对于文化教育的需求日益提高。尤其是科技革命与市场经济强烈的冲击，教育，特别是高等教育面临严峻的挑战，需要进行一系列的改革以适应新的形势。改革需要政策，决策需要理论，这是研究宏观教育问题的大好时机，要求高等教育研究的重点从微观研究向宏观研究转移并取得了比较丰硕的研究成果。这样，就为宏观高等教育学的建立提供了一定的条件。

正是在这样的新形势下，王冀生同志四年前在全国高等教育学研究会第三次学术年会上提出编写一部《宏观高等教育学》的设想。当时，我表示赞

① 王冀生．宏观高等教育学［M］．北京：高等教育出版社，2000.

同，但不是没有疑虑。由于作者具有优越条件，经过四年多的辛勤劳动，这部20万字的书稿就已摆在我的案头。作为一名高等教育理论工作者，我感到由衷地高兴。

王冀生同志长期从事全国高等教育的宏观领导管理工作，在实际工作中又坚持不懈地探讨有关的教育理论。15年的交往，他给我的印象是：这是一位好学、好思、好辩的学者型干部或行政型学者，他经常在会上或会外提出各种各样的新问题并发表自己的意见。他善于陈述自己的观点，也善于听取别人的驳难，有他在，讨论就不会冷场。正是由于他的经历与追求，再加上好学深思，笔耕不辍，对高等工程教育、宏观高等教育发表了大量文章。在这个基础上，他才能在较短时间完成20年前人们未能完成的任务，同时也形成了这本专著的一些特点：书中所阐述的理论，大多不是从原理演绎而来，而是从实际工作中提出问题，在理论层次上进行探讨，从应用性研究逐渐向基本理论逼近，以求在更高的视角上解释和解决政策问题。就其总体上说，基本上属于宏观政策的理论研究，但涉及若干基本理论问题；基本上属于“实然性”研究，也涉及一些“应然性”研究。全书体系，除前两章外，基本上以“实然性”的政策为纲，但对每一政策问题多进行或深或浅的理论探讨。这样做既有利于引导理论工作者从理论到实践的过渡，也有利于引导实际工作者提高对政策的理论认识。不论理论工作者或实际工作者，都能从《宏观高等教育学》的学习中获得所需要的知识。

正如作者在“前言”中所说，这本专著吸收并概括了当代学者、专家的研究成果，“也凝聚了我近20年来从事高等教育行政管理工作的实践经验和对宏观高等教育规律探索的初步成果”。对于前者，作者善于择其精华；对于后者，作者提出了许多有新意、有价值的见解。例如，将宏观高等教育学的基本内涵分为研究发展规律与研究管理规律；在长期实践的基础上，把现代大学的主要特征概括为四点；辨析“把坚定正确的政治方向放在首位”的提法是科学的，而“把德育放在首位”的提法是不妥当的；认为教育提供的服务劳动可以创造价值，其所创造的主要是“人本价值”和“文化价值”，以实现“人本价值”作为教育工作服务方向的核心；如此等等，都可发人深省。更为重要的是，这本专著论及当前高等教育许多研究前沿。例如，“以人为本”的现代大学教育理念，以全面提高人的综合素质为宗旨的教育观，高等教育的非均衡发展与可持续发展，高等教育的产业性问题，高等教育大众化与积极发展民办高等教育的必要性，知识经济时代高等教育的发展、创新问题，等等。对于这些高等教育科学研究的前沿，都能从本书中得到有价值的启发。

当然，作为一本内容丰富、头绪繁多的著作，从学科体系到许多论点，都有某些值得进一步研究的问题。作者已经表示“愿意在这个基础上做进一步的努力”。我相信读者会满足作者的这一意愿的，我也相信有中国特色的社会主义宏观高等教育理论将在这本专著的基础上得到进一步完善和提高。

潘懋元
1999 年 8 月 10 日

《当代世界高等教育理念及对中国的影响》[①] 序

两年前，卢晓中教授以高级访问学者的身份来厦门大学高等教育科学研究所参加科研工作，当时正值联合国教科文组织在巴黎召开首次世界高等教育会议之后。会议发布了《21 世纪的高等教育：展望与行动世界宣言》和《高等教育改革与发展的优先行动框架》两份重要文件，同时还发放了联合国教科文组织的一份《关于高等教育的变革与发展的政策性文件》。这三份文件以及此前世界银行发布的一些重要报告，比较集中地揭示了体现 21 世纪高等教育改革与发展导向的新理念或传统理念的新精神，而国内对此尚未给予充分的重视。我们一致认为研究并阐释这些新理念、新精神，是高等教育理论工作者的任务。卢晓中教授在做高级访问学者期间，就以当代重要的高等教育理念作为研究课题，对若干重要的典型理念进行理论探讨，并着重于这些新的理念对中国高等教育改革与发展的影响。这是一项既有理论价值又有现实意义的研究工作。

高等教育理念对高等教育的发展有着潜在的导向作用，并且这一作用随着高等教育从社会的边缘走向社会的中心而日益凸现。如果说欧洲中世纪大学的理念有其自然生成性，那么以 19 世纪初洪堡创建柏林大学为标志，大学校长和教育家则开始对大学理念进行自觉的探索和追求。当人类社会进入 20

---

① 卢晓中. 当代世界高等教育理念及对中国的影响［M］. 上海：上海教育出版社，2001.

世纪尤其是下半叶以来，高等教育的理念与现代高等教育发展就更为紧密地联系在一起了。有没有正确的发展理念越来越成为任何一所高等学校能否获得发展和取得成功的主要因素之一。这一点，在21世纪高等教育发展过程中将会愈加突出地显示出来。

正因如此，近年来一些高等教育理论工作者，从各种不同的角度对高等教育理念问题开展了许多有益的探索。仅就厦门大学高等教育科学研究所来说，近年来，就有赵婷婷博士和韩延明教授的博士论文，都是以大学理念作为研究课题：前者着重研究大学理念与办学实践的关系，后者着重研究大学理念的演变，都取得了不少有理论价值和实践意义的成果。如上所述，卢晓中教授则着重研究当代高等教育的新理念及其对中国高等教育发展的影响。这部20多万字的学术专著，便是该项课题研究的主要成果。之所以说这是一项很有价值的研究，除了高等教育理念问题的探讨对高等教育理论的丰富，以及对高等教育发展实践的影响有重要意义外，还在于作者选择了一个合适的研究视角，也就是专注于研究当代世界高等教育理念。特别要提到的是，这部专著有一半篇幅是有关当代世界高等教育理念对中国高等教育发展的影响的探讨（共3章），而且探讨是从影响的实然性和应然性两方面展开的。显然，这种理论联系实际的研究取向也是值得提倡的。

卢晓中教授多年从事教育发展理论和国际教育发展问题的教学和研究工作，成果颇丰。高等教育的发展问题是其涉猎的主要研究领域之一。他的这一学术背景也较好地反映在这项研究中。因此，该项研究不仅内容丰富，而且时代性很强，对当代世界高等教育理念的梳理和概括，以及对这些理念与高等教育发展关系的把握都做得比较好，特别是书中提出了许多新颖而深刻的思想观点。

正如作者在论及当代世界高等教育理念的特征时所归纳的一个特征，即时代性，当代世界高等教育理念正是在适应现代社会、经济及科技发展的过程中不断地创新理念、赋予传统理念以新的时代内涵的基础上形成和发展的。这一点对高等教育理念发展是有普遍意义的，即高等教育理念的更新和发展是无止境的。这也意味着我们对高等教育理念问题的探讨没有止境，需要根据形势的变化和发展对不断出现的新理念或新精神进行不懈的探索，以便对高等教育的发展实践起到引导和推动作用。

潘懋元
2001 年 4 月 22 日
于厦门大学高等教育科学研究所

《大学理念论纲》[①] 序

近年来，理念、教育理念、大学观念、办学理念这些概念在教育文本中出现的频率很高。西方国家，在谈论大学的质量危机、经费危机、道德危机时，也时常涉及较深层次的教育理念危机或大学理念危机；在中国，则更多的是在谈论教育发展战略、建设一流大学时，经常出现大学理念或办学理念之类概念。但什么是“理念”，什么是“大学理念”，却不甚明确。人们往往把“理念”与“观念”“信念”混用，或者把它等同于“理想”。从而，大学理念也就被简单地理解为大学观念、信念或大学理想。至于对大学理念内涵的理解，更是纷繁错杂、莫衷一是。韩延明的《大学理念论纲》一书，首先从多个视角对“理念”与“大学理念”两个概念进行透析——从字义诠释到哲学思考、从思想史举证到实证性考察、从西方到中国、从正面到反面，反复推敲，由博返约，最终概括为“理念是一个精神、意识层面上的上位性、综合性结构的哲学概念，是主观（认知、观念）见之于客观（规律、存在）的科学反映，是人们经过长期的理性思考及实践所形成的思想观念、精神向往、理想追求和哲学观点的抽象概括，是指引人们从事理论探索和实践运作的航标及鹄的，是理论化、系统化了的，具有相对稳定性、延续性和指向性的认识理想的观念体系”。简单地说，“所谓理念，就是指人们对于某一事物或现象的理性认识或理想追求，这种认识或追求形成了一定的观念体系”。从而，“大学理念”也就是指人们对大学的理性认识与理想追求，这种认识和追

① 韩延明．大学理念论纲［M］．北京：人民教育出版社，2003．

求形成了一定的观念体系。我认为，这是迄今我所接触到的有关谈论“理念”概念中比较全面、准确、简明的界定。循着这一界定的产生和变化的历程，我们可以较好地理解大学理念丰富的内涵。

《大学理念论纲》除了第一章从多个视角对“大学”“理念”与“大学理念”进行界定外，第二、第三章从历史的视角分别考察了西方大学理念和中国大学理念，第四章论述19世纪洪堡创立柏林大学时所概括并被后人奉为经典的传统大学理念——学术自由、大学自治、教授治校、教学与科研相统一，第五章讨论若干当前流行的新兴大学理念。其中，有的是前人所提出的，有的则是作者所综合概括的。

大学理念是发展的。随着时代的前进和认识的加深，新的大学理念不断出现。书中第五章所讨论的“新兴的大学理念”，只是作者认为最重要与最具普适性的理念；即使第四章所论述的“经典的大学理念”，其内涵也不是一成不变的。例如，“教授治校”的理念，源于中世纪的“教师行会”，孕育于文艺复兴时期和十七八世纪德国的新大学运动时期，经洪堡的提倡而为世界各国大学所确认。客观地说，在精英教育阶段，大学规模小，相对独立于社会之外，在象牙塔中，掌握学术的教授们能够直接地行使其学术权力甚至行政权力；在高等教育大众化阶段，大学不但组织庞大复杂，而且必须面向社会办学，与政府、市场的关系头绪纷繁，致使大学中产生了专司管理、服务、经营的官僚阶层，教授治校的任务、模式必然随之发生相应的变化。这一点，更多地体现于学术事务的审议、决策之中，使大学中的行政权力与学术权力并行不悖、协调发展。

作为理论探析的大学理念是一般的，而作为指导实践的办学理念则是特殊的。本书探析的是一般的大学理念。无论是奉为经典的传统大学理念，还是带有时代特征、流行的新兴大学理念，都是从不同的角度和侧面反映大学教育的性质、功能、规律，是办学者所应掌握的。但每所大学，各有其不同的文化背景与社会定位，办学的主体又有其不同的教育价值观。因此，办学者还应在一般性的大学理念基础上，树立自己的办学理念，也就是对这所大学的理性认识与理想追求，并使之成为全校师生的共同认识与共同追求。例如，当年潘序伦办立信会计专科学校的办学理念就是“立信”，抗战时期萨本栋在东南半壁坚持办厦门大学的理念就是"科学救国"与"自强不息"，从而使这两所高校在当年独具特色，崭露头角。办学理念，一般来说，不违反一般大学理念，但不照搬一般大学理念，应有自己的特点与追求。在长期以来集中统一的办学体制下，许多大学的办学理念缺失。20世纪80年代开始，不少大学重新厘定自己的校训。校训虽不等同于办学理念，但在一定程度上反映了办学理念。遗憾的是，跨进许多大学校门，迎面而来的校训，或四字，或八字，或更多，大多（不是所有）雷同，只是一些溢美之词所堆砌，它可以作为校园中金字镌刻的摆设，却很难成为被师生认可和奉行的理性认识与理想追求。我相信，《大学理念论纲》这本学术专著的出版，必将使办学者对一般的大学理念有所认识，并在此基础上确立自己的办学理念。当然，这并不能代替办学者自己的理想追求。

韩延明教授在厦门大学学习期间，就以探析古今中外大学理念作为研究课题写成博士学位论文，这本专著就是在其博士论文基础上修改而成的。作者曾在儒家圣地的曲阜师范大学读书、工作多年，饱读经史，深受熏陶；其后又赴国外留学，专攻教育哲学，接触西方学术思想。因而这本专著，纵横驰骋，史论结合，融会了中西哲学观点和教育思想，旁征博引，贯通古今，加以文笔流畅，引人入胜。但应当指出，正如作者所说，大学理念是一个老问题的新课题，新老交错，这本专著只能梳理大学理念的大致脉络，提供大学理念方面的一些基本知识和若干新的发展趋向，以帮助人们加深对于大学理念的认识和思考。

潘懋元
2002年8月28日于
厦门大学高等教育科学研究所

《大学教育哲学》[①] 序

当刘智运教授交给我两大厚册《大学教育哲学》原稿嘱为写序时，我颇感为难。“道可道，非常道。”哲学是属于不可编码的知识，要有悟性才能领会，而我的悟性思维很差，见到形而上的尖端“哲学”心里就发憷。虽也曾挂名指导过研究生几篇属于教育哲学的大学理念的学位论文，实际上是“教学相长”的成果。而刘教授大作即将付印，索序甚急，又容不得我慢慢品尝，以达到心领神会，只能草草翻阅，浅尝辄止。好在刘教授这部专著，不像有些哲学家的著作那么玄奥难懂、晦涩难读，而是对实际问题的理论探索与提升，文笔流畅，并无晦涩的话语。这也是这本专著有别于一般哲学著作的特点之一。

文如其人。刘智运教授一生生活经验丰富：既涉足军旅，又长期在大学从事过行政、教学、科研工作，离休之后，舌耕、笔耕不辍，收获甚丰。他的论著，遍及教学与学习理论、教育管理与评估、工程技术教育，以及教育哲学诸多学科领域。继去年出版 40 多万字的《高等学校教育评估与督导概论》之后，现在又将出版这部 30 多万字的《大学教育哲学》。其经验丰富、视野宽阔的特点，也体现在这部专著之中。这部专著，既不像约翰·S. 布鲁贝克的《高等教育哲学》那样，以“高深学问”为逻辑起点，用演绎的逻辑方法，逐步展开；也不像一般教育哲学著作，从各个学派的历史、比较到当前人们所关心的现实问题，从抽象到具体或从具体到抽象，形成层次分明的

① 刘智运. 大学教育哲学［M］. 北京：人民教育出版社，2008.

体系。而是根据当前高等教育界所讨论的热点问题，逐一阐述有关的理论和发表自己的观点，将历史与比较，贯串其间，并每个问题的论述，都可以独立成篇。

这部专著的又一个特点是中外古今，缤纷并陈，既追踪中外古代的教育哲学思想，又面对当前现实的理论问题。例如在“新世纪大学教育思想的转变”中，就涉及“知识经济对大学教育的导向”“加入 WTO 对大学教育的挑战”等诸多前沿理论问题。正如作者在“绪论”中所言：“从大学教育的实际出发，广征博引各家学说；对大学教育中的实际问题，进行理论研究，上升到哲学层面，进行新的概括和说明，用以指导大学教育。这既是大学教育发展的需要，也是教育哲学的延伸和发展。”因此，不能以传统的教育哲学的框架来评价这部专著，也让像我这样缺乏悟性思维的读者能够读懂。

是为序。

潘懋元
2006 年 2 月 25 日
于厦门大学高等教育科学研究所

《高等教育学》[1] 序

高等教育学，作为一门学科建设，建构学科体系，并且形成庞大的学科群，是中国高等教育研究的特点。在国外，一般只把高等教育作为一个研究领域，进行问题研究，除了不多的宏观的、理论的研究外，大量的是校本研究（院校研究）；而在中国则自20世纪80年代以来，就是学科建设与问题研究并重，双轨并进且有所交叉。至于超越一般经验总结的校本研究则是近年才开始提倡的。这一研究的历史轨迹，说明中国高等教育理论的产生与发展，虽对国外的理论与实践有所借鉴，但基本上是走自己的路，不是亦步亦趋地依附发展。

出版于1984年的上卷和出版于1985年的下卷的中国第一部《高等教育学》的出版，标志着中国高等教育学作为独立学科的建立。在此之后，陆续出版了近20部的高等教育学专著或教材，这一学科的建设，也随着实践经验的积累和西学东渐，在视野的宽度上与理论的深度上，不断有所创新、丰富、发展。进入21世纪，即将出版的这部由全国高等教育学研究会组织，十几位专家参加编写的《高等教育学》，可以说又是一个新的标志。如果说，第一部《高等教育学》是中国高等教育学科建立的历史标志；那么，这一部《高等教育学》则是中国高等教育学科跨进21世纪的现实标志。

第一部《高等教育学》的历史意义，在于把高等教育科学的研究对象与任务确定下来，对高等教育的本质、特点、基本概念、基本规律以及高等教

① 杨德广．高等教育学［M］．北京：高等教育出版社，2009.

育的结构，高等学校的社会职能、教育制度、教学活动，等等，做了明确的界定与表述，虽至今尚未为人们所认同，但仍有其现实意义。该书毕竟是20多年前所编撰的，但20多年来，时代在前进、经济在转型、高等教育在改革、研究水平在提高，教育理论工作者的思想也在变化。例如，可持续发展观、人文化、大众化、国际化、知识经济、素质教育这些理念，在中国当年尚未出现；市场经济、信息科技也尚未进入高等教育领域。这一部《高等教育学》，正如“前言”所说：“在前人研究的基础上，立足新时期、新任务、新特点，力图用新观念，用现代高等教育思想作指导，反映教育的发展变化，探索高等教育的基本规律，探索培养人才的规律。”本书从而可以视为21世纪初高等教育研究成果的现实标志，其主编杨德广教授，本来就是第一部《高等教育学》的作者之一。

人们的认识是无止境的，理论的发展也是无止境的。当我们正在“用现代高等教育思想作指导”以研究高等教育的理论与实践时，对现代教育思想的批判，对未来高等教育的探讨、预测已悄然兴起，其中后现代主义教育思想就是较有影响的一支。相对于“后现代”来说，“现代”被视为“传统”。“传统”的坚冰必须打破，前进的航道才能畅通。对于笃信历史辩证法的学者来说，应当抱欢迎的态度。只是坚冰的打破，可能开辟新的航道，也可能形成破碎的浮冰，仍然堵塞航道，而又不能在冰面上使用雪橇。因此，对于具有未来意义的高等教育理论，应当是“解构”与“建构”同时并进。

这部新的《高等教育学》，是作为研究生（主要是硕士生）学习用书编撰的。而研究生是思想活跃、善于接受新理念、具有批判精神的青年群体。希望在学习这本书时，尊重历史，立足现实，探索未来，勇于创新。

潘懋元
2006年11月24日
于厦门大学高等教育科学研究所

《大学理念在中国》① 序

写序，对我来说，是苦事也是乐事。为了写序，就有“先睹为快”的优先权，逼使我要认真读书，至少得浏览全书并精读若干重要章节，领悟作者殚精竭虑的研究成果，还得深思熟虑写出一点学习心得：庸俗的溢美非我所愿，苛求的评价会得罪作者，四平八稳的泛泛之谈有隔靴搔痒之嫌；最好能阐发书中的精华或发表自己的一得之见，这样，既可增长知识又能引发思考；有时还可透过书背后研究作者的思想发展历程和思维方式，王冀生同志就多次给我这种机会。如果没有记错的话，我已在他的督促之下为之写了三篇序文。

就我所知，王冀生同志这本《大学理念在中国》是他出版的著作中的第10本。这10本书的出版顺序反映他前期的论著主要是对高等教育现实问题的研究，在讨论现实问题中发表他的理论观点；后期主要是从事高等教育学科基本理论研究，着重于从文化的角度探索大学的精神，在学术探讨中蕴含现实经验。把认识论的理性思维与政治论的现实功利结合在一起，成为他后期著作的独特风格，充分体现了一位教育官员与教育学者的特殊身份及其思维方式。

《大学理念在中国》这本专著的特点，不仅把理性思维与现实功利结合起来，还把西方大学理念与中国传统文化、理论探讨与教育方针政策宣传结合起来，从而使得本书既古今中外的教育观点并陈、思辨方法和质性方法并用，又熔为一炉，洋洋大观。不同的读者，可以从不同的角度，各取所需，各有所得；

① 王冀生．大学理念在中国［M］．北京：高等教育出版社，2008.

但不要以为杂乱无章，而是全书贯串着一条主线。我的理解，这条主线是：作为观念体系的大学理念，深深扎根于民族文化土壤中，中国大学理念的发展，是以孔子儒学“以伦理道德为本位”的教育理想为根本，吸收西方“注重理性，学术自由”的理念，曲折探索中国特色的社会主义教育理念，走“以中华民族优秀文化为主体会通中西创新和谐发展”的道路。

理念，是一个精神、意识层面上的上位性、综合性的哲学概念，是指人们对某一事物或现象的理性认识与理想追求及其所形成的观念体系。① 大学理念也就是指人们对大学为何的理性认识与大学何为的理想追求。② 对大学的理性认识与理想追求，形成了一定的观念体系。这种观念体系及其价值指向，本来应当对办学行为起引导作用，但是，不论在西方或中国，除少数特例外，都只能作为美好的理想而很难付诸实践。在西方，“注重理性”虽然是大学教育永恒的主题（本书第二章），但20世纪以来，科学主义、功利主义始终在大学发展中居于主导地位；而在中国，更受行政体制的严格规范所制约而成画饼。理念与现实的矛盾，使许多有理念、有作为的大学校长和高等教育家感到困惑。王冀生同志在这本著作中提出了一个简明而精辟的化解矛盾的见解：“大学办学活动的基本矛盾是崇高学术与适应社会之间的矛盾。大学办学的基本规律可以表述为‘必须与学术和社会协调发展’，大学应当在办学实践中努力实现崇尚学术与适应社会的辩证统一。解决这个矛盾的根本出路是走多样化的发展道路，以大学办学模式的多样化去应对文明社会众多领域不同层次广泛需求的同时坚持大学应有的基本的理性和学术价值”（见本书导论），以多样化的发展道路，给予办学者一定的自主与自由的空间，或许就是当前解决矛盾的可行途径。

写序，就是做苦乐并存的作业。谨此就正于作者与读者。

是为序。

潘懋元

于2007年7月大暑日

① 韩延明．大学理念论纲［M］．北京：人民教育出版社，2003.

② 赵婷婷．大学何为：理想与现实的冲突及协调［M］．北京：高等教育出版社，2005.

《高等教育的建构》[①] 序

据我所知，高等教育只是一个研究领域还是可以作为一门学科之争，始于20世纪70年代的美国高等教育理论界。当时对中国并无影响。70年代末，中国高等教育学的创建，就是作为一门新学科建制的。直到80年代，由于引进了德罗塞尔（Paul L. Dressel）和马休（Lemis B. Mayhew，一译为梅赫）的《作为一个研究领域的高等教育》（Higher education as a field of study）而波及中国，当时在厦门大学高等教育科学研究所研究生中就有一场没有结论的争论。在此之后，1992年5月在厦门大学高等教育科学研究所召开的有美国知名比较高等教育家阿尔特巴赫和他的中国留学生、中央教育科学研究所周南照副所长参加的“全国第一届比较高等教育研讨会”上，又一次讨论高等教育学是不是一门独立的学科。大家同意周南照的提法，即高等教育学是“一门正在走向成熟的学科”。为了推动这一学科走向成熟，同年12月在厦门大学高等教育科学研究所召开的全国高等教育学研究会筹备会议上，举行“全国第一届高等教育学科建设研讨会”。1993年全国高等教育学研究会成立后，又以学科建设为主题连续举行了第二届、第三届学术年会，讨论如何构建高等教育学的理论体系。直到1997年第四届学术年会召开时，认识到学科理论体系的建设不能脱离火热的现实问题研究，才从以学科建设为主题转向以现实问题研究为重点，但仍有一段时间，保留一个人数较少的学科建设小型讨论会，讨论了理论体系的逻辑起点、理论与实践之间的中介环节等问题。总

① 王建华．高等教育的建构［M］．广州：广东高等教育出版社，2009.

之，中国高等教育研究，一直就是沿着两条并行且有所交叉的轨道前进：一条是学科建设，一条是现实问题研究。两者并不矛盾，而是相辅相成的关系。学科基本理论与基本方法，需要不断地从现实问题的研究中汲取新的知识源泉，并在运用中获得实践的检验；现实问题的研究，必须以学科的基本理论与基本方法为依据，而不能只凭就事论事的经验之谈。学科建设从复杂的事物表象中抽象、概括教育规律，而解释与解决现实问题要运用教育规律。同理，作为一门学科和作为一个研究领域，并不存在非此即彼的问题。高等教育的学科建制，是中国高等教育研究的特点，也是中国高等教育研究的优点；两条轨道并行且有所交叉符合中国高等教育研究发展的实际。

在高等教育发展过程中，需要研究的问题层出不穷：微观的，宏观的；特殊的，一般的；从教学问题到管理问题；从具体的校院研究到全国的、世界的一般发展趋势的预测；如此等等。因而吸引更多的研究工作者关注现实问题研究，这是必然的，也是可以理解的。相对来说，学科基本理论与基本方法的研究，必须专心致志，深思熟虑，甘于寂寞，愿坐冷板凳。人数不必太多，但不应被挤于边缘。

近年来，由于高等教育规模扩大，面临转制、创新，亟待解决的热点问题太多，在有限的时间中，我是被一个又一个的现实问题推着走的，除了主编过《多学科观点的高等教育研究》一书外，对于基本理论研究，已经无所作为。只能期望于理论基础较为深厚的中青年学者，同时组织几位博士生以学科建设为博士论文选题。王建华博士就是其中最有成就的青年学者之一。

王建华攻读博士学位之后，在人文、社科学术条件很好的南京师范大学专心从事高等教育学科的研究与教学工作，从追逐西方各种风行的社会科学理论到登上一定高度评论某些西方理论的得失而不为所囿，抒发自己的见解而言之成理，在高等教育学科建设上，有许多深邃的创新见解，文章散见于重要的理论刊物上。这本《高等教育的建构》就是在多篇论文的基础上形成的，分之成篇，合之粗成体系。全书主旨在论证高等教育可以作为一门独立的学科，还可能发展成为一门超越教育学分支学科、跨越众多人文社会学科的综合性学科；并且力图以人性假设为前提，以“高深学问”为基础，构建高等教育学的理论体系，对理念的树立、学科的建制、历史的演进、方法和运用……逐步展开。全书着重概念的辨析，通过许多关键性的概念辨析，层层剥茧，最终在于证明高等教育研究所涉及的问题，并非杂乱无章地堆砌在一起，在复杂多样的问题之间，存在着必然的联系——本质的关系。正如列宁在《哲学笔记》中所指出的："规律就是关系。……本质的关系或本质之间的关系。"① 也就是说，在高等教育研究领域中，存在一门综合性的高等教育学。这门学科的任务是探索高等教育问题的本质关系或本质之间关系的规律。

当然，作为一门正在走向成熟的学科，不可能也不必要在一本专著中得出完满的结论。我对全书的主旨完全持肯定的态度，但对于个别观点及其论证，有所保留。例如，以"高深学问这一传统的大学价值追求"作为高等教育学的基础，对与时俱进的大众化、普及化的高等教育是否具有普适性，存在疑义。在学术研究上，疑义相与析，我想是有益的，它能引导研究的深化。希望这本专著的出版，能引起更多的争论，从而不断地推动作者与读者深入辨析。

是为序。

潘懋元
2009 年 1 月 31 日

① 列宁全集：第 38 卷［M］. 北京：人民出版社，1959：161.

《高等教育学的学科建设》[①] 序

中国高等教育研究，自20世纪80年代以来，发展迅速，无论是研究队伍的庞大，还是研究成果的丰富，抑或是研究内容的广度与深度，都在世界高等教育研究的前列，被国外同行誉为高等教育研究的大国。其所以有如此喜人成就，主要原因是既借助于改革开放的春风，又有高等教育现代化建设与发展的需要；同时，也由于中国的高等教育研究，一开始就获得作为一门学科的建制。

高等教育研究，作为一门学科建制，既体现了这一研究领域的本质特征，也符合我们中国对人文与社会科学研究的传统，更是现实的需要。正是由于作为学科建制，可以进入大学作为学术专业培养专门人才，组织学科研究团体，出版学科刊物，形成学科群体。如所周知，30多年来，高等教育研究不但已是一门具有自己的理论体系的专门学科，而且还形成一个庞大的学科群。

但在高等教育学科发展过程中，也经常有学者提出质疑，认为西方国家（不是所有西方国家）只是把高等教育作为一个研究领域，采集教育现象，研究存在问题，总结实践经验，评论得失是非，并没有把它作为一门专门学科；并且按照西方有的学者，根据构建自然科学学科的成例所提出的“范式”，认为高等教育研究不符合“范式”，只能作为一个研究领域（有的认为普通教育学也不符合“范式”，因而也不是一门学科）。

① 方泽强. 高等教育学的学科建设［M］. 广州：广东高等教育出版社，2014.

在科学研究上，质疑问难，是研究深化的助推力。本来，学科建设与现实问题研究，并不是非此即彼的两回事，而是相辅相成的两条轨道。中国的高等教育研究，一直就是沿着两条并行而有所交叉的轨道前进的。学科的基本理论与基本方法，需要不断地从现实问题的研究中汲取新的知识，并在运用于解决现实问题中得到实践的检验或必要的修改；现实问题的研究，必须以学科的基本理论与基本方法为依据，才不至于停留在就事论事的经验之谈上。在高等教育的改革发展中，需要研究的现实问题层出不穷，因而吸引更多的研究工作者关注现实问题研究；而学科理论建设，面对的是基本的、深层次的问题，必须有专心致志、深思熟虑、甘于寂寞、敢于坐冷板凳的精神，因而研究者的动力往往不足。学者之间的质疑问难，疑义相与析，正是很好的助推力。近年来发表的许多学科建设的文章和几本有分量的学科专著，就是或多或少地围绕或针对质疑的论点或论据而展开的。

方泽强的博士学位论文《高等教育学的学科建设研究》，正是以“高等教育研究是否是学科”为切入点，进而阐发了高等教育学的基本理论问题，包括高等教育学的研究对象、研究方法、知识体系；更进而延伸研究高等教育的学科性质、与其他学科的关系以及学科文化；最后展望高等教育的学科发展，包括发展的动力机制、模式，而落点在高等教育学人的责任和使命。也就是，广博地研究高等教育学科建设的方方面面，对比前人的著作，有所开拓，有所深化。

作者在本书中有许多创新见解，例如，甩开“范式”论者所加给学科建设的桎梏，认为一门新学科是否能成立，衡量的标准只是三个“要素”：（一）具有明确的研究对象。高等教育学的研究对象就是高等教育所具有的功能。（二）提出了科学的规律。科学研究就是规律探求，一门学科的基本任务就是探讨一般规律和特殊规律，以及规律的作用和规律的运用。（三）形成学科的理论体系。高等教育学已初步形成了不同于普通教育学的理论体系。高等教育作为一门学科，完全符合这三个要素。

在本书中，作者对高等教育学的学科性质、研究方法、学科关系、学科文化，以及研究者的责任与使命，多有精辟的见解；建议将现行教育学科改称为普通教育学，与高等教育学在教育科类中并列一级学科建制，虽不成熟，但值得重视。希望本书的出版，能引起读者更多的反思与争论，助推高等教育学科适应时代持续发展。

是为序。

潘懋元
2014年7月17日
于厦门大学教育研究院

《大学的哲学——人学视角中的大学》[①] 序

苏州大学母小勇教授新著《大学的哲学——人学视角中的大学》即将出版，付梓之前，我阅读了部分书稿，粗有所得：该书以“人学”为核心理念，叩问大学中的“人”和“事”存在的缘由和内在规定性，对如何理解大学的本质、价值与功能，如何保障人才培养，如何对待“高深学问”的探究与学术成果的转化应用，以及如何优化大学组织及其运行机制等问题，都进行了深度的探究；特别是对于大学中主要的群体——教师和学生的特质和大学的职能，做了适切的解读。

教育学是人学的主要组成学科，以研究人的成长为其基本任务。正如卢梭等自由主义教育学派所提倡的教育是顺应并帮助个体自然成长的观点，或如杜威等进步主义教育家秉持的“教育即成长”的理念而批判所谓的“准备论”。本书作者将之应用于大学教育而准确地提出：“大学生的大学生涯不是生命的准备，而是其生命过程的一部分。”从而认为大学生涯的生存样态（自由、觉醒、快乐、探究），将制约着他们未来从业的生存样态（社会角色、潜能发展、社会贡献、自我实现）。

作为人学的教育学，应当研究人的成长规律，顺应并帮助个体的成长，但是当前的大学教育，受经济、政治、社会的制约，科学主义的影响，陷入异化的困境。作者以“异化”与“回归”作为该书的切入点。在处理两者的

① 母小勇．大学的哲学：人学视角中的大学［M］．南京：江苏凤凰教育出版社，2017．

关系上，作者很好地运用辩证的思维方法，即不是简单地否定“异化”现象，倡导“回归”原来的样态，而是认为“异化”的形成，有其必然的原因，不是偶然地出现。因此，对于“异化”现象及其所产生的问题，应当采取的是“扬弃”的方法——取其必然（合理），弃其偶然（糟粕），而不是简单地否定（消除）。例如，该书对于大学师生生存与发展的“异化”，并不忽视导致学生“异化”的制约因素有其必然的合理性，不能简单地提倡回到传统的师生关系中。对于大学中其他许多矛盾的事物，如学与术、目的性与规律性、学术权力与行政权力、学术自由与学术责任等的矛盾对立，都能辩证地分析入微。因而，倡导回归大学的本质，不是像某些学者简单地号召回到象牙塔中，不为世俗所干扰，只要专心地为学术而学术；而是要求在适应社会的现代化过程中，按照人的成长规律，培养人才、创新科学、应用科学，保持人的成长和社会发展的一致性。

母小勇的新著，面广意深，不是我这个外行者所能解读。承嘱写序，只能浅谈一点读后感，以就正于作者和读者。

是为序。

潘懋元
2016年春
于三亚旅途

高等教育分支学科

《电教理论研究专题讲座》[1] 序[2]

厦门大学电教中心承办的“高校电教理论讲习会”在厦大举行。这个讲习会既不是“电教技术讲习会”，也不是“电教经验交流会”，而是叫作“电教理论讲习会”。它从一个侧面反映着我国电化教育事业的发展已经深入到一个新的阶段。

为什么这样说呢?

电化教育虽然在中国20世纪30年代就开始提倡，但它的全面推广则是到1978年才开始的，是在教育事业面临着大发展的新形势下被人们所重视和推广。从1978年到现在，经历了几个阶段：（1）着重于电教设备（硬件）的购置与研制；（2）着重于教材（软件）的编制；（3）重视教学方法的研究与传授；（4）感到有必要进行电教理论的研究，探索电教规律。也就是说，从只把电教作为一种教学辅助设备到把电教作为教育科学的一门分支学科，这中间有个过程。这个过程只有七年多时间。可见，我国电教事业在向纵深方面的发展正如它在数量上的发展一样，都是很迅速的。我们这个讲习会，也就是从一个侧面标志着我国电教事业深入发展到一个新的阶段。讲习会虽然规模很小，但它的历史意义将是很重要的。

---

① 福建高校电教研究会，高校电教研究专题讲座，内部资料，1986年。

② 由曹自力、徐俞根据录音整理。

这个讲习会的意义在于向人们展示：从事电教工作的，不仅要有硬件技术人员，还要有软件制作人员；不仅要懂得管理方法与教学方法，而且要懂得电教理论。只有在正确的理论指导下，才能提高电化教育的质量，推动其教学改革。电教，不仅是技术，也不仅是经验，而是科学。如果说，1981 年我在《电化教育》第二期上发表《应当重视电化教育理论研究》时，还只是一种期望，那么，今天已经开始实现了。为了表述我进一步的期望，我今天所做的报告是：《电化教育与教学改革》。

一、电化教育是教学改革的一种推动力量

《中共中央关于教育体制改革的决定》着重指出："在高等教育体制改革的同时，改革教学内容、教学方法、教学制度。……要理论联系实际，在辩证唯物主义与历史唯物主义思想指导之下进行改革。"体制改革是一切教育改革的前提条件，是当前首要的任务。同经济、科技改革一样，教育改革也要从体制改革入手，但前提不等于改革的全部内容。教育改革的对象，终归要落实到教育内容、教育方法，特别是教学内容和方法上。因为学校教育以教学为主。

体制改革的根本目的在于促进教学内容、方法和制度的改革，调动教师进行改革的积极性，从而推动教育事业的发展。否则，体制改革就没有意义。教学内容和方法的改革，比体制改革更为复杂多样，涉及面更广。它包含许多方面，其中教学手段的现代化是它的重要方面。教学手段现代化既是教学改革的组成部分，也是教学改革的推动力量。

现代化教学手段这一概念比电化教育这一概念要大，但电化教育是当前现代化教学手段最灵活、最有生命力的组成部分。它发展迅速，应用广泛。因此，电化教育如能运用得好，可以推动教学改革、教育改革，加速教育事业的发展。历史上印刷术的发明就是一个很好的例证，它使得整个教育起了巨大的变化。在这以前，由于书写困难，教师学生要用大量的时间来抄书，能接触到书的人寥寥无几。印刷术的发明使教育获得了大解放：学生扩大了知识面，接受知识的人数增加，教育的普及成为可能；教学形式从个别教学

发展到班级集体教学。因此，可以说没有中世纪印刷术的发明和发展就没有近代的教育；甚至可以说，没有印刷术的发展就没有现代文明。

但大家对电化教育在教学改革的作用认识还不一致。有些人认为电化教育仅仅是一种工具，充其量也只能起辅助作用。不错，电化设备是一种工具，但并不是一种简单的工具。这种工具将要在历史上起深远的作用，它相当于历史上印刷术的发明与推广，可以使得教育的面貌、文化的面貌发生变化一样。

当然，电化教育在促进教育面貌的变化上所发生的威力到目前为止还远远比不上十五六世纪之后印刷术所发挥的威力。这是由于电化教育推广的时间还比较短，电化设备在教育上的应用还没有像在社会上的应用那样广泛和有效，电教的威力还没有充分发挥出来。这里有种种原因，设备不足或不够方便、教材编制困难、技术上的困难、应用方法不得当等。目前，只有一些学科非使用不可，如外语教学。如果要更好地发挥电化教育的作用，当然要解决许多技术问题和方法问题。但我们不能仅局限于此，而要纵观全局，针对当前教育改革的情况、问题、趋势要有正确的认识，使电化教育适应于教育改革的需要。

二、当前世界教育改革需要解决的重大问题

现在，世界各国都在进行教育改革，提出了许多理论和方案，在高等教育改革方面，大概有如下几个问题：

1. 高等教育如何反映科学技术发展的新成就，培养适应现代生产和科学技术发展所需要的人才，这里面的核心问题就是课程改革。一般认为，要培养现代化的人才就要增加基础学科的比重，他们的知识面要宽广；但对基础学科比重到底怎样才算合理，认识并不完全一致，美国主张培养通才。有些改革方案提出一、二年级，甚至本科四年都不要分系科，或者分成文理两大类。我们某些专家也提出类似的设想，但欧洲并不完全如此。欧洲大学也要求课程面宽广，同时学习一定的专业知识。苏联始终主张培养专门人才，但也赞成加宽基础知识。从这里我们可以看出，为了适应现代化科学技术发展

的需要而培养人才，有加宽基础这一共同认识，但有不同的看法。美国最宽，欧洲既宽又专，苏联专中有宽。

各国情况不同，我们不能照搬美国的模式。第一，美国中学水平不高，普遍文化基础知识不足，所以，在大学阶段要继续打基础；而我国的中学经过整顿和提高已经达到或超过“文化大革命”前的水平，我国高中毕业生的水平并不低于美国高中毕业生水平，至少数理化知识要扎实些。第二，美国有许多大公司、大企业，有适于毕业生对口工作的职业条件和培训条件，我们在这方面条件不充足。由于我国以计划为主，大学毕业后再到某些部门去培训，对我们很不利。要适应新科学技术的成就，我国大学生的基础应该加深打牢，不能一进大学就钻到牛角尖中去，但毕竟不能到工作岗位上才学习专业知识。

2. 如何用更有效的教学方法提高大学生的智力和能力。由于知识更新加快，只传授知识已不能适应时代的要求。因此，应该发展学生的智力和能力，使得学生将来自己能够及时地吸收新的科技信息，能够发挥应用知识来解决问题的能力。这就要求我们改革教学组织、教学方法、教学技术和教学工具。这也包含如何运用电教工具来辅助教学、提高效率，更好地发展学生的智能。

传统的教学必须进行改革，但世界各国对如何改革认识不同。美国流行的“发现法”“自我发现法”，宣称通过自我发现所掌握的知识牢靠，对于培养能力大为有利。确有这种优点，但即使在美国，“发现法”并没有被普遍使用。因为它并不完全适用于一切课程，也不太经济。苏联流行一种“问题教学法”，即老师用提问来启发学生思考，组织学生讨论，而不是将现成结论交给学生。我国目前还是结论式的课堂讲授法，大家认为一定要改。如何改，方案很多，都在试验中。目前比较可行的是一种叫“学导式”或“导学式”教学法。这种方法具有较好地培养学生思考能力的作用，也不完全否定必要的课堂讲授。其有讲授、讨论和相互帮助，并使课为外有机地联系起来；但也不是什么课程都可用的。

教学方法改革的许多方面，都离不开电教教育。在“教学方法改革的条件”中，我将谈到它的作用。

3. 如何以最少的投资来取得人才开发的最大效益，这是教育经济学所要研究的问题。高等教育管理学也研究如何用更经济有效的方法来管理大学。目前，我国的高等教育管理学实际上很不成熟。我们现在是引进企业管理的方法来管理大学，引进系统工程的理论来探讨大学管理体制的改革。

4. 如何适应劳动力市场的需要来解决大学毕业后的就业问题。外国大学校长的任务有三件：第一，想办法弄钱；第二，聘请有关的专家学者；第三，为学生找出路。如果大学校长社会联系广泛，活动能力强，学生还未毕业，社会上就有人“订货”，那这个学校的生源就比较充足。没有出路，学生不来上学，学校就得关门。不愿关门的就得研究劳动力市场的信息，开出适应市场需要的课程，校长还得出力向公司、企业推销本校所培养的人才。

三、教学方法改革的条件

在第二个问题里面，我讲了当前世界高等教育改革的四个主要方面，其中之一就是如何用更有效的教学方法培养和发展大学生的能力问题，这就涉及了教学方法的改革。从教育实践来看，教学方法的改革势在必行，即有了改革的必要性，那么，是否已具备了改革的可能性呢？我们的回答是肯定的，其理由有以下三点：

（一）信息科学技术的迅速发展，其理论和技术为教学方法的改革提供了条件

现在大家都在谈论“信息社会”“信息技术”。“信息”这个几年前还很陌生的词，现在已经变得家喻户晓了，但我不同意把知识与信息等同的观点。诚然，知识是信息，但却是一种特殊的信息。利用信息科学技术来传递作为特殊信息的知识，不管是利用视听设备、计算机或其他，无疑是具有其优越性的，从而为教学方法的改革提供了条件。这样讲，也许很抽象，让我们来举个例子。

在近年来提倡的新教学方法中，有一种叫“程序教学法”，即根据教学内容的逻辑结构和心理规律，把教材编成一个个小步骤，让学生独立学习。其实，程序教学法在 20 世纪 50 年代早已有之，而且在世界各地广泛采用。当时，只能利用机械的程序机，把一个个程序编成纸条，然后转动机械，按程

序自学、做作业、核对正误等。我国也曾经进行过程序教学的实验，如我曾到北京景山学校参观，他们连程序机也没有，就是把程序写在一张张卡片上，应用到小学的算术教学上，就是把加减法分成许多步。如果学生看了卡片上的提示，完成了作业，那么，就进行下一步。如果对照卡片发现不对，那么，卡片就很难告诉学生该怎么做下去或找出出错的原因，这时就需要教师的辅导。教师或者让学生去找某一卡片，或者直接告诉学生怎样改正。这样，就很难学得快，用得好。

小学的算术教学可以利用程序机，那么到中学就不容易了，而要利用程序机来解决大学的教学问题就太难，甚至是不可能的了。因为大学课程内容不是像小学的“1 + 1 = 2”那样简单，是就是，非就非。首先，许多问题的答案在许多情况下具有模糊性和多样性；其次，问题的答案可能有十几种，甚至几十种，这是卡片程序机所无能为力的。

到了20世纪60年代，程序教学因为困难重重，难以推广，开始“冷”了；到了70年代初，已经很少人提倡程序教学了。原因何在？关键是技术跟不上，但是近年来，程序教学又“热”起来了。这是由于电子计算机，特别是微机，进入到教学领域，它比机械程序机，不管是在处理信息的质和量以及灵活性上，都具有无比的优越性。所以说，程序教学经历了从“热”到“冷”又到“热”这样一条马鞍形的道路，是与信息科学技术的发展有密切联系的。

（二）脑科学的发展，为教学理论和方法的运用提供了依据

最近几年，对人的大脑的机制和功能以及其结构和活动规律的研究成果颇多，为改进教学方法、调动和充分发挥人脑的潜力提供了科学依据。

大家都知道，大脑两半球的功能是不同的：左半球主要管抽象思维和语言；右半球主管形象思维，如音乐和美术。我在这里讲话，只能引起大家第二信号系统的活动，一般说，只能调动大家的左半球，这就太可惜了。怎样在利用一个半球的同时也发挥另一个半球的作用，这是个很重要的问题。

基于对大脑两半球功能的科研成果，保加利亚教育家——洛札诺夫创立了外语“暗示教学法”。根据介绍，他的“暗示教学法”是这样实施的：教师用不同的声调朗读教材，在朗读过程中伴之以音乐与教材配合，并告诉学

生不要注意外语而只专心听音乐。据说，这种教学法应用于成人外语教学，效率提高了5倍。这种教学法之所以有这样高的效率，可能就是同时发挥大脑两半球功能的结果。

前段，还有人提出了所谓“睡眠教学法”，据说效果很好。但没有发展下去，因为这里有一个非常重要的问题：如果睡眠的时候也可以学习，而且效率很高，那么，这就意味着学习时间要加倍。这样是否会给人的精神带来什么破坏作用？这是个必须正视的问题。

脑科学的研究还发现，潜意识可能具有巨大的作用和潜力。虽然，潜意识这个概念早就提出来了，但对它的研究迄今甚少。

总之，脑科学的研究成果为改进教学方法奠定了理论基础，而电化教学在发挥大脑两半球的潜力方面大有可为。

（三）教育理论自身的发展，也为教学方法的改革提供了依据

一般的教育学课本，包括我主编的《高等教育学》在内，都把教学过程视为认识过程。最近几年来的研究，突破了这个传统观点，认为教学过程是全面发展的过程，即个体知、情、意、行的发展过程。这个观点在电化教育中得到了很好的印证。

电化教育是科学与艺术的结合，是理智与情感的结合。各种电影片、电视片和录音，不仅是科学知识的载体，而且包含着艺术和情感，对提高学生的艺术鉴赏力、陶冶学生的情操都有显著效果。

从上述三个方面的条件看来，都与电化教育有关，所以说，电化教育是教学方法和教育理论改革的促进力量。

四、处理电化教育与教育改革关系的若干原则问题

上面我着重阐述了电化教育在掀动教育改革，特别是在教学方法改革中的积极作用。应该认识到，要充分发挥这些积极性，促进教育改革，还必须处理好以下几个方面的关系问题。

（一）电化教育方法与传统教学方法的关系问题

在这个问题上，有不同的认识。一种观点认为，应该用电化教育方法代

替传统的教学方法。比如，在家里用电视和计算机教学代替课堂教学，用双向电视教学代替班级授课、代替学校。另一种观点认为，电化教育说到底只是一种辅助工具，既然是一种辅助工具，那么就只能是传统教学方法的一种形式，只能起辅助作用，可以用也可以不用。这里实质上涉及一个重大理论问题，就是怎样对待传统与改革的问题。这不仅仅是电化教育存在的特殊问题，而且是整个教育改革乃至整个改革运动普遍存在的问题。

就目前来讲，电化教育还只能是起辅助作用，这是事实；但是，要看到电化教育不会停滞不前，我们不能只把它限制于辅助作用，而要研究它，看它怎样能更好地推动传统教学方法的改革，甚至在一些地方可以独立使用。虽然我们不能脱离实际，而认为目前就可以用电化教育方法代替传统教学方法，但是今后，我们可以有部分课程用电教代替。例如，在局部，我们可以用在计算机上模拟的方法进行教学；可以用程序教学学习某些逻辑严密的学科；还可以用电影和录像部分地代替实地参观，把要看的东西突出来，并加以说明。这样效果会好一些，但是其中的电影和录像恐怕不能完全取代传统的参观法。因为，电影和录像毕竟不能把当时的全部情景和气氛都显现出来，所以，要正确对待电化教育与传统教育的关系，要在传统教学方法的基础上发展电化教育方法，从而反过来改革传统教学方法中那些不适应的部分，而不能简单地对传统教学方法全盘否定。

（二）人与机的关系问题

关于电化教育的教材，已有对这个问题的不少阐述，总的观点应是这样的：机有重要作用，可以代替人的部分脑力劳动，甚至比人做得既快且好；但是，机不能全部代替人，机只能在人的正确运用下起作用。因而，那种认为，机器可以代替教师，教师只起辅助作用的观点是错误的。在任何情况下，只要存在教学过程，教师就一定起主导作用。

（三）视、听与思考的关系问题

决不能片面地把电化教育仅仅视为看和听，只是诉之于第一信号系统。电化教育必须有第二信号系统的参与，不能因为电化教育的优势在传递第一信号，从而就忽视第二信号系统的作用。从总体来看，在大学阶段第二信号的传递，始终占着主要地位，所以，要处理好第一信号系统与第二信号系统以及形象思维与抽象思维的关系。以上所谈，都是外行人讲外行话，其目的只有一个，就是电化教育有广阔的前途。而要发挥电教的作用，就要重视电教理论的研究，否则到了一定程度就很难前进！

潘懋元

《医学教育学》[①] 序

教育科学在它的形成和发展过程中，首先出现的是研究教育一般规律的教育学，其后逐渐出现研究教育某一方面、某一领域、某一层次的特殊规律的分支学科。如教育心理学、教育经济学、教育社会学、教育管理学、教育卫生学、教育史、比较教育学以及普通教育学、高等教育学、成人教育学、学前教育学、特殊教育学等。众多分支学科的出现，既标志着教育事业的发展与教育研究的深化，又是学科交叉与渗透的成果——教育与非教育科学的交叉渗透和教育科学分支学科的交叉渗透。

应当承认，教育学所研究的一般规律，对教育实践具有普遍性的指导意义；但是，由于教育学的形成和发展主要是以普通教育为研究对象，以之指导不同层次、不同类型的教育实践，不但失之一般化，而且有的是不适当或不完全适当的。例如，医学教育有许多特殊问题，如医学与人类、社会的关系，医学生的德育，医学课程结构，临床教学以及实验、实习等问题，不但不是教育学所能论述，也不是高等教育学所能解决的。此外，医学教育又是发展迅速的专业教育之一，现在我国高等与中等医药院校就有 600 多所，医学生 20 多万人，还未计及为数更多的初等医药学校和短期的培训班。为了满足 10 亿人民的需要，今后还将有更大的发展。从而，编写以医学教育为研究对象、有针对性地论述医学教育特殊问题的专著是完全必要的。

《医学教育学》，是国内几所有名的医学院校的同志合作编写的。他们既

① 王桂生，关永琛. 医学教育学［M］. 乌鲁木齐：新疆人民出版社，1988.

有医学的专门知识，又有丰富的教学与办学经验。他们根据教育学的一般原理，研究医学教育的特殊问题，总结优秀教育经验，吸收最新科研成果，在教育一般规律与医学教育特殊规律的结合上，在教育理论与教育实践的结合上下功夫，是我国第一部医学教育理论专著。我相信，这本专著的出版，必将对我国医学教育的改革与发展起推动作用，也将对丰富我国教育理论有所贡献。它不仅是从事医学教育的同志的必读书，而且医务工作者、教育工作者读了，也能起增长知识、扩大眼界的作用。

潘懋元
1987年7月1日

《高等师范专科教育概论》① 序

在当前以及今后相当长的一个历史时期，高等师范专科教育是我国高等教育体系中一个独立的、重要的组成部分。1986 年，全国有师专 185 所，约占普通高等学校数的 17%、高等专科学校数的 54.09%、高等师范院校数的 71.98%；全国师专的在校生为 28 万人，占当年普通高等学校在校生数的 14.93%、高等专科学校在校生数的 41.58%、高等师范院校在校生数的 58.27%。仅举这些数字，就足以说明师专教育的重要地位；但师专教育的重要性，还不只是显示在它的数量上，更重要的是显示在它对社会主义现代化建设的作用上——实施九年义务教育制，要逐步普及初中教育，培养合格的初中教师，这是师专当前的主要任务，随着社会的发展，文化科学水平的提高，要把小学教师的培养规格逐步提高到高等教育水平，则是师专将来一个相当长的历史时期的重要任务。可以这么说，九年义务教育制何时普及、质量如何，不只是取决于普及教育的经费、校舍、设备，其在很大程度上取决于高等师范专科学校所能提供的师资的数量与质量。

但是，对于高等教育这一重要的组成部分，以往却很少研究，至今还有许多重大的问题缺乏正确与明确的认识。例如：高等师范专科教育的本质特点是什么？它在当前和今后的任务是什么？它的改革方向与发展前途如何？应当怎样制定师专的培养目标与规格？师专的专业结构与课程结构、地区布

① 桂浙闽三省高教学会．高等师范专科教育概论［M］．杭州：浙江大学出版社，1988.

局与发展速度如何适应社会发展的需要？怎样确定师专外部与内部的领导管理体制？如何提高师专的教育质量？等等。这里每个课题，都有一连串的问题有待于探讨。以提高师专教育质量为例，就必须解决师专应当朝什么方向去提高，如何根据师专自己的培养目标来制订教学计划、编制教学大纲和编写教材，如何根据师专的特点对学生进行专业教育与职业道德教育，如何提高生源的素质，以及用什么标准来评估师专的教育质量，如此等等。由于理论研究跟不上实践需要，许多分歧的意见与并非合理的做法未能得到正确的解决。例如：在办学指导思想上，“师专向高师本科看齐”远未解决。在招生上，成绩好的进高师本科，成绩差的进师专；师专读得好的选拔进高师本科，反之，高师本科读得不好的淘汰进师专。这些被视为“理所当然”的观点与做法就很少有人从理论上提出怀疑。

为了从理论上探讨高等师范专科教育办学的实际问题，广西、浙江、福建三地的高等教育学会，联合编写出版了《高等师范专科教育概论》一书。参加编写工作的同志，大多数是对师专办学有丰富的经验、对师专教育所遇到的种种问题有深切体会而又有相当理论水平的高等教育工作者。这本书的特点是针对性强。它所论述的问题，都是当前师专教育中确实存在的现实问题。针对这些问题，列举各种观点与事实，提出正确的或比较正确的见解，进行科学的论证与阐述。例如：把师专教育的特点概括为高教性、专科性、师范性与地方性，对于按教育规律办教育，有指导意义。又如：对师专的发展前景进行预测，提出了师专办学的指导思想，探讨了师专的培养目标与规格、布局、规模、学制、专业设置、招生与分配、领导管理体制等改革意见，论述了师专的思想政治教育、教学、师资队伍建设以及后勤等工作，都颇有见地。这本书，探讨理论而不流于空谈，总结经验而不囿于经验，观点鲜明，材料丰富。它的出版，对于办好师专、深入教育改革，无疑能够起指导与咨询的作用；对于广大的师专师生，也能够起直接或间接的教育作用。

我是搞高等教育理论研究的，深感这个学科领域的研究，不但要根据哲学、心理学、社会学等的原理来探讨一般的规律，更要从各级各类高等教育的实际来探讨特殊的规律。从一般到特殊，才能高屋建瓴、深入本质；从特殊到一般，才能扩大研究领域、丰富研究内容，使研究工作深入与提高。现在，随着各级各类的高等教育研究的深入，已发展为高等教育科学的各个分支学科，并深入到高等教育的各个方面。前者如高等教育管理学、高等教育经济学、高等学校思想政治教育理论，已经有相关专著多本出版；后者如高等工程教育、医学教育学，也都有了专论或专书。《高等师范专科教育概论》这本书的出版，又是高等教育科学园地的一株新葩。

潘懋元
1987年10月12日

《高等工程教育结构改革研究》[①] 序

现代系统论的重要贡献之一，是把“结构”的概念引进科学研究过程中，使人们对于事物的认识有可能更加深入。任何事物都具有一定的结构性。事物的量与质的关系，往往通过结构起作用。即使数量不变，由于结构的变化也会引起事物性质的变化。自然系统、社会系统如此，教育系统也是如此。不同的教育结构，教育的功能与效益可能大不相同。因此，研究教育问题，正如研究自然界和社会生活一样，只有深入它的结构，才能深刻理解它的功能；只有掌握它的最佳结构，才能追求最大效益。教育结构学作为一门新兴的教育学科，正是从结构上研究一定社会的教育构成要素的关联方式、比例关系及其变化规律，寻求合理结构，探讨结构优化规律，以追求最大教育效益的科学。

过去我们研究高等教育规划问题，往往只从整体的需要与可能上研究数量与质量的关系，未免失之笼统。单纯数量的增加，结构不合理，不一定能收到预期的效益，甚至会造成很大的浪费，如20世纪70年代中等教育普通中学学生数翻了几番所造成的严重后果就是一个典型的例子；个别质量提高，整体结构不合理，也不一定能收到预期的效益，甚至会造成人才积压，如有的国家片面追求高学历而出现大量的大学毕业生以及获得高学位者的结构性失业是另一个典型例子。因此，在一定意义上，高等教育的发展与改革中，“结构”是一个关键的环节。“高等工程教育结构改革研究”这一科研课题的

① 张光斗．高等工程教育结构改革研究［M］．重庆：重庆大学出版社，1987.

重要意义，正在于抓住“结构”这一关键环节，寻求高等工程教育的合理结构，指引教育工作者对高等工程教育系统进行有目的、有计划的调控与改革，推动教育事业的发展。

高等教育系统的结构是多样化的。从宏观方面看，主要有层次结构、专业结构、形式结构、布局结构、管理结构等；从微观方面（院校、科系）看，除同样有专业结构、管理结构外，主要为课程结构、队伍结构、基础设施结构等；从受教育的个体方面看，则主要有全面素质结构、知识结构、智能结构等。“高等工程教育结构改革研究”着重于宏观方面，尤以层次结构和专业结构为研究重点，这是当前高等工程教育系统的全局性问题。首先集中力量解决这些问题，我认为是正确的。当然，在研究中，也不能不涉及微观方面以至个体方面的若干问题。我有幸先睹其中部分研究成果，并浏览选题目录，感到其材料充实、内容丰富。既有系统、周密的调查，又有求实、创新的见解；虽所见不尽相同，但正体现了探索与争鸣精神。

科学研究成果，尤其是应用性科学研究成果，最重要的是如何转化为“生产力”——对于社会科学研究成果来说，就是如何及时转化为政策、措施，用于指导社会实践。“高等工程教育结构改革研究”这一科研课题，是在国家教委高教二司的主持下，以国家教委直属高等工业学校教育研究协作组为骨干，广泛组织院校领导、高等教育研究所（室）科研人员、大学教师、干部参加。这种组织形式，不但具有领导与群众结合、理论联系实际、有针对性地解决实际问题的优点，而且有利于把科研成果及时转化为“生产力”。实际上，这一科研课题的成果，已经体现在国家教委的有关文件之中，也已不同程度地被高等工业院校所采用。如果说，科研成果的科学性与可行性需要评价或鉴定的话，这就是最有力的评价和鉴定。当然，最后的评价、鉴定还有待于实践的检验。

社会科学研究工作者常抱怨行政部门不重视科学研究，凭经验办事，拍脑袋决策，不科学，不民主；行政部门又往往抱怨科研工作者脱离实际，纸上谈兵，不解决实际问题。“高等工程教育结构改革研究”的成功事例，为我们提供了一个科研与决策结合的范例，给予我们启示：决策者要有科学化、民主化的态度，把科学研究引进决策过程中；科研工作者要有实事求是的态度，重视科研成果的可行性。只有这样，才能把科研与决策“两张皮”紧密地黏合在一起。

众所周知，我国的高等教育理论研究刚刚起步，还很不成熟；而教育理论的源泉是教育实践。“高等工程教育结构改革研究”的成果，是从教育实践中获得的应用性科研成果，无疑将是高等教育理论研究的宝贵资源，将对丰富与发展高等教育科研起作用。为此，作为高等教育理论工作者，借此机会，对参与这一课题研究的全体人员表示我们深切的谢意。

潘懋元
于厦门大学高等教育科学研究所

《高等工程教育概论》[①] 序

近十年来，中国高等教育学科的研究，从无到有、从少到多，进展很快，研究领域不断扩大，理论探索逐步深入。除研究高等教育的一般规律外，对不同层次、不同科类的高等教育，也从各个角度来探索各自的特殊规律。其中，高等工程教育的理论研究最为活跃，所取得的研究成果也最为丰富，不少已付诸改革实践。这同国家教委高教二司和国家教委直属高等工业学校教育研究协作组的组织与推动是分不开的。

本书的作者，作为高教二司的副司长，在他主管全国高等工程教育的七年多中，结合工作实际，以极大的热情和不懈的努力，亲自组织和参加了高等工程教育问题的理论研究，发表了多篇论文、讲话和报告。这本《高等工程教育概论》（简称《概论》）是从他所发表的论文、讲话、报告中选出的32篇编辑成书的。这本《概论》的特点，不像一般专著那样从学科体系出发，而是从中国高等工程教育的实际问题出发，以实际材料、实际经验为基础，在解决实际问题中进行理论的概括和规律的探索，从而把理论和实践结合起来，引导我们在解决实际问题时看到理论指导的重要性，在理论研讨中注重如何走向实际。这本《概论》在编辑方法上也别具一格，既有别于系统的专著，也不同于一般的论文选集，而是就高等工程教育的主要方面，按一定的逻辑结构、顺序编排，自成体系，分则成篇，合则成书，既可以全读，也可

① 谢祖钊，傅雄烈. 高等工程教育概论：修订版［M］. 北京：北京航空航天大学出版社，1992.

选读。我相信，这本书对从事高等工程教育以及其他高等教育工作的干部、教师将会是有益的。

《概论》的出版，还向我们提出一个值得思考的问题：搞领导管理工作的同志，要不要、能不能同时搞科学研究？我从同本书的作者以及高教二司其他一些同志的交往中，形成了这样的看法：搞领导管理工作的同志，应当搞研究，能搞好研究。为什么应当搞研究呢？因为“决策”是国家机关最基本的职责；而要作出正确的决策，就必须将科学研究引入决策过程中，利用现代科学技术手段，采用民主和科学的方法，使决策成为集思广益的、有科学根据的、有制度保证的过程，以实现决策的科学化和民主化。“为什么能搞好研究呢？因为领导管理干部搞研究有其有利之处：首先，他们掌握的情况、资料比较全面，选题可以结合实际需要；其次，组织力量、筹措经费比较方便；再次，研究成果能比较快地转化为决策、措施，推广使用，产生效益；最后，结合实际开展研究，有利于学科的建设和发展。”当然，要达到这样的要求是很不容易的。我赞成本书的作者在“懂教育是教育管理干部最基本的素质”中所阐明的一个观点：“一个好的教育管理干部也必须既会管理，又会研究。管理需要研究，研究为了管理，要自觉地将科学研究引入管理和决策过程中。只有这样，才能在实践的基础上逐步懂得高等教育的基本规律，把经验管理提到科学管理的高度，才能实现决策和管理的科学化和民主化。”我希望，这个观点能被越来越多的教育管理干部理解和接受。

潘懋元
1989 年 7 月

《教育未来学》[①] 序

教育未来学是一门新兴学科。它以未来学的方法，研究教育发展的趋势，预测未来教育的模式（广义的），包括未来教育的目标、规模、结构、内容、方法、技术、管理等，为制订教育发展规划和教育改革方案提供理论依据，也为开拓教育工作者的眼界与思路提供有益的启示。如果说，多种社会事业都必须有所预测，那么，具有社会发展超前性的教育事业，它的预测就只有更为重要的意义。

教育未来学的科学依据是：教育的发展具有客观规律性，教育发展的客观规律是可认识的，从而根据教育发展客观规律来预测未来教育模式是可能的。

教育未来学所依据的教育发展客观规律，主要是指教育发展与社会发展之间的必然联系与关系。从社会生产力与科学技术水平、经济制度与政治制度、文化传统与文化交流、人口与地理环境等外部因素对教育的制约作用，是可以一般地预测教育的发展趋势与未来模式的。但是，这些外部因素对教育的制约作用，还必须通过教育自身的内部规律体现出来。有些教育未来学的研究只根据外部因素来预测未来教育是不全面的。同时，教育观念对教育发展也起着不容忽视的作用。以高等教育为例来说，从上述诸因素的预测可以在一定程度上概见未来高等教育的规模、结构、数量、质量等，但把大学教育作为“精英教育”或提倡所谓“高等教育机会均等”，高等教育发展的

① 温梁华．教育未来学［M］．昆明：云南大学出版社，1989.

规模、数量、质量必然大不相同；持“社会需要”的教育价值观或“人本主义”的教育价值观，对高等教育发展的目标、结构、内容也必然产生重大的影响。影响教育的外部与内部的因素是如此复杂，未来教育的预测是一项庞大的系统工程，以致预测的结果只能作为一种模糊的、可能的假设来看待。

尽管对于未来教育的预测存在“测不准”的问题，但教育的超前性要求我们对未来教育非有充分的预测不可。这一两难的命题就只能从教育未来学的研究上寻求答案。我认为研究教育未来学的意义就在于使我们能够在科学规律的基础上和正确思想的指导下，尽可能比较准确地预测未来教育的模式和比较正确地指导我们制定可行性的政策和方案。温梁华同志的《教育未来学》一书，正是一个可喜的尝试。

《教育未来学》全书共 8 章 17 万字。我只粗阅 2 万字的“提要”，从这个“提要”看来，内容丰富，体系严谨。第一章“概说”和第二章“未来的教育观”，论述教育预测的客观和主观的制约因素；第三章到第八章，分别论述未来教育的模式（狭义的）、对象、教育者、内容、方法与技术、管理等。预测的内容，大多是广泛汇集近年来有关教育发展战略和研究成果，进行评价、选择与论证；有的则是作者自己所做的预测。由于客观形势与主观条件的限制，本书所预测的多项内容，不可能也不应当要求其十分准确。作为建立一个新学科的雏形，我认为更重要的是本书所揭示的方法论上的意义。

潘懋元

《高等教育系统工程》[1] 序

运用系统科学的原理与方法，研究高等教育的结构、功能及其运行机制，对于深入认识高等教育这一复杂的社会系统，提高高等学校组织与管理的科学水平，以寻求教育效益的整体最优化，是深化高等教育改革所亟须的。为此，厦门大学高等教育科学研究所为培养本专业的研究生，从1983年起，就商得本所兼职研究人员廖泉文老师的同意，讲授“高等教育系统工程”。先是只开专题讲座，其后逐步充实与系统化，开设选修课程，前后已开了六轮，研究生反映很好。虽说是选修课，差不多所有的研究生都踊跃选修了这门课。这本《高等教育系统工程》，就是在历年讲课的基础上，加工整理编成的。

廖泉文同志本来是研究数理方程及现代化管理的，有深厚的数理基础，在运用数量方法与信息技术以研究系统工程上，有独到之处；对于系统分析方法，阐发精微，并有许多创新见解。本书在写作过程中，还参考了大量中外有关著作，汲取中外学者近年来对这一科研领域的最新成果，内容丰富，材料新颖，在一定程度上，反映了当前这一研究领域所达到的水平。

众所周知，作为系统科学的一个层次——系统工程技术，其中信息系统工程、经济系统工程、军事系统工程，发展较早，也可能比较成熟；而教育系统工程，在世界范围研究的历史本来就不长，在国内则刚刚起步，何况以高等教育系统为研究对象了。系统地论述高等教育系统工程，这本专著应属

① 廖泉文．高等教育系统工程［M］．厦门：厦门大学出版社，1990.

第一部。作者自称是“抛砖引玉”之作，虽是谦词，也属实情。从框架到内容，随着研究的进展与认识的深化，必将逐步完善。

潘懋元

1990 年 8 月 3 日

《高等专科教育学》[①] 序

高等专科教育，是高等教育系统中一个重要的子系统。不论从世界高等教育的发展趋势看，或是从中国当前高等教育改革的现实看，这个子系统都是发展迅速，越来越显得重要。例如：据报载，美国社区学院的学生，已达大学生总数的47%，[②] 而在这些学院中绝大多数是技术、职业性的专科教育；德国把技术专科教育视为原西德经济腾飞的“秘密武器”，这是人们共知的事；日本的经济高速增长，有的学者认为主要得力于大量兴办短期大学、高等专门学校和专修学校（专门课程），培养了大批中低级专门技术人才。又如，我国台湾地区，在20世纪60年代前后经济起飞时期，高等教育发展最快的也是专科教育。据资料表明，从1957年至1972年15年间，台湾高等专科学校从6所猛增到76所，增长了近12倍；学生数从4 879人，猛增到149 917人，增长了近30倍；而同时期的大学和独立学院，学校数和学生数只分别增加了近1倍和6倍。到90年代，专科生在校人数已占大学生总数的57%，多于本科生了。[③]

高等专科教育在经济发展中的重要性，我国近年来才逐渐有所认识，日益重视，在“重心向下”的教育政策指引下，高等专科教育的发展也很迅速。1990年，全日制普通高等学校招生608 850人，其中专科生为291 668人，占

---

① 忻福良．高等专科教育学［M］．太原：山西教育出版社，1993.

② 参见《今日美国报》的《两年制学院抢走大学生》一文，转引自1992年6月3日《参考消息》。

③ 参见1991年我国台湾地区《教育统计》。

当年本专科招生总数的47.9%；如果和成人高等学校的招生数（90%为专科生）合计，则专科生占当年本专招生总数的三分之二以上。[①]

高等专科教育迅猛发展，日益重要，问题也很多，而研究工作却很薄弱。高等教育研究，大多是以本科教育为主要研究对象，因为本科教育一向是高等教育的主要组成部分，具有代表性和典型性，经验比较成熟，研究成果也比较丰富，以之作为主要研究对象，是可以理解的。近年来，高等专科教育的研究文章和经验总结逐渐增多，分门别类的研究著作，如高等工程专科教育、高等师范专科教育等，也出版了几本；而以整个高等专科教育作为专门研究对象的系统专著，尚不多见。因此，忻福良同志《高等专科教育学》一书的出版，是值得特别重视的。

本科教育与专科教育，都是高等教育。高等教育学所阐述的高等教育规律、理论、原则，对于办专科、教专科，当然有着一般的指导意义；但专科教育有许多不同于以本科教育为主要研究对象的高等教育学所能概括的，必须进行专门的研究。例如，高等专科教育的性质，高等专科教育在经济、社会发展中的地位与作用，高等专科教育的培养目标与规格，高等专科教育的专业设置、课程结构、教材编写、教学过程的理论与方法、技能培训与实践训练、师资队伍建设、学校管理与评估，以及高等专科教育的改革与发展，都有它的特殊性。有许多问题没有解决好，甚至有的措施、做法，走偏方向，大多数是与对高等专科教育的特殊性认识不清有关。例如：专科向本科看齐，专科学校追求“升格”为本科；高考成绩好的进本科，差的进专科；专科学得好的选拔进本科，本科学得差的“淘汰”到专科；照搬本科的课程结构，把本科教材浓缩改造为专科教材；如此等等。大多数是由于对专科特殊的性质、任务、地位、作用不明所致。

那么，高等专科教育区别于本科教育的特点是什么？有人认为：专科教育就是年限较短、水平较低，是低于本科的一个层次；专科学校就是投入少一些，设备简单一些，社会地位低一些。这些看法，有的只是看到表面现象，有的则是错误的，但都不是专科教育与本科教育的本质差别。而这些表面的

---

① 参见1990年《中国教育统计年鉴》。

错误的看法，却对高等专科教育的发展很不利。

我认为：高等专科教育与本科教育，是高等教育（或称第三级教育）系统中的同一层次的两个并列的子系统。它们的基本区别在于培养目标与规格，不在于年限与水平。本科教育，理论与应用并重，一般较着重于理论知识与学术水平，对于应用技术与工艺不做过高的要求；专科教育，则应着重于应用技术与工艺，对理论基础不做过高的要求，在应用技术与工艺方面，它的要求并不低于本科，在熟练程度上，比本科的要求还要高。按照联合国教科文《国际教育标准分类》的规定，两者同属于第三级教育的第一阶段，起点都是高中毕业水平（五年制专科教育则前三年相当于高中），进本科学习或进专科学习，主要应依据学生的性向、不同科目的学习成绩、家庭条件与本人志愿而定，不应以升学考试总成绩定高低。由于培养目标与规格不同，课程结构、教材内容必然要有所不同，从而所培养出来的人才，在社会适用上也就不同。以工科为例，本科毕业生可以从事研究、设计等工作，而专科毕业生，一般不应要求其有研究、设计的能力，他们更适合于从事制造、施工、运行、维修、测试等方面的技术与工艺。从重学轻术的传统观念看，似乎本科高些，专科低些；加以在现行制度下年限的长短、起点工资的高低不同，以及某些政策导向的不当，就使人误以为本科与专科的区分是水平高低不同、教育层次的不同。从教育结构理论看，这种观点是不科学的，也不符合国际上通行的教育分类标准。应当指出：本科与专科，两者只有性质任务的区别，而无水平层次高低之分。

至于学习年限的长短，也是相对的。随着生产力的提高，对于应用技术与工艺性的人才，有更高的要求，专科教育的学习年限，也不是不能延长的。有些发达国家，高等专科学校的学习年限就很长，社会地位也很高；有的国家，则在原来的专科教育之上，设置了不同于本科系统的高层次专科学校或技术学院、工艺学院。如我国台湾地区，在 1974 年开始设置工业技术学院，分为二年制、四年制两种班级，前者招收专科毕业生入学，后者招收职业中学毕业生入学，形成“职业学校—高等专科学校—技术学院”系统，与“高中—大学或独立学院本科”系统，双轨并列。

高等专科教育的特殊性——应用技术、工艺性教育，在传统观念中，的确被视为水平低、层次低的教育，而在当前经济与社会发展中，正是它的优势所在。它所培养的人才，主要从事生产、生活、管理的第一线工作，能够较好、较快地适应基层部门、企事业单位的实际工作。就工业来说，产品设计之后即投入生产，它的质量，主要就决定于在生产第一线的技术人员与熟练工人的技术、工艺水平；就农业来说，农业科学技术的推广应用和生产管理，主要依靠散布在广大农村的农业技术员；就财经来说，大量需要的是基层财政、税收、金融部门和企业单位的财会人员；而第三产业的兴起，更需要大量素质高的服务人员。这些专门人才，如果都靠本科培养，不但形成结构性浪费，而且本科毕业生在实际操作、动手能力上，往往不如专科毕业生。这既是为什么在经济改革与发展中，高等专科教育的地位与作用越来越重要，也是它发展特别迅速的根本原因。

但是，由于客观形势、社会需要而发展迅速是一回事，能否办好专科教育使之沿着正确的道路健康发展是另一回事。因此，在当前我国高等教育迅猛发展中，特别需要像《高等专科教育学》这样一部从理论到实际、从性质任务到措施办法，全面系统地论述专科教育的论著，以之指导我们的教育实践。

这本论著，首先从理论上辨明高等专科教育的性质、价值、目标，奠定了办好专科的指导思想；然后逐一论述高等专科教育的结构、专业、课程、教学过程、教师、管理等专题。我虽然限于时间，只阅读了其中部分章节，但就所阅读的部分来说，觉得其理论严谨，分析周详，解决问题切合实际，有不少精辟见解。如，认为本科教育和专科教育都属于第三级第一阶段的教育，它们之间的差别，主要是教育目标、课程特点、培养规格的不同；又如，指出从生产力的发展来看，技术教育与职业教育的结合，是必然的趋势；再如，对于高等专科教育的改革与发展，提出了许多有意义的思路与建议，尤其是提出高等专科学校、高等职业学校、成人高等学校的三教融合，职业教育与技术教育并举，讨论了高等专科教育与其他高等教育学制相通问题，等等，都有积极的意义。当然，有些建议或意见在实行上会有许多困难，有的则还可以进一步研讨。

我国高等专科教育的历史，比本科大学教育还长，并不是像有些文章所记的，是近年来才从西方某些国家的社区学院、短期大学引进的模式。如：清末各种实业学堂，远较本科大学活跃得多；中华人民共和国成立前的许多专科学校，如杭州艺专、国立音专、东亚体专、无锡国专、武昌文华图书馆学专科、吴淞商船专科、立信会计专科等，都是人才荟萃、驰誉中外的高等学校。中华人民共和国成立之后，也有不少专科学校办得好，培养出适应社会需要的人才，并未听说因其办得好、水平高而要求“升格”为大学。在人们心目中，它们的社会地位比有些大学高，它们的毕业生受到社会的欢迎与重用。我完全同意作者这样的观点：“我们也不要妄自菲薄，感到什么都不如人家。”“在上百年的专科教育中，应当说是有成绩，有经验的。办得名声很好的专科学校也不少。这些都有待我们去发掘、去总结，努力提炼出中国专科教育的特有模式和经验，并且通过多种渠道扩大对外影响。”总结经验，加强交流，发挥优势，办出特色，这将是我国高等专科教育发展的正确道路。

潘懋元

1992 年 7 月 15 日

《大学教育环境论要》[①] 序

教育环境，历来就是教师和父母所关切的问题。“孟母三迁”的故事、“近朱者赤”的成语，体现了古代社会对教育环境的重视。而人的成长与环境的关系、环境与教育的关系，则是历来教育家所致力研究的教育基本问题，并由此创立了许多有价值的理论，形成许多有影响力的学派，如自然主义、行为主义、实用主义等。现代许多教育分支新学科，如教育经济学、教育社会学、教育生态学等，也可以说是从不同的角度研究教育与环境的关系。当然我国许多教育热门话题，如校园文化、教育的社会功能、教育与市场经济的关系等，说到底，所研讨的也就是教育与环境的关系。由此可见，环境对教育的作用，教育与环境的关系，是一切教育研究的一个基本课题。教育外部关系规律这条教育的基本规律所反映的也就是教育与环境的必然联系。因此，有的同志认为教育基本因素，不只是教育者、受教育者、教育影响（教材、教法、教育技术与手段等）三个因素，也不是四个因素（增加教育管理），而是五个因素（增加教育环境），这是有道理的。

如何正确认识与处理教育与环境的关系，如何使教育主动适应环境，在主动适应的过程中改造环境，优化环境，是教育工作者经常面临的问题，也是教育理论上所要研究的永恒的课题。对于普通中小学来说，适应环境，创造一个更有利于青少年成长的教育环境，相对说，比较简单；而对于大学来说，则要复杂得多。尤其是当前大学正面临着社会大环境的巨变，如何使大

---

① 刘明浚．大学教育环境论要［M］．北京：航空工业出版社，1993.

学主动适应社会环境，优化教育环境，使大学朝着正确的方向，沿着健康的道路不断发展，并从而推动社会大环境的改造，这是当前我国高等教育改革发展的基本问题。

在当前我国高等教育改革发展中，有许多具体问题等待教育工作者去处理，这些具体问题都必须一一研究解决；但决不能是忘记基本理论的研究。基本理论研究不但具有理论价值，只要它不是纯粹概念游戏或向壁虚构，往往具有更为广泛与深刻的现实意义。《大学教育环境论要》一书的价值，就在于尝试从基本理论上来解释与解决当前高等教育所面临的众多具体问题。

这本新著，我只读了“写作提纲”和包括“导言”在内的若干章节，只能就所读过的部分谈一点体会：

1. 正如导言中所说“本书编写的目的，不是全面论述大学教育与环境的关系”，而是以当前“社会环境激烈而深刻变化”的市场经济与高等教育的关系作为切入口，通过对市场经济所引发的教育改革种种问题进行分析，在深层次上解释与提出解决的意见。它既站在哲学、社会学的理论层面上，又言之有物，不流于空疏烦琐的理论推导。

2. 本书虽然“不是全面论述大学教育与环境的关系”，但对于教育与环境关系的许多基本原理多已涉及。全书除“导言”外，分为三大部分：第一部分属于基本理论与历史；第二部分从办学的体制、机制、模式论述大学教育与社会环境的关系；第三部分从人才培养这一大学基本职能论述大学与社会环境、教育环境的关系。本书粗具体系且又突出重点。

3. 本书以教育外部关系规律为理论建构的出发点，层层展开，而以解释和解决市场经济与高等教育改革发展的新形势、新问题为归宿，理论在深层次上紧密联系实际。所用的研究方法是唯物辩证法、历史唯物观与系统科学方法论，科学严谨。

4. 由于是在深层次上来研究市场经济与高等教育改革发展的关系，所以能提出一些比较深刻、具有新意的论点。例如，在高等教育体制改革中，如何建立大学自我发展、自我约束的运行机制，避免陷入传统的外部约束机制下，只在行政管理权限上收收放放的“一统就死，一放就乱，一乱就收”的怪圈，是当前改革中一大难题。这本书的有关章节，进行了精辟的研究，在理论上较好地解决这一难题，对于改变管理思想，是有意义的。

当然，由于分章撰写，各章的水平与笔调，不尽一致，这也是在所难免的。

华中理工大学、湖南大学、南京航空航天大学是三所理工科为主的大学，而对于高等教育理论研究，尤其是对于高等教育思想和基本理论的研究，却锲而不舍，做出重大贡献。他们从1986年开始，每两年联合召开一次大学教育理想专题研讨会。据我所知，每次研讨会都有许多学术水平高的论文，较好地解决一些理论认识问题。1994年还将与其他单位联合举办“文化选择与大学教育理想”国际学术研讨会。继《大学教育思想专论》《大学办学方向论略》之后，又将出版这本专著。对于这三所大学有关同志的远见卓识与钻研精神、辛勤劳动与扎实工作，作为一名教育理论工作者，谨借此示致意和感谢。

潘懋元
1993年11月23日
于厦门大学高等教育科学研究所

《高等教育中女性地位研究》[1] 序

女性社会地位主要由经济地位、政治地位和教育地位所构成。政治地位最为彰显，经济地位最为实切，但教育是基础。在正常的社会条件下，经济地位、政治地位受教育地位所制约。女性教育地位在女性社会地位的构成中起主导的作用，提高女性社会地位，首先要提高女性教育地位。女性的教育地位提高了，她们的经济地位、政治地位，在一般情况下，也就相应地提高了。

在基础教育阶段，由于我国正在大力普及义务教育，女性教育地位已经明显提高并正在进一步提高；但在高等教育阶段，由于城乡差别、贫富差别、家庭知识水平差别，以及男女性就业难易差别，提高女性在高等教育中的地位，不利因素很多，似难乐观。基础教育地位很重要，高等教育地位并非不重要。高等教育不仅是教育系统的最高层次，也是整个社会系统的先进群体。女性在这个群体中的地位，是女性社会地位高低的显著标志。提高女性在高等教育中的地位，对提高女性社会地位有着深刻的意义。因此，女性高等教育问题，理应受到特别关注，但恰恰在这个至关重要的问题上，20 世纪 90 年代以前，似乎被妇女问题研究者所遗忘。以至我于 1992 年所指导的女研究生赵叶珠，在进行《建国后我国女性接受高等教育的研究》时，既少前人研究成果可供参考，也检索不到多少可资利用的资料。她于 1993 年完成上述课题硕士论文，才得以因对这个问题比较系统深入的研究而受到有关方面的重视，

① 张建奇．高等教育中女性地位研究［M］．广州：中山大学出版社，1999.

应邀参加为第四次世界妇女大会在北京召开而准备的《中国妇女教育》一书中高等教育部分的编撰工作。

当时女博士生张建奇也被推荐参加这一工作，在编撰过程中，深感对女性参与高等教育有进一步研究的必要，决定以“我国普通高等教育中女性地位的研究”为博士学位论文研究课题，从高等教育学和社会学的角度，进行了系统深入的研究。论文在答辩时，受到答辩委员会主席、教育社会学家张人杰教授的充分肯定，认为是填补了这一领域的空白。现在这本专著，就是在她的博士论文的基础上修改补充而成的。如果说，赵叶珠的研究成果是几十年来第一篇系统研究女性接受高等教育的论文；那么，张建奇的研究成果，可以说是第一本系统研究女性参与高等教育的专著。这本专著的内容，除研究女大学生的地位之外，还研究女大学教师的地位；除进行历史的构制、现状的分析之外，还做出未来的预测并提出若干建议。希望这本书的出版，能引起社会尤其是决策者对女子高等教育问题的重视，能促使更多的妇女问题研究者关注女子高等教育的研究，使女童教育、女工培训和女子高等教育等成为妇女问题研究的重点。

潘懋元

1998 年 5 月 8 日

《文化视野中的高等教育》① 序

研究高等教育的历史与现状，瞻望高等教育的未来，都不能只看到经济、政治与高等教育的关系，而不对文化与高等教育的关系有深入地理解。否则就会对许多高等教育现象迷惑不解、对许多高等教育问题思考不周、对高等教育发展的预见简单化，从而对21世纪高等教育所面临的挑战，也就难以提出周详、准确的对策。因此，从文化的视野研究高等教育很有必要。但是，文化与高等教育之间，存在复杂的、潜在的关系，因而这一视野，往往显得扑朔迷离。为了理出一个头绪，我曾把它简约为两种关系、两重作用、两大功能。

两种关系——外部关系与内部关系：作为社会子系统的文化系统，如同经济系统、政治系统一样，对高等教育起外部的制约作用；同时，文化又以知识为形态，以课程为载体，进入教育过程中，构成教育内部的基本要素。

两重作用——直接作用与中介作用：无论外部关系或内部关系，文化都对教育起直接的作用；同时，它又是经济、政治对教育起作用的“中介”，即经济、政治对高等教育的制约作用一般要通过文化的折射。

两大功能——传承与创新：普通教育对文化一般只有选择与传承的功能，而高等教育则还具有批判与创新的特殊功能。

简约的概括，并不周详，只是有助于理解复杂的关系。对于文化与高等教育复杂、潜在的关系有深入的理解，还必须进行系统的研究。张应强的博

① 张应强．文化视野中的高等教育［M］．南京：南京师范大学出版社，1999．

士论文《文化视野中的高等教育》，正是对文化与高等教育的内在关系进行系统研究的尝试。

全书分为三个相互联系部分：一是从文化视野出发，对高等教育几个基本概念重新探讨，对教育本质与功能提出了新的认识；二是系统地指出了文化与高等教育的相互关系及其内在机制；三是运用文化与高等教育关系的规律，探讨中国高等教育改革与发展以及现代化建设的理论、实践问题。

这本著作的理论价值与实践意义在于以“文化、教育、人”的内在联系作为研究框架，揭示文化与高等教育间复杂的、潜在的、深层次的本质联系；从文化的国际性与民族性论证不同国家高等教育现代化的共性与特性，为建立有中国特色的高等教育体系提供理论依据。同时，对21世纪高等教育的多样化、人文化、大众化的发展趋势，以及传统文化与现代化、市场经济与文化功能、文化转型与社会进步诸多关系，进行深入地探讨，做了较好地诠释。这些都对高等教育的改革和实践有一定的参考价值。

当然，作为系统研究的尝试，远不是成熟的理论；但不论成熟与否，都对进一步的研究有所启发。正是在这个意义上，我认为有必要向读者推荐这本值得一读的新著。

潘懋元
1998年12月

《高等教育比较学》[①] 序

当高等教育学科尚未在中国建立以前，比较教育的著作，只以普通教育为研究对象，虽然也对高等教育有所论列，但都浅尝辄止。自从高等教育学科建立以来，比较高等教育就成为这一学科的重要分支学科，备受关注，发展很快。最早出版的系统专著是1987年符娟明教授主编的《比较高等教育》，对高等教育体制中的若干重要组成部分，分别介绍苏、美、德、日、法五个国家的政策措施与基本情况，并在每一部分介绍之后，分别做简短的比较。其后出版的此类著作，不论以国别为纲、事项为目，或是以事项为纲、国别为目，大率都是以系统的铺叙为主，述而少作。这对于了解外国高等教育情况，获取有关知识是必要的，但在分析比较上，广度、深度不够，可读性也较差。袁祖望副教授所撰的《高等教育比较学》一书，另辟蹊径，以“学”为主，着重于分析比较和理论探讨，并为避免误解——与元教育学的研究对象混淆，将约定俗成的“比较高等教育”中的“比较”和“高等教育”倒转过来，虽有点拗口，却更突出此书特点。

这本书的特点是少述多作，以理论研究为主。本书既不以国别为纲，也不以国别为目，而是将西方各国高等教育，不分国别，冶为一炉。在理论探讨上，视野宽阔。不论对于比较教育的基本概念，或对于高等教育改革的问题，都能提出明晰的观点，其中不乏精辟新颖的见解。当然，也有一些见解有待于进一步商榷，但作为一家之言，自有其学术价值。

① 袁祖望. 高等教育比较学［M］. 厦门：厦门大学出版社，1999.

我一向认为，“中国学者研究比较教育，就是要从中国改革与发展的需要出发，实事求是地借鉴外国的经验、教训，从中找出规律性的东西。以‘洋为中用’为目的，出发点和归宿都是中国”①。这本书的最主要特点就是从中国高等教育的实际出发，为研究中国高等教育改革中的问题，有目的、有针对性地介绍西方发达国家有关的情况与经验，以资比较。为了借鉴，对西方高等教育的介绍，不求系统全面，但求能启发思考。从篇幅上看，中西各半。西方部分，取其所需，并不求全责备；中国部分，畅谈改革发展中的问题。既可作为一本比较教育著作，也可视为一本中国高等教育改革专论，而更似是一本中西高等教育比较专著。可谓别具一格，令人耳目一新。

袁祖望副教授从事比较教育的教学、研究多年，近年又为汕头大学高教所研究生开比较高等教育学位课程，积累了丰富的知识与经验，教学效果很好。如今电子信息网络进入教学、科研领域，收集资料不难，驾驭资料不易。在浩如烟海的资料堆中，作者善于由博返约。看似信手拈来，皆成文章；实则厚积薄发，颇费推敲。因此，文字精练，可读性强，是一本研究教育问题、学习比较教育的有价值的参考书。

不论世界或中国，高等教育都在改革发展中，需要比较研究的重要问题还很多。例如，关于面临21世纪知识经济的挑战，西方和中国高教政策变化的比较；关于高等学校社会服务职能扩大的比较；关于继续教育和办学体制多样化的比较；如此等等。希望作者在本书的基础上，根据新形势，研究新问题，继续前进。

潘懋元
1999年4月3日
于厦门大学高等教育科学研究所

---

① 比较高等教育的产生、发展与问题［M］//潘懋元高等教育学文集．汕头：汕头大学出版社，1997.

《现代远程教育论：知识经济时代的教育模式创新》[①] 序

远程教育最初的模式是19世纪中出现的以文字教材为传媒的函授教育，它所依托的技术只是印刷术和邮传工具；到了20世纪中，也就是一个世纪之后，前后出现了以音响、图像教材为传媒的广播、电视教育，它所依托的是无线电通信技术与设备。从函授教育到广播、电视教育，说明了远程教育的发展与信息技术的进步密切联系。世纪之交，迅速发展的新的现代远程教育，主要模式是网络课程、虚拟学校，借助多媒体，不仅传递知识，而且可以在屏幕上进行师生对话、集体讨论、情感交流、仿真实验，把课堂和校园超越时空搬到受教育者的家中，它所依托的是电子信息技术、计算机技术、网络技术等高新科技。由此可见，教育模式，尤其是远程教育模式的变化，它的直接动力来自科技的进步。由于现代远程教育的科技含量高而且十分复杂，对现代远程教育的研究，也就必须深入到各个不同的高新技术学科，并且涉及人文、社会诸多学科。如果说，研究函授教育，只要掌握教育规律和学习心理知识，使所编写的文字教材更有利于学生自学，那么，对现代远程教育的研究，尤其是微观方面的研究，就必须运用自然科学、社会科学、教育科学以及心理科学的多种学科理论与技术，在学科交叉的基础上开展研究。

读过李力副教授《现代远程教育论：知识经济时代的教育模式创新》一书，我有这样一种感觉："天地交而万物兴，学科交而科研兴。"作者以其长

① 李力. 现代远程教育论：知识经济时代的教育模式创新［M］. 广州：南方日报出版社，2006.

期以来在自动化、网络技术、人工智能等方面的研究成果，结合其从事广播电视教育的教学与管理的经验，将主体技术、虚拟现实技术和现代控制论等前沿科技，应用于现代远程教育的研究，不仅使教育技术学这门悠久又现代的学问有所发展，而且是一种研究思路和研究方法的创新。

这部著作，我认为有如下特点：

（一）打破学科界限，进行跨学科的沟通与整合，以交叉研究开辟新途径，是本书的主要特色。目前远程教育研究的文章虽很多，但不论理论研究或技术研究，都局限于自己所专的单一学科，不但视野狭窄，而且许多关键性问题，说不清楚，深不下去。这本书的特色就在于学科的渗透、交融，视野开阔，既见树，又见林。当然，交叉思维的形成和交叉研究的运用，有赖于研究者广博的知识、丰富的经验和科研训练的基本功。

（二）注重科研的实践性。在实践中总结经验，提炼观点，升华理论，是本书的另一个特点。实践出真知，只有本自实践，才能产生对实践有指导意义的理论，特别是对于现代教育技术这类实用性的学科，更应当从实践中去发掘理论的源泉。本书中所给出的相关控制模型、设计准则和案例，都来自作者的科研实践，给人们以内容充实、理论丰满的感觉。

（三）体现了一种解放思想、敢于创新的治学精神。科学研究的意义，就在于超越前人，有所创新。创新可以有大有小，有重要或次要，但必须是言前人之所未言。例如，实验教学，历来是远程教育的难点和弱点，作者敢于正视这一难点，引入“远程实验教学”这一新概念，提出了一种新思路，进行了充分的论证，在一定程度上解决了这一难题。而关于“解耦理论在教育科研中的应用”“智能导学系统的设计”“三维能力结构空间的构成”“ISO9000与教学质量体系”等章节，均可说是现代远程教育中的新视角和新理论，凝聚了作者多年的研究成果，从中也反映出作者敏锐的创新思维能力。

科学研究需要有“板凳敢坐十年冷”[①] 的毅力与勇气，才能克服急功近利、浅薄浮躁，做到静气凝神、厚积薄发。现代远程教育是一个新的教育领

① 原系一位治史学者所提出的警句：“板凳甘坐十年冷”。改“甘”为“敢”，以示坐十年冷板凳是要毅力和勇气的。

域，它的发展还面临着诸多困难和问题，需要我们去研究、去解决；同时，现代远程教育刚刚起步，方兴未艾，新的技术、新的模式，不断出现。对这一领域的研究，也可以说是刚刚起步，方兴未艾。这本专著的出版，在当前可以说是前沿性的科研成果，具有重要的理论与现实价值；从发展上说，只是万里长征的一小步。希望作者坚持不懈、循此前进，为中国远程教育的发展，做出更多的贡献。

潘懋元
2001 年 7 月 21 日
于厦门大学高等教育科学研究所

《高校校园文化研究》① 序

大学校园文化，从教育学的角度来看，是大学生成长的人文环境因素。这种文化熏陶，作为素质教育的方式之一，它的作用，比通过课堂教学及其他直接的说理方式，影响更为深远。因此，办好大学，培养人才，提高教育质量，不仅应当重视大学的教学和思想政治工作，还应当重视校园文化建设。从文化社会学的角度看，大学校园文化是社会文化系统的一个子系统，区别于社会主流文化的亚文化。它对现实的社会文化，既有趋同性（文化传递与继承），又有超越性（文化创新），还有某种反向性（文化批判）。因此，为了社会文化的繁荣进步，社会应当关心大学校园文化的动向，支持、引导校园文化健康发展。

考虑到大学校园文化对大学、对社会如此重要，我在1996年主编出版的《新编高等教育学》一书，特地增编了"高等学校校园文化"专章，请对文化社会学有所研究的李凌博士撰写，从教育学与文化学两个角度，论述校园文化的含义、特点、功能，以及建设校园文化的意义与方法。但是，作为高等教育学的一章，篇幅有限，且限于水平，对校园文化的探讨，只能泛泛而论，浅尝辄止。对于具有高层次性、超前性、广博性、多样性诸多特点的大学校园文化，只能略窥门户而未能深入堂奥。许多问题，或者未能涉及，或者一笔带过，只能期待后人探索。值得高兴的是，这一期待，终于有了指望。

近日，赣南师范学院张挚处长告诉我，该院青年教师邱小云副教授，对大学校园文化研究有素，已完成《高校校园文化研究》专著，嘱为作序，我

① 邱小云．高校校园文化研究［M］．福州：海风出版社，2002.

欣然从命。但由于工作较忙而索稿甚急，只是浏览大要并选读数章，即使如此，已颇受启发。我的初步印象，这是我所见到的国内研究大学校园文化最为详尽的专著。它有如下特点：

（一）对大学校园文化的论述，全面系统。既从历史上考察中国大学校园文化的演变及各个时代的特点，又把校园文化摆在中国传统文化与世界文化的大背景中进行考察；既对大学校园文化的基本理念做了精要的概括，又以此为理论框架对校园文化与大学德育、创新教育、市场经济、网络文化等的关系，逐一详悉，最后提出对21世纪大学校园文化发展战略的构思，层次分明，体系完整。

（二）探讨当前热点问题，有许多创新见解。例如，创新教育、市场经济、网络文化等，都是当前大学所面临的新情况、新问题。校园文化是开放的文化，就必须认真对待同这些新情况、新问题的关系，辨明是非，正确引导。又如，校园文化这一概念，正如它的上位概念“文化”一样，是多义的，很难界定。作者在众说纷纭中，抽出若干共识，将之界定为：“校园文化是以校园形象为外部表现，以校园规范为活动平台，以校园精神为核心内容，为校园人所创造、所拥有、所认同并受之濡化，与社会文化紧密互动的一种特定的社区文化。”我认为这是比较全面、允当的界定。

（三）最重要的一点是立足中国现实，以中国大学校园文化的实际为出发点，进行实证性的研究，并以中国大学校园文化的发展战略为归宿。全书虽多处参考国外的理论和经验，但不是以国外理论与经验为主论依据，评价中国大学校园文化的价值，推出中国大学校园文化建设的模式，而是以面向现代化、面向世界、面向未来的民族的、科学的、大众的有中国特色的社会主义校园先进文化为战略取向。

当然，中国大学校园文化的建设是一个复杂的问题，又处在中国社会与经济变革的时期，不是一本著作所能详尽探讨、做出定论的；有些论点，也不可能人皆认同。例如，关于“反文化”现象的价值评判，就还有可商酌之处。还希望作者以此书的出版作为大学校园文化进一步研究的起点而不是终点。

潘懋元

2002年5月11日

于厦门大学高等教育科学研究所

《高等教育社会学》[①] 序

教育是培养人的社会活动，它的基本功能是促使个体社会化；教育又是一种传承文化的社会现象，是整个社会大系统中的一个重要的子系统。教育外部关系规律揭示：一定的教育必须与一定的社会相适应，受社会大系统以及其他子系统所制约，并为社会的发展与进步服务。这些基本原理，都说明研究教育问题，不论是关于教育的本质、功能、规律、价值等基本理论问题，或者是关于教育体制、教育管理、课程建设、教学组织，以及教育运行机制、教育发展战略等教育改革与发展的现实问题，都要摆在一定的社会背景上，运用社会学的理论与方法进行研究。因此，广义的教育社会学，可以说同教育学的产生与发展同步展开；而狭义的教育社会学，在西方也深受重视，并已形成教育科学中一门独立的学科。但在中国，由于众所周知的原因，社会学的研究在相当长的一段时间中断，从而使教育社会学的研究也迟迟未能启动。改革开放以来，社会学的研究解禁了，教育社会学的研究也开始为人们所关注，但进展缓慢。如果说，教育经济学的研究，随着商品经济、市场经济进入教育领域而成为教育科学研究的热点，并已成为大学中一门热门学科，那么，教育社会学的研究则滞后得多，一般只是在师范院校教育系开设一门必修或选修课程。我所见到的寥寥可数的几本教材或专著，范围不同，内容互异：有的分别论述教育与经济、政治、文化、科技、人口、职业、社会道德、生态环境等的关系；有的着重对学校、班级、家庭、社区的教育进行社会学角度分析；有的则以教育机会均等、教育体制改革、学生就业问题、青

① 张德祥，周翔．高等教育社会学［M］．北京：高等教育出版社，2002．

少年犯罪者教育、独生子女教育等社会性教育问题作为研究对象。内容的分歧错杂，说明这一学科很不成熟，研究对象尚不明确，从而与教育学及其各门分支学科颇多重复。

至于高等教育社会学的研究，就只见到一些就某一高等教育的社会性问题所做的调查报告或论文，如讨论高等教育机会问题、大学生社会道德与社会行为问题、作为社会问题的高校招生与考试、大学毕业生就业问题以及女子高等教育问题等。张德祥、周翔两位博士的《高等教育社会学》，在中国可能是第一部这一学科的专著。

这本专著的基本框架，虽参照了若干教育社会学著作的体系与内容，但有自己的特点：除“概述”和“高等教育社会功能”两章外，其他各章各节，大多数是从高等教育现实中重大的社会性问题出发，运用社会学的理论与方法进行分析研究，包括高等教育与社会分层和社会流动的关系、高等教育机会与高等教育大众化、高等学校的权力结构、高等学校教学过程的社会学分析、高等学校师生交往、大学校园文化、高等教育的社会病理、高等教育与社区的关联与互动等。特别是最后一章“高等教育与网络社会的关系”，提出了网络社会使人类生活方式转型，从而推动高等教育文化理念变化和知识观念变革，这在高等教育科学领域是一个刚开辟的前沿阵地。

作者张德祥博士，从20世纪80年代开始就研究和讲授教育社会学，在攻博期间，参加了我所主持的国家“九五”社科重点研究项目——多学科观点的高等教育学研究，承担“社会学的观点：社会分层与高等教育机会”和“政治学的观点：高等学校的二元权力结构及其运行”两个子课题的研究。作为研究成果的专著出版后，这两个子课题的观点，受到广泛的重视，被许多论文所引述。周翔博士则是在南京师范大学师从吴康宁教授专攻教育社会学专业，对教育社会学的研究有素。这部专著，虽“还不能提出一个逻辑严密的理论体系”，但已迈出了坚实的一步。我期望他们以及其他高等教育理论工作者，能不断地推动这一学科进一步发展，在高等教育科学与社会学的交叉点上，做出更多的贡献。

潘懋元

2002年6月25日

于厦门大学高等教育科学研究所

《远程高等教育：理念与模式》[①] 序

20 世纪 90 年代开始，以 ICT 为技术核心的现代远程教育从无到有地崛起。以往被看作非主流教育形式的远程教育面临着它发展历程中的最好机遇。而这除了归功于新兴的 ICT 技术引进教育领域，更为重要的是由于它适应当前世界范围内高等教育规模扩张的形势。发展现代远程教育对一些国家，特别是一些发展中国家，是一种提供入学机会的“快速装置”，或者按美国学者阿特巴赫的话说是“大众高等教育激起了对远距离教育的兴趣”。中国现代远程教育的发展也正是基于这种需要。几年之间，无论是实施现代远程教育的机构还是参与现代远程学习的学生，数量上都有惊人的增长。举办现代远程教育被视为中国教育跨越式发展，以及平衡东西部教育资源和质量差异的有效途径和快捷方式。然而，与过于快速的发展和规模的急剧扩大相对应的是，理论研究和管理机制滞后。在缺乏理论指导和规范、监督的情况下，中国现代远程教育从一开始就出现了混乱、尴尬的局面，影响了它的持续发展。

教育改革不是大跃进，教育理论研究更不能急功近利。胡泽民同志的《远程高等教育：理念与模式》正是完成于现代远程教育实践由迅速发展而停滞不前，甚至陷入困境的时候，这反映了理论工作者对远程教育发展的一份执着和责任。中国现代远程教育在发展过程中暴露出来的问题，使得这本著作得以建立在反思的基础之上，从而站在一个较高的起点来研究和论述问题。书中对“远程高等教育”概念的界定，对远程高等教育发展的历史回顾，对

① 胡泽民．远程高等教育：理念与模式［M］．北京：中国人事出版社，2004．

远程高等教育的国际比较，尤其是“学习用户”理念和模式的提出，体现出作者对中国现代远程教育反思和重建的研究思路和信心。

与其他相关的研究成果相比，本书的特点还在于：运用了跨学科的研究方法，借鉴了经济学和管理学领域的研究成果，提出了“学习用户”的理念；并在此基础上构建了“学习用户”理念指导下的远程高等教育的运行模式。这使得本书的分析不仅仅止于理论上的辨析，而是建立在一套上有理念、下有具体运行模式的体系中；不但分析了“学习用户”理念下的教学模式，还提出了该理论下的组织运行架构和管理模式的架构。这就使得新教学模式的运用有了相应的组织和管理机制做保障，从而有可能落到实处，真正达到教学模式改革的效果。

在人类教育和教学的历史上，几乎每一次重大的技术进步和变革都给教育教学带来了深远的影响。现代远程高等教育应该得到人们的更多关注，教育理论和实践工作者不应以一时的困难对远程高等教育的发展失去信心，而应通过不懈的探索和努力，使之成为高等教育发展中的一支重要力量。基于此，作者在这方面的理论探索的执着和勇气是值得嘉许的。希望作者对本书涉及的相关问题进一步深入探索和研究，坚持不懈，循此前进。

潘懋元
2004 年 9 月
于厦门大学高等教育科学研究所

《现代高等教育发展论纲》[1] 序

近年来，有关发展观的文章可谓汗牛充栋。这些文章，大多是从政治或经济的角度去理解发展观，或者将某些计划、设想、经验，贴上科学发展观的标签，对于什么是发展观和科学发展观，以及作为发展观的理论支持——发展学，则不甚了了。

发展学是20世纪中期兴起的一门专门研究发展理论的新学科。人们根据发展学的理论来研究社会、经济、政治、教育等发展问题，形成发展社会学、发展经济学、发展政治理论、发展教育理论等专门著作，并通过这些领域的研究，丰富发展学的理论，探索科学发展观的含义。卢晓中教授的近作《现代高等教育发展论纲》，正是一本运用发展学理论研究高等教育发展问题的力作。

这本专著以“发展理论—发展理念—发展战略”作为逻辑体系和基本分析框架，探析了高等教育的发展理论、高等教育发展理念和高等教育发展战略的内在联系，以及三者在高等教育实践层面的整合问题，从而阐明了一个重要观点，即高等教育发展战略的形成建立在一定的发展理论和发展理念基础上。与以往的高等教育发展研究相比，显然这一逻辑体系和分析框架是有利于达到高等教育发展机制的较深层次，从实质上掌握现代高等教育发展规律的。因为正确的高等教育发展战略的形成，不能没有一定的理论作为基础

① 卢晓中．现代高等教育发展论纲［M］．广州：广东教育出版社，2005.

和依据，也离不开一定的理念导引。无疑，这一观点对于我们制定科学的高等教育发展战略、推动高等教育的可持续发展有重要的现实意义，也是本书突出的实践价值。

虽然国外发展教育理论兴起于20世纪五六十年代，并初步形成了一个相对独立的研究领域，但我国对发展理论运用于教育发展研究的真正关注，包括提出发展教育学科的建设问题，却是90年代以后的事。近几年国内也出版了几部探讨高等教育发展问题的著作。应当说，本书对如何运用发展理论研究高等教育发展问题进行了比较系统和深入的探索，为发展教育学在我国高等教育学科领域的发展做了如下一些开拓性的工作。

第一，理论体系。在宏观体系方面，本书构建了发展教育理论的基本分析框架，并以此来构成本书的逻辑体系；在微观体系方面，以高等教育发展的适切性、质量、国际化三个核心范畴，作为发展理论、发展理念和发展战略三者的逻辑联结，建立起三者之间的内在联系。

第二，理论概念。主要是对发展概念、高等教育发展理论、高等教育发展战略等从发展学的角度进行了界定，从而建立起有关高等教育发展论域的概念体系。

第三，理论观点。阐明了发展理论对高等教育发展研究的适切性；在发展教育理论的指导下提出了现代高等教育多元发展理念的整合及其途径；提出了现代高等教育发展理念的基本功能；在发展教育理论的基本分析框架下，从国际的、中国的、地方的三维视角归纳出现代高等教育发展战略的基本特征，同时从结构—功能的视角提出了广东高等教育发展的新认识、新观点。

以上这些理论和实践探索，对于高等教育发展理论及其学科建设具有非常重要的理论与实践价值。

卢晓中教授擅于理论思维，又有较丰富的策划工作经验。前些年所出版的《当代世界高等教育理念及对中国的影响》，就是在他的博士论文基础上形成的理论思维与实际考察相结合的研究成果。现代高等教育发展理论，则是他所主持的华南师范大学高等教育学博士点的主要研究方向之一。这本专著的出版，为这一研究方向奠定了基础。但是，高等教育发展理论本身也是不断发展的，有许多问题有待深入探究。学科建设，任重道远。希望在科学发展观指导下、在已有研究基础上，继续努力，取得更多研究成果，为繁荣我国高等教育发展理论，并从高等教育理论研究这一侧面，为进一步推进科学发展观的发展做出贡献。

潘懋元

《高等教育生态论》[①] 序

早在20世纪90年代，中国高等教育界就已将可持续发展的理念引进高等教育研究领域，探讨高等教育如何为社会的可持续发展服务和探索高等教育自身可持续发展的规律。但由于我国的可持续发展战略，一直停留在人与自然环境的关系上，对于泛化到人与社会的关系，学术界有不同的看法；更由于缺乏充分的理论支持，高等教育的可持续发展研究，虽然发表了一批文章，出版了几本书，但都浅尝辄止，未能深入下去，进一步展开。这就是为什么我获知贺祖斌同志正在从事高等教育系统的生态研究时，倍感欣慰，寄予厚望之故。

可持续发展理念的原生意义是协调人与自然生态环境的关系，但在理论研究与实践过程中，人们发现这一理念所蕴含的价值观、发展观和基本原则，对于人与社会的关系，都有重要的意义，而且只从技术层面而不从文化、教育层面来实施可持续发展战略是行不通的。正如现代生态学，不再局限于自然界的生态系统，而是把世界看作“人—社会—自然”的复合生态系统，从以生物学为基础的生态系统泛化或渗透到一切自然科学、社会科学、人文学科的研究领域，从而使人们能够从新的视角，用新的方法来研究自然的、社会的、人文的问题，包括高等教育问题。世界（人、社会、自然）的可持续发展是现代生态学研究的出发点与归宿，而现代生态学是可持续发展理念的理论基础，从而，高等教育生态研究是高等教育可持续发展的理论与方法。

① 贺祖斌．高等教育生态论［M］．桂林：广西师范大学出版社，2005.

高等教育生态研究是一个新的课题。超越单一学科思维方式的局限，利用多门学科的优势，对现实世界问题进行综合研究，这正是当今在自然科学和社会科学领域兴起的跨学科研究方法。用生态学的原理和方法研究高等教育，正是这种跨学科研究方法的运用。生态学是研究生物与环境辩证统一关系的科学，也是一种科学的思维方法，用生态学的思维方法研究教育规律就成为一种新的视角和有效的方法。在用生态学方法研究高等教育本身时，需要关注到对高等教育的产生、存在和发展起着制约和调控作用的多元环境系统，它不仅包括社会经济、文化生活等一般意义上的外部环境，还包括高等教育系统内部因素。因此，要控制高等教育系统的生态失衡，促使高等教育持续、健康、稳定地发展，必须用系统科学的理论和方法指导高等教育的改革，必须将生态意识融入整个现代高等教育研究之中。

本书是在贺祖斌同志的博士学位论文《中国高等教育系统的生态学分析》基础上修改形成的。本书用生态学的原理、方法研究高等教育系统的生态问题。首先，阐明生态系统研究既是一种新观点，也是一种新方法，阐释高等教育生态系统的内涵和生态特征；其次，将我国高等教育系统中比较突出的一些生态现象加以研究和分析，针对我国现阶段高等教育系统的生态承载力、生态区域发展、生态环境以及生态平衡等生态问题进行具体分析，力图从高等教育制度生态环境的角度去规范、优化高等教育，最终实现高等教育系统的生态平衡；再次，通过对系统内外部生态因子的评价来实现对高等教育系统的质量控制，以促进高等教育的均衡发展；最后，对我国高等教育系统生态问题的根源做了深入研究，并从我国传统文化中吸取其生态智慧，以寻求高等教育的生态可持续发展之路。全书选题新颖，思路清晰，问题明确，论证充分。

贺祖斌同志在本科阶段学的是生物科学，研究生阶段学的是教育科学，储备了高等教育生态研究所需的生态学和教育学知识，加上作者从事多年的高等教育管理工作，这些积累为课题的研究奠定了一定的理论和实践基础。作者在研究和写作过程中，重视将生态学的原理融入高等教育的理论分析，同时对高等教育所存在的现实问题用实证的方法在统计量化的基础上得出相关的分析结论，为解决实际问题提出了意见和建议。本书的出版，一方面既可以丰富中国高等教育发展理论，同时为高等教育问题的分析增添了一个新的研究视角、运用了一种新方法，也有助于对高等教育问题更为系统、全面地观察和研究。另一方面本书研究所得出的有关高等教育大发展所引发的生态承载力问题，必须通过提高承载力与适度控制发展来解决；高等教育区域生态失衡的问题，必须通过区域资源合理配置和优化予以改善等结论，都可为有关部门和高等学校的决策提供参考。

当然，高等教育生态研究是一种新的尝试，研究中还存在一些不够成熟的地方，还需要进一步探讨。希望作者在现有对高等教育生态研究的基础上，进一步加强调查与研究，拓展研究领域，开阔研究思路，为中国高等教育的可持续发展做出新的贡献。

潘懋元

《教育人口学》[①] 序

30多年前，我综合前人的研究成果，提出了两条教育基本规律。其中之一是教育外部关系规律，也就是教育作为社会大系统的一个子系统同社会系统及其他子系统的“本质之间的关系”，在教育发展与社会发展中，存在着必然性的互动关系。这条规律的简短表述是“教育必须与社会发展相适应”。社会的其他子系统主要有政治系统、经济系统、文化系统等。这条规律也可引申表述为“教育要受社会的政治、经济、文化等所制约，并对政治、经济、文化的发展起作用”。其后，我不断地运用这条规律来考察高等教育的宏观现象，解决高等教育的宏观问题，预测高等教育的发展趋势，获得满意的实证性验证。许多高等教育理论工作者和高等教育决策者运用这条规律来考察高等教育宏观问题，也能从规律的理论高度上认识事物，解决实践中所提出的问题，获得比较满意的研究成果。同时，对这条规律的认识也逐步加深与泛化。例如，将政治、经济、文化的影响因素，分解组合为生产力与科学技术、社会制度、文化系统，以及泛化至教育同人口、资源、地理、生态环境、民族、宗教……诸多因素复杂的关系。随着研究的深入，教育外部关系规律成为教育学众多分支学科产生的源头或依据，教育学的学科体系日益庞大，新兴学科层出不穷。

在这个背景下，早在20世纪80年代，国内关于教育与人口的关系研究已有所关注，一些教育学者和人口学者从理论上认识到人口与教育之间存在

① 周仲高. 教育人口学［M］. 北京：社会科学文献出版社，2014.

着一定的规律性关系，但当时研究的主题比较分散，研究力量也比较薄弱。到2000年，田家盛教授编著的国内首本《教育人口学》，标志着教育人口研究领域开始走向体系化和学科化。遗憾的是，自该学科创建以来，虽然有关教育与人口的关系研究文章不少，但有关此学科的系统化研究成果几近空白，教育人口学的学科发展缓慢。究其成因，大致有两方面：一是教育学者对人口研究不够深入，仅把人口作为影响教育发展的一个基础变量纳入分析视野，难以深入揭示教育与人口的内在规律。例如，在教育人口学的学科定位上，认为它是教育科学的分支学科，偏重于从教育学的视角研究教育与人口的关系。二是人口学者对教育研究关注不够。长期以来，我国人口研究重点在人口数量方面，有关教育对人口发展的综合性研究较少，特别是针对受过不同教育程度的人口进行单独分析的文献更少。欣慰的是，本书在前人研究的基础上，基于学科发展的内在规律，提出教育人口学作为一门新学科，它的主题应当是研究教育与人口的内在关系，并对教育人口的变动过程进行科学分析；它的研究范围应以教育学与人口学的交叉领域为主，进而在教育人口领域又形成了独立的研究领域。这种学科定位，不仅拓展了教育人口学的研究范围，也为教育人口学作为一门相对独立的学科的创新与发展奠定了理论基础。

本书构建的教育人口学，分别以教育人口学基本理论、教育与人口关系、教育人口分析为基本框架，形成了教育人口学的学科基本体系。这种学科的成立既是满足新知识拓展要求，也对现实教育与人口的关系问题提供了理论与方法指导。特别是该书的最后三章，通过对教育人口的数量、结构和分布的科学分析，从人口学的角度为教育人口学的学科拓展与创新进行了重要探索，也充分显示了作者的扎实功底与创新勇气。作为一门新兴的以应用为主的学科，作者在注重学科理论构建与学科合理性论证的同时，也十分重视学科研究结论对实践的指导作用，既注重从现实问题中寻找理论来源，也注重从理论创新中满足实践诉求。

作为一个青年学者，作者从硕士开始持续关注人口与教育的关系研究，并基于对此领域的浓厚兴趣，从教育学专业“跨行”转入人口学专业攻读博士学位，毕业后持续关注于此领域的研究，这种探索精神值得鼓励。本书所涉及的研究领域十分宽广，虽然研究框架已基本搭建，但后续的研究工作依然繁重。因此，本书的研究应当只是一个开始，希望作者能在今后的研究之中，不断加以充实、完善，取得更加深入的研究成果。

潘懋元
2013年10月4日

专题研究编

在哈尔滨（1999 年）

高等教育历史研究

《苏区教育史》[①] 序

中国共产党自建党以来，就把教育工作作为革命与建设的主要任务。远在大革命时期，党就发动群众创办了工人补习学校、工人子弟学校、农民学校等，编写了《平民读本》《成人读本》，对工人农民进行革命的宣传教育，并且创办和领导了湖南自修大学、上海大学、劳动学院、农民运动讲习所等培养革命干部的学校。但是，这些教育工作，都是在没有政权的条件下创办的，受到种种的限制。只有在党建立了革命根据地之后，有了人民的政权，才能根据革命和建设的需要，按照党的教育方针政策，进行教育建设，发展人民教育事业。

革命根据地的教育，众所周知，可以分为三个时期。苏区教育，是最早的革命政权下的教育，虽然当时办学条件异常艰难，教育经验还不成熟，但已取得辉煌的成绩，有其特定的历史意义，从当时的教育方针、政策到具体的教育措施，都是值得我们深入研究的。

1950 年，我在厦门大学教育系开“中国教育史”课程，为了教学需要，曾搜集一些苏区教育资料，编写教材，几经补充，于 1957 年发表了两万字的《第二次国内革命战争时期革命根据地的教育》，限于资料和水平，只能画个基本轮廓。很想在这个基础上，编写专书。由于主客观原因，三十年来，夙

① 赖志奎. 苏区教育史 [M]. 福州：福建教育出版社，1989.

愿未能实现。近年来，革命根据地教育史的专著、资料，已出版了几部，报刊上所发表的文章也不少，但全面系统地专门论述土地革命时期教育的专书尚未见到。赖志奎同志多年来广泛搜集整理苏区教育文献，深入进行调查，潜心研究，几经易稿，写成《苏区教育史》这本专书，付梓出版，这实在是一件有意义的工作。对我个人来说，尤有得偿夙愿的喜悦。

《苏区教育史》，翔实地记载了苏区教育产生与发展的过程：以中央苏区为主，旁及其他革命根据地；从红军教育、干部教育到成人教育、儿童教育、职业教育；从教育方针政策、领导管理到师资培养、教材编写。其内容丰富，具有系统性、综合性与一定的理论性等特点，是当前一本比较完整的苏区教育历史专书。这本书的出版，不但有利于发扬革命教育的优良传统，而且苏区教育的精神和一些经验，如教育要为一定历史时期党的总政策、总任务服务，要走群众路线，多形式、多类型、多规格办学，学习知识要紧密联系实际，以及简明生动的教材、灵活多样的教学方法等，对于今天我们在新的历史时期，面临社会主义建设与发展的新任务，我认为仍是有现实意义的。

潘懋元

1987 年 9 月 22 日

《百年之功——中国近代大学校长的教育家精神》[①] 序

本书收录了50位有影响的中国近代大学校长，评述了他们的办学业绩、教育思想以及他们的品格特征。

书名冠以“百年之功”，其含义：一是书中所收录的大学校长主要活动于从19世纪中叶到1949年新中国成立前的百年之间，即使有一些校长的办学活动一直延续到新中国成立之后，本书所记载的也仅限于1949年以前的事迹。二是大学校长所从事的是“百年树人”的宏伟事业，在他们执掌的大学里培养出来的大批高级人才，对于中国近现代社会，尤其是对于中国近现代科学和文化发展与变革的贡献是有目共睹的，时至今日，活跃于社会各领域的许多老一辈的栋梁之材，大多是那个时代的大学里培养出来的，何况他们对社会的贡献，不仅影响到我们的今天，而且还将惠及我们的后代。因此，说中国近代大学校长从事的事业“功在百年”，是不为过的。

中国高等教育的历史，可以追溯到2 000多年以前。西汉有“太学”，晋代有“国子学”，唐代有“六学二馆”，这些都可以看作是古代具有某些高等教育特点的学校。但是，真正建立在基础教育之上、分科类传授高深而专门的科学与文化知识的高等学校，却是在19世纪中叶以后才出现的。当时，中国先进的人物，面对着内忧外患，认识到了在当时顺应世界潮流振兴图强之道，喊出了“师夷之长技以制夷”的口号。于是，以学习西语、西艺、西政、

① 周川，黄旭．百年之功：中国近代大学校长的教育家精神［M］．福州：福建教育出版社，1994.

西学为主要目的的高等学校也就应运而生，如 1862 年创办了京师同文馆、1895 年创办了天津中西学堂、1898 年创办了京师大学堂。随着国内外经济与政治形势的变化发展，清末民初之际，创办新大学成了一种颇为时髦的举动，私立大学、教会大学、国立大学、省立大学如雨后春笋般破土而出，一批有作为的大学校长对近代中国高等教育事业的开拓起了重要的作用。

近代大学校长的“近代”一词，不只是标志着一个历史时代的教育人物，而且包含着这个群体的基本政治属性——新兴资产阶级教育家。“近代”一词，把他们与属于封建地主阶级范畴的“古代”教育家以及与属于无产阶级范畴的“现代”大学校长区分开来，同时也指明了他们在中国近代高等教育发展中作为开拓者的历史地位以及他们的筚路蓝缕之功。他们中的大多数生长在中国的封建制度走向崩溃、资产阶级革命正在兴起的社会大动荡时期，目睹清朝统治下的腐败和感受革命的澎湃浪潮；他们大都曾留学海外，不同程度地接受了西方资产阶级民主自由观念以及先进的科学技术，因此，他们对封建专制制度心怀不满与痛恨，对中国资产阶级的成长有着热情的憧憬。事实上，他们中的不少人早期都有过追随孙中山从事革命的经历。反映在他们的办学上，大多数反对尊孔读经、封建礼教，主张教育独立，倡导实利主义教育，提倡科学民主、思想自由，要求发展“活泼的个人”、培养“完全之人格”。这些主张与资产阶级新经济、新政治、新文化发展的要求是一致的。

当然，这个大学校长群体是很复杂的，从个人经历看，原先他们有的从政、有的从军、有的从商，更多的则是从事学术研究和教育事业；后来他们在政治上有的成为资产阶级民主人士，有的投靠了国民党反动派和帝国主义，有的转向了共产主义阵营。但是，他们在大学校长任职期间，大多是以科学、民主和爱国主义精神办学，集中表现在他们的“教育救国”的信念与理想。他们企望通过自己的教育工作，培植新人、开启民智，以拯救国家民族于水深火热之中。在那样的历史条件下，“教育救国”的理想虽然行不通，但他们的良好愿望，却是他们对教育事业怀有无限忠诚和作出重要贡献的精神支柱。正是靠着“教育救国”的这种理想，他们有的节衣缩食、惨淡经营、排除外界干扰、矢志不渝，于窄缝之中求学校的生存与发展；有的奔波于动荡的社会和连绵的战火之中，克服难以想象的艰难困苦，甚至献出了自己的生命。

在那样复杂艰难的历史条件下，他们所取得的办学实绩、办学经验和他们所表现的办学精神乃至人格力量，也就显得更加难能可贵。这既是他们的“教育家精神”之所在，也正是我们今天来研究它的意义之所在。

“论从史出”，高等教育历史是高等教育理论的重要源泉之一。例如，高等教育管理理论研究，离开了大学校长们丰富的、具体的办学经验，只是从一般管理原则推论出高等教育管理理论，或从一时的得失论述管理的成败，就很难写出内容丰富、科学性强的专著。尤其是涉及高等教育一些规律性的根本问题，往往非一时所能看清楚，也不是靠有局限性的实验或实践所能解决，必须从历史的角度加以考察研究才能有深度、有远见。本书选取了中国近代这一历史时期，选取了大学校长这一教育家群体，记载了他们的办学主张、办学业绩和办学经验，从一个侧面为我们展示了中国高等教育近代化的曲折历程，为我们深入认识高等教育的发展规律提供了丰富而有说服力的线索和证据。“观今宜鉴古”，不了解中国高等教育的昨天，我们就不能更全面地认识中国高等教育的今天和明天，也就很难深入理解什么是有中国特色的高等教育体系，更好地走自己的发展中国家高等教育的道路。

本书选入的大学校长，大体体现了这样四个特点。第一，以学者出身的为多，许多政治色彩过浓的未收入；第二，任职期间是以校长为其主要职务的，挂名兼职的校长均未收入；第三，办学上有成就或是富有特色的，虽守业兢兢业业而少成就、无特色者不收入；第四，任职时间较长的。当然，符合上述特点的中国近代大学校长远远不止本书收录的这些，有些甚至还是相当突出的，如北京师范大学的李蒸、北京农业大学的许璇、交通大学的凌鸿勋、圣约翰大学的涂羽卿等，本书未能收入，想必是篇幅所限，或者是由于查找资料的困难。

本书目录按照校长就职先后为序排列，颇有用心。通阅全书，有助于我们了解中国近代高等教育的发展概貌，了解中国近代高等教育在不同时期和不同阶段的不同特征。此外，每篇附录的校长“教育言论要目”，为研究者也提供了不少便利。

本书的作者都是高等教育学领域的青年人，其中有几位曾是我的学生。他们出于“为中国高等教育学做一点实证性、资料性工作 ”的愿望，选定了本书这样一个课题，是很有眼光的。两位主编在酝酿本书收入人物、编写提纲及写作的过程中多次征求过我的意见。我对他们的这个计划，始终是鼓励和支持的。

作者们大量查阅了所录校长本人的著作、传记以及有关学校的校史档案，也旁稽参考了所录校长的亲朋、故旧和学生的回忆及纪念文章，推情酌理、评价公允，是可以当作信史来读的。当然，个别篇幅由于侧重点的不同，或者是由于资料的不足，叙述不够细致深入，稍嫌简略，这是需要通过以后更深入的研究或者是在再版时加以改进的。

潘懋元
1993 年于厦门大学

《西学东渐与中国高等教育近代化》① 序

1995年厦门大学高等教育科学研究所通过答辩授予博士学位的论文中，有两篇都是以“高等教育近代化”为研究课题的。一篇是西方高等教育近代化，即黄福涛博士的论文《欧洲高等教育近代化的历史研究和理论探讨——近代法、英、德高等教育的形成与发展》，由日本广岛大学大学教育研究中心关正夫、有本章、大塚丰教授和我合作指导；另一篇是中国高等教育近代化，就是朱国仁博士的论文《西学东渐与中国高等教育近代化》，由刘海峰教授和我共同指导。其所以同时进行西方的和中国的高等教育近代化研究，目的有二：一是高等教育学科建设的需要，二是当前高等教育改革借鉴的需要。前者所需的是弄清历史事实，揭示教育改革与发展的规律；后者所需的是规律的运用和经验的总结。

在西方高教发展史的研究上，有一个问题一直没有弄清楚，就是欧洲中世纪大学如何嬗变为近代大学？这是黄福涛的论文所要解决的问题；至于中国高教发展史的研究上，近代高等教育体制，正如整个教育体制一样，基本上是由西方经日本引进的，它的历程比较清楚，但却存在另一些有待解决的问题。例如，中国高等教育近代化是不是就是“西方化”？它同中国的传统文化以及“官学”“书院”等近代以前的“高等教育”有无联系？它同中国近代的文化变迁有什么关系？中国高等教育近代化是成功的还是失败的呢？在近代化过程中有哪些经验教训可以为当今进行中国高等教育现代化建设提供

① 朱国仁．西学东渐与中国高等教育近代化［M］．厦门：厦门大学出版社，1996.

借鉴？这就是朱国仁的论文所要探讨的主要问题。

高等教育的发展，必然要受经济、政治所制约，但直接的、潜在的制约因素则是文化的变迁。《西学东渐与中国高等教育近代化》的研究，正是从文化变迁的角度切入，以“西学东渐”为主线，寻找在中西文化交流、冲突、融合过程中，中国高等教育近代化的轨迹。

作者承认，作为“西学东渐”潮流组成部分的中国高等教育近代化，是“后发外生型”的。它必然要以“早发内生型”的西方高等教育模式为蓝本。同时，在引进西方高等教育模式时，不可避免地存在某些盲目照搬的现象。但就其总体来说，中国高等教育近代化并非西方化，而是中西文化交流、融合的产物，它深深打上中国文化传统的烙印，形成了自己的特点。

同时，作者在详细地、全面地研究了中国近代高等教育的观念、体制、目标、课程、教学方式方法之后，实事求是地得出如下的结论：中国高等教育近代化过程，走过曲折的道路，出现许多失误与问题，但取得了成绩，不断地有所进步，基本上是成功的。这个结论符合历史的辩证法，全盘肯定不符合历史事实，全盘否定将陷于“文化虚无主义”。

为了更清楚地揭示高等教育近代化的内涵，以及在近代化过程中各种因素的作用，作者还对中日高等教育近代化过程进行比较。日本的高等教育近代化，可以说也是西学东渐的“后发外生型”。它所面临的处境与问题同中国颇为相似，但却走出了不相同的道路，表现出多方面的差异。差异的原因，也就是各种因素此消彼长的作用。

本书最后的“综论”，也是最重要的部分。作者在“综论”中，论证了教育外部关系规律和教育内部规律在中国高等教育近代化过程中的作用，并进而从近代化过程中总结教育改革的规律。作者指出，在教育改革过程中，教育观念、体制和课程三大基本要素之间，存在着必然的联系：“教育观念的更新是前导，教育体制的变革是关键，课程的改革是核心。”任何全面的改革，都必须从这三个方面着手，否则就不能成功。这一规律性的认识，无疑对于当前中国高等教育的现代化改革，同样是适用的。而中国近10年来高等教育现代化改革的不足之处，正是只强调体制变革的重要性而对于作为前导的观念更新和作为核心的课程改革相对地不够重视。这也说明历史的、规律性的研究，对于当前的改革有重要的现实意义。

现在，朱国仁在他的博士学位论文的基础上，听取各方面的意见，精心修改，完成了这本专著。应该说，已经较好地达到了上述的学科建设与改革借鉴的目的。当然，正如作者在“后记”中所说的，本书只是中国高等教育近代化研究的初步成果，尚有一些问题有待于进一步探讨，有一些方面有待于补充。前者如作者虽已提出高等教育近代化的核心是课程的近代化，其主要标志是近代科学进入中国高等教育的课程之中并占据主要地位，但在论证上尚不充分；后者如留学教育、教会大学、女子高等教育等与中国高等教育近代化的关系，尚未论及。希望作者在这本专著的基础上，进一步研究，使之更臻完善。

潘懋元

1996年7月31日

《现代中国高等教育的形成》[1] 序

大塚丰教授的《现代中国高等教育的形成》一书，由黄福涛博士译成中文，即将在中国出版，我感到由衷的高兴。

大塚丰教授是日本的中国教育史专家，是对中国友好的人士，也是我的老朋友。他曾在东京大学和东北大学等作为兼职教师讲授中国教育史，在广岛大学研究高等教育问题。12 年来，他为了撰写博士论文，数次到中国访学，深入到包括老解放区在内的许多地方搜集资料。这篇博士论文写了将近 10 年，前年才脱稿并通过论文答辩，也就是即将出版的这本专著。在他撰写论文过程中，我们曾交换过两三次意见；拿到中文译稿之后，我对全书细读了一遍，提了几十条意见，和他长谈了五个小时。一句话：感受甚深，获益匪浅。

这本专著论述的是中华人民共和国成立初期中国高等教育的变革。从书名就可以看出作者是把这段历史定位为中国现代高等教育的形成时期。一位外国学者，在全面、充分地研究了 20 世纪 50 年代前期的中国高等教育变革历史文献之后，做出如此肯定的定位。这对于为国内众说纷纭所困扰的我来说，有一种清新的感觉。历史主义地看问题，我认为这一定位是比较准确的，也是令人振奋的。

之所以是比较准确的，还在于作者对这一时期高等教育的种种现象及其

---

① 大塚丰. 现代中国高等教育的形成［M］. 黄福涛，译. 北京：北京师范大学出版社，1998.

演变，审慎地探讨其源流。在我们长谈时，大塚丰教授一开始就针对当前一种中外皆流行的观念指出："20 世纪 50 年代中国高等教育的模式，不完全是受苏联模式的影响；50 年代的变革，院系调整只是其中的一项而不是全部。"在本书中，作者逐一研究了 50 年代前期中国高等教育的各项重要变革，如院系调整、部门办学体制、课程的社会主义改造、社会主义大学教师队伍的形成、统一高考制度、毕业生统一分配、人民助学金制度、校内居住方式（师生住校）等。对于每一变革，都根据确凿的资料，考察其源流。只有院系调整一项，基本是模仿苏联模式。其他各项，有的是中国早已有之或已在进行中，由于学习苏联而确立或加强，如部门办学、课程改造、教师队伍；有的是中国自己所建立而后受苏联一定的影响，如统一分配；有的则与苏联模式无关，如统一高考、人民助学金、校内居住方式。而不论与苏联模式有关或无关的变革，大多可以从中国本土追其源流：有的可以追溯至老解放区，如部门办学、统一分配、人民助学金制度；有的则是沿袭并改进了中华人民共和国成立前的措施，如抗战时期就有"公费生"制度和局部的统一高考；有的甚至可以追溯到清末民初或更古远，如中国古代就有全国统一的科举考试、廪膳生制度以及校内居住方式。

历史是绵延而复杂的。一种历史现象或制度，往往是多种因素交错形成。把中华人民共和国建立之初的高等教育模式及其变革，都归因于学习苏联，而对所谓"苏联模式"，又不做具体分析，一概予以否定，这不是历史主义的方法，无助于弄清历史真相，也不利于总结历史经验。

"论从史出"，大塚丰教授在这本专著中，不厌其详地引述原始资料。在史论上虽着墨不多，却很有说服力。他在简短的评论中，力求客观公正。有些具体论点，虽未必人人皆同意，但有参考价值。这本书的出版，对于我们研究现代中国高等教育史，无论在资料上或在论点上，都有重要的价值。

潘懋元

1998 年 5 月 9 日

于厦门大学高等教育科学研究所

《欧洲高等教育近代化》[①] 序

高等教育近代化过程的研究，既是高等教育发展史的基本内容，也是高等教育学的基本理论问题。高等教育学所研究的是高等教育的现象及其规律，以及运用教育规律预测高等教育的未来发展趋势。而当前的现象是由历史演变而来，规律一般是从历史总结出来的。同时，弄清高等教育近代化的过程，也有助于高等教育现代化建设的研究。

众所周知，近代高等教育的发源地在欧洲，研究高等教育近代化过程，特别是它的发轫，只能从欧洲的大学历史去寻找答案。我在研究高等教育理论时，有一个问题一直未能弄清楚，就是欧洲的中世纪大学是如何演变为近代大学的？因此，1990 年黄福涛以优异成绩考进厦门大学高等教育科学研究所攻读博士学位时，我就建议他以欧洲高等教育近代化作为博士论文的研究课题。因为他曾师从我的朋友、外国教育史专家戴本博教授，在教育理论上有相当修养，对西方教育史已有研究成果。他欣然同意，带着这个课题，在厦门大学高等教育科学研究所和日本广岛大学大学教育研究中心两地，在关正夫、有本章、大塚丰教授和我的合作指导下，经过五年努力（其中一年在长春学习日语，在国内和日本各二年），完成了他的博士论文，也就是这部专著。

欧洲高等教育近代化，是一个缓慢的、渐进的、错综复杂的发展过程。研究这个过程的主要困难有：一是需要大量的原始资料和前人的研究成果。

---

① 黄福涛．欧洲高等教育近代化［M］．厦门：厦门大学出版社，1998.

这一困难由于广岛大学丰富的藏书以及作者通过多种渠道的搜集、检索而比较满意地解决了；更为困难的问题是如何在错综复杂的历史表象中，抓住古代大学同近代大学区别的本质特征。作为变化的主要标志，就是如何抓住主要矛盾。西方学者的研究，众说纷纭，有的认为是大学职能的变化，从单纯传授知识到既传授知识，又开展研究；有的认为是思想观点的不同，近代大学以思想自由和教学自由为基本原则；有的认为是摆脱了教会和国王禁锢，提倡大学自治、民主治校；有的认为是大学走出封闭的“象牙塔”，面向社会办学；还有的认为教师和学生的阶级成分不同，学生数量增加，大学规模扩大，内部结构复杂……虽然这些都有历史事实的根据，也都是研究高等教育近代化所要涉及的问题，但我认为都不是近代高等教育区别于中世纪大学的本质特征。

根据唯物史观的基本原理，社会发展最基本的动力是生产力的提高。古代到近代生产力变化是从使用手工工具过渡到机器生产，而机器生产是与科学技术密切相关的。因此，制约近代高等教育最根本的力量是生产力与科学技术的发展，然后才是经济制度与政治制度，以及文化的传统与变迁。近代大学之所以是“近代”的，最根本的动力与标志就是科学技术以知识的形态，转化为课程进入大学，成为大学内部的核心，推动大学自身方方面面的变化与发展。因此，中世纪大学嬗变为近代大学，它的核心是课程的改革——科学技术进入大学课程之中。

由于中世纪大学历经五六个世纪，已经形成一个个坚固的堡垒，它所开设的课程，甚至可以远溯自古希腊时代，稳固而排他。因而科学技术进入大学课程，只能是缓慢的、渐进的嬗变，或者是在大学之外另建新的高等教育机构，开设新的课程。根据黄福涛在本书中的研究，从 18 世纪末或 19 世纪初期，自然科学的课程才始露端倪，到 19 世纪六七十年代，才得到普遍的认可。

科学研究的一般步骤，是先要根据某些现象或迹象，做出假设，然后“小心论证”——证实或证非。上面所说的论点，只是在研究之前的初步假设。这一假设，经过黄福涛几年的辛勤努力，基本上有所证实。这就是本书的结论：“衡量高等教育的近代化、各国高等教育个别特征和共同属性的理论依据和客观尺度是课程的量变、量变到质变的程度，以及这种质变所引起的高等教育机构内部平衡的打破、结构的调整、类型的转换、体制的改变，从而最终导致一个新的历史发展阶段的形成和实现。”（本书第219页）当然，这一结论是否正确，是否足以全面地解释从中世纪大学到近代大学嬗变的过程，还有待于读者的鉴定、认可，但至少可以成为“一家之言”，从而有助于研究高等教育的现代化建设。

高等教育现代化同高等教育近代化，不论外部条件或自身发展都不相同。近代化是从农业、手工业经济时代进入工业经济时代，而现代化将从工业经济时代进入知识经济时代。生产力与科技发展水平相差甚远；高等教育的内涵与外延、体制与结构、机制与功能、课程与方法，更加复杂多样，但某些规律性的东西，可能还有一定的认识价值和现实意义。

潘懋元
1998年8月10日
于厦门大学高等教育科学研究所

《科学进步与高等教育变革史论》[1] 序

高等教育是一个庞大的社会系统，它的内外部关系十分复杂。近年来，宏观高等教育研究，大多侧重于探讨高等教育与经济的关系。这当然是很重要的，因为在社会主义现代化建设中，经济是中心，当前高等教育的改革与发展，同经济的变革与增长必然是密切相关的。但经济毕竟只是制约高等教育的外部因素之一，而不是高等教育的本质属性；高等教育的本质是人类科学、文化的传承与创新。一方面，高等教育通过培养科学人才、创新科学成果以发展科学文化事业；另一方面，科学的进步、文化的变迁，才是高等教育变革的核心与直接动力。《科学进步与高等教育变革史论》一书，正是从高等教育的本质——“社会遗传机制与进化创新机制统一体”出发，运用科学社会学、教育文化学和高等教育哲学的理论与方法，历史、系统地分析科学进步、文化变迁同高等教育变革的内在联系及其互动作用，从而揭示两者之间的变化发展规律。

这本专著，以科学发展史为纲，应用丰富的资料，自西方古代科学与高等教育的互动关系、中世纪科学文化复兴与高等教育体制化变革，至科学体制化与高等教育现代化变革、新技术革命和知识经济时代条件下高等教育的改革问题，层层逼近，体现了历史与逻辑的统一、理论与实践的一致。本书所研究的问题，是教育基本理论问题，从一个新的角度来阐释高等教育的本质和高等教育发展观，对于高等教育学科建设有重要的意义；同时，它又是

① 何云坤．科学进步与高等教育变革史论［M］．长沙：岳麓书社，2000.

解决一系列现实问题的应用理论，对当前新技术革命和知识经济时代高等教育的改革与发展，提供了指导原则。

科学、文化与高等教育的关系，涉及自然科学与科学史、社会学与文化学、教育学与教育哲学诸多学科领域，广泛而深邃，如非具广博的知识和超越学科的视野，很难驾驭。作者何云坤博士，本科学习的是物理学，硕士攻读自然辩证法，在自然科学和哲学领域，有相当的功底。攻读博士学位期间，他就参加我所主持的“多学科高等教育研究”课题，并承担了从哲学和科学学的角度研究高等教育的任务。他广泛阅读中外有关科学哲学、科学史、文化史等学科专著，结合高等教育理论与高等学校管理实践，前后以五年时间，完成了难度相当大的博士学位论文，通过论文答辩，得到了专家很高的评价。这本《科学进步与高等教育变革史论》专著，就是他在博士学位论文基础上所形成的。本书旁征博引、内容丰富、观点明确、思路新颖、分析缜密、论证有力，是一本值得推荐的学术专著。

潘懋元
2000 年 1 月 10 日
于厦门大学高等教育科学研究所

《战后日本大学史》[①] 序

战后日本，在医治战争创伤之后，经济进入高速增长时期。高等教育，在按照美国模式进行改造之后，数量增长，也迅速跨进了大众化阶段并向普及化阶段逼近；与此同时，在体制上不断探索改革的道路。面临21世纪，又提出了提高教养教育地位的方案，并对国立大学提出了“独立行政法人化”的改革方案，力图使传统的大学体制能加强活力，减负增效，提高质量，更好地适应高等教育的现代化发展。

战后的这段历史，有许多值得中国高等教育改革与发展借鉴的政策与经验，例如：高等教育的发展与经济的增长紧密结合，互为因果，互相支持；在传统与改革、国际化与民族化的碰撞中，形成有特色的“日本模式”；在高等教育大众化过程中，依靠与支持私立大学的发展；如此等等。但仍存在许多与现代化不相适应的问题，可以发人深思。例如：办学形式比较单一，管理体制上过多自上而下的规定限制了办学的自主权，烦琐刻板的规章制度与办事程序降低了工作的效率，等级森严与“权威”服从使青年教师非常辛勤而自觉积极性不能充分发挥，人才培养上缺乏个性化与创新性，等等。这些，对于在传统的体制与环境中成长的日本学者，也许习以为常，而对于一个外来的访问学者，却甚多敏感。我于2000年曾在日本做过几个月的研究工作，便有如此体验，但因时间短暂，浮光掠影，不敢妄下断语。读了胡建华博士的《战后日本大学史》一书，对于日本高等教育的变化，有了比较系统的认

① 胡建华．战后日本大学史［M］．南京：南京大学出版社，2001．

识。日本战后50多年的改革，不论成功与否，都值得我们深思。

胡建华博士出国留学之前，在高等教育理论研究上，已有相当造诣（曾与周川、龚放、陈列合作编著《高等教育学新论》）；赴日之后，在名古屋大学师从日本知名教育家马越彻教授，专攻日本高等教育史。这本《战后日本大学史》，就是在他的多年研究之基础上所形成的。

这本专著的特点是：对于战后日本高等教育的改革，占有详尽确实的资料，来龙去脉，脉络清晰；史论结合，以史实铺叙为主但不是堆砌材料，论虽不多却起到画龙点睛作用；虽然是一本历史著作，但断至2000年，实际上也是一本比较教育专著。这本专著的出版，相信对处于经济高速发展、高等教育正在向大众化过渡的中国，既有历史价值，也有现实意义。

潘懋元

2001年3月2日

《外国高等教育史》① 序

我国高等教育科学研究，各个分支学科大多已有专著，中国高等教育史也有专著多部，唯独外国高等教育史，据我所知，除了国别或断代史书，尚未有公开出版的全面系统、纵贯古今的专著，这不能不说是高等教育研究者的憾事。特别是近年来，高等教育学科专业研究生剧增，硕士点数十个，每年招生数百人，而外国高等教育史又是一门必修课程，师生只能以一般外国教育史书为教材，从中抽取涉及高等教育的史料，很难掌握世界高等教育历史演变的脉络、发展的规律。五年前，黄福涛博士在出版《欧洲高等教育近代化》之后，就立意要撰写外国高等教育史专著，得到上海教育出版社高等教育编辑室张文忠副编审的支持，列入我所主编的“新世纪高等教育丛书”之重要选题。其后虽因黄博士出国和工作变动而延缓交稿，但在黄博士的辛勤劳动和陈学飞教授等的大力协助下，这本堪称“国内第一部”的《外国高等教育史》终于公开出版了。这是一件令人高兴的事。

黄福涛博士担任《外国高等教育史》的主编并作为主要撰写者是合适的。他早年师从外国教育史专家戴本博教授，在教育理论上有相当造诣，对西方教育史已有研究成果。在攻读博士学位期间，他潜心研究欧洲高等教育从中世纪大学到近代大学的嬗变过程，较好地解决了前人所未弄清楚的近代大学如何形成与发展的历史问题。同时，他精通英、日、法诸国文字并粗通德文、俄文，也有利于他广泛接触各国教育史资料。其他参加撰写者都是教育史的

① 黄福涛．外国高等教育史［M］．上海：上海教育出版社，2003.

专家或崭露头角的教育史研究者。因此，这部《外国高等教育史》专著，有较高的学术价值。该书有如下特点：

一、史料充实。本书大部分是利用第一手资料描述高等教育历史的真相。“论从史出”，历史资料是否充足、翔实，是史书质量高低的前提。史料充实，编排得当，即使议论不多，读者也可从中获得自己的认识。例如，此书充分描述了欧洲大陆国家如法、德、俄等国教育历史的真相，自不难使人得出如下结论：所谓苏联（俄国）模式，它的许多教育制度可以追溯到沙俄时代从欧洲大陆引进的渊源，而不是后来苏联计划经济时代所建立的。

二、分清历史源流。本书将近代六个高等教育发达国家，分为两类：一类是法、英、德，另一类是俄、美、日。这种独特的分类所根据的就是历史上的源与流：近代高等教育发源于欧洲，在这个意义上说，法、英、德是“早发内生型”的“源”，而俄、美、日是“后发外生型”的“流”。虽然美国的高等教育，在市场经济与实用主义思想制约下，早已远离欧洲传统教育模式，但在殖民地时期以及独立初期，还是分别依照英国、德国的模式办学的。本书分清历史源流，能够让读者更好地把握世界高等教育发展的来龙去脉。

三、重视课程演变。一般地说，高等教育制度史易写而高等教育课程史难写。制度史是外显的，有许多规章条例可依据；课程史则必须深入到专业设置、教学计划以至教材内容、教学手段。但课程是教育活动的核心，只有课程能直接反映科学技术的发展，间接反映生产力的提高。这个道理，我在《欧洲高等教育近代化》一书序文中有所阐述，现抄录如下：

“根据唯物史观的基本原理，社会发展最基本的动力是生产力的提高。古代到近代生产力变化是从使用手工工具过渡到机器生产，而机器生产是与科学技术密切相关的。因此，制约近代高等教育最根本的力量是生产力与科学技术的发展，然后才是经济制度与政治制度，以及文化的传统与变迁。近代大学之所以是‘近代’的，最根本的动力与标志就是科学技术以知识的形态，转化为课程进入大学，成为大学内部的核心，推动大学自身方方面面的变化与发展。因此，中世纪大学嬗变为近代大学，它的核心是课程的改革——科学技术进入大学课程之中。”

“物之初生，其形必丑”，作为国内第一部外国高等教育史，必然存在不足之处。本书后半部只写六个发达国家的历史，对于发展中国家高等教育发展的历史未涉及。发达国家发展的历程对中国教育事业的发展，无疑有启发意义；而发展中国家的经验教训，对中国高等教育的改革，在一定意义上说，更有借鉴价值。此外，由于多人撰稿，难免存在文风各异、详略不一、体例不尽相同的问题。例如，有几位执笔者，长期留日学习、工作，有些名词翻译日本化，与中国习用译文不同。如 faculty 译为学部，college 译为学寮，liberal education 译为教养教育，等等。指出某些不足之处，并不是否定或贬低此书的价值，而是出于“求全责备”的期望。

潘懋元
2003 年 3 月 14 日
于厦门大学高等教育科学研究所

《山东高等教育发展史》[1] 序

在“中国地方教育史研究会”的牵头与推动、地方教育行政部门的支持下，20 世纪 90 年代以来，许多省、市、自治区陆续出版了各自地区教育史。高等教育虽是其中的组成部分，或多或少有所论述，但往往粗枝大叶，语焉不详。作为系统研究地方高等教育演变的历史专著，就我所知，《山东高等教育发展史》可能是第一部。

为什么山东首先编写地方高等教育史志呢？可能有种种偶然因素。如某位领导的指示，某位专家的建议，或者是山东大学高等教育研究中心的研究人员在检索文献时萌发了梳理山东高等教育史料的想法。偶然性中包含着必然性。必然性是什么？就其浅层次说，是由于山东高等教育办得好、发展快，要探究好与快的业绩成因昭示世人。的确，在高等教育大众化的发展历程中，山东走在前头，推动全国的进程。1992—1993 年间，响应邓小平同志“南方谈话”，山东连续两年招生增长率为全国之冠；世纪之交，山东高教界为高等教育发展与公平振臂高呼，声震全国，起带头作用；接着，既出现规模宏大的巨型大学，又涌现众多办出特色的高职院校，成为全国高教大省、强省之一；如今又转向高等学校内部体制的改革与实力的加强，以质量的提高为发展主题。因而，其萌发编写高教史的想法并得到教育部门和大学的支持，有其时代的必然性。但在同一时代，山东高等教育发展之所以领先，还有其深层次的文化原因。

---

① 栾开政．山东高等教育发展史［M］．济南：山东教育出版社，2003.

山东是中国古代文明的重要发祥地。春秋战国之际，百家争鸣主要集中于齐鲁。作为中国传统文化主流的儒家思想与学说，就在这里诞生、发展而传播四海。文化积淀深厚，源远流长。近现代意义的高等教育，虽然是生产力和科学技术发展到一定水平才出现，而中国近代高等教育体制，则是从西方经日本引进的，但不能离开本土文化自天而降，况且具有某些高等教育属性的教育机构，中国古已有之。根据“研究高深学问”这一大学理念，人们认为中国第一所聚徒讲学、自由讨论、规模宏大、有固定教育场所与管理制度的“国立”高等学校就是稷下学宫。稷下学宫就在当年齐都的山东临淄（可惜现在找不到它的确切遗址）。在其存续的100多年间，实行开放办学，倡导学术自由，对儒、道、法、阴阳、黄老各种学派，兼容并包，孟子、荀子、慎到、田骈、淳于髡诸多学术大师及其“稷下学生”，来去自由。其办学理念、体制、规模，可与同一年代的欧洲雅典大学中西媲美。其后的两千年间，山东一直以孔孟故里为儒宗圣地，人才辈出，蔚成黄河下游的齐鲁文化区。

进入近代，山东又以其深厚的文化积淀，加上便利的海外交通，吸收外来文化，引进西方高等教育模式。例如，1877年胶东地区就出现由传教士创办的登州文会馆（齐鲁大学前身），其课程设置、教学制度、学校设施，已具近代高等学校雏形；1901年创办的山东大学堂，在清末书院改制为新式学堂中，与山西大学堂同为领先于其他各省学堂的大学堂，而其制度比后者完善。因而《山东大学堂章程》，由清政府颁行各省作为办学蓝本，推动全国书院改制，兴起办新式学堂的高潮。

在20世纪百年中，中国近现代高等教育的发展，山东高等教育一直保持其特殊地位，做出特殊的贡献，有其特殊的影响。在我的印象中，民国初期山东的留学教育、教会大学很发达；梁漱溟的山东乡村建设研究院设在邹平，他的理论与实践，对当前研究高等教育如何通向农村仍有重要参考价值；抗日战争时期，山东既有国统区国民政府主管的高等教育，又有沦陷区日伪所办的高等教育，还有抗日根据地共产党所办的高等教育，这段高等教育史生动地重现当年全国复杂而激烈的文化教育斗争。

中华人民共和国成立后的高等教育改革与发展，虽然全国基本雷同，但是山东仍有许多特色与特殊贡献。例如，院系调整后以山东大学为首的一批高质量的院校，大多居于全国前列；全国唯一的一所海洋学院设在青岛，孔子故里的曲阜师范学院是孔子研究的基地；《文史哲》这份期刊为全国哲学人文科学界所瞩目；特别是华岗、成仿吾的教育思想及其办学实践是中国高等教育理论的珍贵遗产。三中全会以来，如上所言，山东的高等教育改革与发展走在时代的前头，对全国有重要的影响。

因而，研究山东高等教育史，不仅对山东高等教育进一步发展有重要意义，对研究中国高等教育理论、探索地方高等教育发展规律，也有参考价值。

理论来源于实践，教育理论来源于三个方面的教育实践。其一是前人的实践，也就是研究教育史；其二是他人的实践，也就是研究比较教育；其三是当前的与自己的实践，也就是不断总结经验。研究高等教育理论，必须研究高等教育历史，才能“鉴古知今”；制订高等教育政策，必须掌握高等教育历史，才能“古为今用”。《山东高等教育发展史》这本地方教育史志专著，以山东高等教育100多年来的历史发展为主线，系统地考察了山东高等教育历史发展的轨迹，全面总结了山东高等教育发展的经验，是开展区域高等教育发展历史研究的有益尝试。相信今后会有更多以地方高等教育发展历史为研究对象的论著出版。

潘懋元
2003年8月8日
于厦门大学高等教育科学研究所

《新中国电力高等教育史》[①] 序

电力是国家工业化的动力，电力高等教育是高等工程教育的带头专业，也是高等教育体系的主要组成部分。电力高等教育的兴替，反映了国家工业化的成功与坎坷；中华人民共和国成立以来，我国一直重视电力工程技术人才的培养。但前一个时期，国外有人认为传统工业是夕阳工业，工程技术人才没有前途。这种观点对发展中国家的发展是错误的、有害的。

党的十六大指出："实现工业化仍是我国现代化进程中艰巨的历史任务。"要"坚持以信息化带动工业化，以工业化促进信息化"。在推进产业结构优化升级中，要以"基础工业和制造业为支撑"。而"走新型工业化道路，必须发挥科学技术作为第一生产力的重要作用，注重依靠科技进步和提高劳动者素质"。中国国民经济之所以稳步增长，主要得力于传统工业的发展与提高，成为世界制造业大国。因此，为在21世纪头20年基本实现工业化，还应十分重视新型工程技术人才的培养，特别是作为工业化动力的电力工程技术人才的培养。

龚洵洁、胥青山教授等编著的《新中国电力高等教育史》一书，全面系统地论述从中华人民共和国成立初期到2000年高校管理体制转制这50年间的历史，将电力高等教育的兴替，摆在中国高等教育发展变化的背景中进行宏观的考察，视野宽阔，脉络清晰。手此一书，不但可以详悉50年间电力高等教育走过的历程，也可了解50年间中国高等教育发展变革的大致轮廓。更

① 龚洵洁，胥青山. 新中国电力高等教育史［M］. 武汉：武汉大学出版社，2004.

为重要的是，本书最后一章，总结电力高等教育的成就、经验，以及面临的新形势和未来的发展道路。作者指出：要充分认识电力高层次人才来源多元化的形势，电力高校必须树立竞争意识与质量意识，主动了解电力部门对人才培养的新要求，不断调整优化学科专业结构，创新优势学科，办出自己特色；保持长期与电力企事业单位密切关系的优势，坚持走产学研结合的道路。

近年来，由于某些照搬西方理论，脱离中国国情的误导，对传统工业新型人才的培养，有所忽视，导致基础工业和制造业的新型工程技术人才严重不足。因此，必须认真学习十六大精神，重新认识培养新型工程技术人才在科教兴国、全面建设小康社会方面的重要性。这本电力高等教育历史回顾和前景展望的专书，可能从一个特殊的角度对广大读者有所启示。

潘懋元

《中国高等教育研究史》[①] 序

中国高等教育学是一门年轻而又最富活力的学科，同时，又是一门立足本土，并非依附于西方理论而建立和发展起来的学科。我和陈兴德撰写的《中国高等教育学科建设之路》一文指出："如果说，中国高等教育制度和理论，早期主要是从西方引进而带有一定依附性的话，那么，中国高等教育学科发展的历史证明，通过提升文化自觉，立足本国实际，大胆借鉴，不断超越，勇于创新，所走的完全是一条非依附发展的道路：第一，中国高等教育学科是在中国本土产生与发展起来的，而不是从他国引进的；第二，高等教育科学研究紧密追踪中国高等教育的重大现实问题、热点问题；第三，我国高等教育学科建设重视学科建制，和西方高等教育的'问题研究'取向有明显的不同。"[②] 这一论点，在一篇短文中不可能充分展开，更不可能用确凿的历史资料进行实证。李均的专著《中国高等教育研究史》，正是以翔实的历史资料论证了中国高等教育学科的创立与发展所走的是一条自主创新的道路；论证了发展中国家的科学与学术并非只能处于"边缘"而依附于"中心"的西方；论证了中国高等教育学科对西方的经验与理论，虽有所借鉴，但始终以本土化为立足点，追踪中国高等教育的现实问题，在反映中国高等教育体制与解决中国高等教育现实问题的过程中，创立富有本土气息的理论框架，并逐渐推向国际化。

---

① 李均．中国高等教育研究史［M］．广州：广东高等教育出版社，2005．

② 潘懋元，陈兴德．中国高等教育学科建设之路［N］．中国教育报，2004－09－03．(《新华文摘》2004年第24期转载，另见《北京大学教育评论》2005年第1期）

《中国高等教育研究史》这部专著，除“引论”外，按历史发展顺序，分为4编。

第一编“前学科时期”（第1～3章）。从清末到民国时期，许多教育家研究普通教育问题时，对高等教育也有所涉及，但这些研究只是零散无序的评介或描述。中华人民共和国成立后学习苏联高等教育，曾一度为介绍苏联的高等教育制度和高等学校课程教学，出版过专门刊物，并对建设社会主义高等教育的若干问题展开讨论，还对建立高等教育学科进行了初次探讨，但因不断受政治运动冲击而中断了20年。

第二编“学科建立时期”（第4～8章）。这是全书最重要的一编，也是高等教育学史上最具文献价值的一编。该编分别详尽地记载了建立高等教育学新学科的几件标志性的大事：建立新学科的倡议、研究组织的建立、第一部《高等教育学》的诞生、若干分支学科的初步开展、作为教育学科的一个独立专业开始培养研究生。本编所断历史时期，虽只有短短的7年（1978—1984年），却是提升中国文化自觉，根据中国高等教育实际需求，奠立中国自己的高等教育学科的关键时期。

第三编和第四编（第9～14章），顺序叙述近20多年的高等教育研究发展史，其中：第三编（1985—1991年）是“规模扩充时期”，研究机构、研究队伍、研究成果激增，同时，派生了众多分支学科，初步形成了一个高等教育学科群，被外国学者叹为“高等教育研究大国”。第四编（1992年至今）是“稳步提高时期”。一方面，作为学科建设，理论不断加深、提高；另一方面，作为追踪现实问题的研究，不少研究成果为决策部门和高等学校所采纳，为高等学校教师、干部所接受，对中国高等教育的改革与发展产生显著影响。在叙事上，这两编都按“学科建设”与“现实问题研究”两条并行而有所交叉的轨迹逐步展开。

作为一部教育学史专著，本书的意义首先是系统地叙述并分析了中国高等教育科学研究的历史——从前学科时期到今天成为备受关注、成果丰硕的一个重要的研究领域。它的发展历程，无疑具有重要的历史价值与现实意义。但我更为重视的是它的某些特殊意义与价值：

第一，这本专著，以翔实的历史资料证明了中国高等教育理论，并非依附理论。在20世纪70年代末80年代初高等教育学科创立时，对于国外高等教育科学研究的进展状况和研究成果，了解不多。“土生土长”的缺点是“土里土气”，视野不宽，但也证明了发展中国家，能够建立起自己的社会主义高等教育理论与指导中国的高等教育实践，解决中国的若干高等教育问题。在其发展过程中，对西方的高等教育理论，必然有所借鉴，甚至某些分支学科或研究领域，首先是从国外引进，但其主流始终是本土的。即使从西方引进的某些分支学科，也结合中国实际，有所改造，有所创新。

第二，这本专著，是由作者在厦门大学高等教育科学研究所攻读博士学位所撰写的博士论文修改而成。正如本书所记载，厦门大学高等教育研究所是中国高等教育学科的策源地，许多当年的文献资料，存在厦门大学高等教育科学研究所资料室中，存在当时参加学科建立活动的学者和研究生头脑中。李均从硕士到博士前后多年在这个环境中生活，本来就耳熟能详。在本书撰写过程中，有机会查阅、整理当年的原始资料，同当年亲历这段历史的当事人吴丽卿、王增炳老师和我详谈，并访问了众多当年参与创建高等教育学科的老同志，做了详细的记录。作者将这些原始资料与访谈记录，尽可能保存于专著中。有的章节，可能篇幅稍长，而这正是这本专著的另一个不可代替的意义与价值的所在。

作为“高等教育研究的大国”，不能满足于规模大、成果多，更重要的是要不断提高科学化（不是八股化）水平和应用价值，逐步走向国际，不是依附于西方，而是同国外高等教育界相互借鉴，平等对话。《中国高等教育研究史》只是高等教育学科发展长河中的一个阶段性总结。正如作者所说：“追寻历史轨迹，梳理发展脉络，总结经验教训，对于推动中国高等教育研究事业的持续、健康、繁荣发展，具有重要的理论意义和现实意义。”

潘懋元

《鉴古知今的教育史研究》[①]序

教育史是教育理论的源泉（代序）

潘懋元

各位领导、各位学者：

第六届教育史论坛的重点是讨论高等教育史，从高等教育史揭示的规律上鉴古知今。

在厦门大学召开高等教育史的全国性学术会议，这是第二次。18 年前的 1994 年 10 月 12—14 日，当时全国高等教育学研究会刚成立不久，就同厦门大学高等教育科学研究所联合召开第一次高等教育史会议。为什么研究高等教育理论的组织与机构，如此重视教育史研究呢？这不仅因为教育史是教育学科的重要组成部分，而且因为高等教育史是高等教育理论的重要源泉。

教育理论的源泉有三条：第一条是教育史的研究；第二条是比较教育的研究；第三条是现实的实践经验的总结与提高。理论来源于实践，教育史是研究过去的实践，比较教育是研究外国的实践，但是还要结合现实的实践。今天比较成熟的教育理论，可以说都是从教育史或比较教育的研究中获得，并经过现实的教育实践的检验而被确认的。许多教学原则，可以从中国或外

① 刘海峰．鉴古知今的教育史研究［M］．厦门：厦门大学出版社，2014．

国的教育史上找到其根源。例如，学生的主体性，早已存在于自然主义的教育思想中；师生互动原则，早已存在于中国传统的“教学相长”之中。但是，由于社会文明不够发达或社会制度的局限性，使得不如今天所理解的深透。因此，需要从今天对这些教学原则所理解的深度和高度来评价教育史上的教育思想、教育制度的价值。也就是说，教育理论与教育史是相互依存的。一方面，“论从史出”，另一方面，“以论论史”，体现了历史与逻辑的统一。

当初，高等教育学科刚建立时，许多基本概念、基本理论的理解，都要从高等教育史的研究中得到：高等教育是在什么时代、什么条件下产生的？中世纪大学如何发展为现代大学？高等教育的功能和高等学校的职能是如何演变的？人文主义同科学主义、理性主义与功利主义的矛盾斗争对高等教育发展有什么意义？有的通过高等教育史的研究已基本弄清楚，有的仍需要教育史的研究来进一步明确。例如，大学生的素质教育究竟是人文素质教育还是文化素质教育？中国高等教育的发展与成就是不是由于对发达国家的依附发展而取得的？高等学校去行政化，建立现代大学制度，应当提倡“教授治校”还是“教授治学”的理念？如此等等。

众所周知，历史与现实是不能割断的，研究现实的高等教育问题，差不多都要了解历史经验与教训，纵观其历史发展趋势。例如，要了解中国式的大规模统一考试如高考、国考，就要研究1000多年来科举制的演变和100年前的消失，即所谓“观今宜鉴古，无古不成今”。历史研究的生命力也存在于“鉴古知今”“古为今用”中，而不仅仅是为古人唱挽歌，为逝去的岁月抒幽思，而是要启发人们汲取历史经验教训，以免蹈历史覆辙。特别是要注意对当前高等教育改革与创新有重要的意义：有许多所谓的新思想、新观念，乃是历史上旧思想、老观念换个新名词，旧瓶装新酒；有许多所谓改革、创新，实际上过去已有失败的教训。弄清楚这些思想观念的来龙去脉，给予忠告，是教育史研究者应尽的责任。

今天，我们海峡两岸暨香港、澳门的教育史研究，实属同源异流。如果不知道民国时期的教育，就很难弄清楚台湾教育的某些教育现象与教育制度。举例说，如果不研究历史上雷沛鸿教育思想及其所试验的广西学校教育制度，就很难理解台湾为什么把小学称为“国民小学”，把初中称为“国民中学”

的丰富的、深刻的含义；如果不了解英国的高等教育制度，也很难说清楚香港高等教育的学制与现状；澳门的高等教育，受葡萄牙的影响不多，但同香港高等教育、内地高等教育，有许多交错复杂的关系；至于内地的高等教育，至今还有苏联高等教育制度积极与消极的影响。鉴古知今，可以更好地相互理解、相互促进。

谢谢！

《美国大学小史》[①] 序

我认识程星博士是 1994 年夏天，应邀到美国参加院校研究会（AIR）第 34 届国际年会时，经周川教授事前的介绍，我拜访了程星博士。他当时正在一个地区的教育机构从事管理工作，热情地陪我参观了一所社区学院，使我对美国社区学院有一点直接的感受。据我所知，他在美国东部、西部几所大学，长期从事教学、研究、管理、服务等工作，对美国大学的认识与了解不是只从资料上间接得来的，而是有自己的亲历与体验。因而，这本《美国大学小史》，不是一般按年代顺序的编年史，而是讲故事、探真谛，寓美宏观于细节，由偶然见必然，娓娓说道美国大学“成长的烦恼”的历史故事。例如，叙述麻省理工学院和斯坦福大学在接受政府投资、企业投资与学术自主间徘徊，从而向应用型转变、面向市场、解构研究型的情节，成为面向地方的应用型大学先驱；“军人复员法案”原为维持社会秩序，让老兵进入大学读书，但“无意之中冲垮了大学高耸而又神秘的学术门槛，为高等教育大众化做出铺垫”。

作者在国际性事务上，历练甚深；对中国文化传统，修养精湛，才情洋溢，文笔流畅，发表了许多独特见解。当然，某些论点，并非所有读者都能

① 程星. 美国大学小史［M］. 北京：商务印书馆，2018.

同意，我就有所保留。但正如作者在“前言”中所说：“给读者讲一些故事（当然是真人真事），然后学古人作画，留白，给读者一些思考的余地。”

潘懋元
2017 年 11 月 25 日
于厦门大学教育研究院

高等教育比较研究

《华侨教育与华文教育概论》[①] 序

在改革开放与经济迅速发展、国际交往频繁中，华侨教育尤其是华文教育，日益受到国内外重视。因而，对这一教育领域的研究也成为热门，出版了多份刊物，发表了大量论文，召开了不少次国内与国际的研讨会，研究的广度与深度也不断地扩展与深化。但论文、研讨会，只能就某一侧面、某个问题进行专题探讨，很难令人窥其全貌。这就亟须纵观全局、全面系统的专书，以满足社会需要。《华侨教育与华文教育概论》一书，正是为满足这种需要而编撰的。

编撰这样一本专书，我想难度是很大的：其一，它的范围广泛，情况复杂。既有国内的，又有国外的；既有华侨教育，又有华文教育，还有归侨、侨眷教育，还包括华侨华人捐资兴办的教育；既是语言文字教育，又是文化传统教育；而在华文走向世界的新形势下，对外汉语教学成为华文教育的新课题。如果是一篇论文，一次研讨会，可以只探讨一个专题，而一本概论性的专书，却不能不兼顾方方面面。其二，华侨华文教育，在国内是中国教育体制中的组成部分，而在国外，除特殊者外，则必须纳入该国的教育体制中。而各国的教育政策与教育制度，又各不相同。既要概括其共性，又要充分注意其特性。其三，华侨华文教育中许多概念的界定，历来不尽一致；各种观点，颇有分歧。一篇文章，可以自抒己见，而一本概论，则不能不兼收并包，

① 林蒲田．华侨教育与华文教育概论［M］．厦门：厦门大学出版社，1995

评析比较，辨明正误，择其允当。其四，华侨华文教育所涉及的诸多问题，政策性很强。研究工作既要概括实践经验，体现学术水平，又要慎于政策导向，避免陷入误区。这些难题，在《华侨教育与华文教育概论》中，虽不能说已尽善尽美地解决了，但可以说是都已注意到并解决得较为完满的。

此外，这本书还有许多值得称道的特点。举例说：

——书中对国内和国外华侨华文教育的历史沿革和发展脉络，尤其是对东南亚各国的华侨华文教育追根溯源，向我们描绘了一幅中华文化发展、传播的历史画卷。

——书中透过各个时期华侨华文教育的背景与历史、不同历史时期中国政府及有关国家华侨华文教育政策的演变，阐述了当前我国应采取的政策、措施。这对于在改革开放中做好华侨华文教育工作有积极的意义。

——作者在书中表达了这样的思想：汉语作为中华文化的传播载体，在世界交往中的地位和作用，是与我国的国力及其在世界经济、政治中的地位和作用密切联系的。我国的改革开放政策与社会经济建设的成就，使华文的社会价值与经济价值日益提高，国内的对外汉语教学、国外的华文教育，出现了新的发展势头。

——汉语言文字简洁、优美，在信息化时代更显示了这一突出优点。计算机汉字输入法的解决，使汉字信息处理不仅成为可能，而且可用较少的电信代码传载较多的信息量，远胜于拼音文字。作者认为，随着信息化时代的到来，汉语言文字将日益成为重要的信息载体，并有可能在21世纪成为一种世界最主要的信息传播工具。我们要很好地把握这个时机，利用当前的有利形势，积极开展对外汉语教学和华文教育工作。

《华侨教育与华文教育概论》，观点正确，材料丰富，厚积薄发，取精用宏，简明可读。相信这本专书的出版，对于提高人们对华侨华文教育的认识，坚定人们对发展华侨华文教育的信心，推动华侨华文教育的进一步发展，必将起着重要的作用。

潘懋元
1995年7月12日
于厦门大学高等教育科学研究所

《战后台湾高等教育与经济发展》[①] 序

战后台湾高等教育的迅速发展，与台湾经济腾飞，基本上是同步的。这一现象，为发展中国家与地区的经济界、教育界所关注。我国大陆改革开放以来，对于台湾发展高等教育的经验，尤为重视，发表了不少研究文章。但大多数文章，只停留在表面现象的铺叙上，缺乏系统深入的探讨。厦门大学高等教育科学研究所李泽彧、武毅英两位副教授，承担了国家教委教育科学“八五”规划青年专项重点研究课题“台湾高等教育与经济发展的相互关系研究”，有计划地开展多角度的研究，陆续写出专题研究报告10篇和相关研究报告9篇。专题研究报告基本上构成了全面系统的体系，相关研究报告开拓了研究的视野。在此基础上，形成了总报告一篇，力图从中探索一些规律性的东西。该项研究成果，已于1996年初通过专家鉴定，获得了充分肯定与较高评价！在结集出版之际，我想就这本书的理论价值与现实意义谈几点看法：

（一）在理论价值上：作者深入地考察了战后台湾经济发展与高等教育发展相互关系的历史，不仅一般地论证了它们之间存在“正相关的互动性”，而且进一步地深入到高等教育的内部结构，剖析了不同层次、不同科类的高等教育发展速度与不同阶段经济发展情况的关系，课程结构与经济结构之间的关系，以及随着产业结构由粗放型向集约型转变，高等教育也从重数量向求质量转变。这些研究成果，可以丰富和加深我们对教育外部关系基本规律的

① 李泽彧，武毅英．战后台湾高等教育与经济发展［M］．厦门：厦门大学出版社，1996.

认识。

（二）在现实意义上：其一，为大陆高等教育的改革与发展，尤其是当前大陆沿海地区研究高等教育发展战略提供重要的参考。例如，研究报告表明：台湾在经济起飞之前，着重发展基础教育；在经济腾飞初期，得力于专科教育、职业教育、私立高等教育；经济发展的近期，亟须高层次专门人才，本科教育与研究生教育受到极大的关注，并有条件地吸引更多的留学生回归就业。作者认为从这个历程看，台湾高等教育与经济发展的关系，尽管有不少缺点与问题，但总体上说是适应的。这个历程的经验与教训，无疑是值得重视的。其二，在增进海峡两岸高等教育界的相互了解上，起了积极的作用。本书所编入的研究报告，有的已作为阶段性成果在报刊上陆续发表，引起两岸学者的重视，产生了一定的社会影响，促进了学术交流。因此，这本研究报告的出版，不但可以提供研究者、决策者参考，对两岸读者也将有广泛的影响。

潘懋元
1996年7月13日

《亚太地区高等学校招生制度研究》[①] 序

高等学校招生制度的改革与完善，是高等教育改革中的重要方面。它不仅关系到高等教育培养人才的质量，也制约着普通中学办学的宗旨；不仅指引着千百万青年勤奋学习，还牵动千家万户的忧思。如何改革使之逐步完善，既要不断总结自己的经验，也要适当借鉴别国的制度。借鉴哪些国家？西方发达国家的招生模式当然值得重视，但由于国情不同，文化传统迥异，可资借鉴者不多；亚洲许多国家与地区，或者同是发展中国家，或者同是崇尚儒家文化传统，它们的招生模式，可能更有比较价值；尤其是它们在改革历程中所走过的道路，不论成功经验或失败教训，更值得我们重视。但恰恰是对这些国家与地区的招生制度，除个别者外，我们知之甚少；即或有所知，也是一鳞半爪，缺乏系统的研究。曾仲等同志主编的《亚太地区高等学校招生制度研究》一书，在这个意义上说，一定程度地弥补了这一不足。这本书系统地介绍日本、新加坡、泰国、印度尼西亚、韩国、马来西亚等国和我国香港、台湾等地区的高等学校招生制度，尤其着重于它们的改革历程，对之进行分析比较，评其得失，并结合中国高等学校招生的实际，提出若干值得思考的问题。这对于正在改革中的我国高等学校招生制度，无疑起了开拓思路的作用。

作者把亚洲这些国家与地区的招生制度大体分为高考型与证书型：日本、韩国、泰国等国及我国大陆和台湾地区属于前者；新加坡、马来西亚和我国

---

① 曾仲，沈少龙，张克辉．亚太地区高等学校招生制度研究［M］．广州：广东高等教育出版社，1997.

香港地区属于后者；印度尼西亚两者兼而有之。马来西亚、新加坡及我国香港地区都曾经受英国统治，它们的招生制度基本上沿袭英国模式，是很容易理解的；日本、韩国、泰国等国及我国大陆和台湾地区之所以均属高考型，而且都以统一考试为主，可能受中华文化传统的影响，具体地说，同中国历史上的科举考试制度有关。众所周知，中国的科举考试制度，就是一种通过统一考试选拔人才的制度。州府通过各自地方的统一考试选拔生员入学，乡试是选拔人才荐举或任官的省一级统一考试，会试与殿试则是全国选拔人才以任官职的统一考试。一千多年来，形成一套层次分明、制度严密的统一考试制度。科举考试虽由于内容迂腐、空疏与形式烦琐、僵化而受人诟病，但这种考试制度的公平性与公正性却为世界所称道。正如当前统一高考弊端虽多，但不易废止。只要高等教育未达到普及化阶段，入学有所竞争，就不能不遵守公平与公正原则。因而在相当长的一个时期，中国以及亚洲许多国家，统一高考只能有所补充、有所改进，力求完善，恐怕不能率尔废止。因此，实行统一高考的国家与地区，它们的某些补充与改进的方法，值得我们特别重视。如：一次考试定终身，信度、效度有问题，某些国家与地区的两次考试做法可以参考；只按成绩高低统一划线，不考虑不同专业的不同要求，这种“一刀切”的弊病显然，有的国家与地区将考试科目门类细分，或增加能力、性向测验，也值得参考。其他如兼顾中学成绩、两种模式并存，以及采取多样化的或综合的选拔方式来补充统考之不足，都可以从本书中找到其得失的经验教训，以资参考。

我认为，各种招生模式，各有其优缺点，各有其适用的范围，很难找出一种“放之四海而皆准”的最佳模式。正如作者在“前言”中所说：各种招生模式，“都是基于各自的文化传统、社会制度、经济发展水平，以及各自的教育宗旨等因素所逐步形成的”。因而都有其适应性，都不能令人十分满意，各国都在探究如何改革，确立比较适合自己国情的高校招生制度。因此，作者在介绍各国高等学校招生制度时，虽有所评论，但不轻易做简单的肯定或否定断语，重要的是摆材料、叙事实，以供参考，有助于开拓思路。这就是对高等学校招生制度的改革做了一件有益的事。

潘懋元

1996 年 7 月 20 日于汕头大学

《东南亚地区华文教育文集》[①] 序

随着中国和海外华人经济实力的增长，华文教育的经济价值日益上升；随着文化的交流与合作，中华民族文化所蕴含的精神财富日益受到广泛的重视，华文教育也在各国升温。因而从学习汉语言文字以利于贸易往来，拓展到学习中华优秀文化以便于了解中国的经济与社会环境，并且从中吸取有益的经营管理思想和道德精神财富；从海外华裔为认同寻根而学习华文，扩展到非华裔学生也为考虑经济价值或向往中华文化而开始进入华校学习华文。当然，当前华文教育的形势，仅仅预示着华文教育的复兴。在华文教育发展和改革中，从教育思想到教育目标、从课程教材到语言文字、从师资培养到合作交流，都有许多问题有待于共同研究，有许多经验值得相互交流。这就是为什么近年来，不论中国或海外，都连续召开多次华文教育的学术研讨会或经验交流会的原因。

“东南亚地区华文教育学术研讨会”就是继1990年北京的“首届华文教育研讨会”、1994年广州的“海外华文教育交流会”之后，又一次在大陆召开的盛会。承蒙东道主的盛意，我有幸被邀参加，向海内外的华文教育工作者和专家们学习。我认为此次盛会的特点是规模较大、接触的问题较多、学术性较强。

——规模较大。出席这次会议的有来自八个国家与地区从事或研究华文教育的专家学者达90人。由华侨大学、中国海外交流协会、泉州市人民政府

① 庄善裕．东南亚地区华文教育文集［M］．广州：暨南大学出版社，1996.

共同主持，海内外重要传媒单位也派员参加，十分隆重。

——接触的问题较多。既有理论问题、政策问题、体制问题、改革问题和具体工作问题，又有包括华文教育思想、华文教育目标、华文教育课程与教材、华文教育所用语言与文字、华文教育师资队伍建设，以及华文教育的交流、合作等。有些是老问题，有些则是新提出的。

——学术性较强。提交会议的论文42篇，包括华文教育理论、华文教学研究、语言与文字比较，以及别国华文教育的历史、现状、发展与改革研究等。大多数论文是多年研究心得或经验总结，有相当的学术水平和实践意义。会上对论文的评论、观点的争论，各抒己见，甚为热烈。有的取得共识，有的保留自己的意见，求同存异，体现了百家争鸣、切磋琢磨的学术民主精神。

我的预测：华文教育热潮，现时仅仅是开端。随着中国和海外华人经济的继续发展、社会的不断进步、文化的吸收与兼容、国际与地区之间信任与合作的加强，华文教育的热潮还会升温。因而还有更多的理论与实际问题有待于海内外华文教育工作者和学者、专家共同探讨。本次研讨会的论文结集出版，也将对推动华文教育的研究，从而促进华文教育事业的兴旺发达起到积极的作用。

潘懋元

1996年7月22日于厦门大学

《台港澳高师教育比较研究》[①] 序

中国大陆的师范教育正在进行改革，改革的动力来自经济的发展和基础教育的普及与提高。改革的模式，或多或少借鉴西方发达国家的师范教育（教师教育）。结合中国实际，借鉴西方模式是必要的；但中西方经济发展水平、文化传统与社会价值观，毕竟距离较远。而中国的台港澳地区在某些方面的改革比大陆早走一步。虽然这些地区师范教育的渊源各不相同；“二战”之后，演变的进程以及现行的体制、机制也不尽相同；但它们的师范教育模式及其改革的经验与教训，从某种意义上说，更有参考借鉴价值。举例说：

——开放师范教育。从单一化走向多样化，师范院校与综合大学教师教育并行发展。

——为提高中小学师资水平，实行教师教育的本科化、学位化，并设置招收大学本科毕业生的学位教师教育文凭课程，以至设置硕士、博士学位课程。

——教师的职前、职后培育在体制上一体化；普通师范、职业师范在功能上多元化。

——课程设置上，重视教育专业和资讯（信息）科技的培训。台港澳地区高师教育专业课程的学分，都占总学分的20%以上，有的已近30%；课程门类多，教材内容富有前沿性，并且与基础教育的改革紧密衔接。

——重视作为教师职业导入的实习。不但校内课程有教学实习，其实习内容包括教学、行政、辅导、研讨等多种教育实践，而且有的地区还规定学

① 陈笃彬．台港澳高师教育比较研究［M］．厦门：厦门大学出版社，2002．

生在毕业后要进行一年的“教育实习”。

——强调师范教育的民族化与国际化。“建造以中华传统为基础，东西文化精华相结合的新的社会文化”，以建立优秀的教师队伍（香港）。

以上所举例子以及其他许多变革，对于固守封闭式师范教育模式，坚持职前、职后分割办学等师范教育改革的阻力，无疑是有针对性的。当然，也应指出，台港澳地区师范教育，并非都是成功的、理想的，应当认真判断。即使是正确的改革，也应结合大陆实际情况，逐步推进。例如，小学教师的本科化、学位化，首先要受制于社会经济发展水平和小学教师的地位与待遇，当前大陆中小学教师生活虽然已有改善，但教师还远未成为青年所向往的职业；其次要受师范院校师资水平所制约，不是有些师专甚至中师升为本科院校，就能承担本科化、学位化的任务。

陈笃彬院长所主编的《台港澳高师教育比较研究》一书，正是为大陆师范教育改革提供了一份有现实价值的参考资料，从中可以获得上述种种问题的答案。

这本专著，是在“台港澳高师教育比较研究”和“港澳台高师教育体制、结构比较研究”两个课题的研究成果基础上形成的。如果从课题立项算起，从分散的课题研究到集中的修改、补充，编撰成书，前后近10年。也就是说，集十余位研究者、编撰者的力量，十年磨一剑。

全书体系严谨：第一章为历史演进，可视为全书的导论。第二章至第九章，分别论述办学模式与管理体制、课程设置、职后教育、招生就业、研究生教育、学术研究、教育实习等高师教育的重要问题。每章先分述或概述台港澳地区实况，后详析共同特点，作为小结。最后一章，综论高师教育与经济发展，把高师教育摆在时代的大背景中，论述台港澳地区的高师教育如何不断地回应经济的发展变化并推动经济的继续发展，从中得出若干有益的启示，本章可以视为全书的总结。同时，本书提供了大量翔实、详尽的原始资料，可读可查，既有利于读者掌握台港澳地区高师教育的全貌，也可供学者对台港澳地区高师教育进一步研究，以推动大陆高师教育改革与发展。

潘懋元

2002年8月8日于厦门大学

《台港澳私立大专院校比较研究》[①] 序

全国教育科学“十五”规划教育部重点课题的研究成果《台港澳私立大专院校比较研究》一书，即将出版。我作为课题组的顾问，前后参加了包括开题与结题在内的四次课题研讨会，以及海峡两岸暨香港、澳门共同举办的有关私立高教的两次学术讨论会，并参加了考察台港私立大专院校的活动。在这个过程中，除了对台港澳地区私立高教的情况有进一步的了解之外，对研究的主要成果也有较深入的体会。

课题研究的成果，分散在本书各章中展开论述，而主要成果则集中于第一章“综合报告”中，纲举目张地进行了概括和梳理，比较台港澳地区的异同，评析台港澳地区各项政策措施及其实施结果的得失，指出可供借鉴的做法和经验。对此，我不准备一一重述，只就最主要的理论方面研究成果，谈一点个人的体会：

我认为本课题最主要的理论研究成果是，运用教育外部关系规律，揭示台港澳地区私立高等教育发展与经济社会发展的辩证关系。总的说，台港澳地区私立高等教育的存在与发展，都与经济社会的发展有密切关系，因此，私立高教应当主动适应已经变化了和正在变化着的社会环境。但是，不能简单地理解为私立高教的发展与社会经济的发展是同步的，“在特定环境中，政府的政策甚至起决定性的作用”。如香港回归祖国之前，私立高教的发展步履维艰，甚至逐渐萎缩的事实，可为佐证。

① 陈笃彬．台港澳私立大专院校比较研究［M］．厦门：厦门大学出版社，2006．

对于这一既与香港经济发展不协调，又与亚洲许多国家和地区（包括其他的“三小龙”）不同步的事实，应当如何解释？这就要从高等教育大众化的欧洲模式与亚洲模式的不同说起。

“二战”之后，经过医治战争创伤之后，不论欧洲或亚洲，在经济快速发展的基础上，大多数国家的高等教育，成倍增长，并先后进入大众化阶段。但欧洲福利型国家和亚洲许多国家所采取的政策不同：前者认为医疗、文化、教育事业，都应由国家主导，由财政投入，对高等教育所采取的政策就是发展公立院校，学生一般不收学费；后者包括日本和发展中国家，认为这些事业，应由政府和社会共同承担，由市场主导，对高等教育所采取的政策是公立、私立共同发展，并且着重于发展私立院校，私立院校不但允许收费较高，且能获得政府一定的补助。其结果就是：亚洲模式，私立高教发展迅速，日本、韩国、菲律宾、印尼和我国台湾地区，私立高等院校数和在校学生数，均远远超过公立高等院校，在私立高等教育的支持下，高等教育大众化的速度很快，有的已达到普及化阶段；欧洲模式，私立高等教育，似有若无，得不到私立高等教育的支持，许多欧洲发达国家的高等教育大众化的进展相对缓慢。香港虽也处于亚洲，并且是当年亚洲“四小龙”之一；但在回归之前，是英国的殖民地，港英政府按照其宗主国的政策导向，着重发展公立高等教育，对于自发形成并发展起来的私立院校，或合并改制，或严加限制，有的被合并改制为公立，有的得不到支持而停办，剩下的几所也被限制招生，学生寥寥无几，勉强维持。香港回归祖国之后，这些私立院校，开始复苏，但政治上的殖民制度，虽被取消，而文化上的殖民思想影响的消除，还要有一段较长的时间。

澳门是另一种情况。回归祖国之前，澳门也是殖民地，但澳葡政府对澳门的教育素不关心，除葡文学校外，采取放任政策，听其自生自灭；20 世纪四五十年代，曾自发创办了几所私立高等教育机构，因为地小人少，生源不足，得不到政府支持而相继停办。但回归之后，同样是地小人少的澳门，却由于背靠内地，与内地密切沟通，师资、生源都很充足，私立高等教育快速发展，学校数占 60%、学生数占 70% 以上；非澳门籍的外地生（基本上是内地学生），约占四分之三。这一陡然兴盛的情况，使香港公私立高校，也开始重视与内地的沟通，招收内地学生。只有台湾地区，在两岸教育沟通上，设置种种障碍，在本地适龄青年人口下降的情况下，私立高等院校大都面临生源不足的危机。冲破障碍，面向大陆招生与就业，必将是台港澳大专院校持续发展的趋势。

本课题的子项目设置和研究重点，大多数是有针对性的，也就是大陆民办高教在发展过程中所关注的重要问题。因而研究成果和所提出的建议，都有借鉴、参考的价值。例如：关于台湾公私立院校教师的平等地位和互转活动的机制；台港澳地区高等学校开放办学与国际合作的成功经验；办学体制的多元化与经费筹措的多渠道；台澳地区对大专院校的依法监督与资助扶持的措施，尤其是通过高教立法和严格执法，以保障办学自主和学术自由的理念与实践；如此等等，都是值得重视与借鉴的。

作为借鉴，取其所长是主要方面，但避其所短也是必要的。本课题研究的不足之处，我认为是对台港澳地区私立高等教育存在的问题，分析研究得不够。例如：台湾私立大专院校同台湾产业结构的适应性为何不如公立院校；澳门私立高校过热的市场追求导致质量堪忧，尤其是硕士学位课程过分开放所产生的质量问题，都有必要做切实的剖析以汲取教训。同时，课题专家组在“鉴定意见”中所提出的“对台港澳制定私立高等教育政策的指导思想和实施效果进行相应的延伸研究”以及“适当联系中国大陆实际，更好地提供决策参考”，是今后进一步研究所须努力的。在这个意义上说，这本专书所反映的只是本课题研究的阶段性成果。随着台港澳地区私立高等教育的变革与发展，还需要进行持续的考察与研究。

潘懋元
2006 年 8 月 23 日
于厦门大学教育学院高教所

《美日中三国女子高等教育比较研究》[①] 序

女子高等教育问题，是高等教育社会学的重要领域，也是女性学的重要组成部分。但20世纪90年代以前，在中国，无论是高等教育或是女子问题研究者，都很少涉及这一领域的研究。当年作为厦门大学高等教育科学研究所硕士生的赵叶珠，在进行《建国后我国女性接受高等教育的研究》的硕士论文撰写时，既少前人研究成果可供参考，也检索不到多少可资利用的资料。她于1993年完成的上述硕士论文，可以说是最早的一篇系统地研究中国女子高等教育的论文，受到有关方面的重视。她应邀参加为第四次世界妇女大会在北京召开而准备的《中国妇女教育》一书中高等教育部分的编撰工作。自此以后，她留在厦门大学当教师，继续女子高等教育的研究工作。在攻读博士学位期间，她数次出国访学，前后到过荷兰、加拿大、日本，都是着重研究女子教育问题，为其博士学位论文《美日中三国女子高等教育比较研究》搜集资料、考察比较。因而她所完成的研究成果，不但内容丰满、翔实，而且有不少资料比较珍贵，非一般从网络上匆忙下载、粘贴急就的时文所可比拟。其中既有全面的纵横统计比较，又有许多案例可供质性分析。这本专著，就是在她的博士学位论文基础上形成的。

教育公平，是社会公平的重要基础；而男女高等教育机会均等，又是教育公平的重要组成部分。只有不断提高女子受教育的水平，才能提高妇女的

① 赵叶珠. 美日中三国女子高等教育比较研究［M］. 厦门：厦门大学出版社，2007.

社会地位与经济地位。一般女子高等教育研究者，只以高等学校男女生比例作为高等教育机会是否均等的依据，这是浮浅而不全面的。一个国家，当女生占高等学校在校生总数接近、达到或超过女性人口比例时，数量的增减意义不大。美国的高等学校女生比例远高于男生，中国、日本的女大学生比例也都接近于女性人口比例，但并不能认为这三个国家的男女高等教育机会均等问题已经解决了。男女教育机会是否均等，更重要的是体现于学科、专业与层次分布上，同时，也体现于教育资源的享有与毕业后的就业、升迁上。对于前者，本书已经做了较为详尽的比较研究；对于后者，本书对妇女在社会经济生活中的参与情况也有所分析，当然，也留下尚待社会学研究的空间。

特别要指出的是，作者在深入研究的基础上，认为美国女子高等教育为“个人主导型”的欧美模式，日本女子高等教育为“家庭主导型”的东方模式，中国女子高等教育则由“家庭主导型”于中华人民共和国成立后转变成为“社会主导型”的社会主义模式。这是值得进一步深入探讨的创新性观点。

是为序。

潘懋元
2007年12月23日
于厦门大学高等教育科学研究所

《中外高校思想教育研究》[①] 序

改革开放30年来，中国高等教育在体制改革和规模扩大上，成绩斐然，但也存在不少有待研究解决的问题。当前主要的任务是提高高等教育质量，培养高素质的专门人才，将高等教育大国转变为高等教育强国，增强国家的综合国力。

高等教育质量要从两个方面提高：一方面，提高大学生的知识与能力水平；另一方面，提高大学生的思想道德素质。前者面临的困难是当今科学技术迅猛发达，日新月异，要求大学生在短暂的在学期间，掌握前沿的科学理论和应用技术，具有较强的实践能力与创新能力，能适应现代生产、生活发展的水平，任务艰巨；后者面临的困难则是经济与社会的市场转型中，多种社会思潮的冲击和生活方式与内容的变化，导致大学生思想复杂化和多样化，任务更加艰巨。

30年来，中国经济的高速发展取得了举世瞩目的成就。但是客观地说，思想的提高并没有跟上经济发展。经济的发展使人民群众的物质生活水平有了很大的提高，但在市场经济与对外开放过程中，人们的思想还没有发展到能适应的阶段。正是这种思想发展与经济发展的不适应引起了许多社会问题，青少年的思想道德教育问题就是其中之一。

改革使市场经济主体的性质多样化，也带来西方国家的经济运作理念；开放给中国的发展带来广阔的空间，也让西方国家的道德观念、政治观念、

① 刘沧山. 中外高校思想教育研究［M］. 北京：人民出版社，2008.

法制理论、管理理论为更广泛的人群所接触，让中国人民群众眼前所呈现的不是单一的颜色，而是斑斓杂驳的色彩，雅俗并陈，善恶难分；这给入世未深的青年大学生带来了选择的困难。

没有引导的意识走向是自发的，认识的迷惘与不可预测性也是危险的。在思想教育落后于经济与社会发展的时候，个体的思想认识、道德标准的冲突，会造成社会不稳定的潜在因素。中国当代一些年轻人所显现的道德标准错位、政治意识淡漠的现象，对中国的社会主义现代化建设是不利的，对世界的可持续发展也是不利的。虽然教育不是万能，但20岁左右的大学青年，正是人生观、价值观和道德品质形成的时期，高等学校负有教育、引导的艰巨任务。

认识高校开展学生思想教育工作的困难，并对高校思想教育工作进行深入的研究，才能制定有效的工作方针、制度。30年来，中国高校的思想教育工作虽然有所改进、提高，但未能与改革开放的形势相适应。主要缺点是对年轻人思想的复杂性与多元性不够了解，内容简单、方法陈旧、流于形式。长此以往，不但不利于大学生的健康成长，也将引起校内学生管理问题。如果大量的思想品质不过关的大学生进入社会，会给社会带来很大压力，引起社会问题。

思想教育的难点还在于它不同于知识技能的教学，教学可以按计划定进度，它的效果可以通过种种测评进行检验；而思想教育复杂多样，具有个别性、反复性的特点，难以从测评上检验其效果，因为它所塑造的是学生的内心世界，在教育方法上，不是灌输相关知识就能够达到目的，需要的是耐心的引导和潜移默化的熏陶，这就要求方式方法的机动与创新。对于学校来说，除了要有专门的政治辅导员、心理辅导员和合理的规章制度之外，还应要求广大教师和干部负担起“教书育人”“管理育人”的责任。这就决定了思想教育是一个大型的系统工程，同教学系统居于同等重要的地位。

如何汇集国内外的大学生思想教育工作经验和做法，分析梳理构建中国思想教育系统，正是《中外高校思想教育研究》一书所要做的。该书分为上、中、下三编。上编研究若干国家的高校思想教育经验与做法，以资借鉴；中编研究中国高校思想教育的理论、历史、当代大学生的思想状况与特点以及思想教育学科建设等问题，是本书的主要组成部分；下编引用10个调查报告为实证研究的案例支持。该书内容相当完备，既有理论依据，又有实证资料，还提出了一些建设性的意见与建议。对于高校的思想教育工作人员和教师，既可系统阅读，也可重点查阅。该书的出版，对当前提高高等学校思想教育的质量，必将起一定的促进作用。

潘懋元

2008年12月16日

《美国弱势群体优质高等教育机会研究》[①] 序

进入“大众化”阶段以来，中国已经成为世界高等教育第一大国，正在向高等教育强国迈进。而美国是当前公认的高等教育强国，美国的许多大学具有很高的国际声誉。因此美国的名牌大学成为我们国内众多学者经常借鉴的对象，美国高等教育，成为比较教育研究的主要研究对象。学者们对美国高等教育的研究视角有很多，从大学理念到权力结构、从学科建设到课程设置、从校园文化到产学合作等，都有所涉及，这些研究为我们的教育改革与发展提供了借鉴。但在借鉴过程中，我们也应该注意中国与美国之间方方面面的不同，不能盲目照搬，要有批判的视角和思维。

以私立大学为主体的美国优质高等教育有着独特的发展路径，而中国则以公办高等学校为主体，显然不能照搬美国的办学模式。要按教育规律办教育，对于高等教育来说，外部关系规律决定了高等教育必须与社会的政治、经济、文化体系相适应，受政治、经济、文化所制约并对之起推动作用。不同的社会形态，必然会对高等教育有所制约。对于美国高等教育的解读，不能只是从表象去分析，不能只是停留在这些大学的华丽的宣传材料上，否则，我们难以发现其本质，难以借鉴其办学模式。

陈为峰博士在厦门大学教育研究院获得博士学位，一直以来关注美国的一流大学。这本著作是他主持的国家课题的研究成果，也是他十多年来对美国高等教育所思考的总结。从这本书中我们看到，陈博士是花了很大的精力

① 陈为峰．美国弱势群体优质高等教育机会研究［M］．北京：科学出版社，2018.

去做这项研究的。他亲自到美国调研了四五十所大学，与美国的学者、民众进行交流。这样的调研方式，让他突破了书斋、文献的制约，从而能够更为深入地解析美国的优质高等教育机会问题。从他50万字的研究报告来看，陈博士的重要收获之一，就是不再是片面地肯定美国的高等教育，而是持着理性地批判性学习。这是一个成长的过程。

我一直认为，学校是培养学生的主体，应当把选择学生的自主权还给培养单位。行政管理部门应当按“放管服”的原则来管理招生，把招生权放给学校，按“高教法”来管学校招生，而不是用各种烦琐的规定来限制高校，要化消极地限制为积极地为高校招生服务。对于这一点，美国的大学是做得比较好的。他们的招生制度较好地服务于大学专门人才培养的需要，同时，他们的法律则对大学的权力进行约束。在陈博士的著作中，对这一问题进行了讨论。可以看到，以私立大学为引领的美国一流大学，在实行办学自主权，特别是招生自主权的时候，并不是自觉地遵循公益原则，而是一个与不同的利益相关者不断博弈的过程。这些私立大学喜欢上层社会的子女，喜欢权贵子弟，不过，在社会外部的压力下，他们同样要有一定程度的妥协。这些大学要维护其在高等教育中的优势地位，就要与社会中的优势阶层形成紧密的联结。于是，社会的中下阶层在优质高等教育的争夺中也就处于劣势。美国存在这样的问题，我们的好大学也存在类似的问题，这一点值得我们对大学的发展逻辑进行审视。

很多人认为，统一高考的分数是公平的，因为分数面前人人平等。实际上，这是表面的公平掩盖了实质的不公平，结果公平掩盖了过程的不公平。为什么高考的高分者大多数是城市中上层家庭的子女，为什么“985”高校来自农村的学生很少，不得不用加分、规定名额等办法照顾来自农村的学生？因为在城市重点中学上学的学生同在农村中学上学的学生所享有的教育资源是不平等的。在美国，同样存在类似的问题，一些学者将美国的SAT、ACT考试称为美国的高考，有道理。美国的多数大学要求申请者提交SAT或ACT考试成绩，便于对不同的申请者进行横向比较。然而，SAT、ACT考试同样与社会阶层，特别是家庭收入有着紧密的联系，中上层家庭的子女考得比较好，在录取中就有优势。可见，考试的局限性不仅仅是中国有，美国也有，陈博士对这一问题同样进行了很有深度的思考。

让高校招收与专业所要求的知识、能力、素质适应的学生，让学生选择与自己的兴趣、能力、理想适应的高校和专业升学，这就是高校招生的目的与任务。考试只是招生的方法之一，多元化的高校要有多样化的生源，要用多元化的标准和多样化的方法来达到招生和升学的目的。美国的选拔性高校所采用的招生标准就是多元的，我们可以进行借鉴。不过，招生标准的阶层倾向是需要我们进行审视的，陈博士的著作对这一问题也进行了思考。他认为，弱势阶层的价值观也应该体现在评价标准中，“弱势阶层的家庭文化同样可以造就具有显著特点的品学兼优的学生”，“弱势群体的综合评判应该成为高校自主招生的主要类别之一。弱势群体的评判维度主要分为：学业成绩、家庭劳动、个性品质”。这些提法都有助于扩大我们研讨的视阈，所以，这是一本有助于深入思考的著作。

潘懋元

2018 年 12 月

《中美大学通识教育模式研究》[①] 序

如果要列出高等教育研究热门话题的清单，“通识教育”必定处于前列。但是，对于通识教育的定义、价值及其历史渊源，知者不多；对于通识教育的模式及其运作，则更是各有各的理解、各有各的做法。

通识教育的初始理念，在人类文化历史的长河中，可以追溯至希腊时期的自由人教育（liberal education）。这一理念一直盛行于欧洲，中国将之翻译为“博雅教育”，很能体现其精神特质。美国这个实用主义的国家，缺少欧洲的文化渊源，难于引入“博雅教育”，只能在进行科学技术教育的同时，兼顾普通教育（general education），中国将之翻译为“通识教育”，也比较能体现其精神特质。

中国的通识教育，是从美国借鉴的。美国提倡通识教育，已有近百年历史；而中国是从20世纪末才有所研究，虽然取得一定成果，但是仍然存在大量亟待解决的问题。

吴坚教授近年来对通识教育的理论与价值、实践与发展、管理与组织，以及实施通识教育的国情等问题，进行研究；并选择美国、中国各五所研究型大学作为通识教育模式案例，构建通识教育课程体系。这些研究成果，即

① 吴坚．中美大学通识教育模式研究［M］．北京：科学出版社，2019.

将汇集为《中美大学通识教育模式研究》专著。这一专著的出版，必将有助于当前正在推进的高等教育内涵式发展。

潘懋元
2018 年 5 月 5 日
于厦门大学高等教育研究基地

高等教育管理研究

《中国高等教育运行机制研究》[①] 序

我国历来对于教育改革与发展的指示、决定、条例、规划，一般只提出应该达到什么目标，完成什么任务，很少论述达到目标、完成任务的过程。而研究教育改革的文章，也着重于论证目标、任务的理由、意义，很少探讨如何才能达到目标、完成任务，在改革与发展过程中有哪些因素在起作用，如何处理出现的种种问题。因而目标虽宏伟，任务虽明确，却往往因缺乏可操作性而流于空谈。直到近年来，各级有关部门在制定教育改革与发展规划时，才稍微注意到途径、方法、措施的重要性，不过也只是列举若干条条而已，对于教育改革过程中诸多因素的结构关系、相互作用及其联系方式，仍很少顾及。如今教育改革的热点在于体制改革，这当然是很重要的，但大量研究体制改革的文章，只集中于论述体制改革的重要性与必要性，比较各种体制的优缺点，设想建立什么样的最佳体制模式，却很少探讨教育体制改革与教育运行机制转换之间的内在联系。在一定意义上说，体制只是一种静态的模式，机制则是一种动态的运行过程。体制的合理与否，有赖于能否充分发挥系统的结构功能；体制改革的成功与否，决定于机制运行能否平衡、协调。体制改革必然要求机制转换，否则只能是纸上空谈。

---

① 周奉年，等．中国高等教育运行机制研究［M］．广州：广东高等教育出版社，1994．

当前我国高等教育改革在目标、任务方面可以说已经绘出基本蓝图，而运行机制的转换不多，基本上仍是计划经济体制下所形成的那一套。这样，不但使人有换汤不换药之惑，而且由于新体制蓝图与旧机制不协调，出现了某些混乱现象。因而研究高等教育运行机制，应是当务之急。当然，有不少研究体制改革的文章，也不能不或多或少涉及运行机制问题，但也仅仅是涉及而已，缺乏对运行机制及其实践检验进行系统深入的理论研究。广东省所提出的高等教育运行机制研究课题，作为改革目标与改革操作的中介，对当前高等教育改革，是有重要的理论意义与指导实践作用的。而谢颂凯教授主持的“中国高等教育运行机制研究”，也出色地完成了这一任务。在成书出版之际，我有幸先睹为快，竟读全书，获益匪浅。

《中国高等教育运行机制研究》一书，运用唯物辩证法，借助系统科学的方法，界定了运行机制的概念并阐述了它的原理，在此基础上，考察了中国高等教育运行机制的历史和新时期运行机制的转换，分别比较了四个发达国家和四个经济腾飞的发展中国家与地区的高等教育运行机制，分析了广东省改革开放以来运行机制的转换，对社会主义市场经济体制下高等教育运行机制的选择提出了有指导意义的原则性意见。全书系统全面而又重点突出，紧紧围绕运行机制中国家、社会、市场和学校四个因素的关系与作用而展开。参加编写的虽有多位同志，但基本观点与所用概念，前后一致，逻辑连贯。应特别指出的是，全书理论阐述有相当深度而不流于空泛，联系国内外实际紧密而善于概括提高。例如：对于四个发达国家的比较研究，对其利弊得失评价中肯；对于四个发展中国家与地区的比较研究，也得出令人信服的结论。这些国家与地区在高等教育运行机制上的经验教训，都足以为我国借鉴。对全国和广东省新时期高等教育运行机制转换的分析，也是实事求是的；对于当前高等教育运行机制的选择，所提意见，有指导实践的意义。全书有许多精辟的见解，虽然不一定都很成熟，有的尚待进一步探讨，但能发人深思。此书出版后，如果我们广大的高教干部，尤其是领导同志，能抽空读一读，我相信对于转变观念，加深认识，是有帮助的。

正如本书开头所说：“高教运行机制有内部机制与外部机制之分……本书所论及的只是高教的外部机制。”结束时又指出：“高教运行机制与高校内部运行机制相互配套、衔接……国家干预、社会参与、市场调节对一个内部管理混乱的大学是很难发挥应有效能的。高教运行的理想是高校内外机制协调匹配……每一所成功的大学背后都有一个高瞻远瞩、智慧非凡的管理者群体和建立符合科学规律的内部运行机制……”当前高等教育体制改革，不但有外部运行机制失衡的问题，也有内部运行机制失衡甚至缺损的问题。“改善高校内部运行机制”，实现民主化、科学化，是一个高等教育体制改革能否收到实效的紧迫问题。怀着这样的心情，我希望能读到《中国高等教育运行机制研究》的续篇。

潘懋元

1994 年 4 月 13 日

《现代教育管理理论与实践：高校目标管理导论》[①] 序

目标管理，是当前风行于世界各国的现代管理体制。这种体制的理论基础有其哲学的、心理学的规律为依据，最主要的是激励职工的主动性、积极性，独立自主地朝向一定的目标，完成预定的任务，并在理论指导下，通过实践逐步建立起科学的操作程序与方法，因而被认为是改变被管理者的被动地位为主动参与，使管理民主化、提高劳动（工作）效率的有效管理体制。20 世纪 80 年代以来，它被广泛应用于企业管理上，并迅速推广应用于非企业性部门的管理工作中。

近年来，我国也把目标管理作为企业管理体制改革的一项重要措施，大力推行。非企业性的事业部门以至行政部门，有的单位，也在一定范围局部试行。但在教育管理上，这种体制的引进、推广，相对滞后，宣传多而实际应用少。这可能是由于目标管理在管理目标制定上，要求必须具有可考核性、衡量性、数量化，而教育上的管理目标，不少属于抽象的定性定质的，可描述而很难具体量化，在实施上难度较大。勉强转化为定量指标，往往既失真又烦琐。因此，尽管也已有试行的，但理论认识不够，具体办法不多，实践经验不足。

为了在高等学校推广这种具有先进性的现代科学管理体制，韩延明、王志华等一批中青年教育理论工作者，在富有理论素养与实践经验的老教育家

---

① 韩延明，王志华. 现代教育管理理论与实践：高校目标管理导论［M］. 济南：山东大学出版社，1996.

陈信泰教授的指导下，知难而进，勇于探索，历经三年，数易其稿，完成了这部系统论述高校目标管理的学术专著。这种攻关精神是值得嘉许的。

国内已公开出版的高等教育管理著作不下数十种，大别之为两类：一类为“概论”性的，着重于教育管理一般理论的研究；一类则分门别类地论述管理工作，着重于理论应用与具体操作。这部专著，注意了理论探讨与实际应用的有机结合，除第一、第二两章从理论上系统地阐述目标管理与高校目标管理外，从第三至第九章，以高校各部门的管理为纲，分别具体地论述思想政治工作、教学工作、科研工作、图书资料工作、体育卫生工作、人事工作、财务与后勤工作的管理；最后一章，论述高校领导体制与管理职责，兼及现代管理观念与管理科学化的主要标志。专书内容详尽，体系完整，文字简洁，易于应用。一书在手，可读可查，十分方便。

众所周知，理论研究，必须在丰富的实践经验上进行概括提高。即使引述国外的理论，也必须结合中国的实际。如上所述，我国高等学校的目标管理刚开始试行，实践经验不足，构建有中国特色的高校目标管理理论尚不太成熟。由此而产生的理论论证较少，某些管理措施不一定反映了目标管理的特点；在分门别类的论述中，目标管理的特点不很明显等不足之处，这也正好反映了我国当前高等学校管理的现实——引进了目标管理的理论、观念，但实际运行的仍是以过程管理为主的传统管理体制。事物的发展变化要有个过程，理论的研究要不断深化。因此，这本专著应看作是研究的开端而不是研究的终结，希望本书作者们在这个基础上，继续关注高校目标管理试行中所提出的理论与实践的问题，认真分析研究，在解决问题中不断完善高等学校目标管理的理论与方法。

潘懋元

1996年2月于汕头大学

《中国大学科技体制改革论》[1] 序

培养人才与发展科学，是现代大学两种主要的社会职能。在知识经济社会，培养具有创新精神与实践能力的高级专门人才和知识的创造、分配、传播、应用的两大任务，都将落在大学的肩上。人才与科技，将在大学校园交汇、融合，实现产学研一体化，建立高科技产业，从而使大学从经济社会的边缘走进经济社会的中心。

大学以其学科齐全、人才云集而在科技活动中占优势，尤其是在从事基础科学研究和跨学科研究上，占有不可代替的优势。但是，这种优势却往往受制于落后的科技体制，不能充分发挥其应有的作用。先进的体制，能够促进科学的繁荣；而落后的体制，却成为科技发展的绊脚石。中国的科技体制，包括大学科技体制，是在计划经济体制下，按苏联模式而形成的。这种体制，在 20 世纪 60 年代初，就已暴露其不符合科技发展规律的缺点。如《自然科学十四条》《高教六十条》的有关部分，就是企图改正科技体制、大学科技体制若干明显的缺点而制定的；但在当时情况下，即使只是一些小修小改也很难行得通。改革开放以来，在经济与科技发展的推动下，在市场经济积极面的影响下，大学的科技体制，在引进竞争机制、改变投资结构、提高成果转化率、重视人才的培养与使用诸多方面，进行了一系列的改革，也收到一些成效。但由于行政体制改革的滞后、传统思想的阻力，以及市场经济负面的影响，无论在政策导向上、教学与科研的关系上、人力与财力的投入上、人

① 吴岩．中国大学科技体制改革论［M］．北京：京华出版社，1999．

事制度的改革上，都存在许多不合理之处。同时，为了迎接21世纪知识经济时代的来临，实施“科教兴国”战略和《教育振兴行动计划》，又有许多新的问题有待研究解决。例如，关于教育产业化与科技产业化问题、培养高层次创造性人才问题、实施“211工程”问题、建设高科技园区问题等，都与科技体制密切相关。因此，通过大学科技体制改革研究，改革旧体制，建立新体制，将有利于发挥科技工作者的积极性与创造力，有利于科技开发与转化，有利于增加科技的战略准备，使大学能成为科技的知识库、思想库、人才库、“孵化器”。一句话，有利于加强与发挥大学在“科教兴国”战略上的地位与作用。

本书作者吴岩博士，曾在大学里从事科技管理工作多年，并参加过一些全国性的科技体制改革设计工作，有丰富的实践经验和深刻的酸甜苦辣的体会。这本书是在他的博士论文基础上完成的。在攻读博士学位期间，他针对世界各国尤其是美、日、英、德等国的科技体制及其改革动向，查阅了大量的文献资料；对于中国大学科技体制的现状与改革，从国家主管部门到大学教师和科技管理人员，进行了广泛的调查与专访。他在占有大量实际资料的基础上，做全面的整理与深入的分析研究。全书大体分为两大部分：第一至第三章，是中外科技体制的比较研究；第四至第七章，分别研究大学科技体制中的管理体制、投资体制、机制设置、人事制度的改革。由于作者对科技体制的掌握比较全面，对存在问题看得较准较深，因此，所提建议比较中肯。例如，首先，关于建立国家科技决策组织，以统筹包括大学科技在内的科技政策、规划与资源分配；建立二级三类大学科技评价体制，变单向指向式为双向反馈式；改革科技投资结构，认为国家科技经费应主要投向大学等，都是有理有据的见解。其次，能提出一些精辟的论点。例如，提出“基础性研究的直接性效益理论”，论证邓小平的“科技是第一生产力”包含基础科学在内，从理论上纠正了基础科学无经济价值，从而重应用技术、产品开发而轻基础研究的偏向；论述大学科技开发的本质是加快科技的转化速度，提高科技转化的比率，批判“只管耕耘，不问收获”的错误；提出教学只能培养一般人才，只有与科研结合才能培养高层次创新人才的论点，阐明教学与科研在培养人才上的统一性。这些建议与理论，无疑对科技决策与科技体制改革都有重要的意义。

如果说 1978 年中国大地迎来了第一个科学的春天，那么，世纪之交，中国正迎来第二个科学的春天。我希望这本书的出版，能为第二个科学的春天增添一点春色。

潘懋元
1999 年 6 月 10 日

《高校招生体制改革研究》[1] 序

高等学校招生体制改革是整个教育改革中关键的环节。它不但关系到高等教育培养人才的生源质量，而且制约着基础教育的办学方向，指挥着教师的教授与学生的学习。如果以高考为核心的高校招生体制不改革或改革出偏差，那么，“贯彻全面发展教育方针，全面推进素质教育”就只是一句空话。人们所流传的一句话“素质教育轰轰烈烈，应试教育扎扎实实”，正是这一现象的反映。而高校招生体制改革，既是一个敏感的问题，又是一项艰难的举措。说它敏感，是因为哪怕每一微小的变革，都会牵动千家万户，成为新闻热点；说它困难，不仅是因为制定合乎教育原理、民主原则与中国国情的改革方案不易，更在于思想认识跟不上体制的变革。而如果思想认识跟不上，再好的改革方案，都难免或者难以贯彻，或者在实施中走了样。

下面，举出一个已经提出的方案和一个尚未提出的意见，说明思想认识跟上现实变革的困难。

其一，最近，教育部推出关于高考制度改革的意见，其中有科目设置改革方案，也有考试内容改革方案。人们所关注的只是“3＋X”方案，而对于“3＋X”，只是简单地理解为语文、数学、英语加上其他一科或两科。大多数院校选择“3＋1”，认为“3＋1”是最佳的选择，可以减轻学生的备考负担；

① 唐佐明，黄国勋，等. 高校招生体制改革研究［M］. 桂林：广西师范大学出版社，2000.

只有少数院校拟选择“3+2”，几乎没有哪所院校表明将选择“3+综合”。显然，这是以传统的高考科目增减的思维方式来理解“3+X”方案，很少有人注意到“3+X”的“X”，已不是原来的一科、两科或多科“拼盘”；“3”也不是原来的“3”；“3+X”只是形式上的科目增减，而不是高考改革的实质。高考改革的实质在于改变应试教育思想，全面推进素质教育，以利于培养具有创新精神与实践能力的专门人才。因此，必须从单纯考知识（历来着重于记忆）转变为既考知识（应当着重于理解、应用、分析、综合），又考能力和素质（狭义的素质，指非智力因素）。因此，高考改革的重点在于考试内容，改革的关键在于命题。如果内容、命题不改变，“3+X”仍然可能引导教师与考生围着应试教育团团转。虽然“3+X”减少了一科，也不一定能减轻考生备考负担，更可能的是导致严重的偏科学习。因此，不论减轻考生备考负担或降低应试教育影响，都必须在变革考试内容与命题上下功夫，这是要做长期艰苦的努力的。所幸1999年的高考，某些科目的考题已有变革的可喜的苗头。

其二，“高等教育是指在完成高级中等教育基础上实施的教育”（《高等教育法》），达到高级中等教育的文化水平是高考的基本要求，这要求是共同的、统一的。但各级各类高等教育，在招生选择上，还应有其不同的要求：本科教育招生，要求考生有较高的文化水平；而高等职业技术教育，则应着重于考生有较强的实践能力。如有的考生文化知识水平高，适于进本科院校学习；有的考生应用知识和实践能力强，则更适于进高等职业技术院校学习。同时，不同的科类，也应有不同的要求。也就是说，选拔性的考试，应有不同的对应性。如今则是一份对应本科教育的统一考卷考所有全日制普通高校的考生，以分数的高低定本科、专科、新高职的录取线。这就首先从社会上、心理上贬低专科与新高职的教育地位。很少有人发觉这种规定是不公平、不合理的，是传统的重学轻术、重学术轻职业的落后思想的反映。21世纪的高等教育是多样化的，多样化的高等教育要求高考应有不同的对应性。首先，应把普通高校的高考分为两大类，一类对应于本科教育，一类对应于应用性的专科和高等职业技术教育，各有所对应，并无高低之分，让考生斟酌自己的条件，选择应试。其次，应给高等学校录取新生的自主权，只要达到一定的分数线，就可根据科类、专业的特点，择适应者录取。当然，这样做有一定的困难。一是技术上的困难，可以在各省市招收非普通中学考生的考试命题基础上改进完善；二是受传统重学术轻职业的思想影响，报考应用性类的考生可能较少。针对这种情况，可以采取一些暂时性的灵活措施，促使实践能力强的考生通向应用性的专科与高职。随着人才市场越来越看好有创新精神与实践能力的职业技术人才，职业技术教育将成为热门，传统的重学术轻职业的旧思想也会逐渐淡化而使两大类的报考者趋于平衡。

总之，高校招生（简称“高招”）体制的改革关系到方方面面，既要公正公平，又要切实可行；既要制定合理的方案，更要解决认识的问题。它是教育科研的一个重要领域，一项复杂的系统工程。在这个领域中，经验总结、探讨理论的文章不少，而作为系统工程，进行全面系统的研究的则不多见。

广西壮族自治区教育主管部门历来重视高招工作的改革，积极探索，勇于实践。结合自治区实际情况，教育主管部门先后制定了“三二一七五”招生政策规定、“八一〇三二”录取管理体系、“八三四一〇”招生廉政制度，利用现代化招生手段，率先实现“网上录取”。这些规定与措施，不仅改进了自治区的高招工作，也对全国产生了积极的影响。自治区成立招生考试院后，更加系统地进行经验积累与理论研究，把“高校招生体制改革研究”作为“九五”重点课题，与广西大学高等教育研究所合作。由唐佐明、黄国勋教授等撰写的这本专著，就是他们的科研成果。

这本专著，从历史到现状，从国外、区外到广西，从实践经验到理论提高，洋洋大观而层次分明——回顾历史，纲举目张；缕析现状，说理入微；展望未来，高瞻远瞩。这本专著有两大特点：一是“新”，所引统计资料与政策法规章程，直到1999年；评论是非得失，吸收许多最新科研成果，如关于知识经济、可持续发展、大众化、产业化等最新理论。二是“特”，有自己独到的见解，并非人云亦云。如对于分轨、并轨，敢于提出质疑；又如认为高等教育非义务教育，并不能推出高等教育必须实行收费制度，纠正了一个常识性的错误。全书重点在第五章与第六章。前者深入探讨高招体制改革的目标与原则，是改革的理论依据；后者构思改革的框架，有许多精辟的见解。改革正在进行中，有些见解，未必人皆同意；但即使是一家之言，也可发人深思。我相信，这本书的出版，必将有利于读者提高对高招、高考的理性认识，推动高校招生体制改革进一步向纵深发展。

潘懋元
1999 年 11 月 1 日

《高校学费政策的理论与实践》[①] 序

王康平博士的《高校学费政策的理论与实践》一书，是在他的博士论文《高校学费与学生资助政策研究》的基础上，经修改、补充而成书的。作者是在职攻读博士学位的；在学期间，就是厦门大学学生处领导，学生收费与资助是他所分管的职责，经常要处理大量的有关政策性问题。结合岗位工作，撰写博士论文，从具体的实际问题入手，探讨政策所依据的理论，在理论与实践的结合上解决问题、探讨规律、提出公式、制订方案，是这本专书的基本特点。

根据增加高等教育经费的实际需要和教育成本分担理论，中国于20世纪90年代开始，从高校本专科学生免交学费，经部分大学生自费读书的所谓“双轨制”，到全部大学生交费上学的所谓“并轨”，由于采取逐步渐进的政策措施，没有引起太大的波动，学费制度的建立得到社会大多数人所认可。但收费的“度”如何确定，则是牵涉到千家万户而又非常复杂的问题；而支持学费制度的资助政策，迟迟未能配套，更引起社会的责难。因此，90年代以来，如何确定学费标准，如何资助贫困大学生，成为社会和家长关注的焦点。而直接面对这两个问题的，则是负有执行、解释学费与资助政策职责的大学学生处处长们。作者正是处于这个重要而尴尬的位置上。也可以这样说，这是一种机遇，使作者能借助撰写学位论文来系统地探讨这两个难题。

这本专书，首先从中国历史与国际比较两个角度作纵向与横向考察，接

① 王康平. 高校学费政策的理论与实践［M］. 厦门：厦门大学出版社，2001.

着从现状调查与理论评价两个方面进行研究。在此基础上，作者提出了标准学费的公式和上下限公式、学费与资助政策的实施方案。这是本书的核心部分。

这本专著的特点，除了上述理论与实际融成一片、历史与现实紧密衔接之外，思维逻辑的周密性是一个特点：对于构成学费与资助制度的复杂因素，都做了周密的研究；对于从理论或实践中提出的种种问题，都做了有理有据的评析。例如，在提出标准学费公式和上下限学费公式之前，逐一解答了有关学费理念价值取向的五个人们所关心的焦点问题；提出了选择公式变量的五条原则，并据以考察建构公式的各项指标，重重剥茧，缕析清晰，提高了公式的科学性与有效性，使人们对公式的公平合理、简便可行有了信心。

王康平的博士论文，获得答辩委员会的高度评价。现在成书出版，我相信对于教育行政以及物价、金融等有关部门，尤其是公办、民办高等学校，都有重要的参考价值。

潘懋元

2001 年 11 月 24 日

于厦门大学高等教育科学研究所

《大学课程管理的理论与方法研究》[①] 序

高等学校课程管理是培养高素质创新人才的保障体系之一，也是课程理论中一个极为重要的研究课题，它可以分为课程生成系统管理和实施系统管理两个部分。长期以来，在课程和教学改革实践中，人们往往比较注意课程实施系统的管理问题，而课程生成系统的管理很少有人去研究，从理论上可说大学课程管理领域的系统研究在我国还处于起步阶段，唐德海副教授选择了这个重要的、亟待开发的领域来进行研究，难度很大。他用两年多的时间，广泛收集了国内外大学课程领域研究的有关资料，深入到国内几十所大学对其课程与教学实践进行全国性的调查，在深入研究的基础上完成了博士论文《大学课程管理的理论与方法研究》。他的论文获得了有关专家的好评，被认为具有较高的学术水平和创新见解，为这一研究领域的理论建设和进一步深化这一领域的研究奠定了很好的基础。这本专著，就是在他原博士论文的基础上形成的。

本书从“理论与方法”两个维度展开。在理论维度，从管理学、心理学、哲学等多学科的视角，探讨大学课程管理的理论基础；在方法维度，研究大学教育目的的抉择、具体人才培养目标的确定、课程内容的选择与组织，以及大学课程总体方案的评价等问题。其创新之处在于全面建构了大学课程管理的模式与过程，提出“大学课程管理的五条标准”。

---

① 唐德海．大学课程管理的理论与方法研究［M］．北京：中国科学技术出版社，2002.

作者提出的大学课程管理理论是其在课程领域探索迈出的第一步，这些理论或构思虽不能说很完善，但有理有据，既具有相当的理论深度，也有一定的可操作性，对当今大学课程与教学改革具有一定的指导意义。本书的完成，展现了作者在课程研究领域比较扎实的理论基础和丰富的实践经验。唐德海副教授在他的博士论文开题报告会上说过要“将课程领域的研究作为终身的追求”，我衷心希望他能百尺竿头，取得更大的进步和更丰硕的成果。

潘懋元

《高等教育制度创新论》[①] 序

佛山科学技术学院的教师、干部们，在前院长谢颂凯教授的倡导和高教所所长熊志翔同志等的策划、组织下，对高等教育的研究，坚持不懈，成果丰富，承担了广东省多项重点科研课题。继出版《中国高等教育运行机制研究》《广东高等教育现代化研究》两书之后，又集体研究、撰写了《高等教育制度创新论》这部新书。如果说，前两本专书主要是研究广东的区域性高等教育改革与发展问题，并通过区域性的研究，在一定程度上反映了全国性的问题；那么，这本新书则是面向全国性的普遍问题，探讨一般性的规律，以之指导区域性的高等教育改革与发展。因而研究视野更加宽阔，理论水平也进一步提高。

这本新书的基本逻辑框架是：以高等教育制度创新为主题、以高等教育理念转变为先导、以高等教育大众化的历程为主线，从制度创新的视角，审视高等教育大众化历程中的结构优化、学分制、信息网络、产学研合作、体制改革、质量保障等重要的现实问题，最后落实到广东高等教育大众化的制度创新与政策取向上。

特别要指出的是，第二章的制度创新和第三章的理念演变是全书的理论基础。高等教育制度体系是高等教育运行的基础，一切高等教育活动都是在一定的制度中进行的。僵化的制度是高等教育发展的桎梏，而制度的不断创新则成为高等教育发展的内源动力。正如书中所说："能否获得快速的高质量

① 熊志翔，等．高等教育制度创新论［M］．广州：广东高等教育出版社，2002.

发展，就取决于它建立于其上的制度能否对高等教育产生适当的有效的刺激，并保证后者能得到切实的最低限度的报偿或好处”（第2章，第6页）。制度对于高等教育发展的阻碍或促进的例子，俯拾皆是。例如，高等教育经费投入不足，虽与国家经济发展水平和决策者对高教事业的重视与否有关，但不是主要原因，主要原因在于国家的财政制度：“教育行政部门既不能根据教育事业发展的需要提出教育经费预算方案，也无权分配和管理被批准的预算内教育经费”；“人大根本无法对政府教育投入实行有效监督”（第2章，第13页）。又如，高等学校工作效率不高，虽与管理者的水平和方法有关，但实质性的原因是由于以行政体制建构高校的管理体制，“学校的人、财、物由政府统管”，“办学过程实际上也成了执行一系列行政命令的过程”（第2章，第15页）。鉴于高等教育制度对高等教育发展的制约，因此，中国的高教改革，体制（包括管理制度）的改革是关键，必须以提高效益为目的，进行制度创新，改变僵化的管理制度。

但是，“教育制度创新离不开教育理念的转变，而且唯有教育理念的转变，才有教育制度的创新”（第3章，第1页）。从古代的人文主义教育理念，转变为近现代的科学主义、技术至上，功利主义的价值观，无疑对物质文明的进步，从而对高等教育事业的促进，起了积极的作用。但到了今天，在人才培养上，高科技与低素质的矛盾日益凸现，因而本书作者，认为必须“冲破技术视野的樊篱，回归本真教育”（第3章，第1、17页）。也就是说，要以人为本，构建新的高等教育制度，构筑高等教育大众化的平台，解决高等教育大众化历程中的诸多现实问题，建立高等教育大众化的新秩序。据此，本书作者，还为广东高等教育大众化制度创新提出一套比较完整的理论体系。

因此，我认为《高等教育制度创新论》是一本逻辑比较严谨，并有较高理论水平与创新见解的新书。

潘懋元

2002年4月11日

于厦门大学高等教育科学研究所

《MBA 教育质量控制系统研究》[①] 序

MBA 教育自 20 世纪 80 年代后期引进我国以来，因其适应市场经济体制改革对经营管理人才的需求，发展很快。十余年间，培养了相当一批高级职业管理人才，为我国提高工商管理水平，进入 WTO，做出了重大贡献。近年又进一步引进 EMBA，预计这一人才市场，有广阔的开拓空间。国家教育管理部门，虽然采取积极慎重的态度，先行试点，逐步推进，不断总结经验，先后制定了一连串的质量控制法规，总的说，发展形势是健康的，但由于办学经验不足，理论研究滞后，控制措施缺乏系统性与前瞻性，MBA 教育在数量快速发展的同时，质量问题日益凸显。如何保证与提高质量，成为进一步发展 MBA 教育的关键性问题。

章达友博士的《MBA 教育质量控制系统研究》是在他的博士论文基础上修改成书的。此书系统地研究了 MBA 的教育模式、教育质量和质量控制。作者应用系统分析方法，对五所世界著名商学院的 MBA 教育模式进行细致的因素分析，概括出几条成功的经验，上升为对 MBA 教育的本质、基本特点、培养目标、人才规格的理论认识；进而根据成功经验与理论认识，研究了 MBA 一般的教育质量控制系统并探讨如何构建有中国特色的 MBA 教育质量控制系统；最后论证了 MBA 教育质量控制系统的研究成果对中国高层次应用型人才培养的普遍意义。这本专著遵循从具体到抽象，又上升为具体的逻辑方法，步步推进，层次分明，既有一定的理论深度，又具可操作性。其中有许多理

① 章达友. MBA 教育质量控制系统研究 [M]. 厦门：厦门大学出版社，2002.

论性和方法性的创新见解，颇为中肯，很有价值。

章达友博士有宽厚的教育理论特别是高等教育理论基础，又有多年的工商管理实践经验；还有在MBA发源地美国的留学经历，见识较广，掌握了大量的国内外MBA教育的调查资料。其博士论文，在答辩时就获得好评。近年他又亲自参加MBA教学工作，有了新的体会，从而补充修改成书。

当然，MBA教育还在发展中，新的问题、新的经验还将不断出现；这本专著，也需要不断完善、提高。但在入世之初及时出版，相信对MBA教育的决策者、办学者、教育者以及学习者，都会有广泛的参考价值；对推进中国的MBA教育健康发展，能助一臂之力。

潘懋元

2002年9月于厦门大学

《高教理论与管理实践》[①] 序

正值武汉科技大学45周年校庆之际，武汉科技大学高教研究论文集《高教理论与管理实践》即将正式出版，这是作者们为武汉科技大学45周年校庆献上的一份厚礼，更是武汉科技大学高等教育研究成果的集中展示。

本书定名为《高教理论与管理实践》，既表明其内容包含高教理论与高教管理，又表明其重点是理论与实践的结合。内容丰富，涉及高等教育工作的各个方面。所设置的思想教育、体制改革与创新、学科建设、人才培养、课程改革等栏目，都是高等教育改革和发展中的重要领域。所选论文分别从不同的角度对所研究的问题进行了比较深入的探讨和论述，其中不少论文提出了颇具新意的观点，有的达到了一定的理论高度。所以，从理论的角度来看，本书的研究成果对高等教育理论有积极贡献。

高等教育研究具有很强的实践性。本书所辑论文的作者，大多数是工作在武汉科技大学教学或管理第一线的教师与干部。所写论文是他们在长期的教育、教学或管理工作中实践经验的理论探讨，具有明显的理论与实践相结合的特色。所以，从实践的角度来看，本书的研究成果为其他高校同行提供了许多可资借鉴的实践范例。

据我所知，武汉科技大学一向十分重视高等教育研究工作，在各项改革中重视理论的指导，同时又及时将实践中所取得的经验进行理论的审视。武汉科技大学能在不长的时间内，改革的力度、发展的速度，令人瞩目，与领

① 刘光临．高教理论与管理实践［M］．武汉：湖北人民出版社，2003.

导和教师、干部长期重视高等教育的理论与实践研究有很大关系。《高教理论与管理实践》的出版就是武汉科技大学重视高等教育研究工作的一个具体体现。

据说，《高教理论与管理实践》校内征文非常踊跃，一个暑假的时间作者投稿达160余篇，我虽未能竟读全部文章，但从全书目录和选读的几篇论文看，其中有领导和高教理论工作者的文章，更多的是教师、干部结合岗位工作所写的论文。作为教育创新的行动，中小学校正在提倡“研究性教学”，大学人才荟萃，更应提倡“研究性教学”“研究性工作”。这本论文集的出版，标志了武汉科技大学提倡研究性教学与工作的成果。

特别值得指出的是，这本论文集还收录了企业界知名人士、武汉科技大学校友刘玠、潘立慧、黄楚平、吴峰等所撰写的有关人才培养与校企合作的重要文章。这为这本书赋予了新的内涵，也是教育与社会相结合的一个重要体现。武汉科技大学办学的特色之一，是与武汉诸多巨型企业有长期合作办学的历史，取得了社会的有力支持，积累了丰富的产学研合作经验。相信今后能更好地保持并发扬校企合作办学的特色，在产学研一体化上，走在全国高校的前列。

在武汉科技大学45周年校庆之际，借此为《高教理论与管理实践》写序的机会，祝贺武汉科技大学，保持教育研究的优良传统，发扬校企合作办学的精神，办出特色，不断提高质量；不仅成为人数众多的巨型大学，而且成为高质量、有特色的知名大学。

潘懋元

《高等学校教育评估与督导概论》① 序

高等学校教育评估是当前高等教育管理研究中一个热门而颇有争论的领域；高等学校教育督导则是高等学校内部管理实践中一个悄然兴起而理论研究不足的领域。刘智运教授的《高等学校教育评估与督导概论》一书，把两者结合起来，并作为本书创新要点，粗看不难理解，深思则令人困惑。承嘱写序，我认为有必要对此谈谈个人学习这本著作，由粗到细、由浅入深的解读过程，以就正于作者和读者。

为什么粗看不难理解？因为教育管理部门对高等学校办学水平进行评估，是为了“要加强对高等教育的宏观的指导和管理”（《关于教育体制改革的决定》）；而建立督导制度，则是为了“加强对教育工作的行政监督”（《教育督导暂行规定》）。两者的性质都是政府行为，两者的目的都是为了加强政府对教育工作的行政监督，从而两者的关系，不难理解为以评估作为督导的依据、手段，借以提高行政监督的权威性与有效性。本书将两者结合起来进行研究，顺理成章。

然而这种理解，似乎有悖于现代评估的理念。本书所介绍的现代教育评价发展的趋势之一，是从管理者的外部评价向自我评价转变。早期的评估，以管理者为评估主体，是自上而下的外部评估，被评估者处于被动等待评估的位置，积极性不高，甚至有抵触情绪和惧怕心理。现代教育评估，强调以自我评估为主，尊重与信任被评估者，使被评估者从被动受评转为主动合作参与提高评估的质量，发挥评估的功能，达到“以评促改”“以评促建”的

① 刘智运. 高等学校教育评估与督导概论［M］. 北京：高等教育出版社，2005.

目的。也就是说，评估并不只是作为行政监督的手段。从行政监督的角度对待教育评估，正是当前中国高校评估实践产生急功近利的负面影响所在，显然不能以此来理解作者将评估与督导结合的新意与深意。

为了解除这一困惑，有必要弄清作者关于现代督导的新理念。作者认为现代督导工作要树立“以人为本”的理念，从教师的角度出发，提倡进行换位思考，把督导工作从原来以检查、监督为主转为以鼓励和帮助为主，摒弃监督、检查心态，抱着向教师学习的态度，怀着发现好的教学典型和总结成功经验的愿望，尊重教师、平等待人，帮助教师实现自我价值。这样，才能将评估与督导，在现代新的理念基础上结合起来。这就是作者在本书中最重要的创新之处：“把以人为本的理念，贯穿于评估和督导的全过程，在评估与督导中，给评估对象与督导对象的人文关怀。”（本书前言）

当前，高等学校的教育评估，正在全国大张旗鼓地进行。然而教育评估的指导思想，还停留在早期的评估理念上，亟须现代评估理论指导，以提高评估工作质量，减少所引起的负面影响。内部教育督导，虽悄然兴起，行政监督，只在中小学层面，可能高等教育也将面临主管部门的督导，更需现代督导理论的指导，刘智运教授这本著作的出版，是及时的。

我认识刘智运教授已有20多年，每次有关高等教育研究的学术会议，差不多都能见到刘教授；每次会议，他都认认真真地准备了内容充实的论文。他专心致志研究高等教育理论的精神和实事求是解决高等教育实际问题的态度，令人钦佩。这也体现在这部著作中。本书内容既充分反映了现代教育评估与现代教育督导的理念，又收集与设计了大量可行性的案例与方案。在他的研究与教学的生涯中，上了一个新台阶；对推动高等教育的创新与发展，做出了新贡献。当然，中国的教育评估与教育督导，正在发展中，一本著作所论述的理论与实践，很难说已经是完善的定论与最佳的方案，但无疑有重要的参考价值。

是为序。

潘懋元
2004年6月18日
于厦门大学教育研究院

《我国巨型大学的管理与组织模式研究》[①] 序

巨型大学，一般指20世纪中叶之后出现的规模宏大、师生众多、校园分散的一所大学或多所同名的大学群。根据量变质变的规律，规模扩大与数量增长至一定程度，必然引起事物的质变。对于巨型大学来说，首先是组织与管理不能墨守昔日小型大学的旧模式，不能用原来的老经验来解决新问题。必须摸清新情况，面对新问题，总结新经验，构建新理论。因此，20世纪七八十年代以来，关于巨型大学的性质、功能、教学、科研、服务、校风等，尤其是关于组织与管理的研究，颇受各国高等教育界和政府有关部门所关注。

中国巨型大学出现稍迟，来势则猛，且其成因与国外巨型大学的构建有所不同。其一是20世纪90年代的合并风，其二是世纪之交的扩招潮。两者都不是由于大学自身的发展逻辑逐渐形成。由于来势猛，过程短，不可能像国外巨型大学那样逐渐积累经验、制定对策、探索理论；而是一连串难题迎面而来，仓促应对。虽有国外巨型大学的模式与经验可资借鉴，但中国的巨型大学，无论其成因、体制、环境都与国外巨型大学大不相同，“后发”而非“外生”，许多问题为国外巨型大学所无或少有，如“磨合”问题、“实质性合并”问题、“先扩拓后补充教育资源”问题、“先做大后图强”问题等。这些中国式的巨型大学特殊问题，都有待实际工作者与理论工作者加强研究力度，提出可行性建议。但据我所知，关于中国巨型大学研究的专著论文，寥

① 李泽彧，姚加惠，朱景坤．我国巨型大学的管理与组织模式研究［M］．厦门：厦门大学出版社，2005．

寥可数，大多只是介绍国外模式、经验与理论，或对中国大学巨型化是非得失的争论。

中国巨型大学规模之大、数量之多，已是事实。在短期内以合并与扩招方式构建众多巨型大学的是非得失，可以留待历史评论。当前的现实问题是如何办好这些中国式的巨型大学。首先是做好组织与管理工作。李泽彧教授和他的研究生们承担了“我国巨型大学的管理与组织模式研究”课题，经过四年的研究，除陆续发表了8篇论文和完成了两篇学位论文外，这本同名专著是他们主要的研究成果。

这本专著是至今研究中国巨型大学组织管理与制度建设最为全面的著作。除第一章引论与第二章概念辨析之外，第三章探讨巨型大学组织与管理的理论基础与理想取向，使具体的组织与管理工作有了理论的指导与评价；第四章与第五章分别进行国际比较与历史考察（着重于案例分析）。在上述研究的基础上，作者在最后一章提出了三条我国在组织与管理上办好巨型大学的建议：（一）以学院为重心实行分权管理；（二）以充分扩大内部参与，逐步引入社会参与为导向的决策管理；（三）以校区管理委员会进行协调为主的多种协调方式。对每条建议，都有详尽的阐述。可以说，这三条建议，并非只是从一般组织管理理论推导而来，而是在一般理论指导下，研究了中国国情、融合了作者经验而提出的真知灼见。

这是因为第一作者李泽彧教授，他在厦门大学高等教育科学研究所长期从事高等教育管理的科研与教学工作，先后兼任大学办公室副主任、政策与规划研究室主任、漳州分校区管委会副主任，现已调任福建省龙岩学院院长。按他自己的话说，“在高等教育管理的理论与实践之间穿梭感悟”。这本专著，也就是他和他的研究生们穿梭感悟之作。

世界现代巨型大学出现不过半个世纪，中国只有十余年历程，理论来源于实践，对巨型大学的研究，不论国内外，都只能说是初步探索，尚不成熟。本书也只能说是截至目前一本论述比较全面并有创见之作。虽然尚不成熟，但有现实意义与参考价值。

潘懋元

2005年8月1日

《高校教师师德自律论》[①] 序

党的十七大报告，在“优先发展教育，建立人力资源强国”的“社会建设”任务中，对职业教育的要求是“大力发展”，而对高等教育的要求是“提高质量”。这是针对近年来高等教育大众化过程速度过快、整体质量有所下降而提出的。导致整体质量下降的基本原因，是高等教育资源的增量同大学生数量增长不平衡。近年来，教育资源虽有所增加，但远低于大学生的增长。教育资源，尤其是优秀资源不足，势必影响教育质量。十七大把提高质量作为高等教育的战略任务。为了保证与提高教育质量，必须增加教育资源的投入，优化教育资源的质量。

教育资源，包括人、财、物，主要的就是师资、经费和校舍设备，其中决定性的资源是师资的数量与质量。在数量上，近年来师资增长虽然较快，全国普通高校的专任教师从 1998 年的 40.7 万人到 2006 年的 107.6 万人，增长了 164%，但低于大学生 410% 的增长率，生师比从 9.73∶1 增至 17.8∶1；更严重的是优质师资不足。因此如何提高高校教师的素质，成为当前提高高等教育质量的关键。

高校教师素质的内涵，包含三个方面：第一，学术水平，泛指基础知识、学科理论和跨学科的知识面；第二，教师职业知识与能力，也就是高等教育知识和教学工作能力；第三，师德，包含一般社会道德、学术道德和教师职业道德。三者缺一不可，但在高校教师发展中，人们往往只重视学术水平，

① 卫荣凡．高校教师师德自律论［M］．北京：中国社会科学出版社，2008.

特别是学科理论知识的提高；对于高等教育知识与教学能力的培训，不甚重视；对于师德的培养，更为忽视。作为一名优秀的高校教师，师德比知识和能力更为重要。学术水平较低、教学能力较差，而有高尚的师德、强烈的责任感，尚可通过理论学习和经验积累逐步提高；如果师德缺失，则很难匡正。但在市场经济社会中的教师，师德往往比学术水平、教学能力更为欠缺。

师德贵在自律，也就是古人所说的“慎独”“知行合一”以及发自内心的诚信与责任感。将外在的师德规范，内化为师心，体现为师行，是高校教师发展中最重要、最困难而也是最被忽视的方面。有关教师发展的论文、专著，多不胜计，但研究师德的不多，涉及师德自律的更少，仅有的寥寥可数几篇论文，广度和深度都有所不足。

卫荣凡教授的《高校教师师德自律论》，从历史、现状论述高校教师师德自律的理论与现实，在这个基础上，分析师德自律的内在动力与外在动力，探索师德自律形成的途径以及师德自律的内在条件，重重剥茧、步步深入，颇著功力。

卫荣凡教授长期从事师范院校的思想教育工作，对师德培养有丰富的实践经验，在厦门大学高等教育科学研究所进修高等教育理论课程，进而攻读高等教育学博士学位，前后达七年，对师德培养的实践与理论研究，孜孜不倦。这本《高校教师师德自律论》就是在他的博士学位论文基础上形成的。它的出版，可以说，在贯彻十七大关于提高高等教育质量的任务上，做了一件值得嘉许的工作。

是为序。

潘懋元

2008 年 2 月 1 日

于厦门大学高等教育科学研究所

《本科院校质量保障体系研究》[①] 序

党的十七大把“提高高等教育质量”作为当前一个时期“建设人力资源强国”的重要战略任务。本科教育是高等教育系统的基本组成部分，本科质量的保障，是保证与提高高等教育质量的关键。熊志翔教授等以本科院校质量保障的研究为突破口，其研究成果具有重要的现实意义。承嘱写序，借此机会略抒管见。

从1999年开始，由于高等教育大众化的进程速度太快，教育资源的增量，尤其是优质教育资源和质量管理不能同步增强，导致高等教育整体质量有所下降，本科院校首当其冲。正如联合国教科文组织第一届世界高等教育大会《21世纪的高等教育：展望与行动世界宣言》所指出：“高等教育质量是一个多层面的概念。”保证与提高质量，也应当包括高等教育所有的要素、功能和活动的全面协调，以及教育资源的有效配置与优化。因此，必须构建高效的质量保障体系。

质量保障体系的构建，包含质量管理、质量监控、质量评估与质量认证。由于近年来政府着重抓高等学校教学评估，高等学校也不得不围绕评估指标体系，全力以赴开展活动。人们往往就以为政府主导的教学评估得优者就是教育质量高，评估指标体系也就是质量保障体系，只要按照全国统一的指标体系，逐项达标、优秀，就保证与提高教育质量了。但是，历年来评估的结果，绝大多数本科院校被评为优秀，而全国高等教育除少数学科、课程外，

① 熊志翔. 本科院校质量保障体系研究［M］. 广州：广东高等教育出版社，2008.

整体质量却有所下降。这一矛盾现象，令人费解。其实，评估活动，即使是合理、准确，也只是质量保障机制的一环，并非质量保障体制的全部。

如上所述，高等院校质量保障体系，包含质量管理、质量监控、质量评估与质量验证。质量管理与质量监控是高校主体的内部机制；质量评估首先也是高校的自我评估，其次才是校外评估。国外的校外评估，一般也以独立的社会中介组织的评估为主。例如，荷兰的校外评估组织就是以各大学集体参加的大学协会实施，以其独立性和专业性保证评估的公正性与准确性；即使是教育管理高度集权的法国、日本，近年来也将评估工作交由独立于政府与高校之外的社会中介组织承担。同时，高等学校质量保障机制，应当包括教育输入、教育过程和教育输出三个连续性的组成部分。输入所指的是教育资源与生源；过程所指的是教学计划、教学管理、学生管理、教师管理、质量监控制度等；输出所指的是学生的成长、人才的质量、毕业生的就业与在业的表现等。质量保障机制，应当全面监控这三部分，特别是第三部分所输出的教育效果。但当前评估指标体系，着重的是输入部分，对于过程与输出，由于难以量化，如果不是空缺，也流于空泛。因此评估活动不能全面反映真实的教育质量，出现评估结果优而实际质量低的矛盾现象，也就不足为奇了。

《本科院校质量保障体系研究》这本专著，虽然论述重点仍是当前政府主导的评估活动，但力图构建整个高等教育质量保障体系的框架，对质量管理、质量监控、质量认证等方方面面都有所论及。对当前已有众多议论的全国本科教学工作评估活动，也有比较深入的研究和评论，并提出许多精辟的创新观点；对当前构建确实有效的高等院校质量保障体系，落实十七大提高高等教育质量的战略任务，无疑做了一件及时的、有益的工作。

是为序。

潘懋元
2008 年 2 月 6 日
于厦门大学高等教育科学研究所

《高等教育中外合作办学研究》[①] 序

2010年3月19日，厦门大学—香港大学中外合作办学研究中心挂牌成立，这是全国首家以中外合作办学为研究对象的组织。她的成立，对推进中外合作办学事业具有重要意义；在厦门大学教育研究院（原高等教育科学研究所）的国际化发展上，也具有历史意义。厦门大学高等教育科学研究所自诞生以来，已经实现了“三步走”发展战略目标，第四步战略目标就是高等教育研究的国际化。作为厦门大学—香港大学中外合作办学研究中心厦大一方的主任，林金辉教授致力于中外合作办学研究多年，并与香港大学白杰瑞教授等在高等教育研究上紧密合作，取得了丰硕的成果。在中心挂牌成立之际、《国家中长期教育改革和发展规划纲要（2010—2020年）》（以下简称《规划纲要》）即将公布之时，推出这本《高等教育中外合作办学研究》，既可作为中心的标志性成果，也是解读《规划纲要》有关内容的参考材料。

《规划纲要》对未来10年中外合作办学提出了总体规划和明确要求：要扩大教育开放，加强国际交流与合作；引进优质教育资源，吸引境外教育和科研机构以及企业合作设立教育教学、实训、研究机构或项目；鼓励各级各类学校开展多种形式的国际交流与合作；探索利用国外优质教育资源的各种形式；推动我国高水平教育机构海外办学等。《规划纲要》还把教育国际交流合作工程列为十大重大项目之一，支持一批示范性中外合作办学机构，支持

① 林金辉，刘志平．高等教育中外合作办学研究［M］．广州：广东高等教育出版社，2010.

在高校建设一批国际合作联合实验室、研究中心和引进一大批海外高层次人才等。《规划纲要》特别提出，要“搭建高层次国际教育交流合作与政策对话平台，加强教育研究领域和教育创新实践活动的国际交流与合作。加强内地与港澳台地区的教育交流与合作”（第五十条）。厦门大学—香港大学中外合作办学研究中心，正是应运而生；而这本专著，则是应时而出。

林金辉、刘志平的这本《高等教育中外合作办学研究》，把引进国外优质高等教育资源作为全书主线，以“合理引进、有效利用”作为引进的目标，进行全过程的考察，同时结合跨国高等教育的国际比较和合作办学具体案例的分析，研究引进优质教育资源的政策法规、监管体制和引进模式，为构建长效机制提供依据。所有这些，无疑具有创新意义。

本书视野宽阔，思路清晰。它的出版，对全国刚起步的中外合作办学研究，开辟了探索之旅，可以为政府部门提供决策参考，为办学者提供理论支撑。随着形势发展、国力提升，中外合作办学领域必将逐步拓展。如果说，中外合作办学初期着重于“引进来”，那么，今后将是“引进来”与“走出去”并重；初期所着重的是官方的学历教育合作办学，现在则是民间非学历教育合作办学十分红火，今后也将是学历教育与非学历教育并重。本书最后一节，对“走出去”已有所论述，但尚未充分展开；对非学历教育的合作办学尚未辟为专章进行专门研究。这些，都将是作者和中外合作办学研究中心继续研究的广阔空间。

是为序。

潘懋元
2010 年 5 月 26 日
于厦门大学高等教育科学研究所

《大学教师的培养与成长》① 序

进入21世纪以来，无论发达国家或大多数发展中国家，高等教育的发展，都先后从数量增长进入质量提高的阶段。中国在高等教育达到大众化阶段指标之后，2007年党的十七大就确定当前高等教育发展的战略任务主要是“提高质量”;《国家中长期教育改革和发展规划纲要（2010—2020年）》对未来10年高等教育的改革与发展，以“全面发展高等教育质量”（第18条）与“提高人才培养质量”（第19条）为重点做出了全面的规划，提出了具体的要求。众所周知，“教育大计，教师为本”，提高教育质量的关键是提高教师的素质。纲要将“加强教师队伍建设”作为保障教育大计的第一项（第17章），摆在“保障经费投入”（第18章）之前。因此，如何更好地建设大学教师队伍，提高大学教师素质，是高等教育改革与发展的首要任务，也是高等教育研究领域的首要问题。

历来中外教育家，对教师培养的目的要求、方式方法，多有所论述。远的不说，近半个多世纪以来，就经历了师范教育—教师教育—教师发展的认识变化过程。

传统的师范教育，“学高为师，身正为范”，所强调的是教师培养的学术性与伦理性，所实行的是定向性、封闭性的培养方式，并着重于职前的培养，一般只涉及中小学教师的培养；教师教育所强调的是教师作为一种职业的专业性，具有独特的知识与技能，应当通过开放式、多元化的培养，主张职前、

① 付八军. 大学教师的培养与成长［M］. 北京：中国社会科学出版社，2010.

入职、职后的培养都很重要；高等教育、职业教育、成人教育的教师都应纳入教师培养之中。

无论师范教育、教师教育，以往都是按照社会的需要、国家的政策，要求教师接受某种规定的培训；而教师发展（faculty development）则是着重从教师主体性出发，自我要求达到某种目标，学习什么知识技能，以及参加什么学习活动。当然，教师发展离不开某种形式的教育、培训，但更为重视的是教师的主体性和个性化，促进教师的自主学习、自我提高，使教师的培养，持续地贯穿于职前、入职、在职各个阶段，融入终身学习体系中。

为了更好地理解与诠释大学教师发展的理念，厦门大学高教所于2007年主持的第四届高等教育质量国际学术研讨会，以“大学教师发展”为主题，探讨大学教师发展的内涵、方式、动力以及交流若干国家在促进大学教师发展方面的经验。研讨会的论文达103篇、两大厚册、40多万字，资料丰富，但条理尚未理顺。我一直想以师范教育—教师教育—教师发展为线索，论述教师培养从外部动力到内部动力的必要性与必然性，探索教师发展这一新的理念的内涵并比较各国的做法，但一直是“心有余而力不足”。读到付八军博士交给我的近作《大学教师的培养与成长》一书，高兴地看到我的心愿已在此书中得到较好的实现。

本书的逻辑体系，是从教师的职业性质、培养体制、学校管理等外部因素到成长规律、个体动力的内部因素逐步展开，达到教师培养的最高境界——教师自我成长。教师成长同教师发展，在概念内涵上，基本相同，但就本土化说，也许用“教师成长”或“教师自我成长”比从外文翻译过来的“教师发展”更为贴切。

本书对教师培养的具体方式、方法与经验问题介绍不多，这是一本侧重于教师培养理论的著作。对于建设教师队伍来说，把握教师培养的理论，更有助于开展有效的工作而减少形式主义的事务。

潘懋元
2010年11月14日
于厦门大学高等教育科学研究所

《大学的根本》[①] 序

大学（高等学校）具有三个重要职能：通过教育与教学培养人才；通过科研发展科学；利用院校的优质教育资源为当时当地社会服务。这是国际的共识。其中，培养专门人才，是基本职能。大学（高等学校）之所以称为大学（高等学校），就在于培养各种类型、层次的专门人才，否则就不称为大学（高等学校）而称为科研机构或其他文化机构。所以，培养人才是大学的根本。一般认为从 19 世纪初，洪堡创办柏林大学，提出教学与研究统一的原则，将科学研究引进大学中，大学就有了第二个职能。实则洪堡所提倡的研究，只是作为大学教学原则，有利于更好地培养人才，并非作为与教学并列的另一职能。其后，由于大学承担大量与教学无直接关系的科研课题，通过科研发展科学才成为第二职能。即使如此，科学研究与教学，仍然存在内在的本质联系，教师从事一定的科学研究工作，有利于提高学术水平和能力，从而有助于提高教学质量。因此，对大学教师的业绩考核，除了教学业绩之外，要求其有一定的科研成果是合理的。但是，由于种种原因，研究型大学甚至一般高等院校，普遍存在“重科研、轻教学”的现象，教育主管部门以科研成果的数量和课题经费的多寡来评估一所高校，高校的领导管理部门以论文的数量和所发表刊物的级别来考核教师的业绩，并将之作为晋升或加薪的主要依据；各种各样的“排行榜”更助长了这种风气，导致教师科研负担过重，教学质量难以提高。大学（高等学校）的基本职能是培养人才，教学

① 黄达人，等．大学的根本［M］．北京：商务印书馆，2015.

是学校的中心工作，虽然谁都在口头上承认这一道理，教育主管部门也出台了一些有关“质量工程”的文件和不少奖励精品课程、精品教材、教学名师的措施，但未能扭转“重科研、轻教学”的偏向。大多数教师，自愿或不自愿地把过多时间和主要精力忙于科学研究工作以及申报课题、填写表格、报销经费等事务性工作，挤占了用于教学工作的时间和精力。如何扭转这一偏向，必须深入探索形成这一偏颇现象的深层次原因，有针对性地从思想认识上、政策制定上、制度设计上进行全面的规划。我所理解的《大学的根本》的编著，就是朝着这一目标进行探索性的研究。

黄达人教授离开大学领导岗位之后，开始了视野更加开阔的新征程。近10年来，他走遍全国各地，采取深度访谈方法，访谈了近百位高等院校的校（院）长，以叙事研究的形式，陆续出版了《大学的声音》《高职的前途》和《大学的治理》三本访谈录，即将出版的这本《大学的根本》是第四本了。

《大学的根本》的主旨是“大学的根本是人才培养”，“人才培养关注的是全体学生”，办学者应当“回归大学的根本”。全书叙述了对21位大学的校（院）长的访谈。每篇访谈，不仅记录了受访者的见解，而且体现了作者与受访者的情理交融，作者敏捷地捕捉受访者的思想精华，更抒发自己的精辟见解。例如：

——作者访问复旦大学校长杨玉良所谈论的“人才培养关注的是全体学生”之后，提出“学校本位和教育本位的问题”，认为“从学校本位出发，我们往往追求办学上的成绩，在乎量的指标，关心大学的排名；但是从教育本位出发，才会真正以生为本，关心学生，重视教学”，“作为大学管理者，不要被数字束缚住手脚。如果很在意在排行榜上的位置，一味追求某些量化的指标，就会导致政策变形”。确乎如此：行政化只靠数据；人性化才能深入学生学习的实际。

——作者自己当了多年校长，如今又访谈了多位院长，得出如此结论：“教学改革要尊重学科差异，发挥学院的积极性。”“建立现代大学制度很重要的一条，就是要理清院校两级关系，激发学院的主动性和积极性。”我在校与院两级都待过，深有同感，有关学术层面的教学、科研以及与之有关的人事考核、经费安排，应当让学院有更多的话语权、自主权，不应都由校一级及其职能机构用框框条条来限制。

——作者在考察了不同类型高等学校和访谈了不同学科的院长之后，得出了如下的见解：(1)“不同学校的人才培养定位应该不一样。”“无论哪种人才培养的定位，应该互相理解。不要因为别人的定位不同而看不起别人。例如，很多‘985’大学提出通识教育，这是根据其办学定位和精英化或通才的人才培养定位所提出的人才培养方式……但这并不意味着可以以此来指责另外一批以培养面向现场、面向一线为培养目标的高校。”(2)“不同学科人才培养方式也应该不一样”，在列举了各门学科培养人才的各自特点之后，作者进一步指出“人才培养定位的落脚点是关注每一个学生”，“从平等地对待每一个学生，进而尊重学生的选择”。正如作者引述清华大学原副校长谢维和所言：“大学的办学水平不是体现在办学定位上，而是体现在服务于定位的水平上。”

——作者在访谈诸多校（院）长探索如何“回归大学的根本”之后，认为最重要的是“要把课程改革作为重要的抓手”，而“课程改革的抓手不一样”，有的“把通识课作为切入点”，有的则着重抓“专业核心课”。但不论从什么课程切入，“课程改革的关键在于教师”。的确，只有依靠教师，“才能回归大学的根本”。

以上举例，只是我在阅读《大学的根本》一书“前言”时，凭个人的体会，寻章摘句，并未能全部介绍作者在本书中所抒发的精辟见解，更非反映受访者的思想精华。同时，书中有些见解或提法，或者我尚未领悟，或者可能有所保留。应当充分肯定、赞扬的是：黄达人教授作为一位教育学者，他的社会责任感令人钦敬。

潘懋元
2015 年 1 月 18 日
于厦门大学教育研究院

《探索新时代“双一流”建设的中国道路》[①] 序

统筹推进世界一流大学和一流学科建设，实现我国从高等教育大国到高等教育强国的历史性跨越，是以习近平同志为核心的党中央准确把握世界创新经济发展的新形势和全球高等教育发展格局的新变化，高瞻远瞩、审时度势作出的重大战略决策，必将为提升我国高等教育发展水平、增强国家核心竞争力奠定长远发展基础。

拥有世界先进水平大学，是一个国家高等教育发展水平的重要标志。在日趋激烈的国际竞争中，世界发达国家都将追求大学卓越、创建世界一流大学，作为提升国际竞争力、确保国际竞争优势的重要战略举措。我们国家也一向重视高等教育重点建设，发挥制度优势，实施了一系列旨在提高质量、追求世界一流的“工程”和“计划”，最引世人瞩目的就是20世纪末以来相继实施的“211工程”“985工程”。通过实施“211工程”“985工程”，以及“优势学科创新平台”和“特色重点学科项目”等重点建设，一批重点高校和重点学科建设取得重大进展，带动了我国高等教育整体水平的提升，为经济社会持续健康发展做出了重要贡献。

但由于这些“工程”“计划”在实施过程中逐渐暴露出缺乏竞争、身份固化、重复交叉等突出问题，迫切需要创新实施方式，激发活力，加强资源整合。正是在此背景下，国家提出了进一步实施“双一流”建设这一全新的

① 刘承波．探索新时代“双一流”建设的中国道路［M］．北京：中国财政经济出版社，2018．

计划。从公布的首批“双一流”建设名单看，有世界一流大学建设高校 42 所（A 类 36 所，B 类 6 所），世界一流学科建设高校 95 所，它们大多数是“211 工程”“985 工程”，以及“优势学科创新平台”和“特色重点学科项目”等重点建设高校，还有 25 所学科特色鲜明的非“211 工程”“985 工程”的高校。可以说，“211 工程”“985 工程”等为实施“双一流”建设奠定了主要基础。但正如陈宝生部长所指出的，“双一流”不是“985 工程”“211 工程”的翻版，要在继承好已有建设成效的基础上，在加强系统谋划、加大改革力度、完善推进机制上下功夫，努力形成总量控制、开放竞争、动态调整的高校重点建设新格局，开辟高等教育强国建设的新道路。

同时，“双一流”建设还被赋予了“引领性工程”“示范性工程”的新使命，即“双一流”建设要引领高等教育内涵式发展，提升高等教育的整体水平。这是建设高等教育强国的必然要求。目前我国有普通高校 2 631 所，其中大量的是不同层次、不同类型的地方院校，建设高等教育强国同样离不了它们。新时代的“双一流”建设，既要建设学术性研究型大学，又要激发不同层次与类型的地方高校，争创各种层次、类型的一流。要看到，不同层次、类型的高校各有所长，都有在各自层次与类型中争创一流的潜质。传统学术性研究型大学可以办成世界一流大学，在某些领域具有特色的应用型大学同样有望在该层次与类型中办成世界一流大学。“双一流”建设要积极发挥好示范引领作用，引领和带动地方高水平大学建设，促进中西部高校综合实力提升和基础能力建设；要坚持统筹兼顾、多元发展，把“一流”的精神推进到高等教育各个层次、各种类型的高校与学科，以此引领高等教育的多样化发展，防止“双一流”的高校和学科成为天马行空的“独行侠”。

正是由于“双一流”建设被寄予厚望，因此一经提出便引起社会各界的广泛关注，成为一段时间以来高教界研究的热点问题。我所指导的研究生刘承波博士的新著《探索新时代“双一流”建设的中国道路》，正是在这一研究热潮中出版的一本对“双一流”建设进行较系统全面研究的专著。专著立足新时代，遵循扎根中国大地办大学的原则要求，对“双一流”建设的历史使命、推进策略、制度建设等进行了全面系统的研究，在国内走在前列，不仅有学术水平，而且有政策参考价值。作者所在单位——国家教育发展中心，是专门从事教育发展和改革的宏观决策研究与咨询机构，为开展国家教育发展战略和体制改革的重大决策研究，为制定教育重大文件发挥了重要作用。我和顾明远、吕型伟等一些老同志也曾长期参与发展中心专家咨询委员会的专家咨询工作。刘承波博士2002年在厦大获得博士学位后，即到教育发展研究中心，从事教育理论与政策研究。在发展中心的十几年间，他在高等教育大众化、高等教育重点建设、高等教育治理等方面取得了较为丰富的研究成果，学术研究能力不断提高；在围绕国家教育改革发展任务，承担服务领导重要决策项目方面，发挥了一定的作用，体现出较高的政策研究水平。他的这本专著，正是得益于他多年来的研究积累。

概览全书，站位较高，视野宽阔，内容丰富。专著首先从战略高度分析了“双一流”建设的历史使命，对“双一流”建设服务国家战略、引领高等教育内涵式发展、推进构建人类命运共同体等都有深入探讨，有独到的见解。例如，专著紧紧把握时代主题，提出“双一流”建设要为推进世界文明进步，推动构建人类命运共同体作出新贡献。十八大以来，我国提出“一带一路”倡议、推进构建人类命运共同体、支持多边主义，在世界舞台发挥着更大作用，赢得了国际社会普遍赞誉。“双一流”建设以构建人类命运共同体的理念深化教育改革，进一步发挥大学的功能与作用，为中国特色社会主义事业发展和人类社会进步作出新时代的贡献，正是反映了新时代的新要求。其次是对推进策略的研究。从“211工程”“985工程”到“双一流”，高等教育重点建设在完善推进机制方面做出新的努力。对此，专著提出要发挥制度优势、统筹推进，在借鉴国外经验做法基础上建立健全“双一流”建设的动态调整推进机制，植根本土，在有关学科领域实现超越，社会评价助推“双一流”建设等。最后，专著提出要加快中国特色现代大学制度建设，为“双一流”建设提供制度保障；要在借鉴发达国家高等教育治理的成功经验基础上，改变传统的高校管理理念，坚持体制机制创新，完善高校治理体系，提高治理能力。

这本专著，逻辑严谨，思路清晰，站在中国特色社会主义进入新时代这一新的历史方位，探索当前“双一流”建设“中国特色、世界一流”的发展道路，对于新时代加快推进“双一流”建设具有重要理论与实践价值。当然，正如专著中所指出的，“双一流”建设作为我国高等教育改革发展的重大战略决策，必将主导今后较长一个时期我国高等教育发展的走向。新时代有关“双一流”的研究与实践，也必将长期处于进行时，处于探索推进当中。随着“双一流”建设的不断推进，许多理论和实践问题还需要逐步深化研究。期待作者能在对“双一流”建设的理论和实践问题的后续研究中有新的成果和收获。

潘懋元
2018 年 11 月

院校研究

《一生真伪有谁知：大学校长林文庆》[①] 序

我进入厦门大学读书时，林文庆校长已离开大学四年了；更由于厦门大学从私立改制国立、从厦门内迁长汀，物换星移，人事变迁，只能从私立时期留任的教师、职员口中零星地听到一些前校长的办学主张、尊孔言论和两次学潮追述。后来，又从鲁迅研究者的笔下以及新加坡日占时期有关传闻，在"左"的思潮影响下，对林文庆其人其事的认识与评价必然存在一定的片面性。直到20世纪80年代，途经香港时，会见陈嘉庚先生的侄儿陈共存先生，道及林文庆校长遗嘱将其遗产的大半和鼓浪屿一座私宅捐赠给厦门大学。新加坡同中国建交在即，待建交后才能将遗产划拨到校。当时我的直感也只是林文庆对厦门大学的感情深厚，而厦门大学学人对前校长的怀念过于淡漠，未免负疚。其后，洪永宏教授主编《厦门大学校史》第一卷（1921—1949），我曾参与其事，接触到私立时期的大量资料，并且读到秉志农山为林文庆博士诞生百年纪念编撰的《林文庆传》，对林文庆的办学思想和生平事迹，才有了比较全面的认识，但所知仍是十分浮面与粗略。感谢严春宝博士以所编撰的《一生真伪有谁知：大学校长林文庆》书稿见示并嘱作序，使我能够从本书紧贴时代背景的叙事式研究和所提供的翔实资料中，获得比较深入的新认

---

① 严春宝．一生真伪有谁知：大学校长林文庆［M］．福州：福建教育出版社，2010.

识：首先是惊叹林文庆传奇式的人生历程；更重要的是思考林文庆传奇人生的时代意义。

林文庆的一生，正如本书所描述的，是在诸多矛盾冲突中奋斗的一生：从“效忠英皇”到热爱祖国、从不懂中文到翻译《离骚》、从虔诚的基督徒到“真正的儒者”（郁达夫对林文庆的介绍）、从倾心于康有为的维新保皇到参加孙中山所领导的革命，集议员、豪商、名医、大学校长于一身。他的传奇一生，是“传奇”，也是“写实”，真实地描绘近代爱国华侨知识分子的生活史；他执掌校政的16年，则是一部厦门大学私立时期的创业史。他的思想与行为，从表面上看多变难测，甚至前后矛盾，但结合他所处的时代与环境进行考察，隐然呈现一条不变的主线，就是爱侨胞、爱祖国；他的办学理念与学术思想，融合了西方的民主思想和东方的伦理道德。他同鲁迅的矛盾，并非个人之间的矛盾，而是反映了特定时期治理与革命两种思潮的冲突，即治理者提倡尊孔弘儒，革命者要“打倒孔家店”。

人们常说：“盖棺定论。”其实，盖棺并不一定就能论定，对于一个生活在复杂的社会环境中而又有所作为的人物，生前、逝后，都可能从不同的角度根据不同的行为做出不同的评价。“周公恐惧流言日，王莽谦恭未篡时，假使当年身便死，一生真伪有谁知。”这是在一定历史时期的盖棺论定；而在另一个历史时期，焉知不能做出相反的论定：周公是封建礼法的始作俑者，而王莽则颇具“造反精神”。

作为厦门大学校友和教师，我只能就事实上的首任校长林文庆博士对厦门大学的卓越贡献，表达感恩之诚。在他主持厦门大学的16年间，苦心经营，鞠躬尽瘁；广邀各门学科第一流学者，群贤毕至；培养数以千计俊彦，英才辈出；使一所私立大学，成为南方之强。对于一位大学校长来说，这就是最高的荣誉。至于一生功过，我完全赞同本书作者最后所引的两句诗：“身后声名谁管得，一樽愁绝思明渊。”

潘懋元

写于林文庆校长诞生140周年

《厦门大学文化的历史与解读》[①] 序

大学是社会文化的推动者与引领者，通过培养人才和社会影响来构建文化之邦。中国近现代大学，发轫于西学东渐，虽历史不长，却有其源远流长的东方文化内涵，是中华传统文化与西方近现代文化的融合，按照和而不同的规律，走自己独特的发展道路。

为了探索中国大学文化的产生与变革，发掘中国大学文化的精华与特质，在国际化大潮中，树立中国大学自己的品牌，提高大学的民族自觉与信心；21世纪初，由清华大学、北京大学、高等教育出版社发起，成立了中国大学文化研究与发展中心。在教育部的支持与指导下，除每年召开研讨大学文化的高端论坛之外，选择若干校史较长、文化积淀深厚、国内久负盛名、在国际上也有一定影响的大学，以“中国大学文化百年研究”为总课题，开展校本个案研究。厦门大学获此殊荣，以“南方之强：厦门大学的历史与文化”为子课题，梳理厦门大学文化发展的脉络，由厦门大学教育研究院（高等教育科学研究所）承担，请郑宏博士主持，组成子课题。

为什么请郑宏博士主持并作为主要撰写者？其一，郑宏博士在文化理论上有较高的造诣，同厦门大学有深远的因缘。当时她在厦门大学已获得哲学学士和教育学硕士学位，正在攻读高等教育学博士学位。她的硕士论文，就是《高等教育改革的文化分析》，文化研究要有科学性，理论功底很重要。其二，文化读物要有艺术感。郑宏博士曾经长期从事文化读物的撰写与编辑工

① 郑宏. 厦门大学文化的历史与解读［M］. 厦门：厦门大学出版社，2010.

作。有理论素养、实践经验，郑宏博士是当时最佳的人选。

郑宏博士结合所承担的“中国大学文化百年研究”厦门大学子课题的编写工作，撰写博士学位论文。这本《厦门大学文化的历史与解读》，就是“中国大学文化百年研究”的子课题——“南方之强：厦门大学的历史与文化”的主要组成部分与解读性的延伸。

郑宏博士的博士学位论文，已于2008年通过答辩，获得答辩委员会的一致好评；她所主持的子课题，也于2009年通过由高教司原副司长王冀生教授、清华大学原党委书记方惠坚教授、北京大学原常务副校长王义遒教授等三位专家的论证，认为“较好地达到总课题组提出的史料翔实，文脉清晰，特色鲜明，学术性强，论述深刻，图文并茂的基本要求”，给予高度的评价。

《厦门大学文化的历史与解读》一书，清晰地描绘出厦门大学近百年来文化发展的脉络，并从厦门大学的环境文化、精神文化、制度文化、行为文化四个维度，以丰富的资料、实证的方法，发微钩沉，解读厦门大学的文化历史，突出嘉庚精神这条主线，提出应该以文化自觉意识，进一步推动厦门大学的文化建设。这本专著的出版，不但对厦门大学在校的师生、离校的校友，有增进认同感，加强向心力的作用；对社会文化的健康发展，也有推动与引领的作用；对当前弥漫着的急功近利的迷雾，也可能是一股清凉的轻风。

潘懋元

2010年2月8日

《抗战烽火中的厦门大学》[①] 序

作为一种共同理念和文化心理，大学认同是大学成员对所在大学的自豪感和对大学发展的信心以及在此基础上形成的对特定学校的心理依恋感和文化归属感。大学认同是大学办学成功的重要标志。以爱国华侨陈嘉庚精神办学的厦门大学，其成员群体由于对陈嘉庚先生的景仰与感恩，认同度较高，尤其是在深陷民族危机的抗战时期，在校师生、校友的认同度更高。我是当年的在读学生，家在沦陷区，四年寒暑，都生活在校园中，厦大于我，既是国的具体化，又有家的温馨感。

本书作者石慧霞博士，对厦大历史研究有素，与历届毕业校友有着广泛联系，尤其是对抗战时期的厦大历史和当年的校友，情有独钟。她用力发掘并精心整理了这段时期大量的原始档案资料，对当年的毕业校友进行了深度访谈，深入研究了校长、教师、学生、校友等不同主体对厦大认同的历史过程及内在机理，并将这所学校的历史置于中国近代社会变迁的宏大背景下进行考察，书中多处体现了她对大学认同的特点、路径的思考，渗透了她对民族危机与大学认同的理解。本书是石博士的高等教育学博士学位论文，于2010年12月以优异的成绩通过答辩。答辩委员会认为："论文选题视角新颖、独特，具有学科前沿性、开创性，具有重要的理论意义及现实价值。论文框架结构清晰，史料工作扎实，立论深入浅出，文笔简洁流畅，反映了作者掌握了较为扎实、宽广、系统的教育基础理论和全面、深入的专业知识，学术视

① 石慧霞. 抗战烽火中的厦门大学［M］. 郑州：河南大学出版社，2015.

野开阔，理论功底深厚，是一篇情理交融的学术著作。”本书是著者在其博士学位论文的基础上又经过一年多的反复切磋、研磨修改而成的。

作为抗战时期厦门大学的历史见证人和作者的博士论文导师，我很高兴这样一部对大学文化有价值的研究专著获得丛书评委的一致好评，得以资助出版，特此推荐并为之序 。

潘懋元
2015 年 1 月

《萨本栋传：民族危机中的大学校长》[1] 序

在纪念抗日战争胜利70周年之际，出版《萨本栋传：民族危机中的大学校长》，具有重要的历史意义和特殊的现实意义。

萨本栋校长是1937年“七七事变”前一天接到当时政府通知，任命他为刚改制的国立厦门大学首任校长。厦门地处抵抗日军侵华的海防最前线，萨校长可谓受命于危难之际。他义无反顾地千里跋涉，20天后的7月26日就正式接任，担当起迁校办学的重任。他不但使厦门大学在烽火连天中弦歌不辍，而且将厦门大学办成屹立于中国东南的“南方之强”。

我于1941年考进厦门大学，中秋这一天到达闽西山城长汀报到。当时正值太平洋战争前夕，日军大举南进，福州沦陷，人心惶惶，厦门大学安然开学，起稳定人心的作用。我所上的第一课，就是听萨校长的开学报告。虽然已是70多年前所听的报告，但感受甚深，仍能牢记要点。

萨校长说，在国难如此严重的时刻，为什么更需要坚持办学，因为敌占区的奴化教育，不许中国人民研究国防和与民生有关的科学技能。我们必须坚持办好中国自己的大学。为什么厦大不跟其他大学迁至西南大后方而选择接近战区的长汀，因为：第一，要坚持东南半壁江山有大学，一方面对敌人显示坚强不屈的精神，另一方面要让东南数省青年有大学可上；第二，既要设在敌人较难进犯的山区，又要在闽、浙、赣、粤学生较易上学的地点；第

① 石慧霞．萨本栋传：民族危机中的大学校长［M］．厦门：厦门大学出版社，2015．

三，要粮食给养比较充足、学校环境比较优良、便于安心读书的地方。他还说，许多国家战时大学停办，大学生参军，为什么厦大不只是维持办学，还要增设会计、银行、土木、机电等系，并且比往年多招学生（往年一般每年招新生 100 多名，当年增招至 225 名），因为中国抗战必胜，我们要为战后准备建国人才。

萨校长的战略思想和英明预见，我深有体会。我就是在萨本栋精神的鼓舞下，安心地读了四年大学，于抗战胜利的 1945 年毕业；更重要的是，我在萨校长艰苦卓绝、舍命办学、鞠躬尽瘁、为国育才的精神感召下，做了一名热爱教育事业的教师。

写一部《萨本栋传》，研究萨本栋精神的形成过程、描述萨校长在民族危机中舍命办学的艰苦历程以及其后他抱病担当振兴中国科学事业重任的真实情境，是亲历那段历史的校友们的共同夙愿。石慧霞博士这本《萨本栋传》的出版，让我们夙愿得偿。

石慧霞博士在攻读博士学位期间，就以厦大校史为背景，研究“民族危机中的大学认同”，深受萨本栋精神的感召。毕业之后，她在厦大校友会工作，继续研究大学校史理论。受萨本栋公子萨支唐院士之托，石慧霞博士为撰写《萨本栋传》多次访问萨氏世族亲友、长汀时期的厦大校友，奔走于福州、北京、南京、台湾、长汀等地，查阅档案资料，广搜细核，笔耕不辍，历经五年完成此书。晚辈后生，有此治学态度和成就，值得欣慰。

此为序。

潘懋元
2015 年 7 月 15 日

《厦门大学研究生教育发展史：1926—2016》[①] 序

厦门大学既是国内最早创办研究院，招收研究员的几所大学之一，也是当今国内研究生专业、课程、导师、学生数量最多，规模庞大的研究型大学之一。《厦门大学研究生教育发展史：1926—2016》这本专著，既是厦大校史的重要组成部分，也在一定程度上反映了中国研究生教育的发展历程。书中不仅搜集、整理了厦大90年来有关研究生教育大量文献和详尽的统计资料，也穿插了全国各个时期重要的政策文件和数据。全书纵横交错，条理清晰，文章通畅。一册在手，可读可查。

我对研究生教育并无专门研究，但有长期经历：从当助教时想考研而不得其门，到中华人民共和国成立后在两所知名大学进修研究生课程；从校内研究生教育管理工作，到参加国家学位委员会学科评审组当教育学组召集人；从行政管理工作到当研究生导师；从培养学术型博士（Ph. D）到培养专业型博士（Ed. D）。在长期的经历中，提出几个有待研究的问题：

一、扩招以来，研究生数量激增，在学生从扩招前1998年的19.89万人增至2015年的191.14万人，16年间增加近9倍。由于扩招太快，不但生源质量有所下降，而且优质教育资源，尤其是导师整体的学术水平与指导能力，不能同步提升，从而凸显数量与质量的矛盾。研究生教育质量建设，是当前研究生教育的现实问题。

---

① 覃红霞，陶涛．厦门大学研究生教育发展史：1926—2016［M］．厦门：厦门大学出版社，2018.

二、研究生教育初期，学科设置、培养方法、招生选才，导师有较大的自主权。20 世纪 80 年代中期之后，加强规范化管理，从而产生灵活机动、自主创新和规范化管理的矛盾。研究生教育规范化、制度化是必要的，如何在规范、制度的框架中，发挥导师的学术专长和培养特色，尊重导师的选才、育才自主权，是另一个值得研究的问题。

三、专才教育与通才教育两种不同的教育价值观，在研究生教育领域中显得特别突出。培养有创新能力的高级专门人才，一般要深入到某一较为专深的二级学科以下或学科交叉的研究领域。而当前的管理体制，包括招生制度、经费投入、评比奖励等，都在一级学科层面上，其有利于通才教育而不利于专才教育。如何在坚实的通识教育基础上，发展特色专长，是研究生教育价值观有待研究的理论问题。

借写序之机，将上述萦回脑际的几个问题，提供作者、读者思考。是为序。

潘懋元

2016 年 12 月 8 日

于高等教育研究中心

改革发展编

在“潘懋元教授从教65周年暨八十华诞庆祝会”上致答谢词（2000年）

高等教育发展理论

《现代教育改革论》[①]序

六年前，我和叶之红同志曾合写过一篇文章[②]，论述现代教育与教育现代化。这篇论文从辨析现代教育与教育现代化两个有密切联系的不同性质的概念（前者是一个历时性的概念，是“现代社会”的一种概念；后者是一个社会学的概念，是指人为的、有目标、有计划的变革过程）出发，针对当时流行的一种理论倾向而写的。那种理论倾向认为现代化就是“欠发达社会”获得“较发达社会”共同特征的变革过程[③]；由此推论，教育现代化就是对发达国家的现代教育的“认同”，或者说，中国教育现代化建设就是按西方发达国家的现代教育模式进行改革。我认为那种理论倾向即使不是错误的，也是片面的。中国教育要现代化，不能不学习西方现代教育某些先进的东西，但只能走中国自己的道路。

这篇论文的写作，并未全面地汇集各种现代化教育理论进行分析比较，也未见后来教育理论界所开展的关于教育功能的论争、市场经济与教育改革关系的讨论，当时教育改革的实践刚起步，建设中国特色社会主义教育理论的任务尚未明确提出。就是说，矛盾还未充分展开，理论认识只能就所露出的一点端倪做些粗浅的论述。时过六年，中国的教育改革已经走了一段曲折

① 黄宇智．现代教育改革论［M］．汕头：汕头大学出版社，1993．

② 潘懋元，叶之红．现代教育与教育现代化［J］．红旗，1988（9）．

③ 现代化问题探索［M］．北京：知识出版社，［出版年份不详］：12．

的路程，积累了更多的经验，提出了许多新的问题，理论研究正在向纵深发展。就是说，矛盾的展开已经比较充分了。黄宇智研究员主编的《现代教育改革论》就是在这个理论与实践的基础上形成的。因而，这本专著能够比较全面地反映并评论多种理论观点，掌握更多的实际经验，进入教育现代化理论的深层，解释和解决教育改革过程中诸多理论和实际问题。

《现代教育改革论》，有如下一些值得重视的特点：

（一）以马克思主义的教育基本原理为指导，审视、评价、吸收西方发达国家现代教育理论中某些具有先进性的观点。例如，第一章第三节“现代教育的基本特征”所概括的五点基本特征，第二章第二节“现代教育思想的基本内容”所概括的五项基本内容。这些都是经过一番去粗取精、消化吸收的功夫，使之成为教育现代化的基本理论。

（二）结合中国实际，尤其是广东高等教育实际，运用一般教育理论，以解决中国教育的改革与发展问题。例如第八章第二节之三“世纪之交的展望与广东高等教育的新课题”，对20世纪90年代至21世纪最初十年的教育，根据现代化的发展趋势和广东走在改革开放前列的特点，绘制了世纪之交广东社会的蓝图，提出了广东高等教育所面临的四个新课题。蓝图线条清晰，课题符合广东特点，无疑对于制订广东高等教育发展战略，具有指导意义。又如，同章第三节之四，将著名的英格尔斯提出的“现代人”的14个基本特征，取其精华，综合为培养现代化高级人才的三条目标，既利用英格尔斯的研究成果，又符合社会主义的价值取向。

（三）在借鉴发达国家现代教育以阐述教育现代化理论中，有不少精辟的见解，读之颇受启发。这方面的例子很多，试举两例，以见一斑：

——关于科学教育与人文教育的对立统一的论点，对于制定培养目标、组织课程、选择教学内容，有重要的指导意义。

——“现代化首先是人的现代化，物的现代化并不一定意味着人的现代化，人的现代化则一定是物的现代化和社会现代化的前提与结果。而人的现代化首先是观念现代化……人的观念现代化是现代化成功与否的关键。”（第八章第二节）的确如此，在现代化建设中，最重要的问题是我们的建设者缺乏观念现代化。引进最先进的生产设备，不难使生产现代化，而人的观念现代化只能依靠教育现代化。这就是为什么教育必须优先发展的理由。

这本专著的逻辑体系，也颇具特色。第一章至第三章，是关于现代教育与教育改革的基本概念、基本原理，最后归结为教育思想的现代化；第四章至第七章，以现代化教育思想来进行教育体制、教育者和教育影响的现代化变革，作为传播过程的教育乃是教育影响的延伸与发展；最后一章，根据以上的理论，研究广东省高等教育的现代化问题，提出广东省高等教育发展战略要点，这一章，是教育现代化理论的实践归宿，但其实际意义，不只是为解决广东省的高等教育发展问题，对于全国也有参考价值。

潘懋元

《厦门教育之城规划及其研究》[①] 序

1993 年 3 月，《中国教育改革和发展纲要》颁布不久，厦门市领导就提出把厦门特区建成教育之城的构想。这一高瞻远瞩的宏图，立即得到厦门人民的热烈响应。我作为一名在厦门从事教育工作近半个世纪的教师，更为厦门市领导有此远见卓识而欢欣鼓舞。

厦门是经济特区，它的发展，自然要在经济建设这个中心上做文章。但经济的发展，最终取决于生产力的水平；而科技是第一生产力，在社会主义现代化建设中，科技是关键，提高人民文化素质、培养合格人才的教育是基础。厦门市在发展特区经济的同时，要把特区办成教育之城，符合邓小平同志“教育优先发展”战略思想，是深刻理解经济与教育的内在联系、具有深远意义的战略决策。

战略决策虽指明了方向与目标，但还有待于从实际出发，制定可行性的规划。这一任务，市政府委托给市教委，由市教育科学研究所具体承担。参加这项规划研究的，不仅有教科所的研究人员，还有教育部门的行政干部。由于他们自身的努力，加上广泛吸取教育界、经济界以及其他有关各界的专家与实际工作者的意见，群策群力，工作取得了较快的进展。经过半年的分头调研，分工编制，集体讨论，领导审定，于 1993 年 10 月就形成了《厦门教育之城规划》的初步成果。教科所的同志不停留在已经取得的成果之上，又对规划所提出的战略目标、理论问题、关键措施继续进行论证，写成了

---

① 黄守忠. 厦门教育之城规划及其研究［M］. 厦门：厦门大学出版社，1995.

《厦门教育之城规划及其研究》这本书。我有幸附骥学习，粗知一二，颇有所感。借此书即将出版之际，略抒管见。

为配合党的改革开放政策，全国教育科学规划领导小组于20世纪80年代中期将“中国教育发展战略研究”列为“七五”期间（后延续至“八五”期间）国家级重点研究课题，先后已经完成地区性子课题研究的有上海、湖北、辽宁、苏南、珠江三角洲（特别是深圳市）以及闽南三角区等。这些战略研究，都以经济、社会发展为出发点，从大教育着眼，分析本区域的教育现状及其主要矛盾，把握教育发展趋势，确定教育发展的战略目标与主要措施。这些研究成果，不仅为全国教育发展战略研究提供了有价值的理论与资料，而且及时为当地教育的宏观决策提供了科学的依据。

厦门市的教育发展战略研究可以追溯到1985年，当时，教育发展作为特区建设的重要组成部分，纳入厦门市20世纪经济与社会发展战略中进行研究；1989年，厦门与漳、泉两市协作，进行“闽南厦、漳、泉三角地区教育发展战略研究”，这一课题的研究成果于1991年1月通过规划领导小组的鉴定验收，得到了总课题组很高的评价，认为“在研究工作的思路和方法上，有许多方面值得倡导和学习”。

《厦门教育之城规划及其研究》一书，无疑对于全国已完成的若干地区性研究以及“闽南厦、漳、泉三角地区教育发展战略研究”有所借鉴，但更重要的是从厦门特区的经济与社会的实际出发，根据特区建设的总目标、总任务，制定各项教育发展的目标与措施。它把厦门的教育发展，置于厦门经济、社会发展的总体战略和全国、全省教育的大环境中，调查分析了厦门教育的历史与现状，参考了厦门以前的教育发展战略和人才预测研究，并与港台地区、世界上若干发达国家和经济腾飞的发展中国家的教育进行比较研究，提出了厦门教育发展的总体目标和分期目标。总体目标是“以《中国教育改革和发展纲要》为指导方针，从现在起至2020年逐步建立适应厦门特区经济、社会发展需要，具有中国特区和厦门地域特色，社会办教育，人人受教育，每个年龄段都可接受教育的结构优化、布局合理、形式多样、设备先进的现代化、国际化教育体系，使人口总体文化素质达到国际先进水平，各级各类学校又有若干所代表国际、国内先进水平的窗口学校”。分期目标分为近期

（至2000年）、中期（至2010年）、远期（至2020年）三个时期，分别提出各项具体目标。无论是总体目标还是分期目标的论证，都具有一定的科学性与前瞻性。

《厦门教育之城规划及其研究》在针对地方特点上下了许多功夫，例如对加强华侨教育与华文教育，做出探讨性的研究和可行性的规划；又如在原来教育基础上，划分若干重点发展小区，以便集中力量，形成特色。

《厦门教育之城规划及其研究》在战略措施上，突出了下面几点：一是立法。经全国人大批准，厦门特区有了地方立法权。即将出台和准备制定的一些法规，在规划与研究中已经有所体现。这将确保教育之城建设的顺利进行。二是投入。规划提出地方财政教育经费占全市国内生产总值的比例，1996年达4%，2010年达5%，2020年达6%。这对全国来说是超前的，对教育之城的建设来说是必要的。对厦门经济发展来说，如果认识一致，经过努力是能达到的。三是接轨。对教育体制、办法模式、课程教材、教育管理等如何与国际接轨，提出了颇有见地的思路。四是师资。在师资队伍的组织建设与素质提高、保障教师合法权益、提高教师社会地位与生活待遇等方面，均提出了明确有效的措施。

现在，厦门市政府已经批准从1994年开始实施《厦门教育之城规划》。今后的工作重点，将从规划与研究转为实施与保证；但规划与研究仍将继续。这是因为在实施过程中，必将出现一些新的情况与问题，需要及时研究解决；同时，人们的认识也在不断提高，原来没想到的后来想到了，原来以为很完善的后来发现还不够完善。战略方案在实施过程中，基本的指导方针、战略目标以及重大措施，应该保持前后一贯，以取信于民；但也要根据实施情况，继续调研，适时调整。为此，我想提两点原则性意见供进一步研究时参考：

一、关于如何把握特区在全国教育改革发展中的地位、作用、任务。特区，是特区人民的特区，也是全中国的特区，是社会主义现代化建设总体战略的重要组成部分。如果只是前者，厦门特区只要办好自己的事就行了，只要特区经济上得快，特区人民生活水平有较大提高，就完成任务了；如果还有后者，那么特区有所举措，都要胸怀全国，要考虑中央设特区的本意，要在全国经济与社会的发展与改革中起“窗口”“桥梁”的作用，要完成推动中国现代化建设的任务。江泽民同志1994年6月在广东考察时的讲话，对经济特区创新优势讲了五点意见（见《厦门日报》1994年6月23日）。其中第一点就是“经济特区要为加快建立全国的社会主义市场经济体制，继续积极探索和创造更多的经验”，显然，探索和创造更多的经验的着眼点是为全国；第三点更具体指出“经济特区要继续发展外引内联，为带动和促进全国其他地区的共同发展、共同繁荣作出贡献”，着眼点也定为全国。特区经济发展的任务如此，特区教育发展的任务似也不应局限于自立自足、自我发展、自我完善，而要立足特区，胸怀全国，面向海外，起沟通内陆与海外的“窗口”“桥梁”作用。这一点，我于1990年参加深圳市教育发展战略研究的鉴定验收工作期间讨论较多，似也可提供厦门教育发展战略研究做参考。

二、关于如何规划处于厦门教育之城中，行政上不属于厦门教委经管，而同样为特区教育建设作出贡献的教育单位的发展。非市教委经管的教育单位，在规划上确乎存在许多程序性、技术性的困难。然而，在参加规划讨论中，我深感最大的困难是来自思维定式。从现实情况看，高等教育、科技教育、华侨华文教育、国际文化交流以及教育科学研究，非经管单位占有一定的优势，教育之城规划，不但要把这些单位的力量与优势，作为厦门教育优势铺叙，也要把如何支持、促进这些单位的发展作为厦门教育之城建设的任务。这样才能群策群力，共建教育之城。近来，集美大学的筹建，国家教委与厦门市对厦门大学的共建，是统筹规划的良好开端。1993年，我曾到广东参加高教发展与改革的座谈会，深受启发，一并提出以供参考。

最后还要提及的是，《厦门教育之城规划及其研究》之所以能够较快问世，是与厦门市教育界的关怀和市教科所的辛勤劳动分不开的。希望全市各界都来关心，更希望教科所的同志研究出更多更好的教育科学成果，为促进厦门市教育的改革和发展，为繁荣我国教育科学，做出更多的贡献。

潘懋元

1994年7月7日

《中国高等教育发展宏观背景研究》[1] 序

中国高等教育发展的宏观背景，是建设中国特色社会主义高等教育体系的客观依据。只有弄清宏观背景，制定政策，部署战略，才能做到目标明确、措施可行。因此，研究宏观背景，是建设中国特色社会主义高等教育理论研究中的一项基础性研究工作。

近年来，高等教育理论工作者，对于中国高等教育改革与发展的宏观背景研究，已做了不少工作，取得了一些成果。但由于研究者或从市场经济的转轨出发，或从科技革命的冲击出发，或重视文化传统，或强调与世界趋同，可见，这些研究的角度和侧重点不同，各陈所见，虽多有参考价值，但失之零散。《中国高等教育发展宏观背景研究》这本新著，将各种影响因素与现实条件，综合观察，全面系统地进行探讨。全书框架，由三个紧密联系的部分所构成：

（一）总论：包括宏观背景研究的意义、宏观背景的构成要素及其结构、中国教育界对宏观背景认识的深化过程、中国近代社会文化、转型对高等教育发展的影响、当前基本国情和社会现代化特点等。

（二）分论：分别就经济发展、政治民主化、文化观念、科技革命诸多因素对中国高等教育的改革与发展的作用，展开论述。

（三）比较：将宏观背景扩大到世界范围进行国际比较，并在面临国内与

① 黄宇智，杨锐，杨二持. 中国高等教育发展宏观背景研究［M］. 广州：广东高等教育出版社，1995.

国际新形势下，研究如何形成中国高等教育的特色和对跨世纪发展的思考。

整体框架，合理得当。不但对已有研究成果进行了系统的整理，理顺了各种背景因素的关系，而且有许多精辟的见解。我认为这本新著，有如下特点：

（一）在坚持马克思主义基本原理的前提下，吸收了西方现代化的某些理论，即使有的观点的正确性有待商榷，但在拓宽思路上是有益的。

（二）对于宏观背景，不只是做了比较详尽的描述，而且对若干重要理论问题，如经济、政治、文化、科技与高等教育改革与发展的关系，学术为本与社会为本两种思想的辩证关系等等，进行了深层次的探讨，因而有了较高的理论价值。

（三）通过基本国情与社会现代化特点的深入研究，提出了我国高等教育改革与发展的主要特点。如政府主导作用的重要性与管理方式改变的必要性、高等教育发展的渐进性、发展区域高等教育的必要性、高等学校逐步实现个性化等。还根据“哪个国家拥有高素质的人才群，就拥有 21 世纪的主动权”这个预见，指出“大学走向素质教育，这是高等教育自身发展的必然要求”这一重要论断。这些，对于制定战略都是很有价值的。

（四）作者认为中国现代化属于“后发外启型”，具有消化吸收他人成果的有利条件。因而高等教育的发展，应当充分利用发达国家的理论、模式、经验，但必须立足于中国国情。在国际比较中，把重点放在对发展中的新兴工业国的经验评析上，比之当前流行的、不问条件一味以发达国家的高等教育模式为依归，更有现实意义。

这本新著，绝不只是以上的特点与优点。也许它的最重要价值就是作者所说的，把高等教育放在国内社会背景和国际大背景中进行综合考察，从广阔的宏观背景中寻求高等教育发展的动因，在国内外大环境所提供的机遇中进行发展战略的正确选择。

潘懋元

1995 年 8 月 23 日

《问题及其出路——高等教育理论研究与实践探讨》[①] 序

在市场经济洪涛滚滚、交易所中万头攒动的“冒险家乐园”里，居然听到有人高喊弘扬“象牙塔精神”。他们不是陶渊明式的“市隐者”，也不是心灰意懒的“海上寓公”，而是关心国家大事、志在振兴教育的深圳大学高教所三位雄心勃勃的中青年高等教育理论工作者。这一“超常”现象，说明人们奔向特区，并不都是为了“淘金”。这是我读了《问题及其出路——高等教育理论研究与实践探讨》一书之后，第一个浮于脑际的感觉。

这本书，正如书名所标示，以问题为中心，从若干理论的或实践的问题出发，探讨解决问题的出路。其中既有抽象的大学理念问题，也有具体的大学生收费与贷学金之类以及一所大学的改革与发展的实际问题。全书 10 章 48 节。按照理论运行从抽象到具体的逻辑，前 3 章属于教育与高等教育的基本理论或总论，第 4 章至第 7 章属于德育、智育、素质教育的理论或分论，第 8 章至第 10 章探讨广东特别是深圳的高等教育管理、改革、建设等实际问题。这只是大体的划分。探讨基本理论问题，偶或评论具体事例；研究具体问题，往往又向理论回归。由于以问题为中心，全书虽构成松散的体系，但各章各节，大多可以独立成篇。这种体例，对作者来说，有问题才研究，有所得才写文章，不受框架所拘束；对读者来说，可以竟读全书，也可带着问题选读。

作者认为高等教育有许多特殊问题，不是普通教育学所能涵盖。“站在普通教育学的理论框架及其观点看高等教育是远远不够的”，“作为教育科学分

---

① 杨移贻，张祥云，许建领．问题及其出路：高等教育理论研究与实践探讨［M］．北京：中央文献出版社，2000.

支学科的高等教育学之特殊性，取决于它所面临的问题领域的特殊性”。因此，“要使高等教育学真正独树一帜于教育科学之林，唯一的途径就是发现高等教育的问题，研究它，再将理论放到问题中去接受考验”，“不要急于去编造‘框架的神话’”。

问题不仅是研究的出发点，也是理论与实践结合的中介。作者认为，理论与实践结合的动力，主要的不是“外在功利和社会效果”所形成的“外部压力”，更为重要的是科学自身发展的内在逻辑。“理论与实践结合，其实就是研究者自觉地促使现成的理论与客观事实相互作用，使其暴露矛盾，并在矛盾认识的基础上形成有价值的科学问题，通过问题研究最终解决矛盾，提高科学认识水平。可见，问题是理论与实践结合的桥梁、中介，真正的科学研究就是发现问题和解决问题，而解决问题的科学研究本身就包含着理论与实践相结合的成分。”

关于理论与实践的中介的问题，是1997年全国高等教育学研究会第四次学术年会所提出的重要问题之一。从理论到实践，必须有中介环节，这已是年会上的共识。但中介环节是什么，会上会后，发表了多篇文章，有不同的见解。有的认为是教育决策，有的认为是教育模式，本书则认为是教育问题。每一见解，都有理有据。从不同的侧面、不同的着重点考察理论与实践结合的中介环节，可能是多维的。不论最终证明某一见解是正确的或错误的，对于促使高等教育理论尤其是基本理论向实践转化，高等教育理论为高等教育的改革与实践服务，都是有益的。

正是由于作者从真实的问题出发，围绕问题进行理论探讨，才能够敏锐地发现一些人们习以为常而熟视无睹的理论不足或实践偏颇，从而提出质疑或阐述自己的见解。下面举两例为证：

其一，布鲁贝克在《高等教育哲学》中所提出的两种高等教育哲学——认识论的和政治论的，为我国学者所广泛引用并奉为定论。作者从问题研究中发现其不足，提出了第三种哲学，即生产力论的高等教育哲学，并且指出“认识论高等教育哲学的价值观是人文主义的，政治论高等教育哲学的价值观是国家主义的，生产力论高等教育哲学的价值观是实用主义的”，还进一步提出第四种哲学，即知识经济时代的高等教育哲学是知识论的。知识论“除了重视知识的经济功能，还重视知识和文化功能，既重视知识的功利价值，也重视知识的认识价值和发展价值，能够把科学和人文有机地结合起来”，“把高等教育发展史上的认识论、政治论和生产力论等不同的高等教育哲学熔于一炉”。不论这一观点是否正确，总是一种理论的创新。

其二，对于当前大学以为灌输人文知识就是进行人文素质教育的误解，作者敏锐地指出这是“用科学教育的态度和方法对待人文教育”，“把人文精神的教育当成人文知识的教育”。科学和知识可以通过语言或文字传递，而“精神的东西只能用精神来点化”。人文精神的本质是一种智慧，需要的是“真诚与沉思”，“只有智慧才能启迪智慧”；而大学生在大学里，不仅需要接受科学知识，更要“解决一些精神生活的问题”，“人文精神的源泉是整个的‘生活世界’”。这些见解，正是以问题为中介，运用理论以纠正实践的偏颇。由此可见，即使是一些具体的教育实践，进行问题研究，也能较好地发现问题之所在。在本书中，到处可见对一些习以为常的现象提出质疑。

例如书中列举当前教育行动中一些观念偏差和科研质量评价标准的不科学，都可发人深思。前者如把经济规律当成教育规律，用发展经济的思路来指挥教育发展；把教育规划当成经济规划，把办学校当成办公司、工厂；把教育发展的条件当成教育发展本身，“从而出现条件令人羡慕，效果令人怀疑的现象”。后者如指出人文社科的评价中，以“级别”定质量——以课题“级别”代表课题意义的大小与水平的高低；以刊物“级别”作为论文学术水平的依据；以论著字数和论文篇数进行科研成果的“量化”。这些被广泛应用的标准，“其实质是学术行政化和学术企业化”，“违背真正的科学精神和科学事业发展规律”，以反科学的评价方法来管理科学，实际上起了阻碍科学发展的作用。

总之，这本书的范围很广，所涉及的理论的与实践的问题很多，提出了许多精辟而尖锐的意见。虽然由于以一个一个问题的研究为中心，前后难免有所重复，甚至某些观点前后不很一致，有些观点不成熟、不全面，但作为思想的火花，如能引燃争论的火焰，未必不是一件好事。

潘懋元

1999年8月18日

《广东高等教育现代化研究》① 序

有关高等教育现代化的研究，是世纪之交的热门课题。专著已出版了好几部，论文更是数以千计。就我所参与的，就有教育部高教司所组织的“九五”大型课题“21世纪高等教育”（已结题），为之写序的山东教育出版社1999年12月出版的《21世纪大学教育发展趋势丛书·大学教育现代化》，还曾写过几篇有关的论文和组织过几次笔谈。众多课题、专著、论文中，大多数是面对全国或全球高等教育现代化立论，探讨高等教育现代化的基本理论与发展趋势。作为区域性高等教育现代化的系统研究，当首推广东省“九五”高教科研项目“广东高等教育现代化的重点、难点与基本对策”。在课题组组长谢颂凯教授主持下，课题组成员经过几年的资料搜集、实际调查、比较分析、细心论证，完成了这部颇有分量的专著《广东高等教育现代化研究》。

中国的社会主义现代化建设，包括高等教育的现代化建设，由于区域发展不平衡，各省市、地区之间，必然或快或慢。广东省以其历史、地理、经济、文化尤其是思想解放的优势，20年来的改革、开放、发展，“得风气之先”而领先于全国，首先确立了2010年基本实现现代化的目标。现代化建设，科技现代化是关键，教育现代化是基础。为现代化建设提供专门人才、创新科学的高等教育事业，如何保证广东现代化目标的实现，是摆在全省高等教育工作者面前的重任。“广东高等教育现代化的重点、难点与基本对策”

① 熊志翔，等. 广东高等教育现代化研究［M］. 广州：广东高等教育出版社，2000.

这一课题的意义就在于起理论指导、战略预测、决策咨询的作用。

《广东高等教育现代化研究》一书，根据国内外所提供的有关现代化与高等教育现代化的新理念、新理论，采取区域社会研究的分析框架，以广东省2010年基本实现现代化为发展目标导向，在总结改革开放以来广东高等教育基本经验的基础上，借鉴国际先进经验，全面系统地论述了广东高等教育现代化的发展战略，提出了与社会主义市场经济、知识经济相适应的，具有广东特色的现代高等教育体系。本书的基本框架与主要内容是：结合广东的历史、时代、文化、理论背景，探讨广东高等教育现代化的现实基点；从广东的人文经济优势出发，明确广东高等教育现代化必须走地方化与国际化相结合的途径；提出了“大众化兼容型”的广东高等教育现代化目标模式并设计了指标体系；提出了广东高等教育市场的培育、多元化的办学资源投入体制以及建立与市场资源配置相适应的宏观调控体系；从层次、专业、形式、地区结构四个层面给出了广东高等教育结构优化的构想；从知识经济的时代需要提出了广东高校发展科技服务的对策；最后，借助数学模型，建立了现代人才培养模式。全书涉及高等教育现代化过程中方方面面的问题，并构成一个完整的逻辑体系。

这本专著的主要特点是高等教育现代化的基本理论和国际经验与广东的实际紧密结合；各个章节，不论是从理论阐述开始，或从实际情况切入，都使人感到不是生硬的“理论 + 实例”，而是理论与实际浑然一体，思路明晰，有理有据，具有说服力与可行性，可为各级政府和高等学校制订发展规划提供依据；对于其他省市、地区高等教育现代化规划也可资借鉴；同时，作为一个地区的个案，对全国高等教育现代化的理论研究，也有加深提高的作用。

当然，作为一份研究报告，它的作用只能是提供参考、咨询而非决策；某些具体的见解、建议，还有可商榷之处。整个方案，还必须在实践过程中，经受检验，不断修改完善。

潘懋元

2000 年 6 月 12 日

于厦门大学高等教育科学研究所

《WTO 与中国教育发展》① 序

20 世纪 80 年代以来，中国教育的发展，面临来自两个方面的挑战：一个是世界性的科技革命，另一个是中国从计划经济向市场经济转变。这两个挑战的实质，是生产力发展与生产关系变革的体现。进入 21 世纪，从这一实质上说，挑战仍是来自这两个方面；但时代前进了，出现了新的形势、新的挑战。前者所面临的是以电子网络为先导的信息科技和以基因工程为核心的生命科学的挑战；而后者所面临的不仅是国内社会主义市场经济，而且即将面临全球化的国际市场经济更为严峻的挑战。挑战就是机遇，在这个意义上说，中国教育的发展，还面临着更为难得的机遇。

中国即将加入 WTO，教育作为服务性产业之一，也将按照 GATS 有关开放服务市场的规定，对 WTO 的成员国开放。这意味着市场竞争将更为激烈。激烈的竞争，既是严峻的挑战，又是教育国际化发展跨上一个新台阶的机遇。问题在于能否抓住、抓好这个机遇——它决定于我们是否在认识上、知识上、政策上、体制上做好充分的准备。

据我所知，理论工作者已经开始关注这个问题。一年多来，关于加入 WTO 会对中国教育的发展构成什么挑战，带来哪些机遇，以及有关教育服务开放的游戏规则，在报刊上发表了不少文章。这些文章有许多精辟的见解、中肯的建议；但是，大多偏于指点我们如何被动应战，较少鼓励我们如何主动出击。例如，大多着眼于如何在境内开展竞争，保护优秀的生源和教育投

① 吴松，等. WTO 与中国教育发展 [M]. 北京：北京理工大学出版社，2001.

资不致大量流失；较少研究如何打出去到境外办学和吸引外资办学。同时，这些文章分散发表于各种报刊，虽给人们以一鳞半爪、浮光掠影的知识，却很难让人们对开放教育服务产业的新情况、新问题及其对策有一个全局性的把握。

可喜的是，在21世纪的第一个春天，我收到《WTO与中国教育发展》这本全面论述WTO对中国教育发展的挑战与机遇的书稿。就我所读过的章节而言，这本书有如下一些主要特点：全面地从各个角度论述了WTO与中国各级各类教育的关系；书中没有泛泛而谈WTO的历史、现状与法律条文、游戏规则，而是在简明扼要地介绍了WTO的有关知识后，紧紧扣住WTO对中国教育改革与发展的影响与作用。许多见解是很精辟的，如入世对中国发展教育产业的推动作用，入世将促使中国必须依法治教，入世与中国高等教育走向世界及中国高层次人才外流与回归的分析，等等，都提出了一些发人深省的新见解。此外，本书综合介绍了大量的背景材料，使读者可以清楚地了解加入WTO之后，对中国各级各类教育开放、改革的影响。

当然，一本书不可能十全十美。中国尚未加入WTO，缺乏开放教育服务的实践经验，许多理论问题，如关于教育主权的界定、关于教育产业化的争论，也有待于进一步研究。因此，从WTO这个全新的视角研究中国教育将要面临的新问题，难度之大是可想而知的。但作者敏锐抓住这一研究中国教育问题的新视角，经过一番努力，奉献这本有一定超前价值的专书，精神可嘉，成果可贺。我认为这本专书对于中国教育界迎接WTO的挑战是会有启发、有帮助的，应列为广大教育工作者学习和参考用书。

潘懋元

2001年3月18日

于厦门大学高等教育科学研究所

《中国高等教育大众化发展道路的研究》[①] 序

高等教育大众化，既是世界高等教育发展的大趋势，也是中国社会主义现代化建设的大局，是经济发展、社会进步、科教兴国的战略抉择。要不要、能不能以及如何走大众化道路，前一个时期，众说纷纭，如今中央虽已做出决策，但认识上还很难说已经一致。其所以认识很难一致，因为在大众化发展道路上，的确存在种种实际的困难与问题。面对困难，摸准问题，提出建议，是当前高等教育理论者的责任。而献言献策者虽多，系统深入的研究则少。当大家正在争论中国高等教育发展的规模速度时，谢作栩副教授就坚信中国必须走高等教育大众化道路，在较短时间迎头赶上，并着手广泛收集、深入研究国内外有关的理论与实践资料。他用四年时间，写成博士论文《中国高等教育大众化发展道路的研究》，获得专家好评，被认为有较高学术水平与创新性，见解精辟，并以优秀成绩通过论文答辩。这本专著，就是在博士论文的基础上形成的。

本书内容主要由理论（第二章）、比较（第三章）与道路（第四、五章）三部分所组成：在理论上，作者首先研究了高等教育大众化理论的奠基者马丁·特罗的“阶段论”与“模式论”，着重分析了高等教育大众化“量”的增长以及“质”的变化；进而评价了20世纪70年代末以来，马丁·特罗本人和日本学者对高等教育大众化理论的修正与发展；接着，作者通过对发展

① 谢作栩. 中国高等教育大众化发展道路的研究［M］. 福州：福建教育出版社，2001.

中国家高等教育发展的考察，提出了一个重要的理论补充——“后发外生型”的国家，可以不走马丁·特罗所说的量的增长带动质的变化的道路，而是质的不断变化促进量的增长。这一新的补充，既充分地反映中国高等教育发展的实际，又为中国高等教育大众化超常规的发展提供理论依据。

在比较上，作者对美、英、日、韩四国高等教育发展进程，从导向、体制、动力、形态四个维度进行比较研究，概括了高等教育大众化发展的基本特征，为中国走大众化道路提供可资借鉴的实践经验。

本书的重点是依据理论补充与实践经验研究中国如何走高等教育大众化道路。首先，除对中国高等教育发展历程的回顾与现实基础的阐述之外，其着重从上述四个维度分析这一发展道路所遇到的困难与问题，分别提出实施对策。其次，认为中国高等教育大众化，应以社会需要为主导方向、以多样化的体制为保障、以发展职业技术教育为重点，从政府拨款为主到依靠社会力量办学，民营化必将成为近期发展高等教育的重要途径。最后，根据理论和数据，构建了一个值得重视的高等教育规模扩张合理区间，作为宏观调控的依据。

作者所提出的实施对策，有的已被实践证明为正确的；有的对策或构思，虽不都是准确和完善的，但有理有据，既有理论深度，又具有可操作性。对于教育理论工作者或教育领导决策者，都有重要的参考价值。

潘懋元
2001年2月25日

《高等教育大众化、国际化、网络化和法人化——国际比较的视角》[①] 序

我认识王一兵教授，算起来已近20年。20世纪80年代初，我经常应邀参加教育部政策研究室所召开的一些研讨会，其后又被聘任为教育发展研究中心的兼职研究员，而王一兵教授则是研究室和发展中心的领导之一。只是由于他经常外出活动，见面的机会并不很多，一般是在中心所召开的几次国际研讨会和内部讨论会上听过他简短的发言，包括1992年夏天那一次关于中国高等教育发展规模速度颇有争论的研讨会。每次会上，他话虽不多，但那充满自信、铿锵有力的发言，却给我留下深刻的印象。与此同时，他所组织、编译的《发达国家教育改革的动向和趋势》（前后出版五集）和《70国教育发展概况》《35国教育发展》等译著，是我常置案头浏览查阅的重要资料。

我们交往比较频繁，是他出任联合国教科文组织亚太地区总办事处高等教育专员之后。1995年他委托厦门大学高等教育科学研究所承办亚太地区和私立高等教育国际研讨会，后又约请我们编撰介绍中国学位与研究生教育的专文；1998年我到东京参加他所主持的亚太地区高等教育政策国际研讨会；我所主持的全国高等教育学研究会第五届年会（1999）讨论知识经济与高等教育、第六届年会（2001）讨论高等教育质量及其保障体系，他都亲临指导并做学术报告，使这两届年会能够较好地与世界高等教育理念衔接并作为世界高等教育会议在中国的延伸，提高了年会的学术水平与国际影响。在这期

① 王一兵．高等教育大众化、国际化、网络化和法人化：国际比较的视角［M］．昆明：云南大学出版社，2002.

间，我们较多地谈论世界高等教育的新理念及其对中国高等教育改革与发展的积极意义——确切地说，是我在聆听他的高见宏论。即将出版的这本《高等教育大众化、国际化、网络化和法人化——国际比较的视角》论文集，就是他在这一时期的重要研究成果。

这本论文集所编选的论文，除两篇外，都是20世纪90年代中期至21世纪之初他所写的文章。众所周知，世纪之交，世界高等教育界都在思考这样的问题：21世纪的高等教育将面临什么样的挑战？应当树立什么理念？解决什么问题？如何使高等教育“融入未来世界的全球知识社会”，“促使整个社会的可持续发展和进步？”这些思考集中体现于1998年在巴黎召开的世界高等教育大会及其所通过的《21世纪的高等教育：展望与行动世界宣言》和《优先行动框架》等文件中。而这次大会，据我所知，王一兵教授作为亚太地区的高等教育专员，是有所涉入的。

在中国，高等教育更是面临着来势甚猛的新挑战：迎接知识社会的来临，高科技与低素质在人才培养上的矛盾将日益凸显；电子信息技术进入高等教育领域，猛烈地冲击着传统的教学过程与教学模式；高等教育大众化的步伐加快，经费及其他教育资源短缺、大学生就业形势严峻、教育质量保障等问题成为社会关注的热点；即将进入WTO，如何应对全球化国际市场进行人才培养、体制改革；如此等等。这些都是高等教育工作者和高等教育决策者不容回避的迫切问题。而在面临挑战和战略选择时，都需要把握世界高等教育的走势，借鉴世界高等教育的理念和经验。王一兵教授这些论文，从世界性的视野，结合中国的实际，着重讨论21世纪的素质教育、高等教育大众化、现代远程开放教育、高等教育国际化以及全球性知识经济对大学法人化的诉求等，给人以启发、以借鉴。这本论文集在中国的出版，必将为21世纪中国高等教育的改革与发展的决策拓宽视野，转变观念，做出比较正确的抉择。

作者在“前言”中说：“明年退休前不再写长文。”那就是说，退休之后，将可以更专心地从事研究工作。我们期待着王一兵教授观察形势的变化，总结所积累的经验，写出长文巨著，以飨读者。

潘懋元

2001年8月11日

于厦门大学高等教育科学研究所

《高等教育通向农村研究》[1] 序

农村现代化和高等教育大众化，都是中国社会主义现代化建设的组成部分。农村现代化需要大批受过高等教育的人才，高等教育大众化需要农村广阔天地解决毕业生就业问题；因而，把两者结合起来，使高等教育通向农村，是中国现代化建设的必由之路。铺设这条道路的重要性与必要性，十年之前还很少有人认识到，今天也还未被人们充分重视。高等教育理论工作者，必须走在事物发展的前头。

首先，中国的现代化建设，是包括城市与农村在内的整体现代化。如果农村的发展远远落后于城市，现代化是化不了的。道理很简单，中国的人口大多在农村。虽然由于实施农村城镇化的战略和大量农村青年流入城市务工，城乡人口比例的差距逐渐缩小；但 2000 年这一比例仍是 36%∶64%，预期到 2010 年也只能达到 45%∶55%，农村人口仍居于多数。同时，农村的现代化，同样需要大批受过高等教育的人才参与现代化建设，而且所需数量随着农村经济的发展和社会的进步，会越来越多。过去农村需要受过高等教育的只有三种人——初中以上合格教师、主治医师、高级农技师，且数量很少；现在，这三种人的队伍将会继续扩大——不但合格的初中以上教师必须受过高等教育，合格的小学教师也要求受过高等教育，医疗条件的改善和农业现代化也需要更多的医师与高级农技师。同时，新的三种人——农村领导干部，经营管理人员，从事第二、第三产业的人员，也都需要受过一定的高等教育，才

① 高耀明．高等教育通向农村研究［M］．哈尔滨：黑龙江人民出版社，2002．

能推动农村的现代化建设。

其次，高等教育大众化，高等学校毕业生人数猛增。在走向大众化之前，每年普通高等学校毕业生，包括研究生、本科生和专科生，为数不过数十万人，2000 年毕业生突破百万人，2001 年达到 115 万人，2002 年预计将达 145 万人，2003 年将突破 200 万人。如果说，每年新增一两百万名毕业生，城市人才市场勉强尚能容纳；那么，2005 年预计突破 300 万人，以后呢？400 万人、500 万人……不可能都在城市就业了。游弋于城市的人才大军，将分流相当一部分到农村去，推动农村的现代化建设，这是必然的选择。

早在 20 世纪 90 年代初，走在事物发展前头的高等教育理论工作者，就开始注意和研究高等教育通向农村的问题。例如，叶春生关于高等学校毕业生通向农村的研究专著、葛为民关于高等教育自学考试向农村延伸的试验与研究报告，都为解决这一问题作出理论与实践的贡献。高耀明的博士论文《高等教育通向农村研究》，也于 1996 年开题，1998 年完成。即将出版的这本专著，就是在他的博士论文基础上修改成书的。

这本专著，分为历史研究、实证研究、对策研究三部分。历史研究是对百年来中国高等教育发展过程中，有关高等学校为农村、农业、农民服务的历史文献资料进行分析研究，梳理出高等教育走向农村的动力、内容、制度等基本因素；实证研究是以沿海发达地区的浙江嘉兴为案例，进行调查研究，论证高等教育通向农村的可行性及其方法、步骤；对策研究以历史研究和实证研究为依据，提出一种农村中学各合作教育模式的建议。虽然这本专著远非成熟之作，而且由于种种原因，放了四年才修改补充出版；但对于高等教育通向农村的问题，至今尚未被人们充分重视，研究者也不多，这本书的出版，相信能引起决策者的注意和更多的高等教育理论工作者与实际工作者的重视，起投石激澜的作用。

潘懋元

写于 2002 年 3 月 9 日“全国高等学校毕业生就业工作会议”后

《中国高等教育改革与可持续发展》[①] 序

人人都在说，教育是百年大计；但重眼前利益、轻长远效益的急功近利的教育发展观常常左右人们的实际行为，从而不可避免地引发诸多妨害社会发展和人类幸福的问题。为使21世纪中国高等教育健康发展，必须变急功近利的教育发展观为可持续发展的教育发展观，也就是把可持续发展的理念引进教育发展观中，成为制定高等教育发展战略的指导思想。

可持续发展是一种新的社会发展观，它是针对传统的社会发展观而提出的。传统的社会发展观是在工业经济时代形成的只追求物质文明的发展观。在工业经济时代，社会发展被视为就是工业化的程度，人们以工业化水平的高低划分发达国家与发展中国家，以国民生产总值（GNP）和人均GNP为经济与社会发展的主要指标，以GNP的增长率标示经济与社会发展的速度。传统的社会发展观在增加社会财富、促进物质文明建设上，起过积极的作用，至今仍然有其现实的意义。但是，这种单纯物质层面的社会发展观，也带来浪费自然资源、破坏生态环境的负面效应，导致今天地球上可利用的资源日渐枯竭、生态环境日益恶化，威胁到人类的生存与持续发展。在危机威胁面前，人们提出种种新的发展理论与解救方案，最终汇集成一种新的社会发展观：人类社会的发展必须是可持续发展。这种新的社会发展观，有别于单纯工业化的片面追求产值增长的发展观，为人们构思经济与社会发展战略开辟了一条广阔的道路。

可持续发展战略，原来只是在物质层面上用以处理人与自然的关系，即

① 张彤．中国高等教育改革与可持续发展［M］．厦门：厦门大学出版社，2003．

用以解决资源、生态环境的问题。随着对可持续发展理念认识的扩大、丰富、加深，人们逐渐明确这一理念的内涵，包括了新的自然观、价值观、道德观、思维方式，以及发展的持续性、整体性、公平性、协调性等原则。它的意义就从物质层面泛化到文化层面，进入了人文视野，从而表明实施可持续发展战略，不能停留在物质层面上，必须提高到文化层面上来认识问题、解决问题。人是文化的主体，可持续发展是以人为本的；而人是通过教育培养造就的，这就使教育在可持续发展战略中占据极其重要的地位。尤其是以培养科学家、工程师、高级管理人才、国家和地方的领导者与决策者为己任的精英高等教育，更为重要。在一定意义上可以说，教育，尤其是高等教育，是实施可持续发展战略的根本保证。

总之，从可持续发展观的角度来探讨高等教育的改革与发展，可以站得更高、看得更全面与深远。可以说，高等教育改革与发展中方方面面的问题，从发展战略、培养目标、专业设置到教学内容、课程体系、教学方法、教学管理，都可以从可持续发展的理念与原则中得到某些启发，获得新的认识，开拓新的思路。譬如，中国积极推进高等教育大众化就是实现经济与社会可持续发展的必然选择。

张彤博士的《中国高等教育改革与可持续发展》一书，是在他的博士学位论文的基础上修订而成的。该书对高等教育与可持续发展之间的关系问题进行了较为具体的、有益的探索。作者在全面理解可持续发展实践对高等教育的制约，深入领会可持续发展理念、原则对高等教育的启示的基础上，结合高等教育自身发展规律，提出了当前及未来中国高等教育发展战略调整、高校人才培养模式改革和大学素质教育创新的若干原则和思路。作者在研究和写作中，重视理论联系实际，提出许多解决实际问题的意见与建议。这本专书的出版，一方面可以丰富中国高等教育发展理论，引起教育工作者尤其是高等教育工作者的重视；另一方面可以为政府有关部门和高校领导的决策提供参考。当然，该书也还存在一些不足之处，毕竟这是一个较新的研究课题。希望作者在现有的基础上，今后进一步调查研究，使认识水平不断提高，为教育，尤其是高等教育的可持续发展不断地做出新贡献。

潘懋元
2003 年 6 月
于厦门大学高等教育科学研究所

《中国高等学校分类与定位问题研究》[①] 序

高等学校的分类是一个世界性的难题，又是关系到中国高等教育能否持续发展的关键。

为什么是一个难题？因为面临着复杂交错的多种多样模式的高校，分类只能从现实出发，采用归纳法构建高等教育的层次、类型结构，使每所高校能够实事求是地确定自己在整个高等教育体制中的适当地位，并根据自己的定位找准可持续的发展方向；而不能从理论出发，采用演绎法脱离实际设想一个理想的框架，规范复杂交错的数以千计的高等学校。在中央集权的国家中，也许可以用行政命令来强行规范分类，但其结果或者是扼杀了高校自主发展的生机，或者是有些高校阳奉阴违、瞒天过海。

为什么是关系到中国高等教育可持续发展的关键？因为任何一所高校制订可持续发展的战略，必须明确自己的发展方向，发展方向的确定要根据外部环境与自身特点做出准确的定位，而定位的前提是分类，从而构成了这样的链条：分类—定位—发展方向—发展战略—可持续发展。

在精英高等教育阶段，问题虽已存在，但不突出。中国的传统大学，基本上是单一的理论型本科教育，向上伸出少量的研究生教育，向下伸出若干本科压缩型的高等专科教育。研究生很少，基本上到高等学校当教师或到研究机构搞科研；老大专在人才市场上虽不能“适销对路”，也还能“分配”

① 陈厚丰. 中国高等学校分类与定位问题研究［M］. 长沙：湖南大学出版社，2004.

就业。当精英教育阶段向高等教育大众化阶段发展，计划经济的分配制度转变为市场经济的自主择业时，单一化的人才培养模式与多样化的人才需求的矛盾就暴露出来了。

如何解决这一矛盾？《中华人民共和国高等教育法》有一条重要的规定："采取多种形式积极发展高等教育事业"。指明"积极发展高等教育事业"是要以"多种形式"为前提的。现在的情况：形式倒是多种的，有全日制普通高校与成人高校，有正规教育与非正规教育，有大学、学院、高职、高专、电大、网络学院……但模式却是趋于单一。不论理工、科技、农林、师范或以地方命名的大学、学院，都是标榜学科齐全；也不论地方院校、高职高专，都以综合性研究型定位，以办成全国（或全省）一流、世界（或全国）知名为发展方向。千校一路，争奔研究型大学；缺乏特点，都要培养精英人才。不言而喻，无论对于一所高等学校，对于全国高等教育，都不可能持续发展。

如何改变当前许多（不是所有）高等学校存在的分类不清、定位不明的现象，不能只靠强制性的行政命令，需要的是正确的政策引导。如何制定正确的政策，要有高等学校分类与定位的理论根据。因此，高等学校的分类与定位问题的研究，是高等教育理论工作者应当攻关的难题。

我曾涉及这个问题的探讨，参考美国卡内基的高等教育机构分类法、联合国教科文组织国际教育分类标准第三级教育的分类，结合中国高等学校的现状，就类型划分，划了几道粗杠，粗分为三大类型①。但结合层次进一步细分，面对复杂交错的情况，力已不逮；至于分类指导、合理定位的运作机制与策略，更未能顾及。正在我"知难而止"的时候，在厦门大学高等教育科学研究所访学的陈厚丰教授，接过接力棒，"知难而进"，完成了"中国高等学校分类与定位问题研究"这一难度很大的课题。即将出版的这部专著，就是课题的主要研究成果。"事非经过不知难"，后生可畏。

这部专著，从中国高等学校的分类与定位的现状与问题出发，根据教育内外部关系和高等学校社会职能等理论，参考国内外高等学校分类法，分析国内外高等学校定位的案例，构建中国高等学校类型和层次结构，设计引导

① 潘懋元，吴玫．高等学校分类与定位问题［J］．复旦教育论坛，2003（3）．

中国高等学校分类办学与合理定位的政策和策略；有理论、有比较、有案例、有建议，兼顾科学性与操作性；围绕分类与定位问题，论及评估、排名、质量、发展、高校职能、政府管理、办学自主权等当前高等教育研究的许多重大问题。它内容庞大而逻辑严谨，是国内第一部论述高等学校分类与定位的全面系统的专著。

当然，高等学校的分类与定位，正如本文开头所说，是一个世界性的难题，而在中国当前，尤难取得共识。作者的研究成果，只能说是一种尝试，其中诸多论点，很难说已是成熟的定论。但不论读者认同或存疑，如能启发人们进一步思考，引起大家的重视，群策群力，合力攻关，也许能得到更为满意的成果。如此，这本专著出版的目的也就达到了。

潘懋元

2004 年 3 月 10 日

于厦门大学高等教育科学研究所

《东部—西部边境地区教育对口支援发展研究》[①] 序

中国的社会主义现代化建设，20多年来，遵循总设计师邓小平所设计的战略方针、部署和步骤，逐步推进。20世纪80年代，面对“文革”后百废待兴的局面，根据“效率优先，兼顾公平”的原则，重点发展经济与文化基础较好、见效较快的东部地区，在一定时期，采取这种策略措施是必要的、正确的。但是，效率优先是发展的手段，公平、均衡才是发展的目的。到了世纪之交，当东部地区的发展已经达到一定水平、与中西部拉大距离时，就要及时调整战略部署，实施西部大开发战略，加快中西部地区的发展，利用相对发达的东部人力、财力，支援西部建设，以均衡发展全面推进小康社会的建设。

东部如何支援西部？“对口支援”是中国实施均衡发展的创举。在对口支援中，学校对口支援工作是最为重要的支援。因为“西部大开发战略能否顺利实施，在很大程度上取决于劳动者素质的提高，取决于各类人才培养的数量和质量”（中共中央办公厅、国务院办公厅《关于推动东西部地区学校对口支援工作的通知》）。因而中央及时提出了“东部地区学校对口支援西部贫困地区学校工程”和“西部大中城市学校对口支援本省（自治区、直辖市）贫困地区学校工程”两大教育均衡发展的工程，这是构建和谐社会的主要内容，达到教育公平的有力保障。

---

① 唐德海，梁文明，闫金童．东部—西部边境地区教育对口支援发展研究［M］．桂林：广西师范大学出版社，2006.

《东部—西部边境地区教育对口支援发展研究》一书，是广西教育科学“十五”规划课题“边境地区教育发展研究”课题组成员所取得的一项有理论价值与现实意义的研究成果。综观全书，不难看出他们为此而付出的艰辛与努力，其亮点主要有：

——全书较为完整地展现出东西部教育对口支援和西部边境地区内教育对口支援工程实施所取得的成效及其所积累的经验，并就影响工程可持续实施的若干因素，提出了有针对性的应对策略。

——对于教育对口支援理论进行了有价值的探索。例如：概括出中国教育公平理论和采取的重大政策措施，对深入推动教育机会均等有现实意义；构建教育多元对口支援发展理论框架（中央政府统筹规划，教育对口支援主体多元化，教育受援客体的多层次性）；建立包括目标机制、激励机制、制约机制、督导评估机制在内的，以长效性为标的的运行机制；特别是全书最后指出了“从出口支援到合作共赢”，是教育对口支援新的价值取向，引导支援者与受援者加深与提高对这一有中国社会主义特色的创举的共识。

本书用实证方法，论证在西部边境地区教育对口支援工程的可行性与科学性，内容新颖，论据充足，对不同读者，都能“开卷有益”：对普通读者而言，它是一本引导读者深入了解中国如何整体性推进教育公平、促进教育机会均等的辅导书；对教师教育而言，它是可供适时使用的教师培训教材；对各级党政干部、支教干部和学校管理者而言，它是实施教育对口支援工作的启示录和工具书；对教育科学研究工作者而言，它是一本信息量大、值得品味的专著。

我真切希望，能有更多的学者在此基础上继续深入研究，探寻对中国边境教育发展的新思路、新途径、新措施，以期取得新的更多的成果。

潘懋元
2006 年 3 月 1 日
于厦门大学教育研究院

《可能与抉择——探寻深圳教育现代化之路》[①] 序

我曾多次应邀到深圳参加这个特区的教育发展战略的讨论。其中最早一次是在20世纪80年代末，讨论的要点是深圳的发展，教育与经济建设应当并重。因为在此之前，深圳的人力资源，基本上是靠外地提供的。不但高级专门人才全靠外地培养，连外来打工的，也是由外地提供了小学或初中的基础教育。这种不培而用的“优势”，在深圳经济特区建设的初期，曾经为深圳带来节约教育投资、坐享其成的“好处”，但也导致了深圳的教育基础薄弱。这一基础薄弱的缺陷，经过80年代末的“教育与经济并重”，90年代中的“创建教育强市”而有所改善，并以其强大的经济实力，支持教育的跨越式发展。到了今天，深圳的基础教育，已高于全国水平，尤其是在硬指标方面，如生均经费，高于沿海其他经济发达城市；只有高等教育，由于文化积淀不足，建设周期较长，至今仍低于国内教育发达地区。今年初，我又一次参加深圳的“十一五”规划专家讨论会，讨论的要点之一是：为什么全国高等教育发展进入控制数量、提高质量的阶段，深圳市仍然提出要在“十一五”期间再翻一番多的跳跃式增长的问题。

在这次“关于深圳教育发展‘十一五’规划暨2020年远景目标”的专家讨论会上，向来自全国专家做规划说明报告的就是本书作者叶文梓。他洋洋洒洒地从战略背景、目标、特点到一连串数字，侃侃而谈了一个小时，令我

① 叶文梓. 可能与抉择：探寻深圳教育现代化之路［M］. 上海：学林出版社，2006.

惊讶而又高兴："后生可畏。"

我认识叶文梓是1990年，当时他在江西一所农业职业技术学校教书。考研虽未成功，但仍同我保持联系，给我的印象是诚恳朴实而且坚定、勤奋。1992年他终于考进厦门大学的高等教育学专业，当了三年研究生。从农村到特区、从地方学校到重点大学，他在这三年中变化很大：从外表、举措到思维方式，很快地适应了城市生活和学术环境。毕业后，他应聘到湛江师院教育系任教，当时我还担心他的学科专业是研究高等教育，而教育系培养的是中小学教师，是否能够胜任。不久之后，湛师的领导告诉我，他不但胜任教学，而且已是教育系的台柱了。1999年，他又先借后调到深圳这一全国先进城市从事区域教育研究工作。几年之后，又是一番变化。如果说，年初听他的报告是"刮目相看"，那么，现在读了《可能与抉择——探寻深圳教育现代化之路》这本专著，我就更深入地了解他在理论上的进步，在实践上的成熟了。

这本专著，是作者在近年的多项研究成果的基础上系统化成书的，可以视为制订深圳教育现代化发展战略的先行性理论研究。全书从深圳的经济与社会发展的历史和现实出发，认为深圳特区率先进入知识经济时代，"知识经济不是深圳的明天，而是正在经历着的今天"。因而全书的逻辑主线是：教育现代化—优化人力资源—推动知识经济发展—达到深圳经济与社会的现代化。换句话说，为了深圳经济与社会的现代化建设，首先要探寻深圳教育现代化之路。

我认为这本专著有如下几个特点：

（一）视点较高。站在"精神气质"的高度上俯视深圳教育在发展过程中的矛盾——现代与传统的紧张、多元与无序的共存、理想与现实的悖论、实干精神与形式化的二重性，要运用事物发展的辩证法来认识这些矛盾现象，解决这些矛盾问题。

（二）抓住关键。指出人力资源是深圳发展的第一关键资源和教育对人力资源的双重作用——教育现代化起优化人力资源的作用，教育滞后性制约人力资源开发。

（三）重点突出。外来务工人员教育滞后、高等教育薄弱、教育国际化水平低，是制约深圳人力资源进一步开发的主要矛盾。因而本书的第四至七章，分别研究这些矛盾的形成及其解决的策略。

（四）可读性高。理论阐述深入浅出、实证材料翔实丰足、层次分明、纲举目张，是本书的另一值得嘉许的特点。

当然，作为探索性的研究，难免有不周之处。例如，论述外来务工人员的教育和民办教育，只限于基础教育而未涉及职业技术教育类型和高等教育层次，而这两者正是深圳教育的薄弱环节；又如，对开放教育、远程教育、终身教育体系的建立和学习型社会的形成这些当前教育发展的前沿问题，虽有所提及而缺乏具体深入的研究。希望今后扩大视野，为深圳教育现代化，进一步研究教育发展的薄弱环节和前沿问题。

瑕不掩瑜，这是一本研究区域教育的好书，不但为深圳教育现代化提供理论指导，对于全国其他地区的教育发展研究也有参考价值。

潘懋元
2006 年 8 月
于厦门大学高等教育科学研究所

《中国大学科技园发展研究》① 序

在国家创新体系中，大学是一支最重要的力量。大学不仅拥有庞大的活跃于科技前沿的师资队伍，而且拥有更为庞大的富于创新精神的研究生、大学生百万雄师。大学就是以培养人才、发展科技和社会服务作为自己的主要社会职能。因此，改革开放以来，我国高等教育在经济与社会发展中的地位和作用日益凸显，科技创新的担子也越来越重地落在大学身上。大学不仅在基础研究领域占据了主体地位，成为国家基础研究的主力军，而且在应用研究领域特别是在高新技术的开发上，也成为国家应用研究的重要方面军。但是，大学在应用研究与技术开发上，也存在自身的缺点与局限性。首先是对市场需求的了解不够深切，往往从专业发展的角度选择应用研究项目，脱离实际；其次是那些切合市场需求的科研成果，由于缺乏资金和不善经营，转化率也偏低，以致大学对经济与社会发展和科技进步推动作用的潜力未能充分发挥出来。这些缺点和局限性，它的实质就是科技产业的经营管理与大学自身的使命存在着许多矛盾。

从世界发达国家经济发展的情况来看，企业是技术创新的主体；但就我国企业目前的状况，无论是大中型国有企业还是民营企业，技术创新的意识与能力还十分有限，无论在研究开发的投入、技术创新活动的开展还是创新成果的应用等方面，还未能承担起应有的任务，起到应起的作用。因此，提高我国的自主创新能力，既要充分发挥大学创新潜力的作用，又要积极培育

① 黄亲国. 中国大学科技园发展研究［M］. 南昌：江西人民出版社，2006.

企业的技术创新的意愿与能力，这就迫切需要寻求一种大学与企业合作创新的有效载体，大学科技园就是适应这一发展要求的一种创新模式。

大学科技园这一大学与企业合作的新型社会组织，在世界范围崛起以来，已展示出其强大的科技创新能力和巨大的经济价值。为进一步落实科教兴国战略，科技部、教育部联手启动并推进了大学科技园建设。近几年来，我国大学科技园如雨后春笋般地发展起来了，这无论是对于增强我国自主创新能力、加速高新技术产业的发展，还是对于深化我国大学的教育与科技体制改革、拓展和延伸现代大学社会职能、培养创新创业人才，都将产生积极的意义。因为大学科技园不但是产学研一体化的新模式，而且在国外已显示了它强大的生命力。

但是，应当看到，大学科技园在我国仍处于雏形发展时期，基础还十分薄弱。尤其令人担忧的，是人们对这一新生事物的认识不足，对它的组织特性、功能结构缺乏应有的认识，特别是政府、大学、企业这三者与大学科技园的关系，在大学科技园运转中各自的作用，缺乏明确的分工，导致一些地区和大学在建设和发展大学科技园的过程中存在一定程度的盲目性；或者由于管理不善而造成浪费损失；或者将它作为一般工业园区经营而走偏了方向。因此，有必要对这一新生事物进行系统的研究，以利于促进大学科技园成为产学研一体化的基地，健康发展。

黄亲国的《中国大学科技园发展研究》这本专著，是在他的博士学位论文的基础上修改、充实而成的。作者具有丰富的工程技术知识经验，长期从事大学教学、科研和管理工作，进修高等教育学和高等教育管理理论，对大学科技成果的转化和产业化问题有着许多的感悟和浓厚的兴趣。他选择了若干个国家级大学科技园和其依托的大学作为研究对象，通过访谈、实地考察、查阅文献资料等方式对我国大学科技园建设过程中的现状进行广泛的调研，综合应用高等教育学、管理学、经济学等学科的理论知识，分析了中国大学科技园的发展历程、主要特征和发展背景，研究了我国大学科技园的组织特性、功能结构、发展模式；围绕大学科技园与大学技术转移、大学学科建设、大学创业教育三者的关系，并结合相应的案例分析，研究了大学科技园与大学的相互作用机制及影响因素；同时，从实际出发，分析了我国大学科技园发展过程中存在的主要问题及影响因素，分别从大学、政府、大学科技园本身三个方面提出了我国大学科技园发展的思路和对策，其间有不少精辟见解和有针对性的建议。例如，认为大学科技园的基本功能是研发创新而不是大批量生产，是企业孵化与人才孵化而不是追逐利润，其中企业孵化是核心功能，因此，应当重于培养企业的自主创新能力，促使企业成为技术创新活动的主体。这一研究结论，与国家关于建立科技创新体系的战略方针是一致的。又如，作者着重阐明大学科技园跟一般高新科技园或工业园区性质与任务的不同，指出有些地方政府混淆两者的区别，以产值和利润作为大学科技园的效益评估指标，产生误导作用；有的大学则一味扩大科技园的规模，拼凑企业集团，走偏发展方向。作者认为大学科技园应当以提高研发能力、孵化能力与自主创新能力作为自己的努力方向。这些有针对性的理论和建议，对正在兴起的中国大学科技园无疑有着重要的指导意义。诚然，作者对中国大学科技园发展的研究，还远不是成熟的理论，尤其在一些发展对策方面的研究还略显欠缺，但无论如何，这些有益的探索对于深化大学科技园及其发展规律的认识将会有所启发。

今年初，党中央、国务院召开了全国科学大会，提出了坚持走中国特色的自主创新之路和建设创新型国家的伟大战略，并且正在全面部署实施《国家中长期科学与技术发展规划纲要（2006—2020年）》。建设创新型国家的战略，为我国高等教育的发展提供了新的历史机遇，为大学科技园的发展进一步指明了方向，同时也对大学的创新与服务、建设与管理提出了新的更高的要求。相信这本刚刚问世的新著，对政府决策部门、企业界、大学领导者以及大学科技园的管理者来说，都将具有重要的参考价值。

潘懋元

2006年秋于厦门大学

高等教育与市场经济

《市场经济与高等教育》[①] 序

我国经济体制改革的取向，是建立和完善社会主义市场经济体制。市场经济是商品经济的发展，它不但包括商品的市场交换，而且包括一切经济关系的市场化，对于非经济的社会关系也有强烈的影响。20 世纪 80 年代中期，我国市场经济刚起步时，就对社会各个领域，包括教育领域，尤其是高等教育领域，产生不同程度的冲击；1992 年以来，经济体制改革加快步伐，市场经济发展迅猛，对高等教育的冲击更为激烈，它给高等教育的改革施加了压力，带来了活力，但因市场经济机制尚未完善以及其他主客观原因，也给办学带来了许多新的困难，提出许多新的问题。

如何认识市场经济与高等教育的关系？高等教育如何主动适应市场经济的挑战？这些问题，在 20 世纪 80 年代中期，高等教育界就有一些议论。1992 年下半年以来，为迎接经济体制改革与经济发展的高潮，高等教育管理部门、高等学校、高等教育理论界，纷纷研究对策。在实践上有许多政策措施出台，在理论上也逐步深入。深圳大学杨移贻同志，几年前就关心这一问题，结合实际，进行研究，发表了多篇有参考价值的文章。近日增加几篇尚未发表的文章、编列次序，以《市场经济与高等教育》为书名，编辑出版。我对全书还来不及一一细读，只就看过的几篇新作和以前偶尔读过的若干篇文章，对该书的特点，谈点看法：

---

① 杨移贻. 市场经济与高等教育［M］. 广州：广东高等教育出版社，1993.

一、运用教育的外部关系和内部关系的规律，研究高等教育与市场经济的关系，在纷纭错杂的现象中，较好地抓住本质问题，进行深层次的分析。例如，关于市场经济不同的发展阶段对于高等教育不同影响的分析，关于作为第二产业的教育的特殊属性的分析，关于市场经济条件下德育观的分析，等等，都能提出比较深刻的见解。

二、运用辩证的方法，对事物的正反两方面，进行缜密的考察，客观全面。例如，对市场经济对高等教育的冲击，做了正反两方面的分析，得出“利大于弊”的结论，并认为发展过程中的种种问题和困难，甚至人为的某些失误，都带有一定的历史必然性，使人们能正确对待缺点问题，建立信心。又如，关于亚洲“四小龙”商品经济对高等教育的影响，不少人偏于谈论其积极作用，作者则深入剖析了“四小龙”高度发达的市场经济的正面与负面影响，告诫人们要效其长、避其短，不可亦步亦趋，而应力求超越。在学习“四小龙”的热潮中，能持这种态度是难能可贵的。

三、立足深圳，放眼全国。深圳是我国改革开放的先行者，是市场经济发育最早的地区。随着我国改革开放的全方位展开，深圳的改革历程，包括高等教育的改革经验与教训，都值得全国借鉴。作者在深圳工作多年，亲身参与这个历程，有丰富的经验、深刻的感受，论述问题联系深圳实际，有说服力，非一般只凭理论推导的泛论所可比。

这个集子，虽非系统专著，但内容广泛，涉及市场经济与高等教育关系的方方面面。从深层思考到具体改革，从中国实际情况到国外经验教训，分则成篇，合也粗成系统。希望在这个基础上，继续研究，做理论提高与资料补充的工作，有可能形成系统专著。这是我的期望。

目前，社会主义市场经济正处于初建阶段，对于高等教育的影响，见仁见智，认识尚不一致；各种改革设想、建议、方案、措施，尚待实践检验。这本书的种种观点，很难说已经成熟。正是还未成熟，就更具有发人深思之处。希望读者能抱着思考、探索的态度来读这个集子。

潘懋元

1993年7月8日

于厦门大学高等教育科学研究所

《市场经济与高等教育改革》[①] 序

20世纪70年代末期以来，我国高等教育面临来自两个方面的冲击，一是世界科技革命的浪潮，二是市场经济的兴起。80年代中期以前，冲击主要来自世界科技革命。当时的形势是党中央提出四个现代化建设，科技是关键，教育是基础；而我国的科技与教育，经过“文化大革命”的破坏，远远落后于发达国家，甚至落后于一些发展中国家，科技人才严重不足，并且面临即将断层的危机。培养科技人才与从事科技研究，迎着世界科技革命的浪潮前进，实现四化建设的重任，落在高等学校身上。出人才、出成果，成为当时高等教育界的热门话题。在党和政府的号召下与政策的倾斜中，高等教育在数量上发展很快，质量也有所提高。广大教师，目标明确，意气风发，专心致志于教学与科研。经过十余年来的奋斗，我国科技水平有了很大的提高，尤其在一些高科技领域，从引进、消化到开发、发明，大大缩小了我国与发达国家科技水平的差距；中青年人才成长很快，缓解了科技人才不足与断层的危机。80年代中期以后，冲击主要来自计划经济向商品经济、市场经济的转轨，如何适应经济体制改革与经济发展，成为高等教育界的热门话题。尤其是去年以来，经济体制改革加快步伐，市场经济更快发展，对高等教育的冲击更为强烈。如今各级教育领导管理部门，各级各类高等学校以及学校中的系、科、所、室、处、办，都在为迎接经济体制改革与市场经济发展的高

① 李玉民，秦砖．市场经济与高等教育改革［M］．天津：天津社会科学出版社，1994．

潮研究对策。任何对策的制定，都必须有两个方面的依据：一是理论依据，二是现实条件。前者所要解决的是对策的科学性问题，后者所要解决的是对策的可行性问题。正确的对策必须是两者相统一，因此，正确认识与处理好高等教育改革与社会主义市场经济的关系，是当前需要解决的一个理论与实践的问题。

以下根据教育的外部关系规律和历史与现实的实际，探讨对这一问题的认识。

一、市场经济冲击高等教育的必然性

市场经济是商品经济的发展，它不但包括商品的市场交换，而且包括一切经济关系的市场化，对于非经济的领域，也有强烈的影响，但它的基础仍然是商品经济。因此，分析市场经济对高等教育的冲击，可以从商品经济对高等教育的冲击说起。

20 世纪 80 年代后期，高等教育界对于如何认识商品经济对高等教育的冲击，曾有过许多议论，其中较为突出的有两种相反的观点：一种观点认为，商品经济对高等教育的冲击是积极的，应当持欢迎态度。因为商品经济的发展，必然要把竞争机制引进高等教育领域，从而促进高等教育的改革与发展。例如，学校为了培养适应劳务市场所需要的人才，就必须调整专业、课程，改革教学内容与方法，提高教学质量和社会适应性；学生为了在劳务市场竞争中获得成功，就要自觉积极地学好真实本领。持这种观点的人，对于商品经济的冲击是乐观的，认为冲击给高等学校注入了活力，激励师生奋发图强，将会造就大批具有竞争能力、推动社会经济和科技发展的人才。另一种相反的观点认为，商品经济对高等教育的冲击是消极的，应当予以抵制。因为商品经济一冲击，高等学校就出现了动荡不安的现象。大学教师忙于搞创收，搞第二职业，经商下海，以增加经济收入，势必分散教学与科研力量；大学生为毕业后找个好职业，忧心忡忡，有的在求学期间，就忙于摆摊设点，打工挣钱，占用学习时间，影响学习成绩。商品经济还会影响人们的价值观，“一切向钱看”导致道德水平下降，出现弃教、厌学现象。持这种观点的人，对于商品经济的冲击是悲观的，认为任其泛滥，不予制止，必与社会主义教育目的背道而驰，将使高等教育迷失方向。这两种观点，都有一定的理由。而如果两种相反的观点都有一定的理由，说明两者都不够全面，对事物的分析有点简单化。

应当如何看待这个问题？我认为，商品经济、市场经济对高等教育的冲击，不是好不好、要不要，主观上认为应当是欢迎或是抵制的问题；而是具有客观的必然性，是由教育外部关系规律所决定的。这条规律是：任何教育，都要受一定社会的经济、政治、文化所制约，并为一定社会的经济、政治、文化的发展服务。高等教育是专业性教育，培养高级专业人才，它的本身的性质与特点，决定了它与社会的经济、政治、文化以及科技的关系，比普通教育更为直接、更为密切。因此，高等教育受商品经济、市场经济的冲击就更为尖锐、更为深刻。当商品经济、市场经济成为当前中国社会主义初级阶段的经济现实时，高等教育要想独立于商品经济、市场经济之外是绝不可能的。

在中外教育史上，有许多教育家主张教育独立，许多传统大学，在其历史上也曾力图抗拒社会的影响，企图独立于社会生活之外，抵制来自经济、政治、宗教等方面的冲击，将大学自我封闭起来。当商品经济还处于比较低级的发展水平时，这种传统势力还能在一定程度上抵制住商品经济的冲击，使大学成为“象牙之塔”；但当商品经济的发展进入发达的市场经济之后，大学再也无法抗拒它的冲击。为了自身的生存和发展，不仅传统大学开始向社会开放，而且还新建立大批职业性、技术性的高等学校，新设置许多应用性、管理类的专业，以适应经济和社会发展的需要。如今，世界上许多国家都十分重视吸收社会人才尤其是企业家参与学校的决策和管理，广泛征求各界人士对高校工作的意见，共同商讨高教改革与发展的对策，这正是教育外部关系规律起作用的结果。我国在“文革”之前，高等学校除了生产实习和某些有关技术革新的科研项目之外，很少同工厂和其他企业单位打交道；而市场经济起步以来，许多高等学校，纷纷设法同生产部门、企业单位联系，建立“教学、科研、生产联合体”，推广产学“合作教育”，这也是教育外部关系起作用所产生的现象。

二、市场经济对高等教育冲击作用的两重性

既然高等教育受商品经济、市场经济的冲击是必然的，是符合教育外部关系规律的，那么，对这种冲击的性质就应当有一个正确的认识。

首先，应当看到，对于高等教育的改革和发展，"冲击"并不是坏事。正是社会经济、政治、文化、科技的发展与竞争，给高校带来了一定的压力，有压力才有动力，有动力才有活力。冲击的必然性包含着冲击的合理性。尽管冲击有时不顾教育自身的规律，或超过了人们的承受力，带来了某些教学秩序混乱的副作用，增加了办学的困难，甚至造成了某种损失，但就总趋势来说，是有利于高等教育发展的。

但是，商品经济、市场经济，对高等教育的冲击，并不总是积极的，它具有积极和消极的两重性。它的积极作用，如上所说，是在高等教育领域引进市场竞争机制，激励高等教育不断地自我发展、自我完善。具体说，有利于促进高等教育在培养人才上，根据劳务市场的信息，调整专业与课程，改革教学内容和方法，使我们培养出来的人才，"适销对路"；有利于激励学生学习的自觉性和教师教学的积极性，共同努力提高教学质量；有利于促使高等学校所培养的人才和所创造的科研成果，尽快地转化为社会生产力（社会实践），实现社会效益；有利于高等学校转变管理体制，提高办事效率；当然，还会促使学校努力去开拓财源，加强物质基础，以提高教师、干部生活，发展教育事业。

总之，从长远看，从理论上分析，市场经济对高等教育的冲击，通过引进竞争机制，激发人们的竞争意识，确实能够给高等教育的改革与发展带来活力，推动高等教育更好地为科技进步、经济建设、社会发展作出贡献。但是，从当前实际情况看，这些预期的效益，除调整专业、开拓财源等少数几项有所见效之外，大多并未充分实现或者远未实现。相反地，却出现了上述的种种问题，给办学增加了许多困难，尤其是师生的教学、学习的积极性尚未能调动起来。这是因为：第一，市场机制与社会机制远未完善，尤其是与之配套的人事制度、劳动制度、工资制度的改革，才刚刚起步或尚在拟议中。

第二，人们需要有一个适应的过程。由于心理定式的作用，当冲击打破了原来的心理平衡时，看不惯、想不通，在思想情感上感到彷徨、苦恼以至于不满、抵触。第三，市场经济的本身，对高等教育来说，也必然带来某些消极的东西。上面所说的种种问题以及尚未列举的其他问题，只是一些现象，出现这些问题的原因主要在于市场经济所产生的人生观与价值观，市场经济的运行机制与高等教育的运行机制这两个方面存在反差。下面就这两个方面进行探讨。

（一）在人生观、价值观方面。商品经济、市场机制所遵循的是价值规律，而其驱动力则是逐利思想。用老百姓通俗的话说，就是“做生意是为了赚钱，不为赚钱就不会去做生意”，商品进入市场交换，就是为了盈利，以所获利润高低作为评价市场行为的主要指标。逐利思想，只要不违法、不违背职业道德，在市场行为上应该说是合理的。但如果任其膨胀，扩大到非经济领域，成为社会的一般价值取向，就不可能不对大学生的思想教育起消极的冲击作用。因为这种价值取向与社会主义高等学校的人生观、价值观教育不一致。大学里对学生所进行的人生价值教育是人生的意义在于奉献，要树立为人民服务的思想，要把国家和集体的利益置于个人利益之上，要树立为国家、为人类贡献自己的聪明才智的远大理想等等。但在最近一项对大学生人生价值观的调查研究却表明，20 世纪 80 年代大学生的价值变化的趋势是以自我为中心，以个人为本位的“价值主体自我化、价值取向功利化、价值目标短期化”，从所谓“老三到”（到基层去、到边疆去、到祖国最需要的地方去）到所谓“新三到”（到外资企业去、到国外去、到挣钱最多的单位去）。在对 1988 年首都大学生的毕业去向调查中，要求到三资企业、自己创办企业、当个体户的学生占 40%。更令人注目的是在申请入党的学生中，竟有 42.1% 的人把谋取个人利益和自我实现，作为入党动机。[①] 社会环境的价值取向与学校人生观、价值观教育目标与内容的巨大反差，抵消了学校思想教育的作用。教育不是万能的，单靠学校很难完全消除社会环境中的消极影响，但大学生的人生观、价值观正在形成过程，具有可导性、可塑性，如果社会

① 王殿卿．对 80 年代大学生价值观念变化分析［J］．高等教育研究，1992（3）．

舆论与学校教育形成合力，引导青年人向正确方向实现人生价值，是有可能的。

（二）在运行机制方面。商品经济、市场经济，是按价值规律和供求变化进行市场调节的。这种调节，在一定程度上是“自发的”“盲目的”，同时市场信息瞬息万变，市场行为往往是“短期的”“速效的”。这种运行机制，对于商品生产来说，可以起到及时调节的作用，掌握得好，有利于减少积压浪费；但教育的运行机制，则具有周期长、长效性、滞后性等特点。当某些专业在劳务市场上“看好”时，急功近利，一哄而上，也许人才还未培养出来，“短线”便变成“长线”，加上种种偶然因素，难于预测，致使大学生产生“本领强不如机遇好”的思想。同时，一个国家所需人才是多方面、多种多样的，既要有物质文明建设人才，也要有精神文明建设人才；既要有经营管理人才，也要有科学研究人才。多方面的人才需求，不一定都能在劳务市场上反映出来，这就是为什么“市场引导企业”是正确的，而套用到高等教育上的“市场引导人才培养”的正确性就值得怀疑，至少它是不全面的。

总之，市场经济对高等教育的冲击，既有积极面，也有消极面。其实，一切社会的经济、政治、文化，在其发展过程中，一般都有积极面与消极面，尤其在改革与探索过程中，很难不出偏差。一般地说，积极面起主导作用，但消极面也不可忽视。在迎接冲击浪潮时，我们要把它的积极作用说足，以树立信心；也要清醒地估计到它的消极作用，使我们的决策减少失误。也就是说，高等教育适应市场经济，要主动适应而不要被动适应。

三、高等教育必须主动适应市场经济

什么是主动适应？人们往往把主动适应理解为紧跟形势，闻风而动，照抄上级指示和照搬先进经验办事。紧跟、照办是必要的，但不是主动适应的同义词。形势中既有积极的东西，也有消极的东西；上级指示不可能对不同地区、不同学校的特殊情况、特殊问题都包括无遗，先进经验由于条件不同可能行不通。紧跟、照办可能是主动适应也可能是被动适应，但其归根结底是被动适应，因为没有发挥主体的主动性。

教育主动适应经济与社会的发展，指的是对积极面的适应，抓住积极因素，充分发挥它的积极作用，而不是不加判别地去适应一切，包括不利于社会进步的、消极的、落后的、偏差的、错误的东西。所谓主动，就有个主体自觉判断、选择与决策的作用。例如，当年那种“左”的错误，是不利于社会主义社会健康发展的。虽说在一定情况下，高等学校很难不受其消极、错误的影响，但有的跟得很紧，甚至推波助澜；有的则不是跟得那么紧，尽可能地减轻其消极影响，并千方百计抓教育质量。现在，商品经济、市场经济，在对高等教育的改革与发展起驱动与调节作用的同时，也在散发许多消极的东西。这些消极的东西，无疑对高等教育的改革与发展不利，甚至会导入歧途。对市场经济的主动适应，本来可以使高等教育充满生机，提高质量，然而被动适应的结果，却出现了许多不良现象。所以，办学者应当发挥自觉主动性，趋利避害，力求主动适应而不要陷于被动适应。

高等教育应当如何发挥主体的判断、选择与决策的作用，也就是说，应当如何抉择呢？第一，每做出一个决策，采取一项措施，要考虑它是否全面适应制约教育的各种社会因素；第二，要根据教育自身的规律进行鉴别，做出抉择。

先说第一个问题，社会作为一个系统，包括经济、政治、文化等子系统。制约教育的社会因素有生产力与科技发展水平、社会制度、文化传统以及人口、资源、地理、生态、民族、宗教等。这些子系统与因素之间，又是密切联系、相互制约的。如果办学只强调与某一系统、某一因素的适应而不顾其他，就可能导致片面性的失误。例如，中华人民共和国成立初期，强调教育要为无产阶级政治服务，而专业设置也充分考虑到国民经济建设计划对人才的需求，与我国当时社会主义政治和经济形势与任务都较为适应，这个时期高等教育的发展是比较顺利与健康的。但是，后来发展到“以阶级斗争为纲”，批判所谓“白专道路”，忽视高等教育也要为国民经济建设服务、为科学技术发展服务，这就违反了教育也要适应经济、文化发展的规律，以致教学质量严重下降，不但不能很好地培养出社会主义现代化建设人才，也不利于巩固无产阶级专政。“文革”之后，强调教育要为经济建设服务，这是与我国以经济建设为中心，进行改革开放的形势与任务相适应的，是社会主义现代化建设所需要的；但是，如果只片面强调教育只要适应商品经济、市场经济，把教育商品化了，市场化了，把人际关系简单地理解为就是商品关系，把教育效益简单地理解为就是经济效益，办教育只要有商品意识、市场观念就行，忽视了教育还必须与政治、文化相适应，办教育还必须抓精神文明建设，就会导致思想混乱、道德水平下降的失误。从以往的经验教训中，可以清楚地看到，教育与社会发展相适应是全面的适应，任何只强调与某一方面相适应而不顾其他方面是否适应，这种片面的所谓“适应”，必将走向全面的不适应。当然在某一个特定时期，在政策上有针对性地强调某一方面的重要性，无可厚非。如三中全会之后，为把工作的重点转移到社会主义现代化建设上来，针对前一时期教育与经济发展不相适应的问题，强调教育要为经济这个中心服务，是必要的。问题在于对政策的形而上学的理解与执行的片面性，以致在相当长的一个时期，对待两个文明建设，一手硬，一手软，不但影响了精神文明建设，也不利于物质文明建设。所以任何时候，对于教育外部关系规律的认识与运用，都必须有全面观点；在执行政策上，尽可能使教育与社会发展全面适应。多年来搞运动的工作方法，形成了只抓中心任务的工作习惯。中心任务是要抓紧抓好的，但为只抓中心任务而置非中心任务于不顾，甚至影响非中心任务，就会左右摇摆，导致失误。而教育上的失误，要经很长时间才能纠正过来，这不但直接影响了教育事业的发展，最终必将危及经济的发展与社会的进步。

再说第二个问题。教育不仅要受社会多种因素所制约，办学还必须遵循教育自身的规律。高等教育适应社会的需要，培养人才为经济、政治、文化的发展服务，只有通过教育自身的规律才能实现。“就教育论教育”，许多教育问题是无法解决的，如教育经费问题、毕业生就业问题，都不是单靠教育自身所能解决的；但是不遵循教育自身规律而侈谈教育，人才就培养不好。教育有其自身的特点、价值以及运行机制，不能简单地以经济的、政治的规律来解决教育问题，以市场机制作为教育运行机制，以经济效益代替教育的综合效益。因此，如何发挥教育主体的判断、选择、决策作用的另一个要点，就是要根据教育自身的规律来鉴别、抉择。凡是符合教育自身规律，有利于促进教育自身发展、有利于提高教育质量，使所培养的人才在德智体诸方面都能健康发展的，一般地说是积极作用；否则，可能是消极、有害的东西。而教育主体要做到主动适应市场经济、主动适应经济与社会的发展，就必须有较多的自主权，同时还要善于运用自主权，以便有效地自我发展、自我完善、自我约束。

潘懋元

《社会主义市场经济条件下的高等教育》[①] 序

1982 年夏天，在美国加州大学洛杉矶分校举办了一次高等教育理论国际研讨会，来自各国 25 位不同学科的专家，从不同的学科观点探讨了高等教育问题。会后，会议主持者伯顿・R. 克拉克（Burton R. Clark）教授从其中选出代表 8 个学科观点的 8 篇论文汇集成《高等教育展望——8 个学科的“比较的”观点》一书。王承绪教授主编的中译本改名为《高等教育新论——多学科的研究》，使之更好地体现了高等教育研究的特殊性。

什么是高等教育研究的特殊性？高等教育是多学科的专业性教育，所培养的是社会多个领域的专门人才。高等教育同社会的经济、政治、文化、科技的关系比普通教育更为直接、更为密切。因此，研究高等教育的理论与实践问题，就必须从多学科进行多视角的考察。伯顿・R. 克拉克在为中译本所写的序言中说：“各门社会科学及其主要的专业所展开的广泛的观点，为我们提供了了解高等教育的基本工具，不管这个学科是历史学、经济学或政治学，还是其他社会科学，都给我们提供了观察世界的方法，我们可以把它应用到高等教育部门。”王承绪在译者序中，进一步阐明了这一特殊性：“采取多学科的观点和比较的观点研究高等教育，有助于我们扩大对高等教育的视野，提高对高等教育的认识，可以从中汲取对我国开展高等教育研究和深化高等教育改革有益的经验。这不仅反映在研究方法方面，尤其反映在研究队伍的

① 李同明，刘晓娜. 社会主义市场经济条件下的高等教育［M］. 北京：中国地质大学出版社，1996.

知识结构方面。”

王承绪教授最后的补充很重要。我在考察了中美两国高等教育研究队伍的知识结构之后，得出如下的结论：“中美两国高等教育研究队伍的共同特点都是：教育专业科班出身者少，由其他专业或岗位转行搞高教研究者多。……原因在于高等教育是一个多学科的研究领域，又是一门与社会各个领域直接联系的应用性很强的学科，它需要各种学科专家和有丰富的教育实践经验的教师与干部合作研究，而这个领域的研究工作对他们也有特殊的吸引力。”① 事实证明，这一学科建立以来的10多年间，热心从事高等教育理论研究并作出贡献的学者，绝大多数是来自哲学、历史学、经济学、工学、理学、医学以及系统科学、管理科学的专家和有丰富的高等教育实践经验的干部。直到20世纪80年代后期，才有一批高等教育专业的硕士和博士陆续加入这个研究队伍中；而他们中的大多数，在大学本科阶段所学的也是非教育学科，是在不同的学科基础上攻读高等教育学专业学位的。

李同明教授就是一位热心于高等教育理论研究并作出贡献的专家。他是经济学博士，经济理论的著述甚丰；是一位有突出贡献的中青年专家，又有多年的高等学校领导管理经验，近年所写高等教育论文多篇，有不少精辟的见解。近日所完成的《社会主义市场经济条件下的高等教育》专著即将出版，我虽未能竟读此书，但从前言、目录和复印寄来的若干章节初稿看来，这是一部全面论述市场经济体制下高等教育改革问题的著作。作者以经济学家的观点和方法，从阐述市场经济基本理论切入，涉及教育经济学、高等教育学等学科。他在总结中华人民共和国成立以来，特别是改革开放以来高等教育的实践经验和汲取西方发达国家与亚洲发展中国家经验的基础上，系统地论述了市场经济对高等教育的冲击与要求，以及在市场经济条件下，高等教育的功能、目标、体制与运行机制，资源配置，德育，管理与领导等问题。作者充分考虑了中国国情，针对中国是一个国土辽阔、人口众多、经济发展水平不高与不平衡的社会主义大国和处于转轨时期的种种特点，突出强调我国市场经济条件下的高等教育必须坚持社会主义办学方向，重视思想政治道德

---

① 潘懋元高等教育文集［M］．北京：新华出版社，1990：74.

教育；必须多层次、多规格、多形式办学；必须实行多元化投资体制；必须主动适应社会主义市场经济的需要，不断地调整与优化教育结构；等等。这些见解，都是符合我国高等教育实践与改革发展趋势的。

当然，经济学家研究高等教育的侧重点同哲学家、心理学家研究的侧亘点必然有所不同；从某一学科的视角研究高等教育所得出的结论，从另一学科的视角来看，未必完全相同。正因为这样，才可以使我们扩大、提高、加深对高等教育的认识，为政者有“兼听则明，偏听则暗”之说，做学问、探求真理也是如此。因此，我相信此书的出版，对于建设中国特色社会主义高等教育理论体系，对于推进我国高等教育的现代化改革，必将有重要的意义。

潘懋元
1995 年 1 月于厦门大学

《社会主义市场经济与高校德育建设》[①] 序

在市场经济体制下，学校如何做好学生的思想政治及道德品质教育工作，是当前各级各类学校，尤其是以接触社会实际较多、具有一定的独立思考能力的青年为培养对象的高等学校教育工作中所面临的一个重要问题，也是高等教育改革中一个无法回避的难题。改革开放以来，关于这个问题，从价值观、人生观、道德观到德育目标，发表了无数理论研究文章；从加强与改进学校德育工作的意见到各级学校学生守则，公布了许多政策法规文件；从政治体制的改革到校园文化的建设，进行了大量的调查，采取了许多措施。足见这是一个从教师到家长、从领导到教育理论工作者都非常关心的问题，也是一个不易完满解决的难题。

其所以难于解决，我认为首先是认识上的困惑，其次是有效的方法不多或虽有而得不到推广应用。

认识上的困惑可分为几个层次，最深层次的困惑是在市场经济体制下对什么是正确的道德观的认识问题。作为社会的道德观念，它是要受一定的经济基础制约的；但社会主义社会的道德观是否也应当以市场经济的价值取向作为社会道德取向？是否存在超越市场经济价值的道德取向？那么，哪些应当超越市场经济价值，哪些必须遵循市场经济价值？众说纷纭，使教育者对许多重要的（不是一切的）社会行为难于做出准确的道德判断。由此产生第

① 周光迅，傅传亮．社会主义市场经济与高校德育建设［M］．东营：中国石油大学出版社，1995.

二层次的困惑就是在实际上而不是在文字上难以确立高等学校的德育目标。例如，如何正确理解竞争与合作、自由与纪律的关系，如何正确对待个人物质利益与国家社会需要的关系，如此等等。虽然有关文件把德育目标写得很清楚，但往往与社会舆论导向不一致而使教育者困惑。由于实际上的认识不清，信心不足，从而产生第三层次的困惑，即在德育实践上不能理直气壮地解释或解决实际问题。有些人的德育观念的确落后于时代的发展，而更多的人则是在“都是什么时代了，还在数老皇历”的压力下感到困惑。

德育方法上的问题主要是形式化、简单化而不甚讲求实效。我们的德育工作，长期以来习惯于通过课堂教学灌输政治与道德知识，因而不断增加政治课、德育课的门数与时数，而不善于寓德育于人文、社会以及自然科学课程的教学之中；习惯于通过号召虚张声势，而不善于做深入细致、有针对生的思想工作；习惯于通过批评、禁止等行政管理手段来规范学生的行为，而不善于形成集体舆论、文化氛围对学生进行熏陶；习惯于居高临下从社会的需要对学生提出种种要求，而不善于从学生的角度进行心理分析，更不善于用心理咨询的方法引导学生。某些方法的采用，虽能见效于一时，但不能在学生思想深处扎根，在市场经济负面的冲击下便显得苍白无力。

经济体制变了，德育工作应当有所改善，使之与社会基础相适应，但应当朝着什么方向去改善？道德的价值判断应当以什么为标准？应当采取什么有效的方法使之更好地达到高校德育的目标？虽难，但不是不可为。改革开放以来，理论上、实践上的探索，已取得了一些相对明确的共识，例如认识到市场经济对高校德育具有积极、消极的“双重效应”，使教育者能够冷静地思考如何主动适应市场经济而不要陷于被动的适应，同时也获得了一些有效的方法和经验，如情理相融、自我修养、社会实践、心理咨询等。如何把理论与实践的探索所取得的成果，集中起来，推广出去，应是我们高等教育理论工作者的任务。

周光迅、傅传亮同志编著的《社会主义市场经济与高校德育建设》一书，就是力图以马克思主义理论为指导，对我国当前高校德育现状和各种不同的观点进行分析研究；从中国高校德育历史的反思和各国德育模式的比较中，吸取有益经验；并从大量的探索德育改革的实践经验与方案措施中，取其精华，形成“两课”改革与日常思想政治教育改革的构想。本书最后提出高等学校德育的体系，包括学科体系、理论体系、方法体系和管理体系。

我只读了这本新作的目录和其中四章初稿，未能竟读全书。粗知这本新作有两个特点：其一是对高等学校德育的理论与实践、历史与现状、国内与国外经验，进行了系统的整理，可谓集其大成；其二是提出了许多合理的见解。由于作者不仅从事德育理论研究工作，而且有多年的高等学校德育工作经验，因而所提出的许多理论见解，能很好地解释实际问题；许多办法措施，切实可行。相信这本新作的出版，有利于解决高等学校德育建设这一难题，有利于指导高等学校的德育工作。

潘懋元
1995 年 6 月 20 日

《建设有中国特色社会主义高等教育理论要点》[①] 序

我参加这次研讨会，既交不出论文，也不敢做报告。为什么交不出论文？因为缺乏系统研究；为什么不敢做报告？因为题目太大，不知从何说起。所以只能以“观察员”身份列席学习。谢谢主持单位邀我在闭幕会上发个言。昨天晚上，把几天来的学习心得和问题，整理一下，提出来向大家请教。

我的发言分为两部分：（一）对这次研讨会意义的认识；（二）对若干基本概念和论点的辨析和质疑。

一、对这次研讨会意义的认识

这次研讨会，从2月份就开始准备，召开第一次准备会议，把研究任务分配到若干省市和高校；4月份又召开第二次准备会议，检查准备情况，交流重要论点。虽然两次准备会议我都未能参加，但从准备会议的报道和若干省市、高校的认真工作，了解到会议的准备是很充分的。从会议所分发的论文和报告中，也证实了这一点。许多报告，在充分调查研究的基础上提出了有理有据的方案；大多数论文经过深思熟虑，提出了高瞻远瞩的见解。从总体上说，这次研讨会，无论从理论水平或现实可行性上说，都是一次质量较高的研讨会。这一评价，已有许多同志谈了，无须我来重复评说。我所要谈的

① 建设有中国特色社会主义高等教育理论研究课题组．建设有中国特色社会主义高等教育理论要点［M］．北京：高等教育出版社，1997.

是：第一，对这次研讨会的潜在意义的认识；第二，这次研讨会仅仅是一次大规模的“开题报告”；第三，为“开题报告”提一条建议。

（一）对这次研讨会的潜在意义的认识

这次理论研讨会，是教育行政领导部门为准备1996年第五次全国高等教育工作会议而发动并会同有关单位组织的。这说明教育领导部门开始重视教育决策前的理论研究、重视理论研究对决策的作用，它的潜在的意义就在于向教育决策的科学化与民主化迈出了重要的一步。

我不是说以前的教育决策都没有征询群众包括教育科学理论工作者的意见。去年召开的第四次全国高等教育工作会议，开会前就召开过一些座谈会，包括由行政部门召开的大学校长座谈会和由有关单位召开的有理论工作者参加的座谈会，但只是决策方案已经基本形成后临时征询意见的座谈会；而这次研讨会则是决策方案尚未形成之前，有计划地进行一连串理论研讨活动的第一次会议。在这次研讨会之前，开过两次准备会；在这次研讨会中，组建了“建设有中国特色社会主义高等教育理论研究”课题组；在这次研讨会之后，每年还将召开一次研讨会，出版一本论文和报告专集。用三年时间，进行决策前的调查研究和理论探讨，有点像日本20世纪80年代“临时教育审议会”（简称“临教审”）的活动。

日本“临教审”是1984年当时的首相中曾根所授意组织的临时教育咨询机构，咨询的题目是《为使教育适应我国社会变化和文化变化而进行各项改革的基本方针》。审议会的研究咨询工作，分阶段进行，如1985年6月、1986年4月、1987年4月，分别就阶段研究成果发表了三次“审议报告”。经过三年的调查研究，在总结三次“审议报告”的基础上，于1987年8月写成《关于教育改革的第四次审议报告》（即终结报告）。日本内阁根据“临教审”审议报告的观点，于1987年10月通过《关于当前教育改革的具体措施——推进教育改革大纲》的决定。

我们的理论研讨会和课题组，同日本“临教审”相似之处是：①都是政策性研究，既不是纯理论研究也不是经验总结，但都要总结经验、调查现状、探讨理论；②都是有计划、分阶段进行系统的调查研究，并将分阶段公布阶段性研究成果。虽然规模大小不同，但“临教审”的做法与经验值得借鉴。

这次研讨会的另一个潜在意义是理论研究和社会实践的联系。社会科学理论研究成果转化为社会实践，通过行政领导部门的政策是重要途径之一（虽然不是唯一途径）。教育理论工作者，常常埋怨领导对理论研究不重视，只凭长官意志和经验决策；而教育领导部门却常常埋怨理论研究脱离实际，缺乏现实可行性。双方都有一定道理，说明理论工作者和领导部门应当共同努力寻找一条教育理论通向教育决策从而有利于转化为教育实践的通道，这次研讨会是一个良好的开端。

（二）这次研讨会仅仅是一次大规模的“开题报告”

在这次研讨会上，虽然已经提出了许多有价值的论文、方案，但作为为期三年的科研项目，它仅仅是一次规模较大的“开题报告”。对于“开题报告”，要求弄清楚过去已有哪些与本课题有关的研究成果；展望未来预期达到的目的；如果可能的话，还要列出分阶段的研究进程与阶段性成果。分别说明如下：

1. 中国特色社会主义高等教育的理论研究，现在正式立项研究，但在此之前，并不是一片空白。例如，关于教育的社会属性的论争、教育功能的讨论、高等教育与世界科技革命关系的讨论、教育与市场经济关系的讨论，以及教育战略的研究、高等教育体制改革的研究等，尽管多数尚无定论，但理论认识通过这些论争、讨论、研究，已经逐步加深。要珍视已有的研究成果，并非一切都得从头做起。

2. 1996 年将召开的第五次全国高等教育工作会议，所要制定的教育政策，应当是跨世纪、指向未来的，而不是只解决当前的问题，因此，为决策做准备的理论研究，应当超前一步。这次研讨会的文章、报告，有的是总结过去经验或只面向当前现实的。回顾历史、立足现实，都是必要的，但更重要的是展望未来。当然，对于“开题报告”来说，展望未来，只能看作是一种“假设”。一项科学研究，没有“假设”不行，但假设就是假设，不是定论。在“开题报告”中，要敢于提出有理有据的“假设”，在三年的研究进程中，通过调查研究，进行理论论证。至于实践检验，则是制定政策之后的事情。制定政策之前，如有可能，也要做些实验。

3. 但是，有许多问题，不能等三年之后再说。例如，当前高等教育如何主动适应市场经济进行改革，就不能等三年之后才来解决。我们的理论研究，既要有高瞻远瞩的超前眼光，又要能及时解释和解决当前的问题。分阶段的研究，总的目标是指向21世纪的未来，而阶段性研究成果，要能有利于解决当前现实问题。据我所知，日本“临教审”每年公开发表一次的“审议报告”，对于当年的改革工作就起指导作用。今后我们每年开一次研讨会，将研讨会的论文、报告及时发表，相信也能起这样的作用。

那么，如何既指向未来，又能解决当前的现实问题呢？这就关系到课题研究选择内容的问题。

（三）为“开题报告”提一条建议

从两次准备会和这次研讨会的论文、发言看来，内容十分广泛，从高等教育的本质、功能、地位、战略、体制到当前许多具体问题，牵涉到高等教育改革与发展的方方面面。在第二次准备会上，周远清司长概括为六个方面的内容：高等教育的本质、功能、与社会和经济的关系、体制、发展道路、教育思想；王冀生主任在开幕报告中提出八个子课题。这些方面或子课题都很重要，既关系到高等教育的基本理论问题，又针对当前改革中的现实问题。因为还不是定案，还要征求大家意见（即使定案之后，必要时还可以“滚动”），所以我想提一条建议，补充一项内容，就是“教学改革”，并希望作为一个重要的方面或子课题列入我们的课题计划中。

高等教育的改革与发展，增加投入是前提，体制改革是关键，教学改革是核心，培养人才是根本。改革之初，把主要力量用于解决“前提”“关键”的问题，无可厚非。但教育改革要深化，如何深化？往哪个方面深化？体制、战略、集资等，都有个继续完善的问题，但毕竟是“前提”“关键”而不是“核心”“根本”。高等教育改革的深化，到1996年，应当把“教学改革”“人才培养”作为重要内容，而不是蜻蜓点水，聊备一格了。衡量高等教育改革成绩的最终标准，只能是能否全面地提高教学质量，能否培养出大批全面发展的、高质量的社会主义现代化建设的人才。在这次研讨会上散发了周远清司长答记者问的一份记录，很高兴地知道周司长已充分注意到教学改革的重要性了。

教学改革也是广大教师所关心和应当关心的问题，有许许多多理论与实际的问题有待于我们去研究。举个例说：前几年高教司对工科专业目录进行修改，总的是拓宽口径，加强基础，增强所培养人才的社会适应性，把工科专业调整为204种；但是至今全国工科专业实际上仍是360多种。压不下来，似乎并不完全是由于工科院校对新专业目录执行不力；从20世纪五六十年代的专业越分越细、种数越来越多，到80年代的压不下来，恐怕还有某种不是行政方式所能解决的原因，或者说，某种难于处理的矛盾，这就有待于我们去研究。如果简单的“宽”或“窄”处理不了，能否寻求一种既宽又窄，既通又专，既符合“通才教育”思想，又满足不同用人部门的不同需要（有的要求基础宽厚，有的要求学有所专），能够机动灵活适应人才市场的机制呢？现在许多高校正在试行的种种专业结构模式，如“宽专业、窄方向”“主辅修制”“双学位制”以及“积木式”的课程组合等，虽然大多是借鉴国外的，也许从中可以摸索出有中国特色的专业结构模式来。总之，教学改革有许多文章可以做、需要做的，这是高等教育改革深化的需要。

二、对若干基本概念和论点的辨析和质疑

在这三天中，我学到了许多理论和实际知识，但对有些文章中所使用的基本概念或某些论点，未能充分理解，提出来辨析或质疑。

（一）本质属性与社会属性

王司长把教育的生产性和阶级性这两个属性叫作社会属性而不叫作本质属性，我认为这是对的；北大喻岳青同志的文章也注意到要把本质属性与社会属性区别开来。但报刊上的一些文章，甚至一些专著，两个概念却常常被混用。例如，把关于教育是生产力还是上层建筑的论争，叫作教育本质的论争。从严格的科学用词来说，可能是不当的。任何事物都有种种属性，但只有体现事物的基本特征，并以之与其他事物相区别的属性才叫作本质属性。教育的本质属性是什么呢？如果用最简单的话说：就是“培养人”。培养人就叫教育，不培养人就不叫作教育。至于教育是不是生产力或上层建筑，是不是具有生产性和阶级性，并不是教育区别于其他事物的规定性，许多社会现象，都可以具有这些属性。所以这些属性是教育的社会属性而不是本质属性，

从科学用词来说，是要弄清楚的，但不等于不是本质属性就不重要，社会属性也是非常重要的。20 世纪 70 年代末开始的那一场教育的社会属性之争，虽然至今没有结论，但对于深入理解教育和经济建设的关系是很有意义的。有些社会科学的学术争论，不一定能够得出简单的结论，也不必勉强去下个结论，但对于深化我们对事物的认识是有好处的。

（二）教育功能与学校职能

在普通教育学中，教育功能、教育职能、学校职能常常被混用，虽不够准确但问题不大；但在高等教育学中，高等教育功能与高等学校职能，是两个内涵不同的概念，最好不要混用，以免发生歧义。

所谓“教育功能”，也就是教育的作用。《教育大辞典》把教育功能区分为政治的功能、经济的功能、文化的功能和发展个性的功能。其实还可以再概括为两大功能，前三者是促进社会发展的功能，后者是使受教育者在德、智、体诸方面得到充分发展的功能。1988 年至 1990 年间，我国教育界所开展的一场论争——教育的基本作用是满足社会发展的需要呢，还是满足人的自身发展的需要，有人把它称为工具论与本体论之争，说的就是这两大功能哪一个是最基本、最重要的。论争的背景、意义以及丰富的内容不可能在这里详说，后来大多数文章的观点，比较趋于一致，就是两大功能是相互依存的辩证关系。至于高等教育的功能，我想基本上也是四种功能或两大功能，只是作用的大小与方式可能有其特殊性。例如对于政治、经济的作用更直接与巨大；对于文化不仅有选择与传递作用，而且有创新发展的作用；在发展个性上则是培养高级的人才。是不是这样，可以作为专题来深入研究。

有人把高等学校培养人才、发展科学（科学研究）、直接为社会服务三种职能也叫作高等教育功能或职能，就超出了教育这个概念的外延。上面说过，教育的本质属性就是培养人，培养人来为社会服务，而高等学校的科学研究和直接为社会服务，并非都是培养人的工作。有的与培养人有关，有的与培养人无关。因此，培养人才、发展科学（科学研究）、直接为社会服务，只能说是高等学校的职能，而不应当说成是高等教育的功能，更不能说成是高等教育的职能。

词义上说，功能是指作用；而职能，有职务、职权、职守、职责之意。

高等教育是一个具有一定职责的实体，现代的高等学校，一般具有上述三种职责或职能。高等教育是一种社会活动，无“职”可言。

现代高等学校的三种职能是世界一般所公认的，也是我国当前高等学校的实际。据说在第二次准备会上，有的同志认为高等学校只有两个中心，直接为社会服务不是一个单独的职能，只是教学、科研的延伸。对此，我有不同的看法。

记得 1986 年 2 月，高等工程教育研讨会在华侨大学召开时，我在会上曾就高等学校的三种职能做过报告，也有人提出这个问题。当时在座的西安交大老校长应礼庭教授站起来替我回答。他说他刚从德国访学回来，德国的大学都有一个社会服务部之类的机构，专门从事大学的社会服务工作，服务项目甚多，并不都是与教学、科研有关的工作。当时我国高等学校的直接社会服务工作还没有充分开展；现在高等学校这一职能也搞得很热闹，恐怕比德国的大学搞得更热闹。所以，事实上存在直接为社会服务的职能是没有问题的。

问题在于直接为社会服务是不是一个独立存在的，与培养人才、发展科学并列的第三种职能呢？

我认为：首先，第三职能有它的特殊意义。这就是高等学校的智力资源和科研成果，直接转化为社会生产力或社会实践，为当时、当地社会提供服务。当然，培养人才、发展科学，归根结底也是为社会服务。而第三职能的意义在于提供直接的服务。其次，第三职能确实有不少项目可以视为第一、第二职能的延伸，但也有不少项目既非教学的延伸，也非科研的延伸。例如咨询服务（法律咨询、经济咨询、心理咨询等），配合政策的宣传活动等，是教学还是科研呢，更不用说经商、办企业等“创收”活动了。这些只能说是高等学校以其智力资源（甚至物的资源）转化为社会生产力或社会实践，而并非教学、科研的延伸。因此，第三职能是以其特殊性而独立存在的。

（三）在市场经济条件下，高等学校的教学劳务与学生支付的学费，是不是应当等价交换

等价交换是市场经济运行的原则，因此，有的同志认为应当按照“教育成本”或“教学劳务”向学生收取学费。但是，当我们研究市场经济发达国

家的高等教育经费时，发现等价交换的原则，在高等教育领域并没有负起作用。例如：美国这个市场经济最发达的国家，它的高等教育经费，来自学生学杂费的只有21%左右（公立高校约13%，私立高校约37%）；日本的国立、公立高校也只有13%左右；英国更少，只有10%左右；法国与德国更低，学杂费的收入在高校经费中微不足道。相反，这些国家的教育经费，来自各级政府的拨款，都在70%~80%之间。一些新兴的工业化国家与发展中国家也是如此。例如：新加坡政府拨款达90%，学杂费收入仅占3%（医学）至17.6%（商业和财会）；泰国的政府拨款也在85%以上。即使是私立学校，除那些"学店"之外，也不是等价交换的。

有人说：非义务教育，应当是"谁受益，谁出钱"。如果这句话是正确的话，那么高等教育培养人才，主要的受益者应当是国家；人才是国家的财富，是国力的最主要组成部分。因此，不论义务教育或非义务教育，提高人民的文化素质与培养专门人才，都是国家的职责，高等教育经费的来源，主要的应是政府的财政拨款。我国当前财政困难，鼓励各校多方筹集资金，包括收取少量学杂费，以减轻政府负担，是可以理解的。而所谓"等价交换"，理论上缺乏根据，实际上也行不通。按照当前的币值，一所高等学校，把教育经费分摊给学生负担，即使维持贫困现状，每年生均也得在4 000~5 000元之间，是绝大多数家庭所无力负担的。"等价交换"的误导，势必使大学招生从"择优录取"变成"择富录取"，其后果如何可想而知。

（四）"有偿分配"是不是体现人才劳务市场的交换关系

人才、劳务，进入市场，指的是劳动力（劳务）与工资的交换关系，不是指人身的价格。所谓"有偿分配"，用人单位接受一名大学生，要给高等学校一笔补偿费，显然是属于人身的价格，而不是人力劳务市场的交换关系。有人说，补偿费只是补偿大学生在校时的教育费用，那也是不合理的。因为教育费的主要组成部分，如上所说，是政府的财政拨款，也就是纳税人所交的税款转化为财政拨款，而不是高校贷款垫付的。再说，如果用人单位要补偿高校教育费，高校是不是也应当补偿中小学的教育费呢？许多高校也认为"有偿分配"不合理，因而换一个美名为"资助"。社会资助高校办学确是一件我们所应提倡的好事；但是，资助应当是乐意自愿的，不应当与"分配"

联系起来，更不用定下价码进行交换。否则，实质上仍是“人身价格”，是“人身单位所有制”的残余，在人才流动的通道上设置了障碍，不利于毕业生的自主择业。

（五）高等教育适应市场经济，是不是就要由市场引导人才培养

高等教育要面向市场经济，主要是面向人才市场，引进竞争机制，调整和改革体制、专业、课程以及教材等，这是必然的。但是不是就只能听任市场来引导人才培养呢？高等教育就其本质说，是教育活动，不是经济活动。它有经济功能、经济效益，甚至可以说有生产性。但教育还有政治功能、文化功能，有非经济的效益。这些功能和效益并不都能反映在市场上。市场经济瞬息万变，而培养人才则是百年大计；市场经济在一定程度上是盲目的，而培养人才则必须有长远观点，有目的、有计划地进行。有些学科、专业的人才，虽然一时不能“适销对路”，国家也应当保护、扶持；否则，可能贻误百年大计。现在教育理论界似乎有一种倾向，把市场经济看成是一服万灵剂、一个百宝箱，什么东西都往里面丢，以为就万事大吉。这种简单化的理论，我是持保留态度的。

临时发言，东拉西扯，并未经过深思熟虑，尤其是一些关系到市场经济的东西，似懂非懂，错误在所难免，提供给大家做批判材料吧。谢谢大家。

潘懋元

《高等教育产业的特殊性研究》[①] 序

20 世纪 70 年代以来，人们热烈讨论的问题是教育是否具有生产力属性；80 年代中至 90 年代初，人们讨论的焦点是教育应否适应商品经济——市场经济；如今，人们更加关注的是教育产业化问题，即教育是否应当作为一种特殊的产业运作以及如何运作。这些都是教育，尤其是处在教育领域前沿的高等教育在一定发展阶段需要解决的关键性问题。问题迭现的顺序，既体现了中国高等教育改革与发展"与时俱进"的规律，也反映了人们对于高等教育性质、功能认识的逐步深化。

高等教育应否产业化、能否产业化，是高等教育进一步发展，尤其是实现高等教育大众化和发展民办高等教育必须解决的问题。虽然实践已经走在理论前面，高等教育的许多领域已经自觉不自觉地按产业运作，甚至有的已按企业经营，但其是非得失，仍应在理论上有个说法。否则制定政策，缺乏理论支持，也将不利于高等教育顺利地改革和健康地发展。例如：

——高等教育产业化的理论基础是什么？人力资本理论、产业经济理论、知识经济理论，是否可以导出高等教育产业化的命题？

——高等教育产业化的时代背景与社会条件是什么？为什么这个问题在民办高教发展时期、在加入 WTO 前后特别凸显？它的外延应当包容全部高等教育或者只是部分高等学校（如民办高校、中外合作举办的高等学校）？

——在高等教育产业化的进程中，可能出现哪些理论的、实际的问题？

① 史秋衡．高等教育产业的特殊性研究［M］．厦门：厦门大学出版社，2002.

如产业化是否与教育的公益性不能并存？是否违反教育自身的规律？是否违反教育公平原则？

——西方发达国家的“教育产业”理论有哪些可以借鉴的？反对教育产业化的理由中有哪些合理的成分值得充分重视？

上述问题以及其他有关问题，大多在史秋衡博士的《高等教育产业的特殊性研究》一书中，直接或间接有所涉及。

在本书中，作者认为，教育产业理念首先出自高等教育领域，与20世纪人力资本理论的发展有着比较直接的关系。高等教育产业化有其特殊性及必然性。从理论基础看，人力资本理论与产业经济学构成基本理论体系；从社会基础看，通过教育产业规划进行适当行政干预，缓和高校的财政危机，调整高等教育市场供求关系，政府、高校及市场在运行机制重构中做出了不同反应；从内在要求看，高校在产权、运行效率及市场机制方面的不足，使大学制度改革成为必然。政府适当干预，市场热心投资，高校明晰产权，这些形态将成为高等教育产业化的三大趋势，它们使得人们对高等教育的本质和功能进行深刻反思，形成了高等教育运行机制改革的新理论和新实践的基础。本书作者从理论基础、社会基础和内在要求三个方面进行研究，对高等教育产业属性进行了理论思考，分析了实现高等教育产业化的条件、途径及策略，指出了我国高等教育走产业化之路的客观性，进而构建了高等教育产业政策的基本框架。这些研究成果，可为有关方面制定相应政策提供参考。

作者的研究还显示，高等教育产业化存在过三种主要的实践方式：第一，是计划经济体制下的高等教育产业，它作为国家产业结构的附属部分，以提高从业人员的素质和从业能力为出发点；第二，是市场经济体制下的教育产业规划，在其中，教育成为国家产业结构的组成部分，它是以提高高等教育的生产力和效能为目标的；第三，是市场主导与行政干预相结合的教育产业运行机制，此时，高等学校引入了许多市场机制和企业管理方式。以上三种样式，都能促使高等教育理念及高等学校运行机制，包括大学理念、教育管理方式、教育投资体制、学校产权意识、市场介入教育的途径等，产生巨大的变革，尤其是第三种方式弥补了前两种方式的明显不足。作者认为，产业化必然推动高等教育走向多样化，并日益融入学习社会之中，这是从另外一个角度，勾画出了高等教育发展的未来走向。

本书澄清了高等教育产业化理论与实践中的几点基本认识：首先，强调产业化并不就是把高校当营利性企业，高等教育产业不能借用传统企业的概念，不应将政府责任与高等教育产业化对立起来；其次，教育必须坚持计划性，但不应混淆计划职能与计划体制这两个不同性质的概念；再次，教育的公益性有助于保护高等教育产业，应当积极探讨灵活多样的办学体制和教育产业运作方式。

这本专著是史秋衡在他的博士学位论文基础上修改补充成书的。他的学位论文工作主要是由邬大光教授指导的，我只是在学术沙龙或个别交换意见时提出一些观点，提供一些思路。我认为：教育产业理论既是世界共同关心的理论，更是推进我国高等教育进一步改革与发展所需要的指导理论。这本专著在这方面做出了重要的贡献，可以说为今后进一步研究奠定了良好的基础。

潘懋元
2002 年 8 月 8 日

《适度盈利与民办高等教育的发展》① 序

民办高等教育的盈利问题，既是一个有关教育性质的理论问题，又是一个制约民办教育发展的现实问题。从20世纪90年代中期，民办高等学校大批量涌现以来，高教理论界和民办高校办学者就不断进行理论性与实证性的探讨。民办教育促进法立法过程，争论更为激烈。争论的实质性焦点也在于民办教育可否盈利，举办者应否获得回报。直到2002年底，全国人大通过了《中华人民共和国民办教育促进法》（简称“民办教育促进法”），对这个问题，终于获得了法律层面的确认：“民办学校在扣除教育成本、预留发展基金以及按照国家有关规定提取其他的必需的费用后，出资人可以从办学结余中取得合理回报。”（第五十一条）这一规定首先确认了“合理回报”并非市场的盈利行为，不违反《中华人民共和国教育法》所规定的“不得以营利为目的”的法律条文，也不违背民办教育作为公益性服务产业的性质；其次确认了给出资人以一定的回报，有利于吸收社会和市场的资金发展教育事业，符合宪法关于国家鼓励社会力量举办教育事业的精神。但是，取得合理回报的具体办法，要由国务院规定。现在，《民办教育促进法》即将于9月1日起实施，而国务院的实施细则尚未公布，各省、市、自治区的配套措施也多未出台，“合理回报”的“度”在法律层面上尚不明确。即使在法律层面上，“合理回报”的界定及其“度”都规定了，在认识层面上，也还有许多理论问题、

① 柯佑祥．适度盈利与民办高等教育的发展［M］．南京：南京师范大学出版社，2003.

实际问题需要研究。因而，我认为柯佑祥的《适度盈利与民办高等教育的发展》一书的出版是及时的。

柯佑祥博士研究高等教育经济学和财政学多年，在攻读博士学位期间，对国外私立大学、国内民办高校，进行了广泛而深入的调研。他的博士论文选题就是“民办高等教育盈利问题研究”。两年前的论文答辩，得到答辩委员会充分的肯定和好评。这本专著，是在博士论文的基础上，不断吸收两年来民办高等教育理论研究的新成果，研究两年来的新问题、新经验，修改补充而形成的。

作者确认民办高等教育是一种面向市场的非营利性产业，办学活动处于公益性与市场导向的矛盾冲突之中，既不能离开市场又不能完全采取市场运作方式；既不应以营利为目的又必须有适度的盈利作为回报；办学者必须周旋于政府、市场和学校所形成的三角舞台，处理好社会效益、学校产权、市场经营、教育公平诸多热点与难点问题。凡此种种，书中不乏精辟的创新见解。相信此书出版，有利于读者加深对若干错综复杂的现象的理解，更有利于办学者采取合理合法的措施办好民办高等教育，促进高等教育大众化的健康发展。

潘懋元

写于2003年《民办教育促进法》即将实施前夕

《教育产权与现代大学制度构建》[①] 序

教育产权，是大学作为独立法人的基础；教育产权问题，是高等学校面向市场经济自主办学的关键性问题。随着民办高等教育的产生和发展，教育产权问题越来越受到人们的高度重视。产权不明晰已成为民办教育，尤其是民办高等教育进一步发展的瓶颈。民办高校，作为独立法人，在法律层面上的产权界定虽已明确，但在经济层面上的治理机制则不清晰。尤其是投资者的产权，无论法律界定或经济机制，都很不清晰。这就使得正当的投资者逡巡不前，而投机者有机可乘，导致在高等教育大众化进程中，未能充分动员社会力量办学。由于教育产权关系到高等教育的发展大局，因此，探讨民办高校的产权问题，就成为20世纪90年代中期以来的热点话题。

厦门大学教育研究院，在全国较早开展民办高等教育研究，召开了多次国内与国际民办（私立）高等教育研讨会，出版了多本专著与论文集；成立民办高等教育研究中心，从各个方面研究民办高等教育的博士、硕士学位论文十余篇，其中不少涉及教育产权问题。本书作者胡赤弟博士在厦门大学攻读博士学位时，修了我所开的“高等教育学专题研究”和“中国高等教育问题研究”两门课程。他当时正在主持宁波大学教育学院，对民办高等教育和教育产权问题产生浓厚的兴趣。同我合作撰写的《我国民办高校产权制度改革的若干问题》(《教育研究》，2002年第1期）就是在他的一篇作业基础上形

① 胡赤弟．教育产权与现代大学制度构建［M］．广州：广东高等教育出版社，2008.

成的。此后，他在导师邬大光教授的指导下，参加“产权理论与民办教育政策研究”的国家级课题，研究逐渐深入，视野更加开阔，从教育产权研究扩大到大学制度研究，将教育产权问题作为大学法人制度的核心问题，又将大学法人制度作为大学制度改革的重心，申请并主持了教育部重点课题“我国民办高校的大学制度研究”。研究的深入与视野的开拓意味着需要掌握更多的理论知识和实践经验，为此，他在修习高等教育学有关课程的同时，孜孜不息地钻研经济学、管理学、法学的有关理论，特别研究了制度经济学、产权经济学以及第三部门理论、利益相关者理论等前沿理论，还深入了解当前多种类型民办高校的实际情况与问题。功夫不负有心人，终于完成了一篇从教育产权到大学制度构建，把教育产权作为大学制度核心的相关性研究的论文。这篇论文，在学位论文答辩时，得到答辩委员会的充分肯定与赞扬，获得了中国高教学会 2006 年度优秀高等教育博士论文一等奖，入选 2007 年度全国优秀博士学位论文，成为全国高等教育学科获此殊荣的第一篇。《教育产权与现代大学制度构建》这本专著，就是在博士学位论文的基础上形成的。

这本专著的学术水平、理论创新以及现实价值，已经通过上述的荣誉体现出来，用不着我再作评价。我所要说的是：面向社会自主办学的中国特色社会主义大学的制度正在构建中，大学独立法人的地位尚未完善，教育产权远未清晰，治理机制与法律保障尚未到位，还有许多问题有待研究，理论工作者任重而道远，希望作者在已取得的研究成果的基础上，结合自己所担任的地方高等教育领导工作，在理论与实践的结合上，做出更多的贡献。

潘懋元

2007 年 8 月 10 日

于厦门大学教育研究院高等教育科学研究所

《中国教育经营论》[①] 序

我读到张铁明教授所著《教育产业论》一书，是1998年10月间，在广东省高教厅工作的朋友高桂彪和张成达同志特地寄来的。对我来说，这是一本教育市场与教育产业的启蒙读本，因此，这本书和他们的来函至今仍珍藏着。来函中有这样的一段话：

> “现寄上广州现代教育研究所张铁明副研究员[②]新著《教育产业论》一书。我们之所以将它寄给您，是因为其中有些章节是论及民办（私立）教育，而您对在我国发展私立学校的必要性、可行性作过大量的研究，并有卓见，对书中的论点恰当与否，定有正确评价。
>
> “广东民办教育机构的投资者在学校产权得到确实的保障后，目前关心的热点之一是投资者的回收与回报问题……”

在此之前，我对市场经济与高等教育的关系、民办高等教育重新出现的必然性及其发展中的问题，虽曾发表过一些意见，做过一些探索与预测，但都只是根据教育规律，从教育学的角度讨论问题，涉及教育市场、教育产业、教育投资、教育产权、教育经营、教育产品与消费等有关教育经济学的理论，心中无数，只能浅尝辄止。读了《教育产业论》，虽不敢说豁然开朗，但在讨论有关问题时，或多或少有了理论依据。

11年前，中国的经济，正从计划经济往市场经济转型中，因而中国的教

① 张铁明. 中国教育经营论［M］. 广州：广东高等教育出版社，2010.

② 当时张铁明教授尚未晋升正高职称；文中提及的高桂彪同志则时任广东省高等教育局高教研究室主任、副厅级巡视员；张成达同志时任广东省高等教育局规划办处长。

育，包括高等教育，尤其是民办高等教育，也应从适应计划经济向适应市场经济转型。但是，由于教育非企业，具有不同于经济的特点，人们的思维定式，又有它的惯性，使这一转型步履维艰。11 年过去了，《教育产业论》所揭示的理论，仍未能形成社会的共识，尤其是决策者在政策上仍未落实。例如，高桂彪和张成达两位同志信中所提到的“投资者的回收与回报问题”，仍然是悬而未决，得不到制度保障。

面对这一现实情况，理论工作的责任是针对实际问题，持续地做理论探讨与理论说服工作。张铁明教授在《教育产业论》出版之后，继续立项研究，结合民办教育研究，做了大量调研工作。这本《中国教育经营论》，就是继《教育产业论》之后的进一步探索，是作者近 10 年来对教育市场、教育经营等问题深入研究的新成果。

在计划经济体制下，教育是一种公办的公益性事业，学校由各级政府举办，办学者只要按计划行事、按规章管理；在市场经济体制下，教育仍是公益性事业，但具有非企业的产业性质，学校必须面向市场，自主办学。事业重在管理，产业必须经营。教育产业与教育经营，是两个密切联系的概念。作为面向市场的教育产业，既要善于管理，也应学会经营。因此，《中国教育经营论》是《教育产业论》研究的必然延伸与深化，作者于本书中，在充分论述了教育经营的时代必然性及其含义之后，着重对多种经营方式逐一进行分析研究。也就是说，在理论层面上搭建一个教育经营的概念框架之后，在实践层面上，对各种经营方式的要素、条件、特点及其利弊得失进行具体分析，并提供全国许多成功或失败的案例；然后在理论与实践结合上，进一步综论教育经营的原则、教育法权制度、教育经营战略，以及教育经营与制度、政策的关系。

中国民办教育是作者作为教育产业和经营理论研究的主要切入点，这是因为民办教育同教育市场的关系更为直接与密切，自主经营的空间也较大。但公办教育，也应面向教育市场，也应具有经营理念，掌握经营方法，包括成本核算，招生与就业的人才市场调查、预测与规划，对学生家长、社会各有关部门以及企业界搞好公关工作等。如果说，民办学校对教育经营已有一定的认识，也积累了一定的经验，有的在教育经营上已做得相当成功或比较成功，则公办学校不论在认识上、经验上还很不足。就这一点说，公办学校的办学者，更应当加强对教育市场、教育产业、教育经营的学习与研究。

20 多年来，张铁明教授对教育市场、教育产业与经营理论研究的突出特点表现为：首先，是具有强烈的教育现代化的紧迫感，从国家利益出发，为教育体制的转型与改革呐喊，不为社会偏见所惑。其次，是研究工作不停留在一般的理论层面上，而能紧紧地抓住我国民办教育重新崛起、成长、发展及其生存环境做细致研究。民办学校经营中的许多问题，如教育成本、教育投资与回报等，是一般以公办教育为主要研究对象的教育经济学较少涉及的。对民办教育经营方式的系统探索，无疑丰富了教育经济学的理论。再次，是作者的研究不是书斋式的，而是紧贴教育改革实际所做的实证探索。特别是深入到民办教育的制度建设、区域教育体制改革和教育发展战略研究之中，为推进我国民办教育的法治制度和政策落实做出积极贡献。

据我所知，张铁明教授不仅笔耕不辍，著述良多，而且通过教学和课题研究，带出了一批学术新苗。在此，衷心地希望他们也能在学术的高起点上再夯实理论基础，递接教育产业、教育经营理论研究的火炬。

当然，理论创新，不可能就很完善。一切讨论、争论甚至于批判也是正常的、有益的，教育产业及其经营理论同样须经切磋琢磨，并接受实践的考验。今天看到作者这一新作，本人除了从中获得许多新知识、启发一些新思路之外，还体会到作者的执着和坚韧，也因此，不揣冒昧、不避外行，乐于为本书作序。

潘懋元

2009 年 12 月 28 日于厦门大学

高校课程与教学改革

《方向·目标·对策：新时期高等学校办学方向论纲》[①] 序

高等学校社会主义办学方向，是教育文件与报刊上经常出现的概念；坚持社会主义办学方向，也是高等学校订计划、写总结总要提及的原则。因为办学的首要原则就是方向性原则，教育领导管理部门评价一所高等学校首要的准则也就是看这所高校能否坚持社会主义办学方向以及坚持的力度如何。但是，恰恰在这个首要问题上，很少有人能科学地、完整地说清楚社会主义办学方向这个概念的内涵，从而也就很难科学地、正确地判断一所高等学校的办学是否能向着社会主义方向，很难确定某些主张、措施是否符合社会主义办学方向。再者，如果在这个首要问题上不清楚、不清醒，凭陈年经验或主观臆想来理解社会主义办学方向，那就不免由于认识上的偏差而产生实践上的失误。例如，根据陈年经验认为社会主义办学方向就只是办学的政治方向，而忽视办学还有业务方向及其发展战略方向；或从主观臆想出发，认为社会主义办学方向就只是面向社会主义市场经济，让市场经济引导办学，以市场经济法则代替办学规律；如此等等。

政治方向是社会主义办学方向的首位，但不是社会主义办学方向的全部；当前办学必须适应社会主义市场经济体制，为经济发展服务，但不能只按市

---

① 李进才，娄延常．方向·目标·对策：新时期高等学校办学方向论纲［M］．北京：新华出版社，1997.

场经济法则办事。因此，对于高等学校社会主义办学方向这个概念的内涵，对于为何坚持社会主义办学方向，应当有科学的、完整的理解。李进才、娄延常教授所主编的《方向·目标·对策：新时期高等学校办学方向论纲》这本专著的价值，就在于力图科学地阐明高等学校社会主义办学方向的内涵，并根据所确定的内涵，全面、系统地阐述坚持社会主义办学方向的内容、途径与方法。

本书基本框架可分为三个部分：第一部分，包括导论和第一编。作者首先在导论中较为科学、完整地界定了新时期高等学校社会主义办学方向概念，揭示它的内涵是政治方向、业务方向、发展战略方向的统一体，然后在第一编中，实事求是地总结新中国成立以来在社会主义办学方向上成功的经验与失误的教训，以历史事实论证上述内涵的科学性与实践性。第二部分，包括从第二到第四共三编，是上述三个方面内涵的展开，将有关办学方向的诸多理论或实践问题部分归纳于上述三个方面内涵中逐一进行研究。其既有经验的总结，也有理论的分析，颇多精辟见解。第三部分为第五编，研究了坚持社会主义方向的评估与监督机制，包括评估指标体系与组织实施，以及如何监督实施的问题。这一部分所解决的是坚持社会主义办学方向的操作性问题。由于社会主义办学方向是上述三个方面内涵的统一体，任何理论或实践的问题，都不只是专属于某一方面的内涵且有所交叉；又由于许多因素不可能直接量化成评估指标体系，影响评估指标体系的全面完整；还有一些问题有待于进一步深入探讨。但从整体结构看，全书逻辑严谨，纲举目张，中心突出，有较高的理论水平与实用价值；是当前研究这一问题最为全面、详尽的专著，是值得向决策者、办学者以及广大读者郑重推荐的一本好书。

潘懋元

1996 年 7 月 11 日于汕头大学

《现代美术教育理论与教学法：中日美术教学方法的综合比较》[①] 序

张小鹭是厦门大学艺术教育学院美术系副教授。他平时除教学和创作外，潜心于美术教育理论研究，广泛搜集普通学校美术教育的经验与问题、日本美术教育的理论与实践，以其研究心得，写了几篇有关美术教育的文章，在国内外刊物上发表，为国内以及日本美术界和教育界所推重。1992 年，他准备以“美术教育的教学方法”为题，申报全国教育科学“八五”规划青年专项重点研究课题，同我谈了这一课题的意义和他的研究思路，给我留下深刻的印象。

他认为普通学校的美术课是对学生进行美育的重要途径。美育是全面发展教育的组成部分，是属于学生素质教育的。它的功能在于培养学生的审美能力，丰富学生的情感生活，提高学生的文化修养。但中小学的美术教师，往往把美术课只作为一种绘画技能课来教，失去它的美育意义，有必要纠正这种偏颇。然而存在一个实际困难：中小学美术教师一般是由高、中等美术（艺术）院校或高、中等师范院校的美术系（科）培养出来的。美术院校或师范院校美术系的性质是专业教育，而普通学校美术课程的性质是非专业的，属于美育或素质教育。两者在培养目标、教学要求上，尤其是在指导思想上，虽有共性，但有所不同。除非予以特别的培训或指导，美术专业培养出来的

① 张小鹭．现代美术教育理论与教学法：中日美术教学方法的综合比较［M］．厦门：厦门大学出版社，1996.

美术教师，往往会不自觉地将美术专业的教材、教法以及教学要求、指导思想，照搬到中小学的美术课上来。当然，高师或中师的美术专业，都开设了一门“中学美术教材教法”或“小学美术教材教法”（有的改称“美术教学论”），但大多着重于美术教学技能方面，对于美育理论不甚重视。至于学术院校，连这门课程也很少开设。学生对专业性的美术教育和美育性的美术教育，在性质、功能、任务上的不同，很难分清。为此，他认为有必要开设一门以普通学校的美术教育为研究对象的美术教学理论与方法的课程。这就是张小鹭申请专项研究课题的用意与思路。我对此也有同感，支持他的申请。其后，该课题得到批准，列入“八五”的滚动计划。张小鹭于 1995 年如期完成课题的研究工作，科研成果得到专家评审组的好评。通过鉴定后，他又在已取得的科研成果基础上，根据专家组的意见，拓宽研究范围，补充资料，增加内容，并且以日本的美术教育的理论与方法为参照，综合比较，写成了这部《现代美术教育理论与教学法：中国美术教学方法的综合比较》专著。

这部专著，我认为有如下特点：

（一）指导思想明确，基本观点正确。开宗明义提出，要“从根本上改变我国学校美术教育存在的只重视技能训练，轻视审美教育的状况”；要树立“在普通学校教育中，美术教育作为一种独特的文化教育”的观念，立足“为基础教育服务”。因此，美术教育的方法，要体现以提高学生文化修养为基础的教学目的。不仅要教给学生技能，还要着眼于审美教育、情感教育，使之对学生的高尚道德情操的培养和健康心智的成长起到重要的影响。

（二）内容丰富全面而又重点突出。本书不仅研究各级各类学校美术教育的实施方法，而且对美术教育改革中有关的美术教育政策、体制、功能以及教学管理诸多方面的问题，进行全面研究，并着重阐述美术教育的基本理论，进行中日两国美术论的综合比较。在内容编排上，除分章比较中日两国的幼儿、小学、中学美术教育外，特辟专章，论述作为“普通学校美术教育的根本关键环节”的师范美术教育的任务，简介方兴未艾的美术教育的特殊治疗教学方法。

（三）理论视野较宽。作者从心理学、教育学、生理学、文化学、美学等多学科的视野探讨美术教育理论，评价美术教学方法，能更好地揭示美术教育的本质与规律，并能提出许多创新观点。如关于美术教育的定位问题、如何指导学生个性化表现等，均有颇为精辟的见解。

（四）较好地结合中国实际，提出关于美术教育改革的建议。作者以马克思主义为指导，依据《中国教育改革和发展纲要》的精神，以及国家教委所颁布的美术教学大纲，吸收国内外有价值的理论观点，结合国内普通学校美术教育的问题和自己从事美术教学以及指导学生进行美术教学实习的经验，把理论创造性地运用于美术教育改革实际，提出一些合理而又可操作的改革建议。

（五）充分运用比较方法。将中国与日本的美术教育，从指导思想到教材、教法，分级进行细致的综合比较。其所以选择日本美术教育作为比较国家，不仅因为中日两国文化背景较为相近，中国近代学校美术教学最早是从日本引进的，日本的美术教育对中国影响较深；更重要的是，日本的美术教育，正如日本其他方面的现代化一样，它的发展历程，可以看作是立足于东方文化，吸收西方文化，不断融合、不断拓展的过程。这对于正处在改革中的中国美术教育，无疑有更重要的参考价值。

这本专著，可以作为美术院校或师范院校美术专业开设美术教育理论与方法课程的教材，也是一本中小学美术教师很好的参考书。

潘懋元

《高校人才培养模式多样化：诠释与应对》[①] 序

培养人才是高等学校的基本职能。高等学校对知识的传承、保存、传播和创新、运用，也就是科研、服务、管理等工作无不围绕这一基本职能运转。但高等学校培养什么样的人才，如何培养人才，也就是培养人才的模式，包括培养目标、培养规格、培养方案、培养方法等，则是随着外部环境与内部因素的变化而变化，因高校层次、类型不同而不同，需要不断探索、不断更新，没有也不应有一成不变的人才培养模式。

21 世纪，逐步进入知识经济时代，一方面是科技、信息、经济全球化，另一方面是经济区域化、文化多元化、世界政治多极化。一体化与多样化两种相反相成、矛盾统一的力量，强烈地冲击人类的社会生活，从而要求人才培养必须适应这一前所未有的新挑战。同时，中国的高等教育，正从精英教育阶段进入大众化阶段，传统的精英人才培养模式，显然已经不能满足社会对人才多样化的需求。正是在这一背景下，近年来，高等教育人才培养模式的研究成为热门课题。许多高等学校，或从体制，或从课程，或从方式方法，纷纷推出种种培养模式改革的方案，进行试验，但大多只是仿自外国，缺乏充分的理论论证。高等教育理论工作者也进行广泛的理论探讨，但大多只是泛泛之谈，缺乏充分的实证依据。由北京工业大学牵头成立的全国地方工科院校教改协作组，成立之初，就对高等学校人才培养模式多样化问题进行多

① 程静．高校人才培养模式多样化：诠释与应对［M］．北京：北京工业大学出版社，2003．

方位的研究和实践，由七所院校合作完成的《高校人才培养模式多样化：诠释与应对》一书，就是该组通力协作，多年探索所获得的一项成果。据我所知，本书是目前有关此项研究中较为全面、深化、系统的著作之一。协作组交给我书稿并嘱作序，粗阅一遍，觉得本书具有如下特色：

首先，本书以地方高等工程教育多样化培养人才模式的研究为切入点。这一切入点的意义在于：其一，由地方工科院校研究自身人才培养的模式，贴近实际，易于深入。其二，工科院校学生，在全国普通高校学生总数中占三分之一，其中绝大多数在地方工科院校，人才培养规模大。其三，工科院校专业复杂多样，地方院校与区域经济、地方文化密切相关，所培养人才直接进入地方人才市场，为地区经济发展、社会文明建设服务。因此，作为多样化人才培养研究的对象，具有一定的普遍性。地方院校在全球化与区域化、一体化与多样化的矛盾与协调的发展过程中所遇到的问题、所进行的探索、所提出的改革方案与措施，不言而喻，可以为不同层次、类型的高等学校实现人才培养模式多样化提供范型和案例。

其次，本书遵循“理论来源于实践并指导实践”的编撰原则，所介绍、评论的改革实例，大多是本书编撰单位正在或将要进行的试验。如：北京工业大学“实践教学一条线”的人才培养模式，山东工业大学（现并入山东大学）“分段制”的培养模式，浙江工业大学“回归工程”的培养模式，河北工业大学的“工学并举、产学研结合”的培养模式，等等，各有特色。这些试验都在不同程度上取得积极的成果，具有一定的参考和推广价值，同时，在试验的基础上，进行理论思考与提高，因而比之泛泛而谈的理论具有明确的针对性与可操作性，较好地将理论和实践融合在一起。这正是本书有别于其他单纯的学术研究或者单纯的经验总结式的书籍之处。

最后，本书观点明确、思路清晰，虽分章编撰，但逻辑连贯。作者接纳了不少新观点、新理论而并非照抄照搬，有所创新。例如作者认为工科人才培养必须加强人文素质教育，促进科学技术和人文素质的融合；在全球化过程中，应实施跨文化和多元文化的教育，加强大学间的交往。这些都是符合21世纪高等教育新理念的。作者尤其强调在市场经济条件下，培养工科人才加强道德素质教育的重要性，如在第二章中，深刻地论述了人才道德素质对科学技术的制衡作用，并引述司马光的“君子挟才以为善，小人挟才以为恶；挟才以为善者，善无不至，挟才以为恶者，恶无不至”的名言来指明科学技术的价值中立性，从而表明了一个人的道德素质，对其科学技术的知识能力有驾驭、引导的作用。作者还指出，应加强对传统文化的继承并开展跨文化交流与学习、借鉴中外的优秀文化，无疑也是符合全球化时代大学的使命的。

应当指出，对高等学校人才培养多样化的研究，这本书只是一个可喜的开端。如何在知识经济全球化时代把握好人才培养的方向，探讨各具特色的人才培养模式，是高等教育界仍需不断努力以求较好解决的问题。这本书的价值，并不在于为读者提供某种最优化的人才培养模式，而是向读者提出一种探讨多样化人才培养模式的思路。

潘懋元

《特色办学：以改革促发展——广西大学专业结构优化与人才培养模式整体改革》[①] 序

广西大学，在中国高等教育改革与发展进程中，走出一条有特色的道路。近10年来，我因受聘为该大学的兼职教授，得以一直追踪它的改革动向：1997年获得广西第一个国家级教学成果一等奖的项目——“地方综合大学专业结构优化的理论探索与实践”，我曾为这个项目写了一份意见，充分肯定了广西大学定位于地方综合大学的正确性和面向地方进行专业结构优化改革的成就；2004年我又受广西教育厅的委托，评审了另一后来获得国家级教学成果二等奖的项目——“地方综合大学人才培养模式整体改革的研究与实践”。广西大学的教学改革，前后两次获得国家级的奖励，不是偶然的。它反映了广西大学教学改革的方向正确、定位明确、特色鲜明、成效显著。

在两项国家级教学成果奖和七项广西壮族自治区教学成果一等奖的基础上，广西大学又进行了一番分析梳理、概括提高，形成了《特色办学：以改革促发展——广西大学专业结构优化与人才培养模式整体改革研究与实践》这篇3万多字的研究报告，使我们能够更全面地了解广西大学以改革促发展的历程、方向与特色。上述10篇研究报告和8篇有关论文，即将结集出版，以供地方大学办学者参考、借鉴。

下面，就我学习这本文集的肤浅体会，谈几点认识：

---

① 黄国勋，曾冬梅．特色办学：以改革促发展——广西大学专业结构优化与人才培养模式整体改革［M］．桂林：广西师范大学出版社，2005.

（一）定位明确。当前中国高等教育最令人困惑的问题是高等学校分类不清、定位不明。许多高职高专，致力于“专升本”，升本之后，争奔综合性、研究型一条道；许多地方院校，脱离地方的实际与需要，以“面向全国”为荣，以成为“全国知名，在国际有影响”的大学为发展目标。广西大学，历史较长，学术底蕴甚厚，已经进入全国“211 工程”行列，完全可以标榜为“全国性”甚至“有国际影响”的大学，但却始终坚定不移地定位于地方大学，为广西壮族自治区服务，以广西的产业结构、人才需求为优化专业结构、构建人才培养模式的依据。这种实事求是的定位、坚持不动摇的办学方向，成为当前一股抵御急躁浮夸风中的中流砥柱。

（二）特色鲜明。《普通本科教学工作水平评估方案》对“办学特色”的界定是：“（办学）特色是指在长期办学过程中积淀形成的”；“应当对优化人才培养过程，提高教学质量作用大、效果显著”；“有一定的稳定性并应在社会上有一定影响，得到公认”。广西大学的办学，符合所界定的条件：它根据地方产业结构与社会需求，长期进行专业结构优化；根据地方对专门人才多样化的需求，构建“平台—模块”机动灵活的人才培养模式并不断进行调整，培养了大批综合性、复合型、适应广西地方需要的专门人才。两项改革，都能持之以恒，对广西地方的现代化建设起了重要作用，从而获得国家和地方的认可与奖励。

这里有必要说明：所谓“办学特色”，既可以是“人无我有”，也可以是“人有我优”；不一定刻意标新立异，可以在共性基础（即所谓“底色”“本色”）上有显著的优势（即所谓“亮点”“闪光点”）。广西大学的改革，在众多地方大学中亮点鲜明。

（三）理论指导实践，实践丰富理论。广西大学立足于地方的专业结构优化和人才培养模式整体改革两项互相衔接、互为表里的改革实践，以教育理论、管理理论，尤其是以教育外部关系规律和教育内部关系规律为指导，在总结实践经验的基础上，提出了许多重要原则，如“社会适应性原则”“质量与效益原则”；采取了许多创造性的措施，如“保护基础学科专业，调整专业方向”，使基础性与应用性并存；“建立专业进退机制”，分析不同情况，调整弱势专业；“以学科群为支撑，重点建设区域优势专业”；如此等等。这些在实践中提出的原则和创造性的措施，无疑丰富了高等教育管理与改革的理论。

这本文集所编选的研究报告和论文，都是以广西大学一所高等学校为研究对象，以一定的理论为指导、应用一定的方法，研究一所高等学校在发展中的问题，正是高等教育研究有待开辟的新领域——院校研究（institutional research，亦译为校院研究）。院校研究是一种校本研究，既不同于宏观的高等教育研究，也不同于高校工作总结。它是以高等教育理论、管理理论为指导，研究自己学校的改革与发展问题。它的研究成果，只为本校决策提供咨询，不要求其具有普遍意义，但往往也可为有关院校提供参考、借鉴。中国高等学校管理，正从计划管理体制逐步向“面向社会依法自主办学”的体制转变，高等学校办学自主权逐渐增加，亟待加强学校管理的科学化与民主化。通过院校研究，可以提高高等学校自主办学水平。广西大学这本专集的出版，为开展院校研究提供了一个很好的范例。

潘懋元
2005 年 10 月 8 日
于厦门大学高等教育科学研究所

《高等学校创造教育的理论研究》[①] 序

林金辉教授继《大学生创造性的发展与教育》一书之后，又将出版《高等学校创造教育的理论研究》这本新著。前书于1995年出版，在当时是较早研究大学生创造性活动的专著。出版后，据我所知，求购者甚多，被引用率很高，对全国刚兴起的创造教育研究起了先行者的作用。其后，他仍将创造教育作为研究领域之一，写了不少有影响的论文，并将于近日出版这本系统的理论研究专著。这一执着的研究精神和丰硕的研究成果，是值得嘉许的。

创造教育，现在已成为高等教育界的热门话题和高等学校的热门活动。国家有关文件把“创新能力”和“实践能力”作为大学生素质教育的两个重点，没有一所学校不提创造教育的口号，不安排名目甚多的创造评比、竞赛活动。应当说，这些口号和活动，的确起到了促使人们对创造教育重视的作用，也或多或少收到提高学生创造兴趣与能力的效果；但一些缺乏创造教育理论指导、目标不明、不切实际的活动，往往流于形式，或者收效甚微。其原因，正如本书作者所说，创造教育的理论研究落后于实践活动，不能起正确指导、评价创造教育活动的作用。例如，什么是创造力？什么是创造教育？有人将创造视同于科学发明；有人认为创造能力是先天性的，无章可循；有人认为创造教育只是一种教育理念，不存在方法与模式；更多的人则认为创造教育就是“创造技法”的传授。对于创造教育的评价，有人认为引导学生“敢想敢干”，启发学生的发散性思维就是成功的创造教育；有人则企图用

① 林金辉．高等学校创造教育的理论研究［M］．厦门：厦门大学出版社，2007.

“投入—产出”的公式来评价创造教育的价值。凡此种种，都说明创造教育理论研究的重要性。

《高等学校创造教育的理论研究》这本专著，主要从哲学和教育学两个学科的角度，系统地研究了创造教育的理想—目标—模式—管理与评价，在总结纷繁错杂的实践经验的基础上，梳理出一条理论线索，力图构造一个视野宽阔的理论体系，使前人已提出的有价值的理论研究成果，可以从这里找到它的地位；而当前较成功的实践经验，也可以从这里得到理论上的论证。它不可能直接解决创造教育实践活动中各种具体问题，但可以比较清楚地回答高等学校创造教育的本质是什么，使人们对如何构建创造教育可以有一个总体上清晰的轮廓和清醒的认识。我认为这就是这本专著的价值所在。

潘懋元
2007 年 2 月 2 日
于厦门大学高等教育科学研究所

《高校育人新机制探索：情感、激励、嫁接三结合》[①] 序

21 世纪初，中国高等教育迈进了大众化阶段，发展迅速，形势大好，问题也很多。十七大在优先发展教育、建设人力资源强国的战略部署中，对高等教育的要求是“提高质量”。提高质量是一个大课题，围绕这个大课题，有许多问题要研究；对于已通过一定的实践检验，证明其有利于培养人才的研究成果，更应及时推广。

刘向信教授所领导的课题组所完成的“情感、激励、嫁接三结合育人机制研究”就是其中引人瞩目的研究成果。值此研究成果即将出版专著之际，承嘱写点读后感。

培养高素质人才是高校落实建立人才资源强国战略的第一要务。高校要深入贯彻科学发展观，坚持以人为本，不断改革教育教学工作，才能切实提高质量。如何贯彻“以人为本”的教育理念？2004 年，时任山东经济学院院长的刘向信教授及其所领导的课题组成员，对此进行了理论和实践探索，创立了“情感、激励、嫁接三结合”的育人机制，以山东经济学院为基地进行实验，努力把学校营造成学生生活的家园、精神的乐园、成才的摇篮，让学生在和谐的校园氛围中成人成才，卓有成效。

首先，情感育人机制是指在生活层面通过对学生的关怀、帮助，培养学生健全的人格，使他们拥有健康愉悦的身心，在求知过程中体味和追求真善

① 刘向信．高校育人新机制探索：情感、激励、嫁接三结合［M］．北京：人民出版社，2008．

美。情感，是人格发展的诱因，是青年追求美好生活的动力。现代心理学的人才理论已经证实了学生智力的发展，有赖于非智力因素的优化，而情感就是非智力因素的主要组成部分，也是现代高素质人才不可缺少的重要因素。正是在这个意义上，情感育人机制作为一种有效的方式，从不同的层面，发挥了引领教育的重要作用。作者在研究中敏锐地意识到和准确地把握住高校实行收费制之后校生关系所发生的变化。大学和大学生之间除了原有意义上的组织与个体、教育者与被教育者之间的关系之外，还存在提供服务与购买服务的关系，这无疑将增加大学与大学生之间的矛盾和大学管理者的压力。因此，大学应该大力实施情感育人机制，为大学生提供安全、舒适、充满亲情的环境，增强学生对学校的认同感和归属感，加强教师与学生的沟通，建立师生间的良性互动。这既是大学生提高生活质量和学习效率的需要，更是其自身成长、发展的内在需要。在情感所营造的和谐环境里，困难容易克服，矛盾容易化解，教师和学生的精神世界能够得以升华，人际关系会变得平等和坦诚。情感育人机制使大学生"重知重情"，"知、情"并举，是一种潜移默化的素质教育。

其次，激励育人机制是在精神层面激发大学生的积极性，促使大学生把外部的刺激内化为一股内在的动力，调动学生的主动性和创造性，从而保持良好的心态和上进的欲望，持续不断地朝向目标前进。激励育人机制的有效性取决于学校环境和个性差异。书中主张尽可能多地运用赏识教育、激励教育、差异教育等理念和方式，通过建立一个多种评价体系、覆盖面广的激励机制，改变只以学习成绩好坏为衡量人才的唯一标准的观念，树立"人人都是人才，人人都可以得奖"的观念，使每一个大学生的优势都得以充分发挥，个性得到充分张扬，差异得到充分尊重。

最后，嫁接育人机制指的是知识层面上一个开放的育人体系。在生物学上，"嫁接"有利于不同种属优质互补，茁壮成长。各种学科进行"嫁接"，互相融合，也能产生新的科学技术和新的学科。大学要创造条件让学生接受多种学科、多元文化的熏陶，并把加强校际、国际交流合作作为开放环境下培养复合型、创新型人才的重要手段。嫁接育人机制有效地实现了人才培养模式由单一型向复合型的转变，书中所提出的校内不同专业之间嫁接，与国内有关大学相关专业之间嫁接，与国际有关大学相关专业之间嫁接的人才培养模式，符合通才培养规律和21世纪创新型高素质人才的发展需要。通过这种嫁接育人，培养出的视野开阔、通专结合的人才，在日益激烈的竞争中能掌握先机，实现自己的奋斗目标和人生价值。

“情感、激励、嫁接三结合”的育人机制从生活层面、精神层面和知识层面有机结合、相互促进，既有理论依据，又在实践上证明其切实可行，是一条培养学生全面发展和促进学生进步成才的有效途径，充分体现了以人为本的教育理念（详见本书第九章“三结合育人机制实施情况报告”）。这一研究成果，具有创新性、可操作性和推广价值；作为专书及时出版，对贯彻十七大精神，提高高等教育质量，做了一件实事。当然，“三结合”的育人机制，还要在实践中继续不断地加以丰富和完善。

潘懋元

2007年12月14日

《协同与共生：大学“学科—专业”一体化建设研究与探索》[①] 序

学科与专业的建设，既是高等教育的基本理论问题，又是当前高等教育改革与提高的现实问题。

作为高等教育学的基本理论问题，必须厘清学科、专业以及课程这几个基本概念的区别与联系，正确处理学科建设、课程建设、专业建设错综复杂的关系。但是这几个基本概念，中外在应用上有所不同，历来的教育理论者又从不同的角度给出各自不同的界定；而这几个方面的建设，由于是相互依存与交错的，因而在论述上往往让人眼花缭乱，亟待厘清它们之间的关系。

作为高等教育改革与提高问题，学科建设、专业建设以及课程建设，都是高等教育发展的核心组成部分。在高等教育大众化阶段，应当着重学科建设、课程建设，还是专业建设，是一个让办学者困惑的现实问题：既存在重学科建设轻专业建设的偏向，也存在重专业扩展轻学科提高、课程更新的事实。前者受重科研轻教学的现行评估制度所影响；后者则为了扩大院校规模与展示学科（专业）齐全，也为了获得更多的招生指标与办学资金。

如何理解并对待这一错综复杂的矛盾现象。本书作者，根据协同理论和知识链理论，提出“协同与共生：‘学科—专业’一体化”的理论框架，作为研究型或教学研究型本科院校发展的指导思想。全书大致可分为前后两大

① 曾冬梅，唐纪良. 协同与共生：大学“学科—专业”一体化建设研究与探索［M］. 北京：北京理工大学出版社，2008.

部分：前部分论述“学科—专业”一体化建设的理论，以美国研究型大学一体化建设的经验和中国一体化建设的现状为参照；后部分分别论述一体化的动力机制和本科教学模式，以广西大学的改革实践为案例。广西大学多年来重视学科、专业的建设，在两者的结合上有比较成功的经验。本书内容，虚实结合，表明作者对高等教育理论的掌握和对高等教育改革实际的洞察，都颇具功力。

近年来，高等教育大众化从量的增长进入质的提高阶段，有关学科课程、专业等内涵发展的论著虽很多，但大多只就某个方面进行探讨。本书的特点是全面系统地探讨学科、课程、专业建设的内在联系，并将研究的重点摆在高等教育大众化的过程中和知识经济时代的展望中，逐一解决大众化过程中高等教育质量提高所需解决的实际问题，以创新人才的培养作为质量提高的目标。全书论点明确，思路清晰，既有理论的深度与说服力，又有实践的可操作性，是一本值得推荐的新著。

潘懋元
2008 年 8 月 8 日
于厦门大学高等教育科学研究所

《大学互助学习的理论与实践研究》[①] 序

互助学习，是一种重要的教学（学习）方式。作为思想，可以溯自古代的“相观而善”，“独学而无友，则孤陋而寡闻”（《学记》）；作为实践，孔子的弟子三千，不可能都是开堂入室的亲授学生。如果说是否通过七十二贤士的辅导、互助学习还有待考证，则古代的书院，同窗切磋已蔚然成风；近代的“自修大学”“小先生法”的风行，“红专小组”的泛滥，更是老一辈大学师生所亲历。但纵观互助学习的历史，提倡者多，成功者少；有的虽曾收效一时，却难于坚持。究其原因，缺乏深入的理论研究与周详的制度安排。

汕头大学的互助学习中心，引进了西方发达国家和我国香港地区许多大学行之有效的大学生学习辅导的机构及其机制，结合内地大学生学习的实际，制订周密的互助计划，以生为本，逐步推行，经过四年的试验，取得了很好的效果。蔡映辉教授在实践的基础上，进行理论的探讨，写成这本颇有新意的《大学互助学习的理论与实践研究》专书。

全书分理论篇与实践篇两部分。理论篇对于互助学习方式的意义、它的理论依据与作用，做了全面而精辟的阐述；实践篇对于大学生互助学习机构的设置、管理与推广，做了详尽的介绍。

下面，谈谈几点读后的体会与意见。

（一）互助学习，作为一种有效的教学（学习）方式，贵在坚持，而坚持既要使参加者切实受益，又要有制度保障。汕头大学互助学习中心之所以

---

① 蔡映辉. 大学互助学习的理论与实践研究［M］. 北京：中国文史出版社，2009.

能坚持四年，越办越好，就在于明确有关部门的责任和学生自我管理的机制，以勤工助学方式，选择一批“导生”，并赋予“导生”一定的权利与责任，以保证这一制度能够坚持下来，避免过去此类活动热闹一阵、虎头蛇尾的问题。

（二）在互助学习中，尤其是辅导式的互助学习中，要把自学与互助（辅导）结合起来。也就是说，要在自学的基础上互助，或在辅导下自学，以免水平高的学生（导生）越俎代庖，水平低的学生产生依赖思想。

（三）当前中国高等教育的主要任务是提高教育教学质量。推广互助学习方式，既有利于提高教学质量，又有利于培养互助、合作的群育精神。希望这本专书的出版，能引起大家的重视，结合各校的实际，推广应用，作为提高质量的有效途径之一。

（四）教育研究，尤其是课程与教学的研究，必须重视实验工作。通过实验进行检验，论证才能有理有据，理论才有说服力；而一般高等教育研究，受时间、条件的限制，往往缺乏实验依据。希望作为互助学习研究，更有计划地按照实验方法的要求，坚持下去，产生更多更好的研究成果。

是为序。

潘懋元

2009 年 4 月 15 日

于厦门大学高等教育科学研究所

《幼儿教师教育一体化模式创新与实践框架》[①] 序

《国家中长期教育改革和发展规划纲要（2010—2020年）》将“基本普及学前教育”作为战略目标，并制定逐年入园率指标，要求“到2020年，普及学前一年教育，基本普及学前两年教育，有条件的地区普及学前三年教育”。各地雷厉风行，公私并举。学前教育快速增长，幼儿教育资源严重不足，尤其是幼儿教师和幼儿园管理人员，数量不足，能力错位。许多地方调动因小学生减员而富余的小学教师和管理人员充任，往往匆匆调任，不及培训，导致学前教育质量下降，贻误新生一代。同时，原已存在的幼儿教育小学化也更加严重。

教师在教育过程中起主导作用，教育的质量决定于教师的水平和能力。因此，纲要不仅提出了普及学前教育的指标，还要求“严格执行幼儿教师资格标准，切实加强幼儿教师培养培训，提高幼儿教师队伍整体素质”。然而由于在此之前，对幼儿教师的培养培训不够重视，除有的师范院校设有学前专业之外，全国至今仅有幼儿师范专科学校20所：各地的培训组织与活动倒是不少，但大多数缺乏培养的针对性：一般教师教育理论的传授多，针对幼儿教育特点的实际知识与教学方法的培训少。更为重要的是，有针对性的、创造性的幼儿教育及其师资发展的研究成果甚少，课程教材大多较为陈旧。

袁旭教授从事教育领导管理与教学、研究工作多年，2009年担任新建的

① 袁旭，等. 幼儿教师教育一体化模式创新与实践框架［M］. 北京：教育科学出版社，2013.

广西幼儿师范专科学校（简称“广西幼儿师专”）校长以来，就带领幼师几位老师，针对当时学前教育教师培养与培训存在的培养目标与规格不明确、职前培养与职后培训脱节、职前培养不符合幼儿园用人需求、职后培训缺乏针对性与实效性等问题，以广西幼儿师专为实践基地，开展研究。经过三年多的文献搜集整理、案例分析研究、实践总结提高，他们完成了这部《幼儿教师教育一体化模式创新与实践框架》专著。

本书以教育一体化的理论为依据，对幼儿教师发展进行全方位、多层次、多维度的论述。上篇以理论研究、模块创新为主；下篇以课程教学、改革实践为主。但不论上篇或下篇，理论或实践，框架或模式，都是作为相互作用的整体结构进行系统的研究。例如，知识、技能、品性构成了幼师职业能力的整体；职前培养、职后培训构成了幼师发展的整体；理论模块、实践模块及其相互贯通构成了课程系统整体，这些充分体现了系统论的方法论与一体化的理念。因此，读者最好是系统地研读。但鉴于这是一部60万字的巨著，材料丰富，案例甚多，一时难于卒读，可在浏览全书要点的基础上，根据需要，精读某些章节，但都必须把它作为一体化结构的组成部分来把握。

本书的价值，还在于提出一连串创新性的亮点：

（一）在理论创新上，提出总体理论模型，包括构建幼儿教师的胜任力模型、职业能力形成模型和不同阶段的能力图谱。

（二）在实践框架创新上，提出分层分类培养培训整体方案。包括：

1. 按照幼儿教师不同阶段能力图谱，设计幼儿教师五个阶段（准教师阶段、新手阶段、探索期阶段、成熟期阶段、专家期阶段）的培养培训目标和规格。

2. 根据不同阶段的培养目标和规格，通过对四类模块课程（学科课程、技术课程、学科与技术融合课程、实践课程）进行筛选，构建五个阶段四类课程的完整体系。

3. 在教学方法的创新上，提出学前教育专业技能，包括本体性技能和条件性技能理念，研制一套可行的学前专业技能考核方案，建构了学前教育专业技能训练和改革的新模式。

4. 构建幼儿教师艺术、体育等专题性的认知—技能—情感一体化的创意教育模式，甚至连往往被人忽视的男性幼儿教师发展也进行专门的研究。

袁旭教授等的研究成果即将出版，预期发行之后，对于加强幼儿教师的培养、培训，提高幼儿教师队伍素质，将起重要作用。

潘懋元
2013 年 7 月 5 日
于厦门大学教育研究院

《大学学科专业评价》[①] 序

学科与专业，在高等教育中是两个密切联系、相互渗透而属于不同范畴的概念。从理论上解析，两者内涵不同：学科是基于科学分类的知识系统；专业除文、理等基础知识外，基本上是基于社会分工的人才培养系统。但在高等学校的教学活动中，学科的发展要以专业作为载体，而专业发展的核心就是学科的发展。因此，在实践上，学科建设、专业建设是相互依存的。离开了专业建设的学科建设，往往满足于学术水平的提高而忽视人才培养的功能；离开了学科建设的专业建设，失去了核心价值与指向，只成为人、财、物等教育资源的投入。在中国高等教育的改革发展过程中，这两种单纯从理论解析的偏向都存在。例如，在高等学校制订发展规划时，就有应当抓学科建设还是专业建设之争；还有人认为研究型大学应当抓学科建设，应用型大学只能抓专业建设。这种认识的片面性也反映在学科评价与专业评价上，不少省市教育管理部门，把抓学科评价、树立精品课程和抓专业评价、树立品牌专业当作互不相干的两码事，以致或者有所缺失，或者相互重复。

本书作者廖益教授，正是从多年参与评价工作的实践经验上，认识到学科建设、评价与专业建设、评价无法截然分开，必须从分离走向结合。

本世纪初，廖益教授在职攻读高等教育学博士学位。一方面承担广东省的重点学科评价和名牌专业评价的设计与实施工作；另一方面在厦门大学研究高等教育理论与高等教育管理理论，并以“大学学科专业评价研究”作为课题撰写博士学位论文。他从 2001 年至 2007 年，边实践，边研究，从实践中

① 廖益．大学学科专业评价［M］．广州：广东教育出版社，2014．

探讨学科专业建设与评价的理论。6 年实践，5 年撰写，论文获得了评审专家和答辩委员会的高度评价，认为“具有较高的理论学术价值和应用参考价值”。本书就是在该博士学位论文的基础上，进一步修改完善而成。

本书的基本内容：辨析学科、专业的内涵异同及其关系，提出学科专业的整合概念及其在建设与评价上的意义；探究学科专业评价的理论基础；通过中美学科专业评价的比较和总结广东学科专业以评促建的经验，提出问题；重构学科专业评价体系，提出学科专业评价策略。

本书的中心思想：根据广东高等学校重点学科和名牌专业分别评价的经验表明，学科与专业存在内在的必然性联系，相互依存，如果分开评价，不但内容重复，工作重叠，学校疲于应付；而且易于导致畸重畸轻，顾此失彼，不利于高等学校教学活动的运作和教学质量全面提高。为此，本书试图建立理论与实践结合、学科与专业整合的综合评价指标体系，推动高等学校教学工作整体发展，教学质量全面提高。

为此，本书提出了学科专业评价体系的四维结构：以目标为中心的定位评价、以过程为中心的实施评价、以结果为中心的效果评价、以情景为中心的环境评价。相应的，学科专业评价的发展趋势将在评价功能上由单一走向多样，在组织上由政府走向中介机构，在评价主客体的关系上由对立走向协调合作，在评价重点上由重视结果走向重视过程。基于以上认识，提出建立新型“学科专业”评价观、自主性评价观；新型的、自主的评价体系的实施与完善，必须建立评价新机制以实现新型、自主评价的制度保障；等等。

本书在理论与实践的结合上，还有许多精辟的见解，在此不一一罗列。当然，由于学科专业评价是一个比较复杂的领域，涉及理论、实践、操作以及评价主客体的不同见解诸多方面，也涉及高等教育学、哲学、心理学、管理学、统计学等多个学科，尽管作者非常努力，仍然有诸多问题需要进一步探讨。

欣悉本书在广东省优秀教育专著出版基金评审中通过，获得资助出版，谨以管见，为之作序。

潘懋元
2013 年 1 月 7 日
于厦门大学教育研究院

《西藏高等教育学科专业结构研究》[①] 序

西藏高等教育的发展规划，具有不同于其他省、市、自治区的许多特殊的生态环境与问题。在高等教育学科专业结构上，既有区内与区外的培养机构，又有区属与非区属的管理体制。区内一般为区属高等院校，而区外则有区属院校与非区属的西藏专业班。因而制定规划，必须细致斟酌，全面安排。

巴果博士在她的博士学位论文基础上所形成的《西藏高等教育学科专业结构研究》这一专著，是一本基于民族传统和生态背景的区域高等教育发展研究专著。本书首先梳理了西藏传统学科“十明之学”和寺院教育制度、现代高等教育学科专业发展历程与结构现状；在此基础上，分析西藏高等院校学科专业结构的适应性与存在问题，提出了结构优化策略及特色发展规划的建议。作者根据西藏区内专门人才需求“面广量少”的特点，提出区内与区外、区属与非区属、本科专科以及研究生教育的学科专业应当统筹全局、分类建设、特色发展，并应遵循整体性、动态性、层次性三个理性观念，根据动态适应、整体优化、适度超前、协调发展四条原则，调整学科专业结构。这些都是在实践基础上所形成的精辟见解。

巴果博士在藏区从事高等教育工作多年，又长期到外地学习，既有一定实践经验，又有工科与社会科学多学科知识，视野宽阔，对学科专业的分析比较深入。尤其是在论文撰写过程中，深度访谈自治区与高校领导、高等院校领导、管理干部与各科教师80多人，不但第一手资料丰富，而且捕捉到许

① 巴果. 西藏高等教育学科专业结构研究［M］. 拉萨：西藏人民出版社，2014.

多从实践中来的真知灼见。相信本书的出版，不但可供藏区的主管部门和高等院校制定学科专业发展规划的理论依据，对于其他省、市、自治区和高等院校也有参考价值。

潘懋元
2014 年 2 月

《高素质创新人才培养模式研究》[①] 序

厦门大学教育研究院林金辉教授在国内较早从事高等学校创新人才培养问题的研究。30 年前，他的一篇关于聚合思维和发散思维辩证统一的论文由我推荐到《南京大学学报（哲社版）》发表。此后，他在《教育研究》《人民日报》《光明日报》等发表了一系列关于创新人才培养的论文，在系列论文基础上，先后正式出版了 3 本关于创新人才培养的学术专著，分别是《大学生创造性的发展与教育》（1995 年）、《高等学校创造教育的理论研究》（2007 年）、《海西青年创业教育和创业环境研究》（2008 年）。据我所知，这些专著在教育界影响不小，索书者甚众。林金辉教授长期担任中国创造学会常务理事，积极参与创造教育领域学术活动，与香港大学、香港中文大学等长期进行学术交流和合作研究。近年来，林教授开拓了一个新的学术研究领域，致力于中外合作办学研究，但他没有放弃对高等学校创新人才培养的研究，并将两者有机地结合起来，这是难能可贵的。

一流大学和一流学科建设，一流人才是最重要的指标。一流人才，就是具有创新精神、创新能力和实践能力的高素质人才。因此，建设一流大学和一流学科，创新人才培养模式建构是核心；高等学校转型发展，实行高等教育供给侧结构性改革，核心也是创新人才培养模式的建构。要建构创新人才培养模式，必须转变教育观念。当前，国家鼓励和推行“大众创业，万众创新”，高等学校纷纷响应，大学生也提高了对创新的兴趣，但都苦于缺乏理论指导，

① 林金辉．高素质创新人才培养模式研究［M］．厦门：厦门大学出版社，2016.

目标模糊，活动单一，往往形式大于内容，收效不大。究其原因，正如本书主编者所说理论研究落后于实践，不能起正确指导、评价创新人才培养模式改革活动的作用 。例如，有人认为，创新需具高智商，而智商是先天的，教育无能为力；有人认为，创新只需要求异思维，从而轻视学习前人所积累的科学知识；有人则试图用“投入—产出”的公式简单评价创新人才培养模式的价值和成效。这些现象都说明高素质创新人才培养模式研究的重要理论意义和现实价值。

即将出版的这本《高素质创新人才培养模式研究》是国家社科基金教育学重点课题的研究成果。这部专著主要从教育学和心理学的学科视角，梳理了有关创新人才培养模式比较零散的资料和观点；从大量实证研究得出的数据和第一手资料，进行理论分析和提升，阐述了关于创新人才培养模式中若干主要问题。综观全书，研究有所突破，有所创新，所得结论具有较高的理论水平和实际应用价值。研究既有历史的视角，又有比较的视角；既有规范的问卷调查和深度访谈，又有典型案例的分析；既有现状与问题的分析，又有未来发展的对策建议；尤其是对研究型本科、应用型本科、高职高专的创新人才培养模式分别进行研究，具体深入。这本专书的出版可供教育行政部门、高校管理部门和广大教师在人才培养模式建构的设计或从事大学生创新教育工作时参考。

潘懋元
2016 年 3 月 19 日
于厦门大学教育研究院

各类高等教育编

潘懋元文集

PANMAOYUAN WENJI

重阳节在杭州与王承绪（左）在一起（2001 年）

本 科 教 育

《中国新大学运动——广东中心城市新办院校研究》[①] 序

这部专著是秦国柱博士的学位论文。秦国柱是汕头大学高等教育科学研究所的副教授，到厦门大学高等教育科学研究所在职攻读博士学位。我之所以同意他选择广东中心城市新办院校研究作为博士学位论文课题，除了因为他在汕头大学工作多年，熟悉广东高教情况，占有“地利人和”的优势外，更重要的是出于如下的考虑：

（一）高等教育地方化是世界高等教育发展趋势之一，也是我国高等教育发展战略的决策之一。中心城市办高等学校，无疑是实现高等教育地方化的重要举措。研究生机勃勃的广东中心城市新办院校，从中掌握一些规律性的东西，有助于充实、加深对高等教育地方化的理论认识。

（二）我国中心城市办高等学校，已有十年以上时间，实践中所提出的许多问题，有待研究，有必要及时进行总结。工作总结，是教育领导管理部门的事；而理论总结，则是高等教育学科研究的课题。广东是中心城市举办高等学校最为兴盛的省份之一，据我所知，争论也较多。选择广东作为调查研究对象，大有文章可做。

（三）我同秦国柱一起学习研究，前后将近 10 年，深知他对教育新举有

① 秦国柱. 中国新大学运动：广东中心城市新办院校研究［M］. 福州：福建教育出版社，1996.

浓厚的兴趣，求异思维聪敏，勤于思考，勇于探索，适合于承担这种研究课题。

课题选定之后，作者即广泛搜集广东高等教育背景材料，涉及历史、经济、文化各个方面，“四次出击”，逐一到这些新办院校实地调查，查阅资料，访问院校领导与师生以及地方干部，听取意见，体验生活，掌握第一手资料并亲身感受。还访问省高教主管部门和原领导同志，了解这些院校的创办与发展过程，以及各方的评论。经过三年左右时间，完成这一研究报告。通过博士论文答辩，获得较高评价。现以专著形式公开出版。

这本专著，包括如下主要内容：

——对中心城市新办院校有关概念的辨析，概括广东中心城市新办院校的若干特色，澄清了一些模糊的认识。

——研究广东经济、文化的历史与现实背景，表明中心城市新办院校在广东春潮涌起的必然性。

——逐一简介广东11所中心城市新办院校的办学历程，着重弘扬这些院校举办者、办学者和师生职工的创业精神和所取得的成就，也揭示若干有待解决的问题。

——对广东中心城市办高等学校若干带有普遍性的问题进行专题研究，表述了自己的看法。

——总结广东中心城市办高等学校的基本特征，探讨某些带有普遍性的规律，展望未来的走向。

应该说，作者所做的研究工作，无论是资料的搜集整理，还是观点的阐述、理论的探讨，都是很有学术价值并且有重大的现实意义的。

当然，对于中心城市新办院校，本来就有不同的看法；对于作者所表述的观点，也会有不同的意见。例如：中心城市新办的院校，可否称之为“大学”？应当办成学术性的综合大学，还是办成职业性的专科学校？师专改制或合并，是不是地方高等教育发展的方向？如此等等。在论文答辩会内外，谈论最多的则是广东中心城市新办院校，是不是一次“新大学运动”。

提起“新大学运动”，人们不禁要联想到19世纪英国高等教育发展史上的“新大学运动”。那次被教育史学家称之为“新大学运动”，众所周知，发生在英国工业革命之后，许多新兴工业城市，亟须为发展当地工业服务的科技人才和开发性研究人才，于是城市大学（学院、研究所）应运而生，形成一股热浪。这些新办大学的办学初衷，是为当地工业发展服务的，带有浓厚的地方工业特色；但由于毕业生要向伦敦大学申请学位，更由于传统观念的影响，以升格为学术性综合大学为荣，于是逐渐向传统大学模式看齐，失去自己原来的特色。它们的发展方向、功过如何，教育史上颇有争论。如今中国的广东、江苏等省的沿海中心城市，经济腾飞，新办院校崛起，其势同当年英国有某些相似之处，其发展方向，同样是值得关注的问题。至于是不是也称为“新大学运动”，只要限于学术问题的争论，可以各持己见，留待教育史学家去解决。

潘懋元

1996年7月21日

《论地方高等师范院校改革》[①] 序

面向21世纪的高等教育，有许多问题需要探讨，其中之一是高等教育如何通向农村。无论是从农村的社会主义现代化建设的需要说，或是从加强综合国力的需要说，都有必要将高等教育逐步地通向广大农村去。我正在指导一位研究生，承担国家教委“九五”的一项教育科研课题——中国高等教育通向农村。据初步调查与预测，21世纪中国农村的现代化建设，基层政权干部，至少是乡以上的领导干部，需要配备具有高等教育水平的人才；财经部门、农业科技、乡镇企业的管理干部与技术人员，也需要有相当数量受过高等教育的人才作为骨干；初级中学以上的教师，本来就应具有高师学历，城市的部分小学教师，已逐步提高到师专水平，未来农村小学教师，也将有部分师专毕业生作为骨干。很难设想没有相当数量的高等学校毕业生到农村去，能够实现农村现代化。同时，人民的教育水平，是综合国力的重要因素，高等教育对综合国力的增强，尤为重要。因而大众化、普及化，是世界高等教育发展的基本趋势。但在农村人口占70%以上的中国，如果高等学校所培养的人才，不能输送到农村去，就业问题难于解决，大众化也就“化”不了。

实现高等教育通向农村的困难，不是农村不需要大学生，而是大学生不愿到农村去。其中有体制问题、待遇问题等，这些问题，随着农村经济的发展与人事劳动制度的改革，可以逐步解决。最大的难点是高等学校的办学方向和大学生的就业观念问题。大学生的就业观念，既受传统思想的影响，也

① 吕家鸿，范程．论地方高等师范院校改革［M］．南昌：江西高校出版社，1997.

为办学方向所制约。这就是我对《论地方高等师范院校改革》一书特别重视的基本原因。

《论地方高等师范院校改革》最重要的研究成果是阐明地方高师的办学方向：地方高师必须为地方的社会主义建设服务，首要的是为农村的经济、政治、文化的现代化建设服务。虽然地方高师办学层次悬殊，既有培养博士生、硕士生的层次，也有专科层次，但大量的是分散于比较贴近农村的中心城市的本科和专科，因此，我认为对地方高师这一基本方向的确定是正确的。

从这一办学方向出发，《论地方高等师范院校改革》一书，对为农村社会主义建设服务的培养目标、德育美育与体育、教学内容、能力培养、教学方法、教育实习、管理体制、教育经费、招生就业、教师队伍、职业培训方方面面的问题，展开研究。各章结构，一般是先对现状进行分析，然后展开理论与实践的研讨，最后提出改革的建议。其调查材料翔实，现状分析精细；既有一定的理论深度，又有具体的建议以及实施方案；对于高等教育如何通向农村，提供了一份有价值的资料。借此机会，我对本书所涉及的若干问题，谈谈学习心得和不成熟的意见：

——传统的高师院校职能，只是培养普通中学教师，随着职业中学、成人教育的发展，地方高师，也就以培养职业中学、成人教育以及职后培训为自己的职责。因而所设专业，不应只局限于普通中学的对口学科，而应尽可能地设置职业性专业及其他有关专业。这类专业，我认为也是师范性专业而非所谓“非师”专业。当前许多地方高师，设置了大量非师专业，大多数是当前一个时期的热门专业，而与师范教育无关，对此，我认为应当持慎重态度。

——普通高等学校的本科，要求拓宽专业面以加强社会适应性。这一改革方向，对于面向农村的地方高师，更为重要。不但本科要拓宽专业面，专科也应拓宽专业面，或采取主辅修制度，使毕业生能够更好地适应边远农村小规模中学的需要。农村中学“三教统筹”，还有的要辅修一些职业课程，掌握成人教育的教学方法。

——实施素质教育，关键在于提高教师群体的全面素质。只通晓一门学科的知识而缺乏全面素质修养的教师，只会传授知识而不能做到“教书育人”。高师的素质教育，除了一般的人文素质之外，还应重视为人师表的师德修养。同理，作为高师院校的教师，包括基础课和专业课的教师，是教师的教师，更应掌握比较渊博的知识，学习教育科学，懂得教育规律，具有敬业乐业精神和崇高的师德。

——高师的教育理论课程和培养教育能力的实习，正如书中所指出，比重太低，内容贫乏，不利于培养高素质的师资；必须采取有效措施，改革与加强教育课程。为此，我赞成采取“4+1”“3+1”“2+1”的学制。最后一个学年，集中时间、精力，学好教育课程，进行教育实习，撰写毕业论文。毕业论文最好是在教育理论与教育实践的结合上选题。

以上这些肤浅的学习心得和意见，提供作者和读者参考、批评。

潘懋元
1997年12月12日

《开拓与发展——新建地方性本科院校办学之路》① 序

陈笃彬同志是一位有作为的院长。他于1997年5月奉调到泉州办学，至今刚好七周年。在这七年间，他把一所地方师范专科学校，通过合并、重组、扩充、升格，成为一所社会称誉、人气旺盛、校园优美、生机勃勃，内具凝聚力、外崭露头角的多科性本科学院。

当然，泉州师院的超越式发展有其客观的因素：科教兴国的政策、高等教育大众化的推进，泉州市委、市政府的领导与支持，全院师生干部和班子成员的通力合作，构成了泉州师院发展的机遇。但是，“机遇偏爱有准备的头脑”，作为事业带头人，陈笃彬的头脑是有充分准备的。这本《开拓与发展——新建地方性本科院校办学之路》可以为证。

为了办好学院，在改革与发展中有所作为，陈笃彬认识到必须加强理论准备。他邀请厦门大学高等教育科学研究所在泉州办了一个硕士课程班并带头参加学习，接着又参加了博士课程班的学习，在系统钻研高等教育学和管理理论的同时，结合建校的实际，有计划地撰写一系列论文。这本《开拓与发展——新建地方性本科院校办学之路》基本上就是在历年发表的系列论文基础上形成的。

办好一所地方院校，当前最重要的是解决定位与发展方向问题。这本专书所要解决的中心问题，正是定位问题。本书首先简介泉州师院面临的挑战，论述“改革发展的背景”与“办学理想和价值取向”（第1~3章），这是定位的客观依据与主观认识。据此，作者把泉州师院办学定位于“以培养应用

① 陈笃彬．开拓与发展：新建地方性本科院校办学之路［M］．厦门：厦门大学出版社，2004．

型人才为重点，以教师教育为特色，开放多元的多科性、教学型、地方性大学”（第4章）；根据这一定位，对泉州师院改革与发展中的办学特色、学科建设、教学质量、科研水平、师资队伍建设、筹措教育经费以及后勤社会化（第5~11章），逐一展开研讨；最后以“办学战略研究”（第12章）作为全书的总结。虽然由多篇论文所构成，而全书纲举目张，此外，附录四篇，畅述了作者办学的理念。尤其是第1篇和第4篇，有很高的理论价值。

除此之外，本书有许多特色与精辟见解。我特别欣赏下列数例：

——泉州师院定位于多科性本科，但无论从历史积淀或地方需求来说，教师教育仍是它的优势所在。在制定发展战略中，陈笃彬始终以“优化教师教育”为特色，从“发展背景”“价值取向”等角度，充分论证优化教师教育的重要性；从“学科建设”“提高质量”等方面，落实“优化教师教育”的措施。不同于有些师范院校领导者，往往乘改制之机，企图“跳出师门”。

——在制定发展战略中，以“学科建设”为基础，以“师资队伍建设”为核心。可以说，这是抓到改革与发展的根本。不同于众多院校领导者，倾全力于建大楼、争经费。这些工作是必要的，但作为全面领导者，不宜舍本逐末。

——作为一校之长，行政级别最高，行政权力最大，而能冷静地见到官本位思想的严重，行政权力泛化的危害，大声疾呼“废除行政级别，消除官本位思想”，要从制度创新上改变行政权力干预代替学术权力行使职权，发挥学术权力在办学中的作用。这同某些院校领导者斤斤于行政级别高低，行政权力大小，不可同日而语。

本书不是理论著作，但也不是工作总结，而是在实践中提出问题，从理论与实践结合上剖析问题、解决问题。它不同于一般的理论著作，具有实际的可操作性；也不同于一般的政策加实例的总结文章，具有一定的理论水平。虽以泉州师院作为具体的研究对象，但其理论与战略措施，对一般地方本科院校，都有参考价值。我相信这本书的出版，将有助于新建地方本科院校找准自己的地位，明确自己的发展方向。

潘懋元

2004年4月22日

于厦门大学教育研究院

《建设应用型大学之路》[1] 序

在高等学校分类定位的研究中，许多研究者倾向于将高等学校分为三种基本类型。我也是三分法的主张者，我认为根据现代社会的人才结构和中国高等教育进入大众化阶段的实际，参照联合国教科文组织《国际教育标准分类》的框架，三分法是适当的：第一类是综合性研究型大学，培养自然科学、社会科学和人文学科的研究人才；第二类是专业性应用型的多科性或单科性大学或学院，培养理论基础宽厚的不同层次的专门人才和各级干部；第三类是职业性技能型高等院校，培养在生产、管理、服务第一线从事具体工作的技术人才。第一类型人才在经济和社会发展中虽然很重要，但人数不宜太多；第二、第三类型人才则需要量很大。因此，高等教育大众化的增量主要用于培养这两类人才。每种类型人才的培养，在培养目标、规格、专业、课程、教学、管理上，都有许多问题有待研究。

第一类型大体沿袭传统的综合大学模式，现在是如何适应现代化的步伐，创新提高，争创一流的问题。这一类型大学，在建设一流大学的号召下，既是领导层所关心的问题，也是理论界研究的热门课题。第三类型相当于高职院校，发展快、问题多，是当前高等教育研究的重点，不但每年有数以千计的研究论文与经验报告，而且有不少系统专著。唯有第二类型的研究性应用型大学或学院，教育部虽召开过几次专门研讨会，报刊上只有寥寥可数的研究论文，似未见到系统的专著。这就是为什么我特别重视《建设应用型大学之路》这本新著的出版。

间于研究型大学和技能型高职之间的专业性应用型大学与学院，是培养

① 孔繁敏．建设应用型大学之路［M］．北京：北京大学出版社，2006.

工程师、经济师、律师、教师、临床医师和各级干部的高等院校，是高等教育体系中的主体部分，在全国700多所本科院校中有600多所主要是面向地方的院校，情况比较复杂：有历史悠久的老校，也有“十五”期间的新办校；有师资力量、教育资源雄厚的大学，也有刚从专科层次的高职高专升转的学院。这一类型高校的主要问题是学校定位、培养目标、发展方向不够明确。历史悠久的老校，深受传统大学的影响，从办学思路到学科课程，不容易从研究型向应用型转变；刚获准“专升本”的新办校，又只有专科层次的师资力量、教育资源和管理经验，不容易从职业性技能型向专业性应用型提高与转变。因此，应用型大学的性质、特征是什么，如何办好这一类型的大学与学院，亟须进行系统、实证的研究。《建设应用型大学之路》这本新著，正好填补了这一类型高校研究之不足。

这本新著，既是理论的，又是实证的，在理论与实践的结合上显出特色。全书分上下两篇：上篇对应用型大学建设进行了系统的理论研究，逐一阐明应用型大学的含义、特征、模式、学科与专业、科学研究、师资队伍以及学生管理和教学管理，最后指明了应用型大学的发展方向。下篇以北京联合大学应用文理学院作为典型，对办好一所应用型大学的方方面面进行实证性的研究。读此一书，既对“什么是应用型大学”和“如何办好应用型大学”有一个全面系统的理论认识，又可获得具体的操作经验。

北京联合大学应用文理学院，是一所从研究型大学向应用型大学转变的典型。它的成功，首先在于指导思想明确（为了适应首都现代化建设的需要，也为了在名校如林的北京求生存、图发展）。这一指导思想转化为实践就是定位正确（面向大众，服务首都；应用为本，争创一流）、方向明确（发展应用型教育，培养应用型人才，建设应用型大学）；这一指导思想成为全校教师、干部的共识，就能上下一致，持之以恒，与时俱进，不断创新，率先走出一条中国特色的应用型大学之路。

这本新著，在实践的基础上形成的系统理论，对于我们高等学校分类定位的研究者，无疑是重要的资料；对于全国应用型大学与学院，也有重要的参考、借鉴的价值。

潘懋元

2006年4月15日

于厦门大学高等教育科学研究所

《审计高等教育研究与探索》[①] 序

2005 年 9 月 23 日，我应邀到南京参加江苏省高等教育学会主办的“教育强省论坛”，会后，带了四位博士研究生到南京审计学院（简称“南审”）调研、学习。当时，该院正在开展有关办学定位与提高质量的发展战略大讨论。当晚正好参加一个热气腾腾的学科建设讨论会，在王家新院长的启发性发言后，各个院系的代表争相发言，各抒己见，从晚饭后 8 点一直开到深夜 11 点半。我和我的研究生们学习了许多从改革实践中得来的生动知识，更感受到审计学院群体勇于探索的敬业精神。在这种气氛的感染下，次日，我应邀对部分干部和老师做了一场没有讲稿的学习心得报告。后经陈怡教授精心整理成《中国高等教育的定位、特色、质量》一文，发表在他主编的《中国大学教学》2005 年第 12 期上。这一情景，历历在目，记忆犹新。近日，我又一次有机会先睹王家新院长亲自策划、近 20 位学科带头人编写的《审计高等教育研究与探索》，加深了我对审计学学科特色和南审办学正确定位的认识。

在未到南审之前，我对审计行业的重要性和工作的复杂性的认识是模糊的，对审计学学科的认识是肤浅且偏颇的。20 多年前，我曾主管一所大学的课程与教学工作，当时就有审计学这一学科，我只是把它作为会计学学科的一个专业方向，以为审计审计，无非就是运用会计的知识与技术，查核账目而已。进入南审所营造的“大审计”平台，我才理解“随着我国改革开放和社会主义经济建设的发展，审计目标、审计职能、审计环境、审计内涵和审

① 王家新．审计高等教育研究与探索［M］．北京：高等教育出版社，2007．

计方法都发生了深刻的变化。传统的以账项为基础的财务收支审计逐步转向以制度为基础的系统审计，并进一步延伸到基于风险导向的经济责任审计、企业效益审计和政府绩效审计；审计手段从传统的手工审计转向计算机审计和网络审计。审计工作内容的拓展和质量的提高，对审计人员的知识、能力、素质有了更高的要求，培养现代复合型审计人才的任务更为紧迫”（引自王家新院长为本书写的“前言”）。在南审这个“大审计”平台上，有关的学科专业，都有用武之地。在审计特色学科专业带动下，有关的学科专业都能找准自己的方向，充分发展；在有关的学科专业支撑下，强化了审计特色学科专业，共同为培养复合型的现代审计人才而努力。管理学、经济学、会计学、法学以及文、理、工都能发挥各自的作用。

审计的主体有国家审计、内部审计、社会审计三大体系。正如尹平教授在其所写的《审计学学科知识结构与审计学学科体系》一文中所指出：“现代审计发展的重要标志是从财务收支审计逐步向经济效益审计转变……内部审计应以经济效益审计为核心，国家审计应以绩效审计为核心，原有被动性、警戒性、守护性的审计向技术性、信性、评价性审计转变……国家审计的对象包含财政金融、国家投资项目、农业水利、科教文体卫、外贸外资、环境、社会保障、行政事业单位等；企业内部审计是其供产销运等生产经营过程，是企业整个管理系统的运行和操作；会计、财务对审计的影响和关联也逐步在减弱。”也就是说，对审计人才的培养，必须是知识宽厚、视野宽阔的复合型、创新型人才。

《审计高等教育研究与探索》就是在“大审计”平台上，以南京审计学院为实践基地，对审计领域的拓展与转变，对审计学科专业与课程的建设，进行了全面探索的研究成果。相信这本书的出版，不但对全国审计学学科专业的建设有重要参考价值，对全国在职审计人员，也有其拓宽视野、转变观念的作用。

潘懋元
2007年3月29日
于厦门大学高等教育研究所

《新建本科院校运行机制研究》[①] 序

新建本科院校是在我国高等教育迅速发展，由精英教育向大众教育阶段过渡的背景下产生的。这些学校大多是高校扩招这几年专升本过来的，它们在推进高等教育大众化、多样化、地方化进程上的作用日益显著，并成为我国发展应用型本科教育的重要基地。升本之后的新建院校到底选择什么样的发展道路，按照怎样的办学机制运行，事关中国高等教育发展的战略全局，如何以科学发展观指引新建本科院校沿着正确的道路健康发展，已引起教育界和社会各界的广泛关注。

当前的问题是有些学校升本后就很想摆脱、抛开原来高职的特点，要走研究型、学术型的道路，成为综合性大学。从20世纪90年代末到21世纪初，很多学校介绍自己，都是说要成为综合性研究型的大学，要立足于本省，对全国有影响；或者立足于中国，对世界有影响。升本之后，就想通过评估，申请硕士点，接着申请博士点；申请到博士点以后，要进入“211工程”“985工程”行列，成为副部级的单位，走以清华、北大为首所谓“一流大学”的路子，千军万马挤向这座独木桥。

应该看到，中国现在还处在工业化进程中，大量需要的是应用型的人才。应用型的人才应从广义来理解，其中包含了工程型人才、技术型人才和职业型人才。应用型人才不是以认识世界为主要任务，而是以改造世界为主要任

① 王前新，刘欣. 新建本科院校运行机制研究［M］. 北京：科学出版社，2007.

务。新建本科院校升本以后主要应培养工程型和技术型人才，也可培养职业型的人才。培养职业型的人才也要有本科，应该有职业型本科，但目前学制还不具备；不过最近的文件已经提出来，应该要有一些职业型本科的试点。所以，这个问题从理论研究到实践探索，已经引起决策者的注意，认识到职业型学校升本之后，不一定要变成非职业型学校，变成培养学术型人才。也就是说，决策者已经开始考虑这个问题，这是值得高兴的事。

新建本科院校从职业教育转为普通高等教育，急需解决的问题就是重新定位的问题。要使学校定位明确，各就各位，各定发展方向，就应当做好分类工作。但是高等学校的分类，是一个世界性的难题，又是一个高等学校定位与发展不能不解决的问题。现在很多人引用的是美国“卡内基高等教育机构分类表”，把高等学校按学位高低分类，认为培养博士生的研究型大学才是高级的，培养学士或副学士生的教学型高校则是低级的，以致误导大家更加重学轻术，层层攀高，所以，卡内基以学位分层次可以参考，但不能作为我国高校分类的主要依据。因为卡内基的分类基本上是按学位高低和学位数多少来划分层次的，而我们中国要解决的矛盾正是层层攀高的问题。相对来说，联合国教科文组织批准的《国际教育标准分类法》（1997 年修订稿）可能比较合适一些。它将第三级教育（相当于高等教育）分为两个阶段：第一阶段（序数 5）相当于专科、本科和硕士生教育；第二阶段（序数 6）相当于博士生教育。第一阶段分为 5A、5B 两类：5A 类是理论型的，5B 类是实用技术型的。5A 类又可分为 5A1 与 5A2：5A1 是按学科分类，一般是为研究做准备的；5A2 主要按行业分类，一般是从事高科技要求的专业教育。这一分类主要依据人才培养职能，并兼顾年限长短与学位高低，所以它提出的分类比较具有普适性。

新建本科院校应当定位在哪一个位置上？从全国布局和高校自身来看，新建本科院校有两个共同特点：第一，它是培养应用型人才的。我们不排除个别的也去培养学术型人才，但基本上是培养应用型人才。第二，新建本科院校主要应该立足地方，为地方服务。这些学校除师范类外，主要是按行业而不是按学科设置专业，为地方培养各行各业的应用型高级专门人才。它们中的大多数应当定位于教学型，有的也可定位于教学研究型，能够承担一定的应用性科研任务，但总体上是以教学为主，而不是以科研为主或教学与研究并重。它可以培养专业硕士研究生，但以培养本科生为主；同时，它虽面向行业，但培养的是行业的“师”字号高级专门人才，专业口径较宽，适应面较广，理论水平较高，实践能力更强，从而与面向具体职业的高职高专相区别。后者相当于5B类型，培养在生产、管理、服务第一线的实用性技能型人才。总之，新建本科院校主要应定位为5A2类型，也就是介于研究型大学和职业型院校之间的第二类型的应用型大学。如果抛开了这一定位，以学术性、研究型为发展方向，办成多科性综合大学，就不符合社会对高级专门人才多样化的需求，也违反了教育的外部关系规律；就会一方面形成“过度教育”，另一方面导致“学非所用”，势必造成人才的极大浪费，它的直接后果是用人部门难以获得适用人才，毕业生也难以找到适合的工作。

应该看到，每一类型都应该有重点的高等学校，都可以成为国内省内知名的、国际国内有影响的学校。不能说研究型的就高人一等，应用型的就低人一等，关键是要能够找准自己的优势，办出自己的特色，确定具有校本特色的发展战略。新建本科院校如何办出自己的特色？有的学校领导曾经问我，他们学校应该确定什么特色。我说，特色不是上面封的，也不是专家设计的，特色必须是由内涵生发出来，根据自身特点和优势逐渐形成而不是外加的。新建本科院校在考虑特色定位和制定发展战略时，必须从现有的条件和实力出发，要和客观环境、社会需要、当地文化以及自身的文化积淀和师资实力相适应，这是一所高校生存发展不可逾越的规律。北大那种特色，那种兼容并包和相对的学术自由，是百年来文化积淀的结果。一些新建本科院校如果没有这种深厚的积淀，那么只有依据自身条件、实力和客观环境，朝着一个既定的方向去努力。

当然，特色发展还有一个运行机制和体制保障问题。新建本科院校要肩负起高等教育大众化任务和培养“数以千万计的”高素质应用型专门人才的重要历史使命，就要消除种种难以胜任这一使命的体制或机制障碍。在组织机构方面，新建本科院校由多所专科合并所形成的组织机构重复设置、运转不灵的状况还比较严重，行政权力与学术权力二元耦合模式的形成还有一个过程，困扰学校发展的学科建设与管理效能的体制性问题多未真正解决；在决策机制方面，教学、科研、社会服务等基本职能的活动，尚缺乏有效的沟通与协调，还不能克服院系和职能管理部门的狭隘性，不能保障学校决策的科学性和协调性；在激励机制方面，学校的产权（所有权、经营权、分配权）结构还不能激励社会投资办学，不足以激励校长成为高等教育事业家，激励教师积极开展教学改革、提高知识生产能力和技术应用推广能力；在资源配置机制方面，人事管理制度还不利于人才的相对稳定和合理流动，知识资源的系统管理还没有提上议事日程，跨院系、跨学校配置和利用教育资源还有许多障碍；在教学机制方面，应用型课程的生成系统还有待科学化，教学模式还基本上是传统的，既未充分利用现代信息技术，也不能适应培养应用型人才的需要；在体制创新方面，自主办学的权限和创新活力受到抑制，大多数新建院校为“省市共建”，在经费划拨上常常相互推诿，教育投资体制不顺、渠道不畅仍然是学校可持续发展的瓶颈。凡此种种，有待于进一步深化理论研究与实践探索。

正是在这种特定背景下，荆楚理工学院的研究成果《新建本科院校运行机制研究》的出版，显得特别及时和重要。荆楚理工学院是一所由职业大学和师范专科学校合并升格的新建本科院校，位于素有“荆楚门户”之称、石化建材工业发达、能源矿产和人文资源十分丰富的湖北荆门。学校历经 50 多年的办学实践，秉承“依托行业，服务社会”的应用性办学思想，培养了数万名专业应用型专门人才，在社会上有着良好的声誉。以院长王前新教授为首组成跨部门的项目研究团队，经过深入研究而形成的这部专著，以运行机制的突破为切入点，运用系统科学、教育科学、战略管理理论和非均衡发展理论，就新建本科院校的办学理念、办学定位、办学特色、发展模式等重大战略问题，以及运行机制的特征与原理、结构与功能、运行与保障机制、发展中存在的问题和应对策略等微观问题进行探讨，首次从理论上提出“专业应用型”教育发展观，对新建本科院校运行机制进行系统的分析与研究，并阐明新建本科院校运行机制“四要素整合”发展模式及其实践策略。全书共分14章，每章集中讨论一个宏观的或微观的问题，除理论阐述外，各附一个典型、生动的院校案例分析，作为理论佐证并启发读者分析研究，为我国新建本科院校战略管理理论与实践探索，提供了新颖独到的研究视角和实践架构。相信这本专著的出版，将会对新建本科院校的建设和发展提供有益的启示和参考。

潘懋元

2007年11月6日于厦门

《理想与现实：技术本科教育的发展》[①] 序

自20世纪中期以来，由于科技的发展、生产力的提高、产业结构的调整和社会的进步，从事生产、管理、服务第一线工作的技术型人才，在科学技术水平与工作能力上，也要求相应地提高，从而在世界各国出现了职业技术教育往高位移的趋势，越来越多的职业技术教育进入高等教育专科层次以至本科层次。在我国，经济体制转型大大解放了生产力，社会的发展以及产业结构升级换代，不仅需要大量专科层次的职业技术人才，也需要一大批本科层次的专业技术人才，这是社会对高等教育提出的新要求。

我国高等教育大众化的推进，本科层次的高等教育承担了沉重的任务，但这一层次高校之间，还没有出现学校类型的明显分化。这种单一的学校类型与社会发展对人才多样化的需求是不相适应的。为了应对社会对规模扩张之后高等教育的新要求，从1999—2007年，教育部先后批准建立了208所普通本科院校，占全国740所本科院校的28%。这些新建本科院校诞生于我国高等教育迅速发展、由精英教育阶段向大众化阶段过渡的时代背景下，从传统的学术型人才培养的角度说，它们难以与老本科院校比实力，所培养的学生难免处于竞争劣势；从社会需求的角度说，社会对本科层次专业技术人才的需求十分旺盛，而这类人才的供给明显不足。新建本科院校是否应该以及如何承担这一任务，是一个亟须研究解决的重要问题。

---

① 夏建国. 理想与现实：技术本科教育的发展［M］. 上海：上海教育出版社，2008.

理论上，参考联合国教科文组织的分类标准，结合我国高等教育机构实际，应用性技术型本科高等学校不仅可以，而且应该大力发展。我国的全日制普通高等学校可分为三种基本类型：第一种类型是综合性研究型大学，以基础学科和应用学科（专业）的基本理论为主，研究高深学问，培养拔尖创新人才；第二种类型是多科性或单科性专业型本科大学或学院，以应用技术为主，培养各行各业的应用型技术人才；第三种类型是多科性或单科性职业技术专科院校，以实用型职业技术为主，培养生产、管理、服务第一线专门人才。现在很多专科层次的职业技术学校要求“专升本”，面临工业化和信息化的时代需要，逐渐让一些职业技术专科升本是合理的、必要的。但是，由于我国职业技术教育没有自己的独立体系，专升本之后就向传统大学趋同，这对专业技术人才的培养很不利，对这些新建本科院校的发展则是迷失方向。两百多所新建本科院校差不多都是从高职高专“专升本”的，而且都是原来水平较高、条件较好、规模较大、业绩较高的高职高专，它们多数已有一定的大众化理念与办学经验。例如：立足地方，重视地方实际需要；重视培养学生的实践能力和操作技能，具有产学合作的经验与条件；建立了校内外的实训基地；如此等等。这样才有利于走出一条不同于传统大学、适应社会需要、具有自己特色的办学道路。如果丢掉原有的基础与特色，趋同于传统大学，既不利于学校自身的发展，也不能适应社会对应用型技术人才的需求。因此，如何在原来高职高专的基础上办应用型技术本科的问题，就显得更为突出。

上海电机学院是在原上海电机技术高等专科学校的基础上于 2004 年 9 月经上海市人民政府批准并报教育部备案而升格的一所新建本科院校。从 1953 年建校以来，该校一直以举办职业技术教育作为自己的定位，并在 1985 年开始试办五年制技术专科。在专科时期，上海电机学院是一所办学特色鲜明、深受用人单位欢迎的高等院校，其就业率 10 多年来一直保持在很高水平上。升本后，为了保持自己的办学传统和风格，顺应时代潮流，面对经济转型大局，该校明确提出了创办技术型本科高校、发展技术本科教育的办学定位，并努力组织、开展关于技术本科教育的理论研究和实践探索，取得了一定的效果。

该校党委书记兼常务副院长夏建国博士主编的这本论文集《理想与现实：技术本科教育的发展》，就是上海电机学院多年来潜心研究技术本科教育的成果，反映了该校有关技术本科教育研究工作的进展情况，也是对近年来上海电机学院实施技术本科教育、培养技术型人才的实践经验总结。这本论文集详尽地收录了该校这几年的研究成果，从技术教育的产生和起源开始，借鉴了其他国家和地区的技术本科教育做法和经验，诠释了技术本科教育的内涵，结合上海电机学院的实际实施状况，介绍了技术本科教育课程与教学的实践研究成果。

本书内容不但可作为当前两百多所新建本科院校发展的借鉴，而且对技术本科教育的发展和现状，提供了一个比较完整的认识；对于高等职业技术院校的办学者，也有理论指导和实践参考价值。

潘懋元
2008 年 8 月 1 日

《高等学校转型：我国新建本科院校视角》[①] 序

关于新建本科院校的定位与办学问题，是进入21世纪以来高等教育发展中的重要问题，我曾就这一问题进行了一些探讨，发表过一些看法。例如，在“全国新建综合性本科院校第七次工作研讨会”上（2007年11月，三明），以《新建本科院校的定位与发展战略》为题做了一场报告。我认为，高等教育大众化和中小学教师学历提高，这两个因素促使我国新建本科院校在2000年以后大量涌现，这也是我国经济与社会发展所决定的。这些新建本科院校都有专科的办学基础，拥有相对优质的教育资源和文化积淀，已有一定的大众化办学理念和办学经验。但是，它们作为正在成长的本科教育的生力军，还比较稚嫩。毋庸讳言，它们在学科的学术水平上，与老本科院校相比，总体上还有一定差距。更重要的是，许多“专升本”的院校，存在一个分类的错位发展的问题，还要有一个适应、创新的过程，也即“转型”的过程。因此，对于新建本科院校由专科向本科转型的研究，十分必要。《高等学校转型：我国新建本科院校视角》一书就是在此背景下应运而生，其现实意义不言而喻。

作为中国高教学会课题研究成果，这本专著由绪论和4章构成，共20余万字，有些章节以阶段性成果的方式已在《教育研究》和一些学报以及国际国内学术研讨会公开发表。我只粗阅了其中部分章节，以下就此书的特点谈

① 李泽彧. 高等学校转型：我国新建本科院校视角［M］. 西安：陕西师范大学出版社，2008.

几点看法：

首先，在框架结构上，这本书从当前新办本科院校的实际出发，对新建本科院校至关重要的定位和办学特色、关系到激发教师积极性和稳定师资队伍的人力资源与收入分配管理、以教学工作量管理为切入点的教学管理以及立足地方做好社会服务工作这四个转型问题，进行有针对性的专题探讨，独辟蹊径，颇有新意。

其次，在理论联系实际方面，这本书对四个转型问题的研究，既有现阶段此类高校正在进行改革的内容，又有其办学中难以解决又鲜见研究的现实问题。注重科学性与可行性的紧密结合，并以福建省特别是龙岩学院的实例为实证研究的依托；注重从实践中发现问题、分析问题、解决问题——这是该书的另一特点。例如，指出此类院校应当在老本科院校和高职高专学校之间找准自己的位置；踏踏实实地立足地方，注重应用性，凸显特色性；现阶段应当选择做强而非盲目地不计办学能力与教育质量而一味做大；要实现由专科向本科的实质性转型；等等。此书的这些主要观点，言之有物，值得肯定。

还需一提的是，在研究人员方面，这本书的课题组成员由厦门大学教育研究院和龙岩学院的几位教师及研究生组成，他们既有高等教育学的专门知识，又有新建本科院校办学的亲身体会与新鲜经验，在教育的一般规律和新建本科院校特殊性的结合上，方向正确、方法得当。课题组负责人李泽彧教授是厦门大学教育研究院的博士生导师和行政管理干部，受命从厦门大学赴闽西老区新建本科龙岩学院担任院长已近四年（龙岩学院于 2004 年升本），在平时的交往中，我得知他的自我写照是：“既在理论上、‘沙盘’上研究与推演，又在高校管理中实践，知行交融未曾中止，如鱼在水冷暖自知。”对此，我历来是赞赏和鼓励的。1989 年 7 月，我为原国家教委高教司一位领导的专著《高等工程教育概论》写序时就阐明了这一观点：“领导管理工作的同志，应当搞研究，也能搞好研究。”应当搞研究，是因为正确的决策离不开将科学研究引入决策过程中；能搞好研究，是因为管理干部掌握丰富的、鲜活的实际情况，具有厚实的“亮剑”根基。求真务实，相得益彰。

当然，由于新建本科院校存在的时间不长，新情况、新问题不少，如何在现有研究基础上，对相关理论和更多专题不断进行更深层次和更广泛的研究，有待此书作者持之以恒地挖掘与探索。近来，我正在组织几所地方院校和几位高等教育学教师、研究生，研究地方应用型大学的办学问题，深感地方高校在定位与发展方向明确之后，如何落实到办学实践中，是一项更加艰巨的工作。如果仅停留在理论认识上，而实际上仍按传统大学的模式办理，则所谓定位与发展方向必将落空。《高等学校转型：我国新建本科院校视角》在有关管理、服务的转型上，进行了实证性的研究，积累了成功的经验，做出了可喜的贡献；但还有许多问题，尤其是作为提高教育、教学质量的核心——学科的转型与建设，还期望作者们进一步深入研究。

潘懋元

2008 年 11 月 4 日

《趋势与策略——地方性高校本科人才培养的理论与实践》[①] 序

在建设高等教育强国中，地方高校本科日益显示其重要性。这不仅因为它是高等教育大众化的主力军，担当培养数以千万计的专业人才的重任；更因为它立足地方，为地方培养应用型人才。

地方性与应用性，是地方高等学校两大主要的定位点：地方性要求地方高校，必须面向地方经济与文化发展的实际需要。中国经济的发展，和谐社会的建设，地方经济与文化的发展是基础，而地方经济与文化的发展，需要地方高校为之培养适应地方需求的应用型人才。因此，地方本科院校应当定位于地方性与应用性。

正是这类日益重要的地方本科院校，在高等教育大众化阶段，存在定位不明、发展方向不清的困惑。学术性研究型大学，定位于“研究高深学问”，培养学术性人才，在精英教育时期，就已形成了它的传统模式；在大众化阶段，虽也必须进行与时俱进的改革与完善，但不须改变其定位。职业性教学型的高职，经过近10年的理论探讨与实践总结，已确定为培养生产、管理、服务第一线的技能型人才，并积累了一定的办学经验，初步形成了适应社会需要的课程体系与实训模式。地方本科院校，在传统模式和“重理论，轻应用”的思想影响下，在相当长的一段时间，以学术性研究型的综合大学作为

① 林华东. 趋势与策略：地方性高校本科人才培养的理论与实践［M］. 厦门：厦门大学出版社，2008.

办学者的价值追求，严重脱离了地方的实际需要，导致近年来有的地方出现毕业生就业比高职院校更困难的现象。在人才市场的现实制约下，有些务实的办学者，开始把学校的发展目标，从面向全国（或全省）改变为面向地方，把办成学术性研究型综合大学的目标改变为应用性专业型的多科性大学（或学院）。这是一个可喜的转变，据我所知，率先转变、走出彷徨困境的北京联合大学、上海电机学院等，对此都有深刻的体会。

但是，发展目标与价值追求的转变只是理念上的转变，根据他们的经验，从观念到行动还有一定的距离，还有一连串的艰苦工作。实现办学理念，落实发展目标，还必须通过课程体系、教材内容、教学方式方法以及管理制度的改革。如果光有转变的愿望，而专业设置、教学计划、教学内容与方法、管理制度还是按照传统大学的那一套，那么，理念、目标、价值追求都不会落实。

林华东教授所编著的《趋势与策略——地方性高校本科人才培养的理论与实践》一书的现实意义，就在于不仅从理论上阐释、论证地方本科院校的培养目标与发展趋势，而且具体化为课程建设、学科建设、师资队伍建设以及实践平台建设等策略性的措施，并且以所主持的泉州师范学院（简称“泉州师院”）这所新建地方本科高校作为案例，逐一进行理论探讨与实践经验总结。特别是详细介绍了泉州师院对大学生专业素质能力的培养方案——“攀岩计划”，这是全书最具创新性的亮点。

“攀岩计划”是泉州师院为培养地方性应用型人才所设计的方案。“攀岩计划”首先将新建地方本科高校定位于“培养高级应用型人才，以便更直接地为地方经济、文化和社会建设服务”，认为新建地方本科高校没有名牌效应，唯一能做到的就是不因袭传统大学的做法，改革人才培养模式。“只有这样，我们培养的人才才能在社会中占有一席之地，我们的学校才有自己的特色和优势。”换句话说：如果能坚持自己的特色与发展方向并办出成绩，地方高校也能创出自己的品牌。

“攀岩计划”不仅明确了定位，表达了信心，更重要的是制订了符合定位与目标的具体方案，特别是将人才培养改革聚焦于大学生实践能力的培训上。除了加强课内实践（如实验）、课外专业实践（如实习）外，还要具有岗位工作的实践能力，要求每个学生在学期间，必须任选两个项目，完成规定的要求，修得两个学分。学分虽少，意义重大，因为这些项目是贴近地方生产生活的实际，独立自主地自我培养岗位实践能力。例如，艺术设计专业就以泉州市的支柱产业制鞋业的鞋类造型设计作为专业方向，设置若干项目——鞋类造型的市场调查、鞋样设计过程、鞋类制作工艺与生产流程及电脑模拟设计、鞋类营销与展示设计调查等。这些项目，看似有悖于传统的艺术教育，实则正是“使大学生们进一步拓展学科专业视野，在大学期间就能达到专业与社会零距离沟通，为就业打下良好基础”。

为什么我对“攀岩计划”特别感兴趣？因为“攀岩计划”将面向地方培养应用型人才的理论具体化了，而这正是理论所达不到而实践却迫切需要解决的问题。希望这本书的出版，对地方本科院校的领导和教师，有所借鉴、有所启发，从而创新更多的方案与经验。

潘懋元

《地方院校战略规划论》[①] 序

随着中国区域经济的发展和中央部委政企分开的推进，近年来，新建的和“下放”的地方本科院校数量骤增，成为中国高等教育的主要组成部分。但新建的本科院校，大多定位不明，发展方向不清；而“下放”的本科院校，也有一个如何面向地方，适应地方环境和需求的过程。对这些院校发展战略规划的制订，如何加强科学指导，促使地方本科院校明确自己的使命、目标，朝着正确的方向，办出自己的特色，这是一个中国高等教育转型时期亟待解决的重要战略问题。

科学的指导，源自理论与实践的结合。高等教育理论界，近年来对地方本科院校的分类、定位、质量、特色，进行了大量的研究，提出了许多有价值的理论观点，但苦于实践验证不足，不免有隔靴搔痒之感；地方院校的领导和规划部门，更努力于探求自身的发展战略与制订切合实际的发展规划，但往往苦于理论准备不足，就事论事，视点不高。邹晓平教授作为一所新办地方本科院校的领导，带着制订校本发展规划的任务，攻读高等教育管理理论，在理论与实践的结合上下功夫，并以“地方院校战略规划的理论问题与个案分析”为课题，研读中外文献，遍访专家与实际工作者，虚心求教，苦心思考，完成一篇具有重要理论价值与实践意义的优秀博士论文。这本《地方院校战略规划论》，就是邹教授在博士论文基础上，吸收答辩委员会的意见，经过精心修改、补充、完善而形成的。

① 邹晓平．地方院校战略规划论［M］．广州：广东高等教育出版社，2009．

这本专著，首先从战略思想与方法、战略环境、战略能力、战略目标、发展模式与特色、战略规划评价、战略进程控制以及战略规划文本等多维角度，研究高等教育发展理论与规划制订机制，力求将地方院校的战略规划置于科学化的基础上；其次对一些地方院校在发展中存在的问题，进行深入的剖析，语多中肯；最后集中对地方院校发展战略选择提出七条建议。这些精湛的建议，既有理论依据，又有现实针对性；既有原则性的指导，又有写实性的案例。

这本专著的特点，还在于运用科学发展观和辩证方法论，对一些流行的战略观点，进行分析，做出判断，提出自己的创新观点。举个例子：作者认为“院校发展战略属于一种稳定增长型的战略，个别非常特殊情况下的跨越式发展，对地方院校并不具有普遍意义”。确乎如此。如今，“跨越式发展”成为流行的口号，把特殊情况、特殊时期、对特殊事物的“跨越式发展”当作普遍规律，甚至作为流行口号，到处滥用。它所反映的是“大跃进”的浮躁心态。这种心态是战略选择、规划制订应当避免的。

细心阅读这本专著，这类不随俗、有创新的观点随处可以发现。当然，并不是说书中所有的理论与观点，都是正确、准确的。正如本书所揭示的：“任何发展模式都是非标准、未完成的”；任何战略理论、规划方案，都是从不成熟到比较成熟，是随着客观条件与主观认识与时俱进的。但不论成熟与否、不论赞同或存疑，都有启发与借鉴的意义。

是为序。

潘懋元
2008年1月30日
于厦门大学高等教育科学研究所

高等职业教育

《高等职业教育的研究与探索》[1] 序

高等职业技术教育作为高等教育的一个重要领域，是随着高新科技产业的产生而形成、随着高新科技产业的发展而红火的。在农业、手工业时代，培养生产操作人员，是依靠父传子、师傅带徒弟的；在机械工业时代，培养生产操作人员，主要依靠相当于中等教育程度的职业学校。在中国，也就是清末兴起的实业学堂和民国时期的职业学校；到了20世纪五六十年代，高新科技进入生产领域，正如本书所说："原来手工操作、机械操作的设备逐步被自动化设备取代，导致许多岗位的智力成分要求越来越高……这就要求操作人员不仅懂简单的设备知识，还要懂得编程序，有一定的文化知识，单凭职业学校培养的学生很难适应这一新的岗位。"（本书第63页）这一职业教育高移化的需求，促使高等职业技术院校蓬勃发展，如美加等国的社区学院、日本的短期大学与高等专科学校以及专修学校的高级班、德国的职业学院、英联邦国家和地区的技术学院或理工学院等。中国职业教育高移化，"文革"前发展缓慢，虽有若干高等专科学校（师专除外），但定位不明，数量甚少。80年代初，适应科技产业和第三产业的发展，各地办起100多所职业大学，但由于定位不明，走过了一段弯路，受重学术轻职业的传统思想影响，纷纷向综合大学以及其他普通高等学校看齐，职业技术教育特点不突出，甚至讳言

---

① 姜国才. 高等职业教育的研究与探索［M］. 厦门：厦门大学出版社，1998.

“职业”二字。因此，我认为1993年创办的深圳高等职业技术学院的积极意义，不仅在于探索一套有中国特色的高等职业技术教育的办学模式，更在于办学思想明确，定位准确，措施到位。这告诉人们：发展高等职业技术教育是符合世界科技产业发展的大趋势，也是中国走向21世纪，实施科教兴国战略的重要举措。科教兴国，不但需要若干所第一流大学，还需要更多培养应用型、操作型的科技以及管理人才的高等职业技术院校。历史证明，许多发展中国家六七十年代经济起飞及其后向高科技产业转型，主要得力于发展高等职业技术教育。

深圳高等职业技术学院作为全国高等职业技术教育的先进典型，报刊上已有很多报道。如以人才市场定位的培养目标、以职业岗位为依据的专业设置、培养“复合型”的应用性人才、引进“三明治”的教学方式、开辟工业中心为技能教学基地、建立“双师型”的教师队伍等。但这些报道，或者只是描述现象、介绍经验，或者只谈成果，不谈过程，使读者只知其然，而不知其所以然。为什么要这样做，它的理论依据是什么，它的运行机制又如何，一般指导不可能说清楚，因而学习典型往往只能学习其皮毛而很难掌握其实质。姜国才同志所撰写的《高等职业教育的研究与探索》这本书，以深圳高等职业技术学院的办学模式为依托，而又不限于这所学院的办学经验。它系统全面地介绍了深圳高等职业技术学院的方方面面，从办学指导思想、调研方法到种种具体措施，特别着重于专业设置、培养目标、课程编制、教材教法、教学管理等环节，但不停留在现象的描述与经验的介绍上，而是深入探讨其理论依据，抽象为一些规律性的原则，并以若干国家和地区的高等职业技术教育为参照，进行比较研究，最后还提出若干有待进一步探讨的问题，启发读者的思考。

高等职业技术教育是高等教育的一个新的领域。高等教育学的一般规律、原则，对高等职业教育的运作，有理论指导的作用，但不能照搬，必须充分注意它的特殊性。例如，在学术性与职业性的关系上，职业性是第一位，也要兼顾学术性。首先应当面向职业岗位（或某种行业、某类技术），使培养出来的学生能够对口上岗，很快地适应职业岗位的需要，因而普通高校本科所提倡的“拓宽专业口径”“淡化专业，加强通识”等，不一定可照搬。但培养职业技术人才，不是培养“工匠”，也应当兼顾一定的理论基础与自学能力，使之能在工作中进修提高。因此，专业口径与教学计划应当根据实际情况，或宽或窄，或粗或细，机动灵活。又如，从普通高校本科所总结的许多教学原则，一般上也适用于高等职业技术的教学，但有的重要性更加突出，有的则退居次要地位，在具体要求上也有所不同，因而应当根据职业技术教学的特点有所补充。本书作者，在处理一般高等教育理论与高等职业技术教育实际的关系上，在根据高等职业技术教育的特点抽象特殊的原则上，都做得比较成功。总之，这是一本理论与实际紧密结合，有现实意义与理论价值的新书，有利于引导我国高等职业技术教育的健康发展。

潘懋元
1998 年 2 月
于厦门大学高等教育科学研究所

《新世纪的技术与职业教育》[①] 序

随着生产力的发展、经济的发展与社会的进步，技术与职业教育的地位与作用，日益重要。无论发达国家或新兴工业国家，经济的起飞与持续发展，都得力于技术与职业教育的支持。因为技术与职业教育是提高劳动者和技术人员素质的教育，使他们成为现代科学转化为生产力的桥梁，是“工业化和生产社会化、现代化的重要支柱”。1985 年我国颁布的《中共中央关于教育体制改革的决定》就指出：“社会主义现代化建设不但需要高级科学技术专家，而且迫切需要千百万受过良好技术与职业教育的中、初级技术人员、管理人员、技工和其他受过良好职业培训的城乡劳动者。没有这样一支劳动技术大军，先进的科学技术和先进的设备就不能成为现实的社会生产力。”因此，大力发展技术与职业教育，成为 20 世纪 80 年代中期以来我国教育发展战略的重点。

如果说，这一教育发展战略重点，20 世纪 80 年代所指的主要是中等教育阶段，特别是初中后的技术与职业学历教育，并已取得明显的效果；那么，随着现代科技的发达，产品与服务中科技含量的提高，以及人民对经济与文化日益增长的需要，技术与职业教育由中等向高等延伸，就成为必然的趋势。面临 21 世纪知识经济时代，除中等技术与职业教育在相当一个时期仍须保持一定比例之外，发展的重点逐步上移至高等技术与职业教育。这就是世纪之交我国高等技术与职业教育大幅度增加招生名额的根本原因。与此同时，技

① 郑国强．新世纪的技术与职业教育［M］．北京：中国文联出版社，2002．

术与职业教育办学形式的多样化，及学历教育与非学历的职业技术培训、职前的阶段性教育与职后的继续教育、公办与民办并举，形成纷繁复杂、声势浩大的职业技术教育热潮。

技术与职业教育在迅猛发展中有许多问题亟待研究。这些问题，既有老问题而未彻底解决的，更多的是当前新形势下的新问题。举例说：

——技术与职业教育的性质问题。技术与职业教育既不是学术性、学科性、普通性教育，不能照搬普通中学、普通大学的教学计划与课程，略加修补；也不是木匠训练，除某种短期技术训练班外，一般仍应有相应的理论知识与基本能力的教育。

——技术与职业教育是否也应实施素质教育？如何实施素质教育？是将技术教育与非技术的素质教育融合在一起呢，还是双轨并行？

——中等技术与职业教育和高等技术与职业教育、普通高等教育的沟通问题。这里有：中等职校毕业生进入高等职校的课程衔接与重复问题，中等职校毕业生能否进入普通高校问题，高等职校专科毕业生能否升入普通高校本科问题，高等职业技术院校毕业生能否进一步接受应用型以至学术型研究生教育问题。在学历社会中，这是学生及其家长所最关心的问题之一。此外，还有学历教育与非学历教育的沟通问题，非学历教育的课程学分能否为学历教育所承认。

——技术与职业学历教育的专业设置问题。一般来说，技术与职业教育不按学科而按行业群设置专业，是否还可以按产品或具体职业岗位设置专业？技术与职业教育的专业调整一般比普通高校较为灵活机动，而灵活机动是否应当有一个“度”，抑或像“皮包公司”一样，打一枪换一个地方？

——技术与职业教育的质量及其评估问题。不同层次、不同培养目标、不同面向、不同规格的技术与职业教育，显然不能用一个统一的标准来衡量其质量；但无统一标准不等于无规格，不能没有质量评估与监控。这是一个很难解决的问题。

以上只是举例说明技术与职业教育有待解决的问题，远较普通教育复杂。普通教育的思想道德教育问题、教学改革问题、管理体制问题，技术与职业教育同样存在且复杂，不必一一列举。但有一个办好技术与职业教育的关键问题，仍应一提，这就是：技术与职业教育的师资队伍建设问题。

技术与职业学校的任课教师，除普通课程外，要求是“双师型”——技师与教师。“双师型”的教师如何耦合？应由什么教育机构来培养？当前主要师源是从普通高校毕业生、研究生中选聘，或从专业技术员、工程师中招聘。前者需要补实践技能与教育能力的培训，后者需要理论提高与教育能力的培训。理想的师源途径是举办职业技术师范院校，可以比较系统全面地进行理论提高，以及实践技能、教育能力的养成。因此，理想的师源体系应以职业技术师范教育毕业生为主，以普通高校毕业生和专业技术人员的招聘为辅。

技术与职业师范教育，是一种新的教育体制。全国虽然已有若干所独立设置的职业技术师范院校，但为数不多，经验较少。郑国强同志立足于广东职业技术师范学院，研究技术与职业教育和职业技术师范教育多年，以其研究成果，汇集为《新世纪的技术与职业教育》一书。上面所列举的技术与职业教育问题，大多能从这本著作中找到比较满意的解释与解答；如何办好职业技术师范教育，也可从中汲取许多有益的经验。

这本著作的特点，是在掌握丰富的实际材料和实践经验的基础上，进行理论探讨，并以理论研究的成果应用于实践中，解决实际问题。全书共分两部分：第一部分，综论技术与职业教育；第二部分，专论职业技术师范教育。全书由22篇文章组成。这些文章，大多已经发表并获得社会好评。合之成书，粗具体系；分之成篇，可供选读。读者可以从中了解技术与职业教育和职业技术师范教育现在的情况与未来的展望，宏观与微观方方面面的问题及其解决对策。

中国的技术与职业教育，方兴未艾；21世纪的技术与职业教育，还将有进一步的发展。一本书，不可能穷尽一切问题；有些观点，也未必大家都同意。但不论谈到与未谈到的、同意与不同意的，读此一书，都能开拓思路，启发思考。

潘懋元

《高职院校思想政治教育工作创新研究》[①] 序

今年四月间，我同史秋衡教授带领厦门大学高等教育科学研究所17位研究中国高等教育问题的博士生，到宁波市进行为期一周的学习、考察，考察的重点是宁波市新兴的高等职业技术教育，宁波服装职业技术学院是我们重点调研的高职院校之一。

为什么研究中国高等教育问题当前要着重研究高等职业技术教育？为什么选择宁波市的高等职业教育进行调研，并且以建校只有两年的服装职业技术学院为重点调研对象呢？

先谈第一个问题：21世纪中国高等教育的主要任务是培养一大批拔尖创新人才和数以千万计的专门人才。前一个任务是提高精英教育的水平，后一个任务是发展大众化高等教育。前一个任务主要由研究型综合大学和理论型多科性大学来承担，后一个任务则主要依托发展应用型的高等职业技术院校。可以这么说，中国高等教育大众化的战略任务能否完成，主要看高等职业技术教育能否健康、顺利地发展。这是发达国家以及发展较快的发展中国家的共同经验，也是高等教育理论界的共识。

但是，在中国发展高等职业技术教育，却存在诸多令人困惑和实际困难问题。困惑主要来自对职业技术教育的意义、重要性及其发展前景认识不足，实际困难则有政策指向、办学体制、培养目标、教学质量、资源配置，以及

① 毛大龙，黄立鹏，王爱民．高职院校思想政治教育工作创新研究［M］．杭州：浙江人民出版社，2007.

招生、就业等问题。“转变思想是先导”，实际问题的解决有赖于传统的“重学轻术”“重学术、轻职业”思想的转变，包括政策思想、办学思想、师生思想以及用人单位的人才思想等的转变。这是我们当前所要研究的重点。

关于第二个问题：宁波市高等职业技术教育发展很快，取得令人瞩目的成绩。因其具有许多优越的条件：其一，经济发展势头很好，市区和周边有许多大、中、小型企业可以依托或合作，既有利于教学与生产结合，又为高职生提供大量就业岗位；其二，政府对高等职业技术教育十分重视，指导思想明确，财政投入大；其三，有一批具有市场意识与创新精神的高职院校领导，对发展高职教育信心十足，办学定位明确，每所高职院校都各具自己的特色。因此，对这些高职院校的调研，不但可以获得许多解决实际困难的成功经验，更可学习到他们的办学思路和创新精神。宁波服装职业技术学院，就是在高等教育大众化潮流中凸显的一枝新秀。

我曾 3 次到这所学院调研、考察，还曾在不同场合同院领导、毛大龙院长等探讨学院的发展问题。3 次调研考察和几度讨论的时间跨度为两年，刚好是该院从开始筹建到接受并通过省教育厅的教育水平合格评估的两年，使我得以追踪这所新兴学院超常规的发展历程。

宁波服装职业技术学院依托宁波市几个全国名牌服装集团和 2 000 多家中小型服装企业、年产服装 13 亿件套这样一个强大的行业支柱，秉承宁波“红帮”服装百年来“敢为人先，勇于创新”的传统，确立了“弘扬红帮精神，融汇国际时尚，践行产学一体，创建一流高职”的办学思想。两年多来，该校走产学一体道路，与许多企业合作培养“适销对路”的服装技术人才；与有关家纺集团成立“卡洛尔工贸公司”，以推广师生设计的时装产品；与省内多所服装中等职业学校合作组织服装教育集团；与意大利、法国、日本、韩国、新加坡等国家和我国香港等地区的服装院校建立请进来、派出去的联系，以追逐国际服装时尚潮流。宁波服装职业技术学院这一超常规发展的动力，我认为主要是来自学院定位明确，敢于创新，向传统教育思想挑战，以领导的信心和勇气凝聚了全校师生的精神力量。这种具有凝聚力的精神力量，既体现于生动活泼的校园生活中、异彩纷呈的大型服装作品专题展示台上，也体现于这本即将出版的《高职院校思想政治教育工作创新研究》的书稿中。

本书选题广泛，题材多样。对年轻学生谈理想、谈修养、谈学习、谈就业、谈社交、谈爱情……从进入学院大门之前，到毕业就业之后，整个过程的学习、工作、生活、感情，无所不谈。并非每篇都是精品，但都贴近生活、贴近心理，用简洁明快的语言交流思想，寓殷切期望于师生平等对话，情理交融，谆谆引导。广泛而多样的内容，围绕一个中心思想，那就是高职学生。他们是社会所需要的专门人才，能实现主体的自我价值，且大有可为、前途光明，但必须树立正确的职业观、人生观。这本著作的出版，不仅可以作为宁波服装职业技术学院素质教育的好教材，对全国高职学生，也是一本有益的好读物。

潘懋元
2003 年 6 月 19 日
于厦门大学高等教育科学研究所

《示范性高等职业技术院校建设》[①] 序

职业技术教育是随着社会生产、生活的提高而发展的。一般来说，“二战”之前，职业技术教育主要在中等教育层次进行；“二战”之后，发达国家的职业技术教育，在20世纪60年代前后，重心就逐渐高移，大量进入高等教育层次，促使高等教育大众化。也就是说，高等教育大众化主要是通过多种形式的高等职业技术院校如社区学院、多科技术学院、短期大学以及开放大学等来实现的。许多新兴的发展中国家，在70年代经济起飞时期，主要也是得力于高等职业技术教育提供的技术人才，从而也迅速地进入高等教育大众化阶段。由于众所周知的原因，中国高等职业技术发展较为滞后。80年代初，以经济为中心的现代化建设，也曾吸取国外经验，创办了100多所职业大学。但由于缺乏正确的理论指导和明确的政策引导，受“重理论、轻应用”“重学术、轻职业”的传统思想影响，定位不明，目标不清，大多数偏离职业教育正确的发展方向，纷纷向理论型本科教育看齐，走“老大专”的老路，追求升格为理论型的本科院校，导致生产、管理、服务第一线不能得到新型的职业技术人才的支持，不利于现代化建设，也延缓了高等教育大众化的进程。直至90年代，重新明确高等职业技术教育在现代化建设中不可替代的重要作用，规定“国家每年新增的高校招生计划指标应主要用于发展高等职业学校教育”。1999年开始高教扩招，特别规定了高职扩招的名额，民办高校、成人高校、专科学校基本上都应办成高等职业技术院校，也要求本科院校增

① 董大奎. 示范性高等职业技术院校建设［M］. 上海：同济大学出版社，2004.

设高职学院。时机成熟，政府倡导，学校响应，千帆竞发，势如潮涌。高等职业技术教育，数年之间，超常规发展。据统计，不包括本科院校的高职学院，2002年底，已达1 374所，占全国高等学校的69%，高职学生，占全国大学生的54%。形势大好，问题严峻：质量问题、就业问题，是摆在教育决策者面前需要认真对待的显性问题；而定向问题、办学动机问题，则是存在于显性问题背面起作用的隐性问题。所有这些问题，都只是现实的问题，还有一个根本性的中心问题，就是如何构建高等职业技术教育体系。

传统的高等教育体系，是以大学为核心的学历教育体系，这种体系是与精英高等教育相适应的；进入大众化阶段，不能只靠这一体系培养人才以满足社会现代化建设的需求，必须构建新的高等教育体系，也就是多样化的高等职业技术教育体系。如何构建高等职业技术教育新体系，要有正确的理论指导；而理论来自实践，要在高等职业教育实践中不断探索，不断完善。在这个过程中，示范性高等职业技术院校建设的实践无疑是至关重要的。因此，在高等学校扩招的同时，教育部就批准了31所示范性职业技术学院。

这些示范性高等职业技术学院，都是办学条件较好的高职院校，它们的优越条件，不仅是设备较好、师资较强，更重要的是定位明确，实践经验丰富，富有创新精神，并有较强的教育研究能力。这批示范性高等职业技术学院，果然不负所望，在专业设置、课程组织、教材编选、校内实训基地与校外实习基地建设、师资队伍培训提高，以及在产学研合作教育、教学管理的改革与规范方方面面，积累了有益的经验，提出了许多新方案，创造了许多新模式。这些示范性高等职业技术学院，大多定位明确，特色鲜明，质量较高，就业率很高，从而提高了高等职业技术教育的社会地位，获得社会的认可与赞赏。

作为示范性高校，显然不只是为了办好自己的学校，更重要的是起榜样示范作用，推动全国高等职业技术教育朝着正确的方向、沿着正确的道路，健康发展。因此，及时总结经验，推广典型，探索规律，提高认识，是示范性院校所应承担的责任，也是教育界所寄予的期望。2000年教育部高教司实施“新世纪高职高专教育人才培养模式和教学内部体系改革与建设项目计划”，就将“高职高专示范性学校建设的研究与实践”这一重要课题列入第一批立项项目，由同济大学高等技术学院主持，西北工业大学金叶信息技术学院、中南大学职业技术学院、湖北职业技术教育研究中心共同承担。项目的承担者多是示范性高等职业技术学院，他们以自己的实践经验为基础，广泛考察、研究了其他示范性院校的经验和国内近年来的相关理论。这本《示范性高等职业技术院校建设》正是该项目的主要研究成果。

由于工作繁忙，我来不及通读全书，只研读了总体报告和全书目录，并浏览了几个关键性章节的主要内容。初步的印象，该书有如下几个特点：（1）从历史回顾、现实分析到发展趋势，系统清晰；（2）从高职教育定位切入，阐述办学理念、人才培养、课程与教学建设、教学管理、评估指标等，初步形成高等职业技术教育体系的基本框架；（3）通过示范性院校的大量实例，以案例说明问题，探讨理论，虚实结合；（4）借鉴国际与境外的高等职业技术教育理论与办学经验，视野宽阔。该书在广采示范性高等职业技术院校实践经验的基础上，进行理论分析与概括，其中包含了一些作者独到的见解。读者手此一书，对高等职业技术教育性质、特点以及整个体系，可以获得一个比较准确的轮廓；对高等职业教育的教学和管理工作，可以获得若干可操作的具体方法与经验。

当然，示范性高等职业技术教育的启动只有短短几年，经验的积累还不足，问题的研究也还不够深刻，有些见解还不够成熟，甚至有不恰当之处。为了及时出版以供办学者参考，不应求全责备。希望本书作者，对中国高等职业技术教育的研究，不以此书的出版为终结，而以此书的出版为新一轮研究的开端。

潘懋元
2004 年 1 月 10 日
于厦门大学高等教育科学研究所

《高等职业教育发展研究》[1] 序

传统的观念，高等教育就是大学教育；而大学教育的功能是传承、研究高深学问，培养政治、经济、文化、科学各个领域的高级专门人才，也就是所谓精英人才。至于各行各业、各个职业岗位（群）所需要的应用性技能型人才，则是由中等教育层次的职业教育承担。但自20世纪中期以来，由于科技的发达、生产力的提高、经济的发展、社会生活的文明进步，从事生产、管理、服务第一线工作的应用性技能型人才，在科学技术水平与工作能力上，也要求相应地提高，从而职业教育出现高位移的趋势，越来越多的职业技术教育进入高等教育层次，涌现了社区学院、短期大学、多科性技术学院等高等职业技术院校。正是由于大量的职业技术教育进入高等教育层次，推动了高等教育大众化。也就是说，高等教育大众化的主流是应用性技能型的高等职业技术教育。

中国高等教育大众化的发展速度，在20世纪90年代之前，远远落后于发达国家和众多发展中国家，就在于未能及时地发展高等职业教育。虽然80年代初各省市曾举办了100多所职业大学，但受社会上“鄙薄职业技术教育”[2]的影响，纷纷将“职业”两字从校名中略去，并在办学实践中向传统的大学本科教育看齐。同时，职业教育高位移的趋势尚未能进入有关的政策中。例如1985年的《关于教育体制改革的决定》、1993年《中国教育改革和发展纲要》，都强调“发展职业技术教育要以中等职业技术教育为重点”，

① 刘金桂，史秋衡．高等职业教育发展研究［M］．厦门：厦门大学出版社，2004．

② 国务院关于大力发展职业技术教育的决定（国发〔1991〕55号）．

"应以发展初中后职业技术教育为重点"。加以职业大学创建之初，就提出不同于当时普通院校的"交费、走读、不包分配"的学生待遇，更加重了发展高等职业教育的社会心理障碍。以致90年代以前，中国的高等职业技术教育，似有若无，始终未能形成自己的体系。直到1999年大幅度扩大高等教育招生规模，出于扩招需要，才把招生计划的增量部分，主要用于发展高等职业教育。同时在普通高等院校中增设高职学院，并以"三改一补"① 的方式和民办高校的体制增办独立的高职院校。从而高等职业技术教育，成为中国世纪之交高等教育大众化的主流。从1998年到2003年短短的5年时间，高职招生数从33万人增长至200万人，在校生数从117万人增长至480万人，分别增长了5.1倍和3.1倍，分别占全国普通高校招生数和在校生数的52.3%和42.3%。② 在数量增长的同时，高等职业技术教育的办学模式、教学体系、培养方式、师资队伍建设也在不断地改革完善中，出现了一批办学方向端正、职业教育特点鲜明、师资结构合理、坚持走产教结合道路、主动适应社会需要、毕业生就业率高的示范性高等职业院校。这就充分证明了发展高等职业技术教育，推动高等教育大众化进程，是符合中国现代化教育建设规律的。

但在高等职业教育进程中，也存在许多困难和令人困惑的问题。

首先，也是最基本的问题，是对高职教育的意义和重要性认识不足。社会上本来就存在"鄙薄职业技术教育"的传统偏见，认为技能型人才的社会地位不如学术型人才；用人部门也往往借录用高学历人才夸耀自己的品牌。加上高等学校招生录取至今仍将高职院校排在最后一批，加剧了这种鄙薄的偏见，以致有些考生与家长宁愿录取而不报到，招生缺额严重，尤其是"低层次高收费"的民办高职院校。

这一偏见，势必影响高职院校的定位与发展方向。尽管办学者在理论上承认高职教育所培养的应是技能型人才，是人才市场上需要量最大的高级"蓝领"人才，或者称之为"灰领"或"银领"人才；但在实际上却一心向往于办成学术型的传统大学，以为这样才能提高学校的地位，显示领导的"雄心壮志"。在我所接触的高职院校领导中，许多（不是所有）人持有两本

---

① 现有高等专科学校、职业大学、独立设置的成人高校改制为高职院校；若干重点中专升格补充高职院校。

② 中国教育报，2004－02－29（01）.

账：一本是按照高职教育的模式办学，是向上报的假账；一本是按照传统大学的模式办学，是实际操作的真账。

针对高职定位与发展方向的问题，周济部长最近指出："首先要立足大局，认清形势。必须从实施科教兴国战略和人才强国战略的高度，进一步认清高等职业教育面临的形势与任务，全面把握高等教育发展的宏观背景。"总之，首先要转变对高职教育的认识。

其次，是质量问题。高等职业教育的质量标准不同于传统大学的质量标准。它的主要质量标准是：基础理论知识适度、应用知识较宽、技术能力很强、具有诚信的职业道德。它的检验标准是就业市场"适销对路"。也就是说，教育质量，办学效益，要以就业为导向。

过去高等专科学校毕业生在就业市场竞争中之所以处于劣势，除了用人单位的偏见之外，主要就是缺乏职业技术特点。老大专大多以大学本科的质量标准作为自己的质量取向，结果是毕业生的理论水平不如本科，动手能力不如中专、中技。当前不少高职院校，仍在走老大专的覆辙，把新高职办成老大专，缺乏高职教育的特点，必将难以通过就业市场的检验。有鉴于此，现在教育部已经出台了一套新的高等职业技术院校的教学工作评估标准，并正在试评中。希望能较好地根据高等职业技术教育的特点，评出高等职业院校的教学质量。

最后，是就业问题。就业问题的根本解决途径是：（一）高等教育大众化发展的规模速度，要与经济和社会的发展相适应，避免增量太快导致人才供过于求；（二）保证所培养的人才质量在就业市场上"适销对路"。由于近年来扩招过快，毕业生的质量不都符合就业市场的需求，就业确实成为一个应当重视的问题，而且随着毕业生数量的猛增，问题将更加严峻。

当然，并不是说当前高职毕业生就业问题已经很严峻。我的看法是既要重视，又不要过分紧张。过分紧张形势是人为炒作出来的，或者说是以计划经济统招统配的老观点看待市场经济自主择业的新形势所形成的。

举个例子：2003 年 9 月 1 日，教育部公布了高职高专的就业率是 55.7%，也就是近一半的毕业生"失业"了。这个就业率像一道阴影遮盖了正在蓬勃发展中的高等职业教育，使相当一部分办学者失去信心，使决策者匆忙做出 2004 年扩招的增量指标不再用于高职高专而用于大学本科，也使考生和家长对报考高职高专更加犹豫徘徊。情况真的如此严重吗？最近，《中国教育报》

的调查表明："2003 年年底高职毕业生就业率达到 87.6%，比去年同期提高 2 个百分点。"① 教育部公布的就业率所根据的是全国高职高专院校 8 月份（有的地方是限定于 7 月 20 日之前）上报的毕业生就业签约数，而《中国教育报》调查的是自主择业的实际数。在统招统配时期，8 月份甚至更早就已分配完毕，而自主择业则还存在一个相当宽裕的时间差。8 月份的未就业者，据调查，有种种情况：有的准备"专升本"，有的准备出国留学，家庭经济较充实的不急于就业而在等待更好的机会，经济困难的也可以先打短工，富有创业精神的正在筹集资金办个小摊摊，还有的虽就业而在实习考察期间双方或一方不愿签约。发达国家（如英国）的毕业生就业率统计，是毕业后到当年底尚未能找到三个月以上相对稳定的工作才算失业。计划经济时期，政府有责任为每一位毕业生分配工作；而市场经济条件下，政府虽有责任为毕业生广开就业门路，却不必要也不可能负责为每一位毕业生安排工作。

以上所谈的认识问题、定位问题、质量问题、就业问题，以及未谈到的诸多问题，都要从教育体系的层面上来梳理、认识、解决。职业技术教育，已经进入高等教育领域，成为高等教育的重要组成部分，但是它的体系尚未构成。近年来，研究高等职业技术教育的著作、论文虽然很多，但作为一个完整的体系来论述的不多。刘金桂校长、史秋衡教授及其课题组成员所承担的全国高等学校教学研究中心的重点课题"关于高等职业教育的培养目标、规格及培养模式的理论与实践研究"，力图构建较为完整的高等职业技术教育体系。作者紧紧围绕高等职业教育应当"培养什么样的人才"和"怎样培养人才"两个根本性问题，就高职教育的性质与功能、培养目标、人才规格、培养模式、课程与教学、体系建设、可持续发展以及未来展望，逐步展开，在实践的基础上，进行理论分析，认真研究了高等职业技术教育的发展规律。读此一书，对于高等职业技术教育的体系，可以有一个比较完整的认识；对于高职院校的办学者，有理论指导和实践参考价值。

潘懋元

2004 年 3 月 7 日

于厦门大学高等教育科学研究所

① 中国教育报，2004-02-29（01）.

《高职高专教师必读》① 序

职业技术教育，是有别于普通中等、高等学校的教育体系，也是社会主义现代化建设的基础。它的发展，是随着生产力的发展与社会生活的进步而逐步提高的。世界发达国家，20世纪五六十年代开始，就将职业教育的重心上移到高等教育层次；而我国到八九十年代，对职业教育的认识与政策，基本上还停留在中职、初技层次上。虽然曾经兴办过一批“职业大学”，但因受传统教育思想的影响，又缺乏理论的指导和办学的规范，定位不明、方向不清，大多数转变为普通高校的本科或专科，失去职业技术教育的特点，从而影响了产业结构从劳动密集型转变为技术密集型的进程，也影响了社会主义现代化建设的力度。直到世纪之交开始推进高等教育大众化，才将高等职业技术教育作为大众化的重要组成部分，摆上高等教育发展的日程。但直到今天，社会上对高等职业技术教育性质、任务、时代意义，认同程度还很低。而许多高职院校，办学方向尚不明确，从而在培养目标、专业设置、课程编制、教学组织、实习实训上，存在许多问题。特别是能胜任高等职业技术教育的师资准备不足，从大学（包括师范院校）毕业生中招聘的新教师，他们所受的教育是普通学校教育；从一般大学聘请的兼职教师，他们的知识、经验也是适应普通学校教育教学的知识、经验。不少行政干部，包括学校领导干部，对于高职的特殊性，从认识到经验也多缺乏充分的准备。根据教育部的要求，到2005年，高职高专的专业教师中的“双师型”教师应达80%；而

① 朱懿心. 高职高专教师必读［M］. 上海：上海交通大学出版社，2004.

2003年统计，平均只占四分之一左右。

一所学校的办学方向、教育教学质量，最终取决于在第一线负责实际工作的教师和行政干部。如果高职院校的教师和干部，对高等职业技术教育认识模糊、知识与经验的准备不足，把高职院校当作普通院校来办，把高职学生当作普通大学生来教，势必在办学方向上错位，培养不出就业市场上"适销对路"的人才，高职院校的发展，很可能走老大专或20世纪80年代昙花一现的"职业大学"的老路。从当前说，违反"以就业为导向"的政策原则；从长远说，不利于科教兴国战略的实施。

因此，培训高职院校的教师、干部，提高他们的认识和知识能力，既是当前高职院校办学的当务之急，也是高职教育持续发展的基础工程。

高等职业技术教育的理论研究与实践经验，已有相当基础，近年来出版的专著和论文也不少；但全面系统介绍高职教育，可以作为培训师资、干部之用的教材尚不多见。上海第二工业大学是全国高职高专培训基地之一，副校长朱懿心教授主持基地培训工作多年，应培训之需，编写《高职高专教师必读》一书，全书分为上、下两篇：上篇将高职教育的理论、政策、经验，融会贯通，系统地论述高职教育的培养目标、课程开发、教学环节、实习实训、师资队伍建设，以及产生、发展的历史和未来的展望，观点鲜明、内容丰富，文字精练，可读性高；下篇选编若干专论与经验介绍，并附重要的文件资料。这是一本比较完备的教材，既可以作为培训高职高专教师之用，也可以作为在职干部、教师办学与教学的参考书。

潘懋元
2004年7月20日
于厦门大学教育研究院

《职业教育模式研究》[①] 序

适应生产技术发展和社会服务水平提高的需要，职业教育在世界范围越来越受到重视。中国当前面临产业转型升级之际，更需要职业教育培养大量高质量的技术、技能型人才。从而，近年来，教育学界尤其是高等教育理论工作者，对职业教育的研究也日益重视，组织了数以百计的全国性、地方性以及高校中的职业研究机构及其网站，出版了各种职业教育研究刊物，专著、文章数以千计。但就我所知，这些研究机构的研究任务和研究成果，大多数是属于宏观层面的职业教育理念、定位、体制、政策以及当前面临的生源、就业、经费等宏观问题，很少讨论微观层面的培养过程运行模式，例如课程编制、教材编写、教学方法、教师队伍建设、学生指导与管理等实践性的具体问题。即使有所论述，大多数也只局限于经验介绍，未能提炼为理论认识。

宏观层面的理论、政策研究很重要，因为微观层面的运行模式必须以宏观层面的研究为基础、为指引；同时，宏观层面的研究成果也必须通过微观层面的运行模式才能转化为培养人才的实践。也就是说，微观的运行模式受宏观的理论、政策的制约，而宏观的理论、政策必须通过微观的运行模式来实现。那么，为什么宏观研究成果多而微观研究成果少？因为从事职业教育研究的理论工作者，包括我自己在内，缺乏职业教育实践经验。为什么微观研究大多只停留在经验之谈，未能提高到理论认识上？因为许多实践经验丰富的职业院校办学者和教师，理论知识和理论思维不足。如果说前者是理论

① 刘兰明. 职业教育模式研究［M］. 北京：科学出版社，2015.

脱离实际，那么后者应是"实际脱离理论"。

刘兰明教授是教育学博士，职业教育研究领域的"长城学者"，又是全国首批示范性高职的北京工业职业技术学院的教学副院长，并作为教育部职业教育类专业指导委员会主任，从事全国职业院校的咨询、指导和服务工作，在理论与实践的结合上完成了多项研究课题和出版了数部职业技术教育专著。近日将其新著《职业教育模式研究》稿本寄赠并索序。

这是一本研究微观层面职业教育模式的"百科全书式"的"知识库"。作者在宏观层面职业教育理论、政策指引下，结合时代背景，提出七条职业教育模式构建的现实依据，导入办学、入学、培养、课程、评价和师资等六项模式。在每项模式中，列举其构成要素、构建原则和运行模式等。构成要素，主要指学校、企业、教师、学生以及政府等利益相关者的不同作用；构建原则，是从运行实践中所总结的理论认识；最重要的是培养职业技术人才过程的运行模式。这一部分内容最为丰富，有的简介国外若干有价值的最新理论，作为运行模式的理论依据；有的还介绍澳大利亚、法国、英国、美国、德国等国家和我国台湾地区的运行模式作为参考。其中不乏作者自己的见解，例如，关于课程模式中学生要素的深入分析、师资模式中关于"双师素质"和"双师结构"的辨析及其关系，以及入学模式中关于"注册入学模式成为我国职业教育入学模式重要发展趋势"的见解等都是很精辟的。

本书作为一本粗具规模的"知识库"，资料丰富、条理清晰，一册在手，可读可查。"可查"，是"知识库"的特点；"可读"，我所指的仅仅是明白易懂，并无晦涩之处，而非"可读性"的全部。"可读性"有两层含义：其一就是上面所说的明白易读；另一则是能使读者趣味盎然，能调动读者的主动性，引导读者同步思维。这就需要有举例、设喻的内容和必要的说理论证过程，以及像本书第六章仅有的一个"典型案例"。因此，如果做适当的修改补充，相信能更好地提高本书的可读性。

以上浅见，仅供参考。

潘懋元

2015年4月26日

于厦门大学教育研究院

《高职院校办学模式改革》[①] 序

高职教育在中国经济社会发展中发挥着重要作用，越来越受到国家和社会各界的重视。近年来，高等教育研究工作者的视线也纷纷从普通高等教育向高等职业教育转移，高职教育的研究课题和专著、论文大量涌现，但大多数只是宏观政策的解读，或就某个问题表述自己的见解，以及对某所示范性高职院校的推介；探讨高职教育的发展规律，展望高职院校的改革前景，进行深入系统理论研究的论著较少。刘志文博士最近完成的“发达地区高职院校办学模式改革研究”的课题成果《高职院校办学模式改革》，是一本值得向读者推介的新著。

这本专著的全书结构如下。

第一章简述中国高等职业教育的发展史，将运行与管理过程分为5个具有不同特点的阶段，从而指出高职教育从“层次”分类走向“类型”分类的必然性，同时也开启了高职教育与普通高等教育并行发展的空间。

第二章是全书的理论基础，从政策与模式上分析高职院校办学制度多元化改革的必然性，从而论证办学者自主探索改革发展的合理性。

第三章到第五章是全书的主体部分，分别论述高职院校的管理体制、校企合作、工学结合的改革，也就是从管理、办学到教学过程的自主探索，层层剥茧，步步深入。

第六章是高职教育国际化的展望。以面向地方为主的高职院校，也应当

① 刘志文．高职院校办学模式改革［M］．北京：科学出版社，2017．

通过多种类型的中外合作办学，走国际化的道路。

本书的主要特点有两个方面。首先，能够较好地运用教育基本规律，特别是外部关系规律，研究高职教育的改革发展，提出许多符合规律的见解。例如，指出高职院校发展模式，由“层次”走向“类型”，是高等教育大众化的必然趋势；又如，指出办学多元化与自主办学的关系——多元化而不是同质化，有利于办学者的自主探索、自主办学、自主发展而不是被动地“等、靠、要”。其次，指出符合教育发展规律的改革及其所出现的新模式，并非都是十全十美的。在肯定其正确的改革方向的同时，也实事求是地指出其已经存在和可能出现的问题，有针对性地提出对策建议。该书除第一章外，每章最后一节都分别提出了“主要成就”“主要问题”和“对策建议”。

这本理论与实践结合的专著，我认为既可以为高职院校办学者提供参考，也可以作为高等教育学科的研究与教学的参考书。

潘懋元
2017 年 2 月 8 日
于厦门大学教育研究院

民办高等教育

《新时期中国民办高等教育发展研究》[①] 序

中国民办高等教育重新起步于20世纪80年代，经过20多年的发展，已经成为中国高等教育事业的重要组成部分。随着中国全面建设更高水平小康社会的需要和高等教育大众化的进程，在未来的15年间，必将有更大的发展。未来的发展包括两个方面：其一是数量的增长，可能从当前约占高等学校数的41%和在校生数的18%，增长到占三分之二左右；其二是在民办高等教育总体质量逐步提高的同时，将有一批办学理念先进、师资阵容强大、资金雄厚、声誉良好的优秀民办高校脱颖而出，成为各自类型的一流大学。民办树人大学，已基本上完成了以规模扩张和校园建设为主的第一阶段的发展任务，向提高质量和注重内涵发展的第二发展阶段转变；在当前一千多所民办高校中，处于前列领跑，有望与同类型公办一流大学媲美抗衡。因此，树人大学办学的理念与经验，特别值得民办高等教育界重视。

徐绪卿副教授从2000年开始，就在树人大学从事领导管理工作，并建立了民办高等教育研究所，带头研究民办高等教育问题，与树人大学的发展相适应，边实践，边探索。从2000年至2004年间，他发表了60余篇文章，主持了16个研究课题。现在准备将他四年来的研究成果和所发表的文章，集册

① 徐绪卿. 新时期中国民办高等教育发展研究［M］. 杭州：浙江大学出版社，2005.

印行。我阅读了其中的部分文章和两个研究报告，认为这些来自实践的报告和文章，颇具特色和不乏精辟的见解。举例说：

——在《民办高等教育新发展中面临的问题》一文中所提的十个“发展问题”，如事业定位、法律保障、产权界定、经费筹集、公平、自主权、质量和评估、配套改革、内部建设与管理、科研和信息传递等问题，并做了准确详细的分析，可以说，抓住了当前民办高校进一步发展的要害。

——在《民办高校开展科研工作几个问题的思考》中，既阐述民办高校开展科研工作的重要性，又实事求是地指出当前民办高校科研工作的重点应当是：面向区域经济发展的应用技术开发和推广、教学研究、民办高校自身的研究。这是很中肯的意见。

同时，综观全部文章，着重于讨论民办高校发展的关键性问题，如师资队伍建设、提高教育质量、筹集教育经费、制订可持续发展战略等，既有理论说服力，又提供具体经验与方法，读之颇受启发。

这本文集，可以说，反映了民办树人大学2000年以来的发展历程，也一定程度地反映了全国民办高等学校发展的历程。它的出版发行，既有现实意义，也有历史观照的价值。

潘懋元
2005年4月8日
于厦门大学高等教育科学研究所

《我国民办高校评估指标体系研究》[1] 序

高校评估对于促进高等教育的发展与提高、保障办学的效益与教育质量，无疑具有重要的作用。它的积极意义，正如教育部的评估方针所指出的“以评促改，以评促建，评建结合，重在建设”。这种促进作用，首先应体现在高校的自我评估上，促使高校了解自身的优势与不足，自觉地按教育规律全面提高办学效益和教育质量；其次才是社会与政府的评估与监督，促使高校和有关方面进行改和建。如果谁促谁的角色摆得不当和如何促的运行机制不当，也会带来诸多负面影响。其中之一就是评估指标体系单一化、不适切，脱离多样化的高等学校的实际。

中国的高等教育机构截至2005年底，共有3 350所，其中普通学历高校有1 792所。在这1 792所普通学历高校中，层次、类型复杂多样：有综合性研究型大学、应用性专业型院校、职业性技能型院校；有全国（或省级）重点大学、地方公立院校、民办高等院校；有历史悠久、文化积淀深厚、占有国家优质教育资源的传统大学和刚从中专学校升格的新办院校，还有依靠自身力量、艰难创业、滚动发展的民办院校；等等。面对高低不一、类型繁多的高等学校，显然不能用一把尺子来衡量。因此，评估指标体系的适切性非常重要。

鉴于以传统大学为依据所制定的评估指标体系，无法规范大多数新办的

---

① 史秋衡，刘文华. 我国民办高校评估指标体系研究［M］. 西安：陕西人民教育出版社，2006.

高职高专，教育主管部门所以允许为高职高专另立指标体系，正在试行与逐步推广中。同样，以公立高校为依据所制定的评估指标体系来规范民办院校，不符合民办院校的现状，也难于起以评促改、促建的作用。因此，亟须制定一套切合当前民办高等院校的特点与实际情况，能对民办院校起鼓励、促进作用的评估指标体系。

西安外事学院黄藤院长，在办好一所民办高等学院的同时，胸怀全国的民办高等教育事业，创办七方民办高等教育研究所，延揽全国高等教育研究人才，斥巨资、立课题、出丛书，研究国内外民办高等教育的理论与实践。当我向他提出研究并制定民办高等教育评估指标体系的建议时，他有同感，并在第二轮研究课题中，将“我国民办高校评估指标体系研究”作为重点项目，由高等教育管理与评估专家史秋衡教授所组成的课题组投标取得。这本专著，就是这一重点项目的研究成果。

该重点项目的最终目的，是制定一套适合于我国当前以及今后一个时期民办高等学校发展的评估指标体系及其运行机制。为了达到这一目的，必须围绕主题，对有关的理论、政策、实践经验以及特殊问题进行广泛的研究。例如：高等教育评估的理论基础、民办高等教育的理论与政策、国外私立高等学校评估体系的比较、当前我国民办高校评估工作的实践经验，以及有关民办高教的认证、排行，独立学院诸多特殊问题。我的三篇论文，也被收录于有关章节中。专书内容丰富而条理清晰、涉及面较广而中心突出，不仅为民办高校评估体系的制订提供具体的方案，也对一般的评估工作者和民办高教研究者有参考价值。

潘懋元

2006 年 3 月 29 日

《独立学院的发展与运行研究》① 序

在中国高等教育走进大众化阶段的过程中，独立学院的产生与发展是一个“奇迹”。在短暂的10年间，从无到有，创办了318所独立学院（2007年），在校生达186.6万人，其中本科生165.7万人，占当年普通高校本科生总数的16%，多于扩招前1995年616所公办本科高校在校生163.8万人的总数。对于“奇迹”，质疑者必多，有待探索的问题也多。既有办学目标不明、定位不清、政策偏斜、体制不顺等宏观层面的问题，又有经费管理、资产使用、教师编制、招生层次等微观层面的问题。我认为，事物在发展过程中，问题多是必然的，也是好事：发展，就是在不断地克服困难、解决问题中前进的。关键在于要看准问题、研究问题、总结经验、提出解决问题的建议或方案，为管理部门提供决策参考，为办学者提供实践指导。据我所知，一大批教育理论工作者和独立学院的先行者都在积极地探索中国独立学院发展之路。浙江大学宁波理工学院院长许为民教授等人就是其中的代表。

2005年，许为民教授等针对上述问题，尤其是就缺乏创新意识、沿袭母体办学模式的问题，设计并申报了“基于服务型教育体系构建的独立学院人才培养规格及实现路径”课题，被批准为全国教育科学“十五”规划2005年度教育部重点课题。经过两年多的努力，在研究成果的基础上，他们形成了《独立学院的发展与运行研究》一书。全书分背景篇、定位篇、路径篇、保障篇四大部分，每个部分包括两三章。

① 许为民，等．独立学院的发展与运行研究［M］．杭州：浙江大学出版社，2008．

该书具有下列五个特点：

一是研究视野的开阔性。在“背景篇”里，该书从世界高等教育功能和结构的历史演变入手，通过对高等学校人才培养、科学研究、社会服务三个职能形成过程的分析，讨论了高等教育的全球发展趋势，进而从宏观上把握我国独立学院的发展走向。

二是理论研究的前瞻性。独立学院的创建和发展仅仅10年时间，300多所独立学院的办学实际水平差异较大，一部分已经走过了办学规模扩张的阶段，开始向内涵提升发展；还有相当一部分因创办时间不长，尚处于逐步规范的过程中。尽管如此，该书的研究仍能从总体上以发展视角积极地探讨独立学院人才培养、科学研究、社会服务三个职能的实现问题，体现了明显的前瞻性和现实指导意义。

三是研究内容的系统性。目前关于我国独立学院问题的研究，虽然呈现非常活跃的态势，取得了较为丰富的成果；然而，受高等教育宏观背景的影响，研究工作呈现明显的阶段性特征和政策解读倾向，较多集中在独立学院的产生原因、发展现状、存在问题、未来走势等宏观问题上。该书则紧紧扣住内涵发展这一核心，从背景、定位、路径、保障四个方面系统地对独立学院内涵发展进行了深入研究。

四是研究态度的客观性。作者虽然处于一所独立学院但不囿于相关利益，对于有争论的问题，能够力求以客观的态度与和平的心态，进行实事求是的评析。如对于所谓国有资产流失、是否挤压民办高校、传统办学理念的影响、有关政策文本的得失等，能运用辩证的思维方法，进行有理有据的分析。特别是对高等学校三个社会职能的定型，分别定位于人才培养应用型、科学研究服务型、社会服务区域型，对于办学模式，主张多元模式、允许公私混合特殊模式的存在与发展，如此等等，多有精辟的创新见解。

五是研究成果的实践性。作者长期在独立学院一线工作，实践经验丰富。书中对独立学院办学定位、实现路径、保障体系的一些创新观点，既来源于其对独立学院内涵发展的理论思考，更来源于其在具体办学实践中的总结和提炼。从书中各章链接可以看出，研究成果的许多思想来源于实践，有的已经回到实践中去指导实践、接受检验。如浙江大学宁波理工学院关于专业建设指导委员会的组建，关于青年教师进修学校的成立及应用型师资的培养，关于 A 类、B 类研究机构的设置，关于实践教学体系的构建，等等，无不是在理论指导下积极开展的实践探索。

当然，由于独立学院的发展没有国际先例，是我国在不断摸索中逐步发展起来的，作为研究独立学院的一本专著，不完善之处在所难免，但这并不妨碍这一成果在当前独立学院研究中所体现的重要价值。相信该书的付梓将会对指导独立学院实现内涵发展产生积极影响。

我仅粗览全书，作出上述点评，是为序。

潘懋元
2008 年 12 月 15 日
于厦门大学高等教育科学研究所

《民办教育的回顾与展望》[①] 序

为了探索中国民办教育发展中的“陕西现象”，学习西安民办高教的成功经验，我于20世纪90年代末，就曾多次到西安调研，每次都逐一参观、访问西安翻译学院、西安外事学院、西安欧亚学院、西京学院、西安思源学院以及西安培华学院、西安东方亚太职业技术学院等民办高校，对这些成功高校的领导人进行了深度访谈，并参与外事学院七方研究所的一些研究工作。最近一次是2004年5月间，我组织一批博士生到西安展开全面调研。在调研中，我们多次听到“李维民”的大名，有人把他描绘为“陕西现象”的绘制者，正如蒋国华先生所说的，“解读李维民是认识民办高校‘陕西现象’的钥匙”。离开西安的前夕，5月18日晚，我们有幸邀请到李维民先生作关于陕西民办高校发展的报告，基本上让我们了解了“陕西现象”的早期成因：立足于扶持的地方政策和宽松的办学环境。而李维民先生正是主要政策的运作者和环境的维护者。当然，陕西民办高校的成功，并非一个人之功，而是许多有远见、有魄力、善于管理与经营的举办者、办学者、管理者所形成的群体以及社会上有识之士合力推进的，但李维民先生功不可没。

陕西的民办高校水平能在全国领先，也不可能脱离全国的发展大势。陕西民办高校的发展，大致可以分为两大阶段：早期的规模扩大阶段与其后的规范提高阶段。两个阶段的历程，包括政府、社会和教育界对民办教育的认识，国家和地方的政策，不同时期的问题与对策，都充分反映在李维民先生

---

① 李维民．民办教育的回顾与展望［M］．西安：陕西人民出版社，2010.

连续出版的三本著作《民办教育的理论与实践》《民办教育的创新与发展》《民办教育的问题与对策》中，而即将出版的第四本著作《民办教育的回顾与展望》，更是李维民先生从事民办教育工作20年来的全面总结与深情期望。通过这四本著作，我们不仅可以更深入地了解陕西的民办高校水平的成因与经验，还可以看到一位民办教育家的睿智与感情：作为一位民办教育的管理者，他不是高居于办学者之上，自上而下管理、控制民办高校，而是与举办者、办学者在感情上零距离地同喜共忧，“我置身其中，酸甜苦辣无不品尝，而更多的是从中获得欣慰”（《民办教育的创新与发展》后记）。在政策允许下，他竭尽全力扶持、引导民办高校健康发展。作为一位管理者，他不是满足于熟悉法规、条例并凭经验办事，而是不倦地进行理论研究，“在陕西民办高等教育辉煌的光环上，渗透了我的智慧与汗水。……依靠对民办教育的思想积淀，从理论到实践，从创新到发展，从问题到对策，追求成功，追求卓越”（《民办教育的问题与对策》后记）。

在李维民的著作中，充满了对中国民办高等教育发展前途的乐观和信心。他的期望与追求，也就是陕西以及全国无数民办教育工作者的期望与追求。值得欣慰的是，许多期望已经被采纳并写进《国家中长期教育改革和发展规划纲要（2010—2020年）》中。

纲要将民办教育的意义与作用，定为“教育事业发展的重要增长点和促进教育改革的重要力量”；提出“保障民办学校办学自主权。清理并纠正对民办学校的各类歧视政策。积极探索和制定促进民办教育发展的优惠政策”。这些都能从李维民的著作中求索相应的理论与措施。同时具备授予更高学位能力的民办高等学校，预期也将以陕西为主要产生地。

李维民先生已被推举为中国民办教育协会高等教育专业委员会常务副理事长，希望他在新的工作岗位上、在更宽阔的平台上，继续研究民办高等教育问题，写出更多更好的著作，为推进纲要的实施，为陕西和全国民办高等教育事业的发展，做出新的贡献！

潘懋元
2010年4月20日
于厦门大学高等教育科学研究所

《我国民办高校内部管理体制改革和创新研究》[①] 序

中国民办高等教育的重现与发展，有两个重要的意义：其一是人们耳熟能详、基本上已达成共识的，就是民办高等教育以社会力量办学，减轻国家的教育财政负担，满足更多青年接受高等教育的愿望，为高等教育大众化和社会文化水平与生产力提高做出重大贡献。这一重要的意义，已有许多文章进行论证，并为30多年来民办高等教育发展的事实所证实，从而成为政府政策上从限制到支持转变的主要理由。只是对于未来公共教育经费充足，或者进入“福利国家”之列后，是否应当“国进民退”，有不同的设想，但那是遥远的事。另一个重要意义，只在一些理论文章有所论及，个别教育部门领导人曾经点到而大多数人并未认识或认同，这就是：民办高等教育的办学者，拥有较多的办学自主权，具有较强的相关利益与经营意识，受传统治理体制的影响较少，因而具有较强的高等教育改革的动力，能够成为“促进教育改革的重要力量”［见《国家中长期教育改革和发展规划纲要（2010—2020年）》第43条］。但是，这一同样重要的意义，由于种种原因，包括社会认识不足、政策歧视或不落实，以及内部管理体制的不规范等，因而远未引起重视，实践中更谈不上“对普通公办教育产生冲击”。

中国公办高等教育内部管理体制是在计划经济时期所形成的。高校作为各级政府的附属机构，政教不分，管办合一，行政化倾向严重，在现代学校

① 徐绪卿．我国民办高校内部管理体制改革和创新研究［M］．北京：中国社会科学出版社，2012．

制度的建设中，举步维艰；校内各级领导管理干部实行任期制，在有限的任职期间，重视管理而不重视经营，改革、创新的动力不足。20多年前，我曾担任过公立大学的领导管理工作，那时所存在的机构臃肿、人浮于事、资源浪费、效率低下的流弊和行政化的管理模式，至今改变不多，有的甚至更加严重。民办高等学校对比公办高等学校，无疑是弱势群体，但在体制、机制上的改革和创新，却具有一定的优势：压力较大，阻力较小，动力较强。但是，要使民办高等学校成为教育改革和创新的重要力量，还必须在内涵建设上下苦功。因此，积极探索民办高校内部管理体制的改革和创新，是彰显第二重大意义所急需。正如本书所指出的："对民办高校内部管理问题进行系统研究……不仅对于实现民办高校的有效管理、促进民办高校的良性运行和可持续发展具有十分重要的意义，而且对于完善公办高校的治理结构，促进公办高校管理的体制改革和机制创新，探索和建设我国现代大学制度，也具有重要的参考价值。"

徐绪卿教授的新著《我国民办高校内部管理体制改革和创新研究》，是他从事民办高校领导管理工作10多年来所积累的实践经验，结合了他10多年来的理论研究成果。在这本新著中，作者以国内知名的民办高校——浙江树人大学的实践为基础，深入调研全国30多所不同层次与类型的民办高校，广泛搜集全国和国（境）外民办（私立）高等教育资料，运用有关理论如教育规律理论、法人治理理论、教育产权理论等，进行分析研究，构成这部论述全面、结构严谨、理论与实际结合的专著，同时它也是一本系统的教材。多年来我也很关注中国民办高等教育的发展问题，但主要关注在宏观的理论与政策上，对于内部体制与机制，很少涉及。读了这本专著，增长不少知识。尤其是书中很多精辟见解，颇受启发。如关于产权问题久悬未决对民办高校发展所形成障碍的分析，关于民办高校不同性质资产所有权的界定和改革产权制度的建议，关于创新民办高校法人治理结构模式的设计，关于加强校长团队建设的深思熟虑，包括对民办高校管理家族化趋势和接班人的培养问题的研究，关于深化内部管理体制改革必须积极开展院校（校本）研究的建议，等等，都提出了有理有据、符合实际的独到见解，体现了作者对于民办高校内部管理问题的深入思考。这是这本专著的基本特点。另一个特点是本书撰写过程中资料的搜集上颇显功力：历史资料的钩沉，如已经很难查到的《关于社会力量举办高等学校和中等专业学校试行条例》的重现和《私立学校法》（拟写稿）、《私立高等学校条例》（拟写稿）等；散佚资料的整理，如早期民办普通高校审批状况、早期民办高校概况表、民办高校专升本一览表、民办高等教育研究的相关博士论文一览表等。一册在手，可阅可查。总体来看，本书全面系统地集成了当下民办高校内部管理研究的最新成果，创新了民办高校内部管理体制的研究，具有重要的理论研究和实践应用价值。

当然，作为社会科学的研究成果，一般只是探索性的而非定论。有些意见还可以讨论，还有一些问题有待进一步探索。例如，如何认识民办高校在体制、机制上可能的优势，引导其发挥优势，推动整个高等教育内部管理的改革和创新？如何在尊重民办高校自立、自主 、自强的基础上，建设现代大学制度？如何认识当前民办高校的基本特点是投资办学，制定正确的善待投资办学者的政策？如何加强民办高校的章程建设，规范管理者、办学者都要依照章程管理学校？还有更多的问题，希望作者进一步深入探索，更希望引起读者的共同探讨。

是为序。

潘懋元

2012 年 4 月 1 日于厦门

《中国民办教育思考与实践》① 序

我认识黄藤先生，是在西安外事学院建校不久。在我家见面时，他谈的不是新办民校在校舍、招生、经费等事务性问题，而是建立民办教育研究机构、开展民办教育研究的可行性问题。他当时提出一个论点，认为与其每年花上千万元用于招生宣传，不如花百八十万元做研究经费。这样一笔经费，足够资助若干研究课题，出版几本专著，其受益面不只是一所高校，而是惠及全国民办高等教育事业。这一席谈话，使作为教育理论工作者的我深受感动，至今记忆犹新。其后，我参加了民办教育研究所的成立大会，多次出席西安外事学院召开的民办高等教育研讨会，率领一批博士生驻院调研学习，参与他所主编的第一套“七方民办教育丛书”和征集第一批民办教育研究课题的策划。丛书共出版两套，大多数是当今知名的高等教育理论家的著作，虽出版于近十年前，但对于中外民办（私立）高等教育的历史研究、比较研究和理论研究，至今仍是权威之作。

黄藤先生不仅提倡、资助、组织民办教育研究，自己也有许多具有真知灼见的研究成果。丛书第一套中《民办教育引论》一书就是他同阎光才教授合著的。他的研究成果，更多的是以论文形式，随时发表于西安外事学院学报或其他报刊 。近20年间，我就读过多篇，受益不浅。如今精选31篇，结集出版，不仅为西安外事学院20周年校庆献出一份珍贵礼物，对于民办高等教育事业的改革与发展，也有现实的意义。

① 黄藤. 中国民办教育思考与实践［M］. 西安：西安交通大学出版社，2012.

黄藤先生对民办教育的研究，我认为有两个特点：

其一，理论与实践互动。实践立足于西安外事学院的办学实际，理论则面向全国民办高等教育界，面向整个民办教育事业。他以前沿性的理论引领创新性的实践，又以成功的实践经验为理论研究提供不竭的源泉。这本书，既是西安外事学院 20 年建校的理论总结，也反映了 20 年来中国民办高等教育发展的历程。

其二，与时俱进。每在民办教育发展的转折时期，几乎都有黄藤的论文，针对当时的主要问题，运用理论，分析研究，发表精辟见解。包括民办高校定位的研究、民办高校规模与质量关系的研究、民办高校中外合作办学政策的研究、民办高校经营运作方式的研究等。这些研究，大都能够回应当时现实问题，及时提出对策建议。

正是由于他的研究紧贴现实，与时俱进，黄藤先生集教育事业家与教育理论工作者于一身。这一身份表明，可以期望他在中国民办教育事业发展的未来岁月里，将和西安外事学院前进的步伐合拍，步入更加广阔的天地。

谨以此序祝贺西安外事学院建校 20 周年大庆暨《中国民办教育思考与实践》出版。

潘懋元
2012 年 8 月 23 日

《民办院校办学体制与发展政策研究》[①] 序

一

徐绪卿教授的新著《民办院校办学体制与发展政策研究》，是专门研究我国民办院校办学体制与发展政策的鸿篇巨著，是系统地研究民办院校办学体制与发展政策的重要成果。

“高等教育体制是根据国体形式和社会发展需求确定的一种以高等教育的领导管理体制为核心的制度体系，是由国家权力机关和领导结构制定的、相对稳定的高等教育体系结构模式，其功能划分为高教管理权限，规范人们高教活动范围、方式和行为，维护和促进高等教育事业的良性循环。”

高等教育体制，包括办学体制、投资体制、管理体制、评价体制等。在这些体制领域中，办学体制是最基本的体制，是推动其他体制改革的关键。改革开放以后的一个时期，我国的高等教育改革主要是以管理体制改革作为主线来牵动的，曾先后进行了宏观管理体制、内部管理体制等改革。然而进展不快，关系不顺，推进难度大。事实说明，如果仅从领导与被领导、管理与被管理的关系层面开展高等教育体制改革是不够的。

为与市场经济相适应，高等教育体制改革的指向应该是办学体制改革。

① 徐绪卿. 民办院校办学体制与发展政策研究［M］. 北京：中国社会科学出版社，2018.

这种办学体制改革绝不仅仅是在不同业务部门、不同层次政府间的管理权的转换，更不单纯是为了解决办学经费不足，其主要作用是唤起全社会对高等教育的关注，动员社会各界对高等教育办学的参与，形成多样化的办学体制，最大可能地满足人民群众和经济社会对高等教育的需求。正是由于开展办学体制的改革，40 年来，我国民办院校从无到有，从小到大，学校数和在校生数在国家高等教育体系中分别占有 29% 和 23% 的份额。民办院校已经迅速崛起成为我国高等教育的重要组成部分，为多渠道筹集高等教育经费，推进高等教育大众化，满足人民群众上大学的需求和社会主义现代化建设对人才的需求，激发我国高等教育发展活力做出了贡献。

民办院校的发展，需要多样化的办学体制。我国人口众多，举办世界最大规模的高等教育，需要大量的办学资金和运行经费，应该多渠道、多样化、多层面动员社会力量的参与和支持，为高等教育的质量提升和可持续发展提供充足的办学经费。同时，这种办学体制的改革也会在全社会起到辐射作用，从而为整个高等教育办学体制改革积累经验和提供借鉴，推动高等教育的健康发展，为实现科教兴国战略和建设社会主义现代化强国提供强大的人才支撑。

当然，高等教育办学体制的改革需要政府政策强有力的推进和保障。纵观世界各国私立教育发展的历史，可以发现，各国私立高等教育发展的繁荣和衰落与国家政策的认可程度和行政管理的措施是否得当是息息相关的，而且在发展过程中，几乎每个转折点都是以政策的颁布为标志的。世界银行 1994 年关于高等教育的报告指出，政府制定的优惠政策和管理框架是私立院校得以繁荣的重要保证。这一结论同样可以作为我国民办院校发展的指导。而由于民办院校发展的特殊需要，政策对于民办院校的发展影响更大。诚如本书作者所思考的，当前克服传统政策樊篱，消除民办院校办学体制的政策障碍，适应新形势制定新政策，推动民办院校办学体制深化发展，仍然是各级政府和民办高等教育研究者共同面临的重要任务。

二

随着我国民办院校办学的兴起，相关研究也逐渐开展起来。尤其是一批办学经验丰富、成绩卓越的民办高校，从办学实践出发，总结经验，提升民办（私立）办学体制理论。随着浙江树人大学徐绪卿校长即将出版的专著《民办院校办学体制与发展政策研究》的出版，将更加展现我国民办院校研究的水平。专著以我国民办院校起步发展之初，发挥体制机制优势，在国家高等教育体制中迅速崛起为宏观背景，以我国民办院校办学体制发展中的政策问题为主线，深入思考我国民办院校办学体制可持续发展的重大课题。专著回顾了世界各国高等教育发展进程中办学体制改革和发展的历程，从大学的起源、大学办学体制演变和世界各国私立大学发展的历史逻辑中，阐明我国民办高等教育发展壮大的重要性、必然性，这种从源头研究民办院校办学体制发展演变的论述非常少见。不仅如此，著者还以我国蓬勃兴起的多样化的民办院校办学体制为脉络，以高等教育大众化不断深化和提升为依据，多角度分析了我国民办院校办学体制相关政策存在的问题和趋势，在此基础上，运用民办院校办学体制基本原理和要求，提出我国民办院校未来发展的宏观政策设计和微观政策创新。

专著中，作者在研究分析后提出了对民办院校办学体制的六个观点值得重视：

第一，办学体制改革是高等教育发展的关键。专著系统回顾了中世纪以来大学办学体制改革进程，总结了私立大学发展的规律，指出公、私并行办学体制是高等教育体制改革的基本规律。在公、私立大学的并行发展中，实际上营造了高等教育生态环境，促进了高等教育质量的提高，满足了社会多样化的求学需求，从而使得民办（私立）院校的发展呈现新的价值。

第二，办学体制改革是高等教育诸多体制改革的基础。专著对我国高等教育办学体制改革进程进行了梳理，用发展实践说明，没有办学体制改革的基础，教育体制改革就难以形成共识，改革就难以展开并取得成效。全国第三次教育工作会议确立“以政府办学为主体，公办学校和民办学校共同发展的格局”，并提出了一系列具体举措，从而大大推动了民办院校的发展。

第三，民办院校多样化办学体制格局基本形成。专著总结了当下我国民办院校办学体制主要的 5 种形态：一是个人举办，包括个人合伙举办；二是机构举办；三是公、私混合举办；四是中外合作举办；五是多元举办。对办学体制类型的分析和划分，能够较为准确地判断我国民办院校发展的政策需求，同时为民办院校多样化的治理提供依据。

第四，管理改革成为民办院校发展的关键，管理政策成为民办院校发展的重要影响因素。作者认为，随着办学体制改革的深入，民办院校快速发展，管理问题凸显。传统的面向公办院校的管理不能适合民办院校，管理层与民办院校之间冲突不断，必须制定新的管理制度。而政策作为管理民办院校的主要载体和指导依据，成为民办院校办学体制深化改革、持续发展的关键因素，必须加强民办政策的研究。

第五，我国民办院校发展政策仍然存在的问题亟须解决。专著结合我国民办院校办学体制改革和发展的相关政策，指出了我国民办院校发展政策中存在的六大问题。一是发展政策缺乏顶层设计，制度缺失严重；二是政策执行力缺乏，政策效率不高；三是产权政策难以操作，制约社会投入；四是扶持政策难以落实，导向不明确；五是民办院校内部治理关系不顺，需要政策规制；六是政策的方向和内容未能及时转型。这些问题成为民办院校发展的政策瓶颈。

第六，我国民办院校发展政策应该转型。根据高等教育发展的新任务和新使命，着眼于公、民办高等教育共同发展格局的形成和巩固，着眼于科教兴国战略的实施和高等教育办学体制改革的深化，我国民办院校的发展政策应该转型，从外延式发展走向内涵式建设，从鼓励量的扩张走向质的提高，从规范监管走向鼓励与支持。

以上关于我国民办院校办学体制与发展政策的六个结论，符合中国民办院校发展实际，体现了一定的创新性，为民办院校发展政策的制定、实施与完善提供了依据，为民办院校发展实践提供重要参考。

在专著中，作者没有停留在问题的分析上，而是怀着高度的学术责任心，以问题为依据，运用研究成果，大胆提出我国民办院校办学体制深化改革相关政策的六大建议。限于篇幅，不再一一列出。

三

粗览洋洋 60 多万字的鸿篇巨著，笔者认为，专著具有以下三个方面的创新：

第一，全面性和系统性。表现在两个方面：一是本书以改革开放后我国高等教育大发展背景下民办院校的发展崛起为背景，全面系统地研究我国民办院校办学体制与发展政策问题；二是本书全面系统地研究世界高等教育办学体制发展及政策演变过程，发掘民办（私立）院校办学体制改革的基本规律，为我国民办院校办学体制改革的深化和政策制定提供重要的依据。

第二，逻辑性和科学性。专著运用高等教育发展最新理论，分析和把握民办院校办学体制改革的重要性和必然性。通过中外的比较，立足国情、放眼世界、观照历史、注重现实，从理论和实践两个层面研究和总结我国民办院校建设和发展的经验，揭示世界私立院校发展的共同做法和一般趋势，进而阐明我国民办院校办学体制改革的必然性，探讨规律性，服务于我国民办院校的发展。

第三，实践性和应用性。专著从理论研究分析出发，而重点放在实践性和应用性上。专著的写作恰逢我国《民办教育促进法》修法、对民办院校实施分类管理之际，各个层面需要提出实施细则之际，作者抓住了机遇。据了解，专著中多项成果已经应用于政策制定，获得肯定，体现了较好的应用价值和实践价值。

总之，本书将理论研究与实际应用密切结合，具有一定的理论水平和较强的现实指导意义，所提出的政策建议具有针对性、时效性和应用性。部分内容已经为国家和省级有关单位采纳，在服务国家民办教育“新政”的贯彻落实方面发挥了积极作用。

这部专著，是徐绪卿教授主持的国家社会科学基金教育学重点项目的主要成果。应作者之邀，我作为专家组组长主持了项目研究的成果报告会，有机会听取作者对成果的全面介绍，对成果内容有一个比较全面的了解和接触。

课题研究团队实力雄厚。浙江树人大学的民办高等教育研究院是我国民办高等教育研究的专门机构。团队还邀请和吸收了国内多所高校和教育研究机构的学者参与，提高了课题研究的能力，保证了课题研究成果的较高水平。

课题组开展了广泛的调查研究：先后组织6批近40人次，对15个省市以及浙江省内各地市和60多所民办院校开展了调研工作；召开了各类会议14

次，参加会议的人员近400人；问卷发放2 000余份；利用各种场合深度访谈50余人，来访会谈100余人，专题采访210余人次，获得了大量的第一手资料，为研究奠定了厚实的基础。

课题研究成果丰硕。课题组成员已发表论文22篇，其中教育研究等C刊论文14篇，被新华文摘和人大书报复印资料全文转载5篇；完成调研报告9篇，3篇被相关部门领导批示采用；提供决策部门的建议文本5篇；课题组成员参加《民办教育促进法》修法讨论和《民办教育促进法实施条例》修改讨论30余次，许多成员直接承担或参与了地方贯彻落实《民办教育促进法》新政的制定，研究成果得到直接引用，扩大了课题研究的效益和效率。

我与徐绪卿教授认识已有20年。他具有多年的民办院校办学实践，加上本人的兴趣和努力，成为一个丰产而有影响的民办高等教育研究学者，近几年来出版的专著就有140余万字，用自己研究成果和实践经验，为我国民办高等教育的发展出谋划策，值得点赞。

潘懋元

2018年6月23日

成人高等教育

《中国自学考试》[①] 序

自学考试是我国在十一届三中全会之后所创建的一种育才与选才相结合、以考试促自学的新制度，是建设中国特色社会主义教育体系的一项创举。因其适应我国改革开放的新形势，对为社会主义现代化建设培育专业人才具有重大意义，一经提出，便蓬勃发展起来。从 1981 年试点，到 1983 年向全国推广以来，在短短的十余年间，已为国家培育和选拔了数以百万计的自学成才者，取得了举世瞩目的成就；并且从单一的专科学历考试，发展成为多层次、多类型、多规格、多功能的教育与考试制度。在它的创建和发展过程中，积累了许多宝贵的经验，进行了理论的探索与实践的改进，使这一制度逐步趋于完善。

自学考试的业绩，是广大自学考试工作干部努力的结果，其中，自学考试研究工作者也做出了贡献。十余年来，自学考试的研究工作主要是在三个相互联系、交叉的领域进行的。其一是教育学领域的研究，使专业设置、考试计划、考试大纲、自学教材以及自主指导、助学活动符合社会需要与成人教育规律，以达到育人的目的；其二是在测量学领域的研究，要使考试的命题、题库的建立、施测的过程、评卷的标准与程序以及实践性的考核科学化、标准化，以提高考试结果的信度与效度，更公平、合理地选拔人才；其三是管

① 关世雄，张之强. 中国自学考试［M］. 北京：教育科学出版社，1994.

理学领域的研究，使自学、助学考试各环节的运行机制严密、高效，以保证自学考试的质量与效益。这三个领域的研究，都沿着两个方向发展：一是深入研究自学考试的性质、特点、规律、科学基础、当前任务、发展战略，为这一新制度的发展、完善提供理论依据；二是应用推广，使自学考试的研究成果为广大自学考试干部所掌握，从实践上完善这一制度，更好地发挥自学考试在育才与选才上的作用。

全国自学考试指导委员会的考试研究委员会，在这三个领域、两个方向曾做出一些努力：除以所组织的研究成果出版了《自学考试研究论文集》两卷之外，还委托金一鸣、叶忠海同志主编了《自学考试通论》，着重于理论探讨，阐明自学考试各方面的基本问题，兼顾实际应用。而全面系统总结全国自学考试十年来的经验，规范自学考试运行的环节，并在此基础上进行理论提高，则是关世雄、张之强同志所主编，作为中国成人教育理论专著之一的这部《中国自学考试》。科研成果百花齐放，正是中国自学考试繁荣与成熟的反映。

《中国自学考试》这一专著是由多位富有实践经验且研究有素的同志所集体编写的。他们有的是从自学考试这一新制度创建时就参与试点工作并一直坚持抓办考、办学的，有的是在全国或地方主持并亲自参加自学考试工作多年的。他们是这一新制度的创建与发展的历史见证人，以他们对自学考试事业的热爱、多年积累的实践经验的研究成果，凝结为这部专著，因而热情洋溢、表述准确、说理透彻、文字简练，不但具有规范性、权威性，而且具有可读性、可操作性。作为培训自学考试干部，这是一本全面系统的基本教材；作为弘扬中国自学考试这一新制度，以取得国内和国外更多的理解与支持，这是一本描绘全貌、突出特色的宣传材料。

作为自学考试研究工作的组织者之一，我是怀着欢悦与感激心情来读这本著作并作序的。

潘懋元

1994 年春节

于厦门大学高等教育科学研究所

《自学考试管理学》[1] 序

自学考试制度，是中国在改革开放中所创建的育才与选才相结合的新制度，是建设中国特色社会主义教育体系的创举。它从 1981 年诞生，1983 年全国推广以来，在短短的十来年间，为国家造就和选拔了数以百万计的专门人才，取得了举世瞩目的成就。如今已从早期单一的学历考试发展为学历考试与专业证书考试并举，从单一的大专层次发展为中专、大专、本科多层次考试，从单一的个人自学考试发展为大规模培训干部性质的委托考试、成人高等学校的验收性考试和各类高等学校计划外学生的认可学历考试多种功能。多形式、多规格、多功能考试制度的形成，雄辩地证明了中国所创建的这一新制度，适应中国国情，具有强大的生命力。

自学考试所取得的成功，是广大从事自考工作的教师和管理干部的业绩，其中也有自考研究工作者的一份贡献。十多年来，自学考试的研究工作，主要从两个方面进行：一方面是测量学方面的研究，使命题、题库、制卷、评定科学化，提高考试的信度与效度，更好地指导自学与选拔人才；另一方面是管理学方面的研究，使考试过程以及自学、助学管理科学化，提高管理的效率，保持国家考试的威信。这两个方面的研究，不断地向两个方向发展：一是理论的提高，深入研究这一新制度的社会性质、内在规律、当前任务与发展战略，为自学考试的进一步发展提供理论指导；二是知识的普及，使测量学方面的、管理学方面的知识，为广大教师和管理干部所掌握，从实践上

① 于忠正，史柳宝，宋捷．自学考试管理学［M］．兰州：甘肃人民出版社，1994.

完善这一新制度，更好地发挥自学考试的积极作用。

现在，我国自学考试已经形成一套有中国特色的、周密完善的管理制度，为使这套制度在实际应用上规范化、科学化，编写一本简明扼要、深入浅出的自学考试管理专书，以提高管理干部和教师的工作水平和能力，很有必要。甘肃省考试研究委员会和考试研究办公室的同志编写的《自学考试管理学》一书，正是应这一需要而编写的。这本专书，全面论述自学考试管理的方方面面：从自学考试的功能到自学考试的管理体制与运行机制，从自学考试管理原则与方法到自学考试过程各个环节的管理，包括质量管理、命题管理、考务管理、考籍管理，助学指导与管理、文书档案与财务后勤管理，简明而详备。人手一册，有所遵循。

甘肃省的自学考试，是全国自考工作较出色的省份。考试研究委员会和考试研究办公室的同志，一向很重视自考经验的总结与自考理论的研究，已经写出不少好文章。这本专书的编写者，据我所知，大多数是有丰富的实践经验，并且不倦地进行理论研究的教师和干部，他们承担了全国自学考试研究会编写自考管理专书的课题，认真、努力地完成这一任务，使这一专书，既有相当的理论水平，又有可操作性的实用价值。此书出版，不但可供甘肃省各级自考管理干部作为规范性的用书，也可作为全国自考干部和教师的参考书。借此写序的机会，顺表我的谢意。

潘懋元

《普通高校成人学历教育质量研究》① 序

在高等教育体系中，成人学历教育占据重要的地位。这不仅是由于成人学历教育的在校学生数占全国大学生总数的37.55%②，而且由于培养对象大多数是在职人员，就业的压力较小，有利于高等教育大众化的进程；在职人员获得的知识、能力，可以较为快捷地转化为社会生产力与社会实践，提高教育的效益。同时，在终身教育体制与学习型社会的建构中，成人高等教育将是主要的通道。而在成人高教体系中，普通高校的成人学历教育，又是最主要的组成部分，它的在校学生数占全国成人高教在校学生总数的73%③。也就是说，近3/4的成人高教学生是在普通高校受教育的。

高等教育从1999年开始扩招以来，质量成为人们关注的热点，但是人们所关注的只是全日制普通高等教育，尤其是高等职业教育与民办高等教育的质量，却很少关心如何保障与提高成人高教的质量。然而，正是成人高教，包括普通高校的成人学历教育，在教学与教育上，出现了所谓“质量危机”，从而导致“信任危机”。

依托全日制普通高校举办成人学历教育，不言而喻，既可以充分利用普

① 余小波．普通高校成人学历教育质量研究［M］．长沙：湖南人民出版社，2002.

② 2001年，全国普通高校本专科在校生719.07万人，研究生39.32万人，成人高教在校生455.98万人，合计1 214.37万人。(《2001年中国教育事业发展统计简况》2002年2月版)

③ 2001年，全国普通高校举办的成人高教在校生有333.38万人，其中：函授部196.16万人，夜大学62万人，成人脱产班75.22万人。(《2001年中国教育事业发展统计简况》2002年2月版)

通高校的教育资源，特别是学术水平高的大学师资，以提高成人高教的知识水平；也可以为普通高校开辟一条收入不菲的“创收”途径。10年来普通高校成人学历教育迅猛发展，充分证明了这是一种双赢的措施，但是它的缺点与问题也是很明显的。这种依赖普通高校办学的形式，最大的问题是忽视成人高等教育的特点——培养对象主要是在职成人。他们有一定的工作经验和较多的社会经验，由于是利用业余时间学习，不但听课面授的时间少，而且干扰多，较难专心学习；在学习内容上，要以应用为主而不过分强调理论的系统性与完整性；在学习方法上，必须采取自学为主，讲授为辅；如此等等。习惯于普通高校教学与教育工作的大学教师，很难改变所热衷的一套，以适应成人教育的特点。同时，普通高校20世纪90年代以来之所以大办成人高教，各校附属的“成人教育学院”一哄而起，主要是为了“创收”。如果不发生特殊事故，高校领导很少关心成人教育学院的教育质量；而成人教育学院则大多致力于追求“正规化”以提高在校内的“地位”。忽视特点、忽视质量，是形成“质量危机”“信任危机”的主要原因。

因此，如何根据成人高等教育特点，构建成人高等教育质量保障体系，实施教育质量监控，是保证成人高教，尤其是普通高校成人学历教育健康发展的关键。余小波的《普通高校成人学历教育质量研究》，对此做了有益的探索。

余小波副教授在获得硕士学位之后，一直在普通高校从事成人教育师资培训和成人学历教育工作，10年来积累了丰富的实践经验，曾与人合作编著《成人高等教育导论》一书并获奖，今年又参加高等教育学博士课程班学习，提高理论水平，与此同时，承担全国哲学社会科学“九五”规划青年基金项目“普通高校成人学历教育质量及监控研究”课题。这本专著，就是在该课题研究成果的基础上形成的。全书大体分为两大部分：第一部分是关于成人学历教育质量及其标准的探讨，第二部分是成人学历教育质量监控与评价。主要研究对象虽然是成人学历教育质量，实际上涉及教育质量与质量监控的诸多基本理论与方案措施，对于普通高等教育，都有参考价值。例如“五元素”评价体系、教育质量模糊综合评判模型，对于其他教育质量研究，也是实用的。

教育质量是一个内涵相当模糊的概念，教育质量标准的厘定，质量保障体系的建构，都很复杂；对于多样化的成人高等教育质量，更为复杂。这本书涉及的许多问题还有待于进一步进行深入细化的研究，希望作者在已有的研究基础上，继续前进。

潘懋元
2002 年 8 月 16 日
于厦门大学高等教育科学研究所

《福建省自学考试创办20周年纪念论文集》[①] 序

福建省自学考试制度创建于1984年，至今20周年。20年来，它由小到大，由人们侧目而视到刮目相看，并非一帆风顺：20世纪90年代，曾一度停滞不前；到世纪之交，随着科技与经济的持续增长，接受高等教育与培训成为求职与在职的中青年的普遍要求，自学考试作为开放教育的通道，参加自考的人数成倍增长，从1995年报考人数23.51万人次猛增至2000年的136.36万人次，按当量可折算成在校生7.5万人，相当于7～8所万人大学，居于全国先进行列。与此同时，20年间，它积累了克服困难、改善考试、加强助学、坚持标准、赢得声誉的宝贵经验，为适应21世纪新形势，迎接新挑战，进一步发展做充分的理论与实践的准备。

21世纪高等教育的新形势是普通高校大量扩招，办学形式多样化。高等教育自学考试，作为学历教育，面临着生源空间缩小的问题。有人认为自学考试，作为特定时期的特殊办学形式，已经完成了历史任务，必将逐步退出教育领域的历史舞台，这种消极论调，不是没有根据的。这就告诉我们，不能固守单一的学历考试或以学历考试为主，必须充分利用自学考试机动灵活的机制，及时转变发展方向，开拓新的发展空间。

如何转变？如何开拓？当普通高校扩招开始的1999年，在第三次全国教育工作会议上，中共中央、国务院所作出的《关于深化教育改革，全面推进

① 陈达辉. 福建省自学考试创办20周年纪念论文集［M］. 福州：福建教育出版社，2004.

素质教育的决定》，对于自学考试的发展方向，就已做了重要的原则性指示："完善自学考试制度，形成社会化、开放式的教育网络，为适应多层次、多形式的教育需求，开辟更为广泛的途径，逐渐完成终身学习体系。"

应当如何解读这一重要的原则性指示所包含的丰富内涵？

（一）必须适应社会上多层次、多形式的教育需求，开辟更为广泛的途径。近年来，专科层次的学历教育考试逐年递减，2003 年上半年报考人数只有 16 万人；所幸专升本的报考人数逐年增加，达 13 万人，已接近专科人数。但专升本这一条获得本科学历的捷径，也被电大以及许多全日制普通本科院校所看到，纷纷开设专升本短期班，靠这条途径开拓生源，空间与时间都是有限的。然而，大量的在职职工，需要不断更新知识与技能；本省数以百万计的农民工，需要提高文化水平并掌握一技之长；用人部门越来越重视的是职业资格证书与工作经验。单科的、模块的多层次、多形式的教育与培训，将是开拓生源空间更为广泛、有效的途径。当然，这些途径的开拓，不能只凭一纸空文，守株待兔，需要转变作风，主动出击。

（二）进一步形成社会化、开放式的教育网络。社会化、开放式，本来就是自学考试的特点与优势所在，参加自考，历来就没有任何限制，在校学生的限制也取消了。进一步的社会化与开放式指的是学习方法与手段方面，打破"一纲一本"的限制，更好地利用远程课程与远程助学手段，特别是对于居无定所、工作流动性大的职工和边远山区、农村的自考生，要千方百计开展助学活动，逐渐形成满足自考生的助学网络和学习支持系统。

（三）自学考试制度，肩负着完成终身学习体系的重任。终身教育、学习型社会，是当今世界教育的发展趋势，是人类社会共同的教育理念，也是我国建设小康社会的重要方面。如何构建终身教育体系、形成学习型社会，虽然理论上尚有许多问题有待探讨，认识上也尚未一致；但有一点可以肯定，就是社会化、开放式的自学考试制度，作为一种教育模式，与终身教育的要求吻合，发展自学考试，将成为构建终身教育体系的重要推动力量，成为学习型社会的重要组成部分。这一崇高的使命，指引着高等教育自学考试广阔而光辉的前景。

福建自学考试在纪念创办 20 周年之际，出版了这本论文集是有深意的。

论文集精选了近年来从不同的角度探讨自学考试的性质、任务，自学考试与助学经验的论文，作者既有自考工作者，也有自学成才的学员，还有高等教育理论工作者。这本论文集，不只是福建省20年来自学考试的工作总结或成绩展示，更重要的是探讨了自学考试发展的前景。20年艰难曲折的道路走过来了，我们有信心迎接21世纪新的挑战！

潘懋元

丛书·文集编

潘懋元文集

PANMAOYUAN WENJI

接受"潘懋元教育口述史"访谈（2005 年）

丛　　书

“七方民办教育丛书”[①] 序

中国民办教育自20世纪80年代重新出现以来，发展迅速，尤其是民办高等教育的发展，更引起了中外的关注。但在发展过程中，问题不少，争论很多，其中既有实际问题，也有认识问题。实际问题要通过制定正确的政策法规来规范、引导；认识问题，必须通过理论研究来廓清、指导。而正确的政策法规，归根结底，也要以理论研究的成果为依据。因此，以民办高等教育为重点的民办教育理论研究，在促进民办教育的繁荣与可持续发展上，具有潜在的不可代替的重要意义。

民办教育20年来发展的历程，每走一步，都需要理论的支持。以民办高等教育为例，20年前，民办教育恢复发展之初，全凭举办者、办学者自发的热情与毅力，披荆斩棘，步履维艰，这时需要解决的问题是民办教育的社会性质——“姓资姓社”的问题。这个问题于20世纪90年代初基本解决了，从而在短短的几年间，民办高校从300多所发展至800多所；接下来的问题是民办高等教育在高教系统中的地位问题——是公办高等教育的辅助部分还是社会主义教育事业的重要组成部分，应当“严格控制”还是应当积极支持与促进。这个问题通过高等教育大众化的理论研究和亚太地区各国私立院校的比较研究也基本解决了。从而在世纪之交，民办高校发展至1 300多所，出

① 黄藤，阎光才．民办教育引论［M］．北京：中国社会科学出版社，2003：序．

现了许多校舍巍峨、规模宏大的万人民办高校。进入21世纪，民办高校要吸引更多的资金投入，开拓更多更好的生源，摆在面前，还有一连串问题要从理论上、政策上研究解决。例如：

——关于民办高校的产权问题。公办与民办，都有产权问题，而民办的产权问题特别突出，亟待解决。因为民办高校的资金投入，情况复杂，有私人或私法人的投资或集资、学生学费收入、私人捐助、国有资产转让、政府补助或专项投资等。如何处理财产所有权、支配权、使用权以及增值收益权等？只有产权明晰，民办高校才能获得更多的社会资金投入，更快地发展。

与此有关的问题是举办者的投资回报问题。教育事业是公益性事业，教育法规定举办者不得以盈利为目的，但投资的合理回报不等于以盈利为目的。必须从理论上、政策上分清两者的界限，并根据实际情况规范合理回报的份额。

——关于民办高校的质量保障问题。民办高校大量涌现之初，难免良莠不齐。如何规范设置条例，保障培养质量，是一个关系民办高校能否健康发展的关键性问题。质量保障，学校有责任，政府也有责任。要求过高，条件太苛，难以达到，不利于鼓励社会力量办学；放任自流，不加管理，必将影响民办高校的社会声誉，不利于民办教育的可持续发展。

——关于民办高校毕业生的就业问题。民办高校毕业生就业，有其有利方面，也存在不利方面。如何消除社会的某些成见，在人才市场上，公办民办，公平竞争，充分发挥其有利方面，逐渐改变其不利方面，也是一个理论与政策亟待研究的问题。

——关于国有民办的二级学院问题。目前对于二级学院的看法，分歧很大，似不忙于做简单结论，但对于认真办学、为高等教育大众化做出贡献的应当鼓励与支持，由于不公平竞争而影响独立的民办高校生源的应当协调解决，利用国有品牌而名实不符或导致国有资产流失的应当有所控制。

在民办高等教育的发展中，需要研究的问题还很多，而且随着民办高等教育的进一步发展，必将有更多的问题解决需要理论的支持。同时，民办高等教育实践经验的积累、丰富，也有利于理论研究的泛化与深化，吸引更多的理论工作者参加这一领域的研究工作。

西安外事学院，一向对民办教育研究十分重视，在全国民办高等学校中，率先成立民办教育研究所，出版《民办教育研究》期刊。在此基础上，它又于世纪之交，建立更为开放的“七方教育研究所”，制定恢宏的研究计划，设立七方民办教育研究基金，鼓励、支持各方学者为民办教育发展“著书立说”。用黄藤院长自己的话说：“外事学院可以投资数亿元建校舍，为什么不能投资几百万元搞教育研究呢！”从某种意义上说，理论的建设比校舍的建设更为重要。

七方教育研究所成立以来，黄藤院长亲自担任所长。他不但自己带头搞研究，写出多篇有影响的理论与实践结合的文章；而且广征研究课题，拟订研究计划，多方求贤，在西安、上海建立分支机构。除继续出版《民办教育研究》期刊外，有计划地编著出版“七方民办教育丛书”。第一批即将出版的就有《中国民办教育史》《国外私立教育》《中国民办教育发展报告》《民办教育引论》《中国民办教育政策分析》等五部专书。这套丛书的主编都是对民办教育研究有素的中青年教育理论工作者。他们从历史发展与国际比较，对民办教育的现状、政策、模式、评价进行多方位的理论探讨。当前民办教育的理论文章与专书虽不少，而这样计划庞大、全面系统的完整的丛书，这是第一套。相信这套丛书的出版，对民办教育尤其是民办高教的决策者、举办者、办学者，都有广泛的学习与参考价值。

潘懋元
2002 年 10 月 14 日
于厦门大学高教研究所民办教育研究中心

“高等教育学博士文库”[①] 总序

中国高等教育作为专门研究对象，开辟一个专门学术研究领域、建立一门专门学科，是1978年才开始的。它在短短的20多年时间，发展迅速，如今已形成庞大的学科群，全国不仅有数百种高等教育刊物，每年发表数以万计的论文，而且约半数的高等院校，建立了高等教育研究所（室），其中培养高等教育学和以高等教育为主的教育管理硕士的学位点近百个、博士学位点15个，每年通过论文答辩的硕士学位论文数以千计、博士学位论文近百篇。这些学位论文，覆盖了高等教育研究领域的方方面面，涉及高等教育的诸多分支学科。有的是探讨高等教育学及其分支学科的基本理论问题，更多的是运用高等教育理论解释和解决高等教育的现实问题。这些研究成果，既繁荣了高等教育学术，直接或间接地促进了高等教育的改革和发展，又培养了大批高等教育研究领域的生力军。

博士学位论文，由于是在学术造诣高的博士生导师们指导下，是来自各个学科领域，有的还有相当丰富的高教实践经验的博士生们专心致志、殚精竭虑的研究成果，并经多位专家评审、通过答辩的论文。一般地说，能够较好地保证其理论水平与论文质量，有的在高等教育理论的前沿有所创新，有的能深入实际发表真知灼见。这些研究成果，通常比浮光掠影的泛泛之谈或就事论事的经验之谈具有较高的理论价值与现实意义。当然，其中难免水平

① 张奕. 教育学视阈下的中国大学建筑［M］. 青岛：中国海洋大学出版社，2006：总序.

高低不同，并非篇篇都是佳作。如经精选，将是办好高校、发展高教值得珍视的财富。如何使这些研究成果能够转化为高等教育实践，及时公开出版，是重要的一环。

以丛书形式出版高等教育论著，已有多套。就我所知，较早有厦门大学高等教育科学研究所编辑、厦门大学出版社出版的“清洁高等教育系列丛书”12 本，其后有季明明教授等主持编撰、北京师范大学出版社出版的“中国高等教育管理研究丛书”7 本（原计划出版 10 本），薛天祥主编、广西师范大学出版社出版的“高等教育理论丛书”8 本和“高等教育创新丛书”4 本，等等。这些大多是由主办单位或出版社“命题作文”、预约编写的，尚未见到从博士学位论文中精选编纂的丛书。中国海洋大学出版社即将出版的“高等教育学博士文库”可能是第一套。这套丛书旨在为进行高等教育研究的青年学者提供一个交流和展示成果的平台，2006 年计划出版 12 本。这 12 本大多选自近年来培养博士生人数最多的华中科技大学教育科学研究院的博士学位论文；但这只是一个开头，预期今后将扩大选稿范围，使这套文库不断充实与提高，推动高等教育学术的繁荣发展，发现更多的高等教育研究人才。

潘懋元

“高等教育大众化研究丛书”[1] 序

高等教育大众化是社会生产和人民生活发展到一定阶段必然出现的社会需求，也是中国实施科教兴国的必由之路。对于中国这样的发展中大国来说，是一条前景辉煌、风光无限而挑战不断、困难重重的道路。如何走通、走好这条现代化的大道，要有坚定的信心、正确的政策和妥善的制度安排。“信心”“政策”“制度安排”不能只靠拍脑袋和传统的办学经验，要有宽阔的视野和理论的指引。为此，厦门大学教育研究院（高等教育科学研究所）从20世纪90年代中期开始，就有计划地提出一连串课题立项研究，组织部分教师和历届研究生以及邀约有关学者参加，持续地进行理论和实践探索。

这套丛书第一批出版的各卷，就是十年来的研究成果。

——高等教育的改革、发展，转变教育思想是前提。《21世纪初高等教育思想研究》，是教育部“新世纪高等教育教学改革工程”的立项课题。

——高等教育大众化政策要靠大众化理论指引，大众化理论要通过大众化政策方能转化为办学实践。理论与政策内在地存在密切的关系。“高等教育大众化的理论与政策研究”，是教育部人文社会科学重点研究基地（厦门大学高等教育发展研究中心）的重大研究课题。

——高等教育大众化的主要特点之一是多样化。必须结合中国实际，构建合理的结构，形成优化的体系。“中国高等教育大众化的结构与体系研究”，

---

① 潘懋元．中国高等教育大众化的理论与政策［M］．广州：广东高等教育出版社，2008：序．

是全国教育科学“十五”规划的国家级重点课题。

——理论上合理的结构和优化的体系，需要制度保障。针对中国高等学校分类不清、定位不明、衔接混乱的情况，构建与社会发展相适应的高等教育制度（学制），以推进大众化进程，迎接终身教育、学习型社会的到来，应是当务之急。“中国高等教育学制改革研究”，是“985 工程”之一，“中国特色高等教育体系”的重点项目课题，同时也得到中国博士后科学基金的资助。

中国高等教育刚跨进大众化门槛，完成大众化历程，还有漫长的道路要走，还有许多问题待解决。高等教育大众化的理论研究还有很大的空间，这套丛书也就不只是出版这一批。

特别需要说明的是，已经完成的这些课题，其研究过程，长的达 10 年，短的也历时 4 年，其中许多阶段性成果以论文的方式陆续在报刊上发表。有些观点在当时是一种创新的见解，如今已成为人们所共识，有些问题已为决策者所关注而有所解决。例如，关于高等教育大众化的质量观，关于大众化的规模速度，关于高等学校的分类、定位、质量、特色等论点。一种理论成为人们的共识，一种意见为人们所关注而产生影响，正是研究者所希望的。还应说明的是：高等教育大众化的基本理论、观点，在整个大众化过程中是前后一贯、恒定不变的；而有些针对某一时期、某一问题的分析、意见，则是随着过程的发展而与时俱进。当然，无论是整个过程的基本理论、观点，还是在具体时间对具体问题的分析、意见，都有其现实的与历史的价值。

潘懋元

2008 年 3 月 10 日

“中国高等教育学中青年学者论丛”[①] 总序

2008 年，是中国经济与社会改革开放的 30 周年，也是中国高等教育学科创建发展的 30 周年。按照中国的传统，以 30 年为一世（“世”字由甲骨文“三十”所演变）。改革开放 30 周年之际，回顾一个世代的成就、总结一个世代的经验、面对新的世代的机遇与挑战、瞻望新的世代的发展前景，具有重要的历史与现实意义；同样，回顾与总结高等教育学科创建以来一个世代的成就与经验、探讨学科发展的规律、为跨进一个新的世代做好准备，也很有必要。

中国高等教育研究的开展，同西方一样，都是因应高等教育现代化的需要而产生的，但所走的道路却有所不同：西方只是把高等教育作为一个研究领域，开展高教问题的研究，在研究过程中，逐渐形成有别于普通教育学的理论体系；而中国的高等教育研究，则是以学科建制为发轫，30 年来，沿着两条并行而有所交叉的轨道前进。

其一，是建设高等教育学及其分支学科，逐步形成一个庞大的高等教育学科群。

关于高等教育问题的研究，在中国早已有之。如清末民初的著名教育家张之洞、梁启超，特别是蔡元培，已有若干关于高等教育目标、学制的议论。著名的大学校长如张伯苓、竺可桢、梅贻琦等，也发表了许多办学的见解。20 世纪 50 年代，前高教部还曾出版了《高等教育通讯》（1953—1957 年），

① 周川. 高等教育事理蠡测［M］. 青岛：中国海洋大学出版社，2009：总序.

除了发布公告、交流经验之外，也发表了一些调查研究报告。而作为一个专门的学术研究领域，并建立一门新的学科，以至形成庞大的高等教育学科群，则是1978年以后才开始的。作为这一学科发展轨迹起点的标志是：

——1978年，厦门大学成立了高等教育科学研究室，后改为研究所。这是中国第一个以高等教育作为研究对象的专门研究机构。

——1979年，由厦门大学、华东师范大学、北京师范大学、南京大学、清华大学、兰州大学、上海交通大学和上海市高教局等8个单位在上海联合筹备组建全国高等教育研究会；次年又在厦门召开了有34个单位参加的中国高等教育学会筹备会议。

——1981年，中国教育学会在福州召开第二次年会，讨论中国第一部《高等教育学》的编写大纲。

——1983年，国务院学位委员会公布的学科专业目录，将高等教育学正式列为教育学的二级学科。同年，中国高等教育学会正式成立，潘懋元主讲的《高等教育学讲座》公开出版，成为建立高等教育学科的先声。

——1984年，潘懋元主编、9位学者合作编写的《高等教育学》（上、下卷）由人民教育出版社和福建教育出版社联合出版。这是中国第一部高等教育学的系统专著，它标志着高等教育学科作为一门新兴的独立学科的确立。

继第一部高等教育学专著出版之后，陆续出版了各有特色的数十部高等教育学著作，主要有：郑启明、薛天祥主编的《高等教育学》，田建国编写的《高等教育学》，胡建华等编撰的《高等教育学新论》，潘懋元、王伟廉主编的《高等教育学》，潘懋元主编的《新编高等教育学》，杨德广主编的《高等教育学概论》，薛天祥主编的另一部《高等教育学》，王伟廉编写的《高等教育学》，等等，共20多部。

在高等教育学学科建设上，30年来，在两个方面进行了研究并取得一些重要的研究成果。第一个方面是对作为本门学科研究对象的高等教育基本概念与基本理论的研究，如对“高等教育”的定义、高等教育的本质与社会功能、高等学校的基本职能等的探讨，以及对高等教育的学术性与职业性、通才教育与专才教育、专业教育与素质教育、高等学校的教学过程与教学原则、知识与能力的关系等的研究。同时，还从高等教育的角度，探讨一些教育的基本理论，如教育价值观、教育的内部关系基本规律和外部关系基本规律。这些基本概念与基本理论的深入研究，为高等教育学科从经验性向理论性发展打好了基础。第二个方面是对本门学科的学科体系与方法论的研究，也即元教育科学的研究，包括高等教育学科的性质、研究的范围与重点、高等教育学科体系、建构高等教育学科理论体系的逻辑起点、高等教育学科的价值取向等。

在高等教育学学科建设上，有 3 个研究组织所起的推动作用值得一提。一是中国高等教育学会所属的高等教育学专业委员会。这个研究会于 1993 年、1994 年、1995 年连续开过 3 次年会，都是以高等教育学科建设为主题，广泛交流了高等教育的基本理论与学科建设的观点；1997 年召开的第四次年会，进一步探讨了高等教育学理论如何能转化为可操作性的知识与方法，以推动中国高等教育的改革与发展；其后每两年一届的学术年会，从理论层面上探讨中国高等教育改革实践中的热点问题。二是由华中科技大学、湖南大学、南京航空航天大学等 3 所大学共同组织的“大学教育思想研讨会”。这个研讨会每两年开会一次，已经开过 11 次年会。每次年会主题都是从理论高度探讨中国高等教育在发展的各个阶段所提出的思想认识问题，如市场经济与高等教育的关系、高等教育的文化功能、大学生的素质教育、知识与能力的关系、知识经济与高等教育的关系等基本理论问题。三是中国高教学会。21 世纪以来，该学会组织了各种形式的活动，如组织“20 世纪中国高等教育”课题研究，出版了 8 卷本《20 世纪中国高等教育》；开展高等教育学专业优秀博士学位论文评选工作；组织高等教育国际论坛和高等教育学专业博士生分论坛；组织编撰高等教育学专业研究生教学推荐用书的编写；以及正在组织的“建设高等教育强国”大型研究课题；等等。这些活动对活跃高等教育研究氛围、培育高等教育研究新生力量、丰富高等教育研究成果，都具有重要的积极意义。

高等教育学只是高等教育科学的学科群中一门基本的综合性主干学科。由于高教实践的需要，20 余年来，中国的高等教育科学已经出现了众多分支学科，形成了一个庞大的学科群。这些分支学科，相对于二级学科的高等教育学来说，可以说是三级甚至四级学科了。中国的高等教育科学所包含的分支学科，大体上可以分为三类：第一类是从高等教育学这门基本学科分化出来的分支学科。如大学德育论、大学教学论（课程论）、大学学习学、中外高等教育史、比较高等教育、高等教育研究法以及各科类的学科教学论等。第二类是高等教育学与其他学科结合产生的交叉学科。如高等教育哲学、高等教育经济学、高等教育社会学、高等教育管理、高等教育结构学、大学生心理学、高等教育系统工程等。第三类是应用高等教育学理论以研究不同类型高等教育所构成的学科。如高等工程教育、高等师范教育、高等医学教育、高等农林教育、高等专科教育、学位与研究生教育、留学生教育、成人高等教育、高等教育自学考试等。当然，以上分类只是相对的划分，上面所列举的各门分支学科，都有系统的专著出版，并且大多已作为课程列入高等教育专业研究生的教学计划。有的分支学科，又进一步分化为若干次一级的分支学科——第四级学科。其中以高等教育管理学发展最快，分支最多，已分出高等教育行政学、高等教育评估学、高等教育管理心理学以及高等学校教学管理、高等学校科研管理、高等学校后勤管理、高等学校财务管理等次一级学科或专门研究领域。其发展之快、参加的研究人员之多、研究成果之丰富，是其他学科所不可比拟的。中国高教学会所属的高教管理专业委员会以及各个地区的研究会，也是高教方面最为庞大的组织。同时，高等教育管理这一分支学科，差不多是与高等教育学的研究同时起步的。朱九思等主编的《高等学校管理》和王亚朴主编的《高等教育管理》，是最早公开出版的两部专著；其后又有余立与薛天祥主编的《高等教育管理体系》、刘文修与汪培栋主编的《高等教育管理》、母国光与翁史烈主编的《高等教育管理》等专著数十部。这些专著，或着重研究高等教育管理原理，或着重阐述高等教育宏观管理与微观管理各个部门的工作，各有特点。

另一研究成果最丰富的是高等工程教育研究。工科大学现多改为理工大学或科技大学，在高等教育研究上最为活跃，除出版全国性的《高等工程教育研究》期刊之外，许多工科大学与工业部门出版的高教研究期刊达 100 多种。特别值得提出的是清华大学、西安交大、上海交大、东南大学、浙江大学、重庆大学等 13 所教育部原直属重点工科大学所组成的“协作组”及后来扩大成立的“高等工程教育研究会”，在推动高等工程教育研究、为国家制定工程教育政策提供咨询等方面，起了重要的作用。

其他比较活跃、研究成果丰富的分支学科或研究领域，还有大学德育论、大学学习学、比较高等教育、大学生心理学、学位与研究生教育、成人高等教育、高等职业技术教育、高等教育自学考试等。至于高等教育史、高等教育经济学、高等教育结构学、大学课程论（教学论）等分支学科，虽然研究成果相对较少，但都有一些富有学术价值与实用价值的专著。上述各分支学科的发展，形成了以高等教育学为主干的高等教育科学庞大的学科群。

其二，是结合中国高等教育改革与发展的现实，为解决高教实践中所提出的问题而进行的研究。

高等教育学科在中国的发展，是与中国高等教育的改革与发展的实践紧密结合、同步进行的。上述学科建设，本来就是在高等教育改革与发展的实践推动下进行的；但学科有其自身的逻辑体系，而实践提出的问题则往往是综合的。因此，更多的研究工作是围绕高等教育改革与发展中不断提出的实际问题进行的，以提供决策咨询或指导实际工作。高等教育在改革与发展实践中所提出的问题，涉及方方面面，难于列举，这里仅就人们关注较多的几个问题的研究做一简略综述。

有关高等教育思想观念的研究对推动高等教育改革与发展发挥了积极的作用。30 年来，中国高等教育理论界围绕高等教育培养目标，讨论了教育观、人才观、教学观、质量观以及传统教育思想与现代化的关系等众多实践中的问题。讨论的实质集中于教育的价值观上，形成了新世纪适应新时代的许多新理念。

关于高等教育同社会发展关系的讨论对于解放思想、深化改革、扩大开放发挥重要促进作用。教育同社会的经济、政治、文化之间，存在内在的必然联系、本质之间的关系，这就是教育的外部关系规律。这条规律的作用，在高等教育领域特别明显与重要。因为高等教育所培养的是专门人才，他们将直接进入社会各个部门就业；社会的任何变革，都会直接地、迅速地影响高等教育。中国的社会主义现代化建设，是以经济为中心，从计划经济向市场经济转变。在经济全球化的时代，信息技术和高新科技在社会生产和生活中发挥的作用越来越大。因此，高等教育与商品经济、市场经济、知识经济的关系，就成为不同时期的热门研究课题，有关研究成果有形无形地影响着高等教育的发展与进步。

高等教育宏观结构调整与体制改革一直是中国高等教育改革的重点。高等教育的宏观结构，包括科类结构、层次结构、布局结构、管理结构等。郝克明与汪永铨主编的《中国高等教育结构研究》一书，对中国所进行的宏观结构调整以及国际比较，进行了全面系统的论述。更多的文章，集中于科类与层次结构调整高等教育机构的分类与定位的研究上。至于体制改革，研究的重点有招生与就业体制，着重于探索高考制度改革与就业指导问题；投资体制研究如何以政府投入为主，多渠道筹集办学资金的模式；管理体制，着重研究如何加强地方与高校的办学自主权，改变单一的行政管理为行政、立法、经济、评估的多元管理方式，加强管理的科学化与民主化；民办高等教育研究早期着重于民办高等教育在中国发展的可能性与必然性，如何立法以保障民办高等学校的办学自主权及其健康发展，其后则着重于如何提高办学水平、规范办学行为，以及学校法人产权与投资回报等。还有关于教学、科研、生产一体化问题，一直为高等教育理论界所关注，高等教育研究者借鉴国外的“合作教育”模式与经验，对一体化的理论、机制进行了持续不断的研究与试验。值得特别提出的是，中国高等教育改革的研究，近年来已从静态结构、体制改革研究进入动态的运行机制的研究，即把高等教育作为一个社会有机系统，将其放在相关社会结构中，探讨社会诸因素在高等教育运行过程中的连接关系及其运转方式，使体制改革具有切实的可操作性。

另一个受到人们较多关注并在高等教育应用研究中发挥重要影响的是院校研究。进入21世纪之前，遍布全国的数以百计的高教研究所（室）根据各高校改革与发展需要，针对本校存在问题进行研究，为学校领导决策提供参考咨询意见。这一时期，院校研究处于各高校自发状态，零星可见一些介绍美国院校研究的情况和有关院校研究的理论与方法的文章。进入21世纪后，院校研究呈现出很好的发展势头，中国高教学会成立了院校研究分会，每两年召开一届学术年会，同时举办院校研究国际讲习班，在研究理论、交流经验的同时，培训院校研究专业人员；一批专业研究人员针对现实需要，开展院校研究理论与方法研究，发表了不少研究论文，出版了一批院校研究专著，包括翻译出版美国院校研究的理论著作，推动了院校研究水平的提高，使院校研究在高校改革与发展中发挥更大的作用。

可以说，中国的高等教育研究，在解决中国高等教育改革的实践问题、为国家高等教育决策提供咨询、推进中国高等教育事业的发展上，做了大量的富有成效的研究工作。

学科建设与问题研究两条轨道相辅相成：学科建设为问题研究提供理论基础，问题研究为学科建设扩大视野，不断注入新的实践源泉。因而30年来，中国高等教育研究从兴起到发展，取得了丰硕的成果，主要表现为：建立了以高等教育学为主干的高等教育科学学科群，成立了遍及全国的高等教育研究机构，培养了一大批专业人才，高等教育研究刊物大量涌现，刊发了数以万计的高等教育研究论文，出版了数以百计的专著和教材，并根据中国高等教育改革与发展的实际需要，承担并完成了一大批重大攻关项目，为推进中国高等教育事业的发展，做了大量的富有成效的理论与政策的研究工作。

总之，中国的高等教育研究已成为社会科学领域中最具活力的领域之一，已经形成了一个规模宏大、成果丰富、人气旺盛的新兴学科领域。其所研究的问题，遍及高等教育理论与实践的方方面面；吸引了众多有关学科的学者和高等教育实际工作者参加，也吸引了大批青年学生攻读高等教育硕士、博士学位，形成了一支庞大的研究队伍。尤其重要的是一批高等教育学的中青年学者，已经和正在茁壮成长，成为学科领域的骨干力量，活跃于高等教育理论前沿，为中国高等教育的学科建设和问题研究以及培养人才做出了重大贡献。

中国高等教育学中青年学者的共同特点是：都是在30年来先后进入这一学科领域，对发展中国高等教育理论都有坚实的基础、突出的贡献和坚定的信心。而其不同的特点则是各有自己的研究重点与成就：有的着重于学科基本理论或分支学科的研究，有的着重于宏观的高等教育理念、结构、体制、管理、评估的研究，有的专心于微观的课程、教学、德育、大学生学习、大学生心理素质的研究，有的长于高等教育发展史或国际与比较高等教育研究。他们的研究成果丰富，有很多创新观点，其中有许多学者已经崭露头角，在国内高教理论界享有盛名，成为相关研究领域的学术带头人、博士生导师。

他们亟须有一个交流学术观点、展示研究成果的平台。2008 年 5 月 17 日，借参加厦门大学教育研究院（高等教育科学研究所）30 周年院庆暨国际学术讨论会的机会，由中国海洋大学出版社组织的“中国高等教育学中青年学者论丛”编委会在厦门大学举行，讨论编辑出版事宜，认可第一批约稿名单，每人一本，每本 20 余万字，由作者主要从 2000 年以来所发表或未发表的论文中，精选水平高、影响大的论文，结集成册。

这部丛书的出版，可以认为是中国高等教育学界新锐学术力量前沿研究成果的集中展示，具有对全国高等教育学科的引领作用，也为中国高等教育研究从大国走向强国、从国内走向国际打下了坚实的基础。

作为中国高等教育学科的倡建者之一，面对青出于蓝的中青年学者群体的丰硕成果与力量展示，借此机会，为后浪推前浪表达衷心的激动与欣慰。

是为序。

潘懋元
2008 年 7 月 2 日
于厦门大学高等教育科学研究所

“自强教育书系”[①] 总序

厦门大学教育研究院之所以能居于全国高等教育研究领域前列并有一定的国际影响，是由于拥有一批“60 后”和“70 后”的中年教育理论工作者孜孜地从事培养人才和学术研究，并在一些学科领域，处于理论前沿，不断地有所创新、有所开拓。但是，十年、二十年之后，是否后继有人，并能青出于蓝，是我们当前不能预为之谋的发展战略问题。

值得告慰的是，教育研究院已有一批“80 后”以至“90 后”，正在成长中的青年教师。他们虽然原来并非都是研究高等教育学科的，但都有深厚的理论功底和良好的人文素质，多有强烈的学术上进心。如何以热切和包容的心怀，为他们提供“自强不息”的期望和园地，“自强教育书系”的组织与出版，就是这项发展战略的措施之一。

第一批书系的四本著作，是四位青年教师的博士论文或近著。其中，徐岚和洪志忠的两本著作，都是研究教师自身的问题。

洪志忠所研究的是以普通学校教师为主的教师绩效评价问题。围绕教师绩效评价“从何而来”“因何而来”“现在何处”“面向何方”，构建一个由绩效计划、过程控制和考核改进三个主要环节组成的教师绩效模型，并提出绩效评价的策略与方法的若干建议。徐岚所研究的是作为大学教师自身的学术责任问题。她以学术责任为切入点，分析大学教师的学术责任观及其影响因素。因为作者对所研究的问题，有其切身利害与体验，因而主要通过叙事方

① 周序. 应试主义［M］. 厦门：厦门大学出版社，2017：总序.

式进行质性研究，历数当前存在的种种问题。例如“研究责任被异化为发表论文和争取科研经费”“培养新一代学者是视野之外的责任”等，导致大学教师的学术责任，成为“流沙之上的朝圣之路”。

周序所研究的是辨析人们多年来热议的“应试教育”问题。他认为应试在学习导向上有其可取之处，问题在于演变为“应试主义”，高考成为“异化的公平”，使身处其中的师生陷入路径依赖而无法进行教学改革。因此，当前不可能取消“应试”，只能着眼于将碎片化知识的教学内容和僵化、片面的教学，通过考试命题技术革新来对待“应试教育”。

林敏是研究心理学的青年学者，她的博士学位论文是研究儿童汉语阅读困难与听写困难的问题，通过形、音捆绑机制的反复比较测验，发现语素意识干预训练能促进发展性困难儿童提高阅读成绩。

第一批书系只出版了四位青年教师的研究成果，“学海何洋洋”，在自强的乐章中，将陆续出版更多的青年教师研究成果。在徐岚博士的论著中，她将自己喻为“青椒”。我认为这个自喻对于在成长中的青年学者是恰当的。“青”，尚未成熟，而由青而红，指日可期；“椒”，不论花椒、胡椒、辣椒，都有强烈的辛辣，年轻学者，要敢字当头，敢于站在前人的肩膀上勇攀学术高峰，在高等教育理论研究和培养人才上，做出新的贡献。

这是“自强教育书系”对青年教师的厚望。

潘懋元

2016年3月17日

学 者 文 集

《八年大学校长》[1] 序

我是从事高等教育理论和中国近现代教育史研究的，对于大学校长的传记、经验、文章，出于专业的需要，自然比较重视，因为这是研究工作的第一手资料，可以从中了解大学的实际情况与问题、办学者的思想与作为，得到某些启迪，探索一些规律性的东西。但办了实事、言之有物而不是秘书们照抄文件代拟的文稿，殊不易得。这就是为什么一年半前，黄金陵校长给我一册他自己撰写的文稿和讲话汇编，当时我竟在火车中一口气读了大半部之故。

三中全会以来，福州大学由乱而治，秩序稳定，师生团结，规模发展很快，教学质量、科研水平，有了较大提高。办学成绩虽非一人之功，而15年中，当了8年校长（还有3年副校长）的黄金陵教授所发挥的作用，人所共见，用不着我多说。我所想的是：在当今商品经济冲击下，办大学困难重重，黄金陵何以能做出如此业绩？借此汇编改名为《八年大学校长》即将公开出版之际，把我的学习心得，提供给读者参考。

一所大学，在中国当前的现实环境中，已不是封闭的学府，而是开放的社会。校长，不仅要抓好教学与科研，而且要管好思想政治、生活福利，盖校舍、抓后勤，还要为巨额创收操心。在纷繁琐碎的事务包围中，黄金陵校

① 黄金陵．八年大学校长［M］．厦门：厦门大学出版社，1994.

长是如何办学的，从《八年大学校长》这本书中，似可窥见其大概。

1. 从整顿学风入手，持之以恒，把学风作为办学的“基础建设”，与思想政治教育紧紧结合，贯穿在整个任职期间。黄金陵任职伊始，经过一番调查，看准整顿学风是当时的紧迫任务。他在召开的第一个大会上的发言，也就是汇编的第一篇，讲的就是《关于整顿学风问题》。号召整顿学风，当然不是什么新鲜事，大凡当校长的，总要讲一讲的，黄金陵所不同的是：第一，持之以恒；第二，制定具体措施，在八年任职期间，他把建立优良学风作为大学的“基础建设”，常抓不懈。在所汇编的72篇文稿中，有9篇就是专讲学风建设的，其他计划、总结、书信、文章中，谈及学风问题的就更多。离任前的一次表彰大会，所讲的也就是“持之以恒地开展优良校风建设活动”，要求学生发挥“自我教育、自我管理、自我服务”的作用。不仅是号召，而且提出并执行许多具体措施。如开展系际学风基础建设竞赛活动，落实有关规章制度的监控机制的作用，搞好班风建设，推行德智体综合测评，锻炼培养品学兼优的学生骨干和工作质量高、责任心强的政工队伍，等等，使优良学风逐渐成为广大学生的自觉行动和教师对学生的自觉要求。能坚持、有办法，这就是黄金陵抓学风建设成功的秘诀。（参见《发挥学生自我教育、自我管理、自我服务的作用，持之以恒地开展优良校风建设活动》）

2. 把教学作为大学的中心任务，以教学实绩作为评聘教师的主要依据，不断地提高教学质量。大学的基本职能是培养人才，人才培养的主要途径是教学；大学应当以教学为中心任务，一切体制、管理的改革，应该落实到提高教学质量上，才能收到实效。这并不是什么深奥的道理，但在办学实际中，教学工作却往往被忙碌的校长们所忽视了。近年来，教学改革踏步不前，教学质量实际上是有所下降。大学里的教务处是被冷落的机构，淹没在几十个名目繁多的处级单位中。教师的教学业绩，不被重视，在职称评审时，可有可无（除水分很多的工作量之外）。然而，黄金陵校长在他亲自草拟的“福州大学1989年工作计划要点”，却把“以师资建设为重点，继续整顿学校秩序，深化教学改革”作为当年的首要工作；成立师资工作委员会，狠抓骨干教师的培养和引进，以外语和实践环节作为当年提高质量的重点。据我所知，福州大学的教务处，在黄校长的领导和支持下，是一个最受重视的部门；在教学改革中，试验了许多新的教学制度和新的教学方法，并且多能做出实效。我曾参加该校的一次优秀教学成果的鉴定，从历年来教师的备课记录、教学档案、学生作业，看出福州大学的教学工作确实比较扎实，所得成果，是多年积累的而非一日之功。黄金陵还亲自抓教学秩序、亲自听课，建立了开始时被人反对的教学工作月报表，组织“课堂教学质量检查评估小组”，将评估结果公布并公开表扬与批评。他不止一次地对职称评审中的程序硬、实绩软，重论文评语、轻教学效果提出异议；他力求使每年评选教学优秀奖与评职称挂钩，并组织“奠基者的追求”报告会，以弘扬尊师重教精神。在黄校长不懈的努力下，福州大学的教学质量，并没有出现严重下降的问题，而且有所上升。以外语教学为例，该校四级英语统考及格率，1987 年为 12.6%，1992 年提高到 61.8%，居省属高校首位，接近全国重点高校平均水平。（参见《八年实习生的简要回顾》）

3. 开展学术活动，活跃学术气氛；以培养研究生促进科学研究。一所大学（不是专科性、职业性高校），归根结底，要以学术水平与国内外大学比高低。楼房盖得再华丽，非学术性活动搞得再热闹，也不可能跻身于名牌大学之林。黄金陵是学者专家，又访问过世界许多名牌大学，他当然深知此中缘由，所以他在办学中，对科学研究、学术活动，给予充分的重视。上任之初，他就要求各系每月要举行一次学术报告会，教研组每两周举行一次学术报告或教学讨论会。这也是 20 世纪 50 年代厦门大学的老传统。他认为学术报告“能增强学校的学术气氛，提高学术水平，提高学生的学习效率”，实际上这也是学风建设的根本措施。正是由于领导重视，当流行歌曲、武打影视、服装摊点、商品广告席卷各校校园的 80 年代中期，踏进福州大学校门，还可以看到不少学术活动的海报。他认为教学与科研是相辅相成、互相促进的两个方面：“教师通过科研活动，学术水平得到提高”；而“从事科研的人员参加教学工作，会使他们的知识面更宽广，同时在接触学生、回答学生提问的过程中，促使自己更多地思考问题，从而孕育出新的见解”（参见《增强科技意识，把福大办成教学、科研两个中心》）。他特别重视研究生培养工作，使之成为教学与科研结合的接口。当“文化大革命”后他第一次招收研究生时，就把准备为研究生开课当作一项科研工作，深入钻研，既写出逼近科学前沿的论文，又开出高水平的研究生课程。黄金陵教授在培养研究生上，有一套符合这一层次教学原则的成功经验：课程教学与科学研究结合；在潜移默化中培养良好的治学态度；因人施教，扬长补短；重视科学道德教育。（参见《培养研究生是开发智力、促进科研的有效途径》）对此我有同感。

4. 重视教育规律，组织并亲自参加高等教育研究。黄金陵是一位理科出身的专家，而办学却能符合规律，得心应手，这与他平时重视教育理论，参加高教研究是分不开的。他说过一段精辟的见解："教育是一门科学，有它自己特定的规律。要搞好教育部门的管理工作，就得学点教育学，认识教育工作的特点，掌握教育的规律。"（参见《以严治校、以身作则、以诚相见、以礼待人》）上面所提的他的第一篇发言，一开头就肯定了福州大学《高等教育研究》在传播宝贵经验、提供很好意见上的作用。（参见《关于整顿学风问题》）在任职期间，他亲自兼任福州大学高教研究所所长，经常向该所提出研究课题，关心研究人员的配备，鼓励有经验的教师开展教学研究活动，使福州大学成为全省高教研究最活跃的院校之一。他还率先规定新教师上岗之前，要经过培训，学习教育理论，掌握教学方法，增强教书育人的责任感。培训合格者，才能参加任职资格评定。他是福建高教学会的领导人之一，也是本省老大学领导人中最热心支持高教研究活动者之一。每届年会，他在百忙中总是亲自到会参加或主持；他多次为《福建高教研究》撰写论文，受到高等教育理论界的赞扬。

黄金陵校长的办学特点与经验，当然不只是上述几点，而概括性的叙述也不能充分表达他精辟的办学见解与具体的教育实践，更不能描绘出一位有作为的大学校长的素质。还是他的座右铭方能体现他的为人处世："以严治校，以身作则，以诚相见，以礼待人。"这条座右铭他提出了，也实践了。举例说：

——他对师生既严格要求，又热情关心。他要求教师严格履行职责，而对确有水平能力的教师，为之设法解决职称问题；他对责任心不强的职工提出严肃的批评，而对辛勤工作、默默奉献的职工说了公道话（参见《重读一封来信的联想》）；他宣布对违反校规校纪学生的处分时"心情是沉重的"，宣布之后，他以"浪子回头金不换"来鼓励被处分的学生吸取教训，作为推动自己前进的动力（参见《要从错误中吸取教训》）。

——他“抓改革注重实效，不图一鸣惊人，但求扎实前进”（参见《我的述职报告》）。在《八年大学校长》中，没有豪言壮语，华丽辞藻；有的是谦虚谨慎，素朴真诚，尽心竭虑，为学校的发展办实事，为师生的工作和生活排忧解难。他的报告、讲话，正如他自己所说，是“不只是用嘴巴讲，而是用‘心’讲”（参见《八年实习生的简要回顾》）。素朴的语言包含着火热的心，诚恳的态度表达了对人的信任与理解。

——他深入群众，体察下情。在本书中，这样的事例很多：如为整顿宿舍，他住进学生宿舍，一住就是十几天；为体察走读生的困难，他凌晨到三叉街挤公共汽车，体验腿酸肚饿的滋味；他每天清晨在校园跑步，不只是为锻炼身体，也是为及时了解和处理校园中发生的问题；接到一封教师的申诉书之后，他冒着滂沱大雨去家访；如此等等。这些都是很难得的。

如果要全面深入理解黄金陵的教育思想与实践，他对老师的尊敬与爱戴，绝不是与办学无关的个人情谊。本书收集了他在此期间所写的四篇怀念老师的文章。谦恭的态度、深挚的感情，溢于字里行间。正是承受了老师的润物细无声的滋润，形成了他爱教育、爱学生的深层思想。

最后，我想引黄金陵校长给他的学生一封信中的话，结束这篇序文：“作为一位大学校长，最大的安慰，莫过于看到自己的学生在成才的道路上迈出了坚实的步伐。”（参见《给轻工系魏斌同学的信》）黄金陵校长已经和正在得到这种最大的安慰，相信我们许多教育工作者也有此同感。

潘懋元

《地方院校的办学特征与教育定位——汤重天高教研究论文集（1987—1997）》[①] 序

汤重天同志在大学所学的是理工科，毕业后所教的是思想政治课程，所担任的是高校行政领导工作，所致力研究的是高等教育问题。他将近年来的研究成果——17 篇论文和《邓小平理论教学纲要》结集出版，向我索序，我读了其中的几篇文章，认为这篇序值得写，为什么？

高等教育理论，就其总体说，是多学科交叉的应用性理论。因此，它需要有实践经验的不同学科的教师和干部参加研究，才能在实践的基础上，从多学科的角度，探讨高等教育问题，发表有针对性的见解，提出可操作性的建议。汤重天同志正是具备这些良好条件，而又敏于发现、勤于思考，因而他的研究成果，理论与实际紧密结合，能较好地指导教育改革实践。

17 篇文章分为三组：改革与发展研究，着重解决地方性工科院校的办学方向与改革取向问题；思想政治与德育工作研究，包括“两课”建设与面向市场经济的德育工作问题；管理研究，是行政领导对改革中若干新问题的实践总结。文章凝聚了作者的教育价值观、教育质量观、人才观和教育发展战略思想，有许多精辟的见解和有益的建议。

我特别重视第一组几篇文章中所反复强调的地方工科院校的“教育定位”问题。在高等教育系统中，不同层次、类型的高等学校，应有不同的分

---

① 汤重天．地方院校的办学特征与教育定位：汤重天高教研究论文集（1987—1997）［M］．沈阳：辽宁民族出版社，1997.

工——职责任务，服务对象。各安其位、各司其职、各具特色，才能形成高等教育系统的整体优化。然而在当今现实中，由于受求全求高以及赶“热门”、争创收等思想观念的干扰，高等教育这一系统，在我国是相当混乱的，如：有些地方新办院校，粗具规模，不做扎实的巩固提高工作，不顾地方的人才需求，一味以全国性重点大学为其追求目标；许多成人高等学校办成“第二普通高校”，而许多本应办好本科和研究生教育的大学却大办成人教育学院；专科学校争办本科，本科院校大办专科；农业、师范院校广设非农、非师专业；如此等等。汤重天同志针对这种混乱现况，大声疾呼各层、各类高等学校应当“定位”。他不仅将自己所在的广西工学院定位于“面向全区中小企业、乡镇企业、新兴工业、第三产业，以本专科并重，低重心，应用型”；而且认为一般地方院校，应当“眼睛向下，严守本分”，“低重心，应用型”，“主动适应地方经济建设的需要”，“不能盲目追求发展成为小而全的综合性大学”。他认为“只有进行‘教育定位’，才能真正建立起层次分明，结构合理，布局协调，具有中国特色、广西特点的广西教育体系和基本框架，从而充分发挥整个广西高等教育体系的整体优势和综合优势”；也只有定位准确、明确，才能提高质量，办出特色，更好地发挥社会效益。汤重天同志这一论点，有理有据，有说服力，对于扭转风气、理顺高等教育系统，无疑是有现实意义的。

在思想政治教育与德育工作方面，汤重天同志也有许多符合教育教学规律的见解。首先，体现在他所编写的《邓小平理论教学纲要》和“说明”上。他认为作为课程体系，应当突出邓小平理论课的科学性和系统性，这就要讲清楚构建邓小平理论的几大支柱理论，并要联系建设实际和思想实际，真正“进大学生头脑”；还应当以邓小平的“实事求是”的思想方法来阐述邓小平理论，即不仅把“是”（结论）告诉学生，还应当阐述对这个“是”，邓小平同志是依据哪些“实事”怎样“求”得的。这里包括处理教材的系统性与重点突出的关系问题，知识内化为学生思想的问题，在传授知识基础上进行方法论教学问题等教学原则。其次，也体现在他勇于面对市场经济对高校的思想政治道德教育的负面影响的现实上（这种现实是客观存在无法回避的）。他认为应当教育学生正确对待“学”与“商”的矛盾，正确对待局部与全局、现在与未来的关系。例如，认识“等价交换”是经济原则，但不是维系社会的唯一原则，更不是社会主义社会人们的生活准则。这些，对于在市场经济负面冲击下感到迷惘的师生，指出了正确对待社会主义市场经济的思路。

这本集子还有许多精辟见解，不必一一列举。最后要指出的是，这些见解与建议，都是从实际出发提出问题，在实际中解决问题。虽然未必都是高深宏论，却是实事求是且大多数是切实可行的。现在结集出版，预期将对我们办学、教学，从方向、原则到措施、办法，都有所帮助。

潘懋元

1997年7月11日于汕头大学

《心系南强——特区高校思想工作实践与探索》[①] 序

特区既是经济改革与开放的窗口，也是文化、科技、教育交流的集散地。重点大学既要办好自己的学校，又负有创造与传播符合教育发展规律和改革开放精神的高等教育办学经验的使命。厦门大学是处于特区、位列“211 工程”的委属重点大学。这一特殊地位，在为我们带来自豪的同时，也为我们带来重压。据我所知，感到自豪而自满者多，感到重压而自强不息者少，而对于如何自强进行理论探索者则更少。王豪杰同志是少数者之一。

王豪杰同志长期从事学生思想教育的组织领导工作，从校团委书记到校党委副书记，二十多年来，历经坎坷，不顾毁誉，敢于面对困难，承担重任；更可贵的是勤于学习、勇于探索，对实践中所遇到的矛盾，往往能提到理论上进行审视。为此，厦门大学高等教育科学研究所特聘他为兼职副研究员。这本《心系南强——特区高校思想工作实践与探索》就是他在厦门成为特区以来，尤其是 20 世纪 90 年代以来思想工作实践与探索的记录。正如作者所说，特区思想教育工作所遇到的问题，也可能是内地已经遇到或将要遇到的问题，因此，立足特区的实践经验与理论探索，对全国也有一定的借鉴意义。不过，各个部分，各篇文章，所提供的借鉴重点有所不同。

全书收辑文章 34 篇（段），分为研究论文、专题报告、演讲荟萃三部分。其中：报告 10 篇，除我国香港地区和美国这两篇考察报告外，大多数是在一定时期解决一定实际问题的报告，可以供实践工作者解决同类问题时借鉴，

---

① 王豪杰．心系南强：特区高校思想工作实践与探索［M］．厦门：厦门大学出版社，1997．

也可为理论工作者提供反映实际情况的资料。演讲荟萃16则，多为激励学生积极向上的豪言壮语或富有启发性的警句。主要部分则是8篇研究论文，它比较充分地体现了作者在实践基础上的理论探索。这些论文，大多是对特区大学生的思想现况与发展轨迹以及影响大学生思想的社会背景进行调查分析，提出加强与改善思想工作的对策，有理有据，具有较好的前瞻性、指导性与可行性。

试举《厦门特区高校学生思想政治教育的观察与思考》和《立足特区环境，改革教育机制，拓展德育领域，实现培养目标》两篇论文为例：作者首先对特区环境对高校德育的正面、负面影响做一般静态的分析；然后以问卷调查和观察相结合的方法对特区大学生思想行为的变化做动态的分析，以便探索思想变化的规律；最后提出加强和改进特区高校德育工作的思路与对策。在思路中有不少运用高等教育学和社会心理学理论以完善德育工作的精辟见解。例如，思想教育工作应当转变学生观，明确大学生在教育活动中的主体地位，发挥大学生在德育中的主体作用，实现自我教育，提高德育实效。发挥大学生的主体作用，则要通过逐步提高大学生的社会期望值，使大学生个人的社会期望值与社会对大学生的期望相和谐，从而解决德育的动力问题，改变大学生的社会行为，实现德育的目标。在对策上，提出一方面要赋予传统教育形式以时代内容，另一方面要创造富有时代气息、适应对外开放的新形式；又提出要改变统一的德育要求为多层次进行德育的原则和拓宽德育领域，展开多种形式的思想道德教育活动。总之，在思路上有一定的理论深度，在对策上有具体的可操作性。

由于德育环境和德育政策重点在不断地发展变化中，而本书所收录的文章时间跨度较大，较早发表的文章，有些调查材料和论点不能充分反映变化了的情况和问题，有些新情况、新问题还来不及充分展开讨论。如大学生素质教育中的人文素质、心理素质问题，市场经济条件下的职业道德教育问题，这是可以理解的。但作者反映不同时期大学生思想的变化、党的德育政策的重点转移、个人的认识发展历程，这些论文、报告、演讲，记录了发展变化的轨迹，保存了发表时的痕迹，恰恰具有历史存真的价值。

潘懋元

1997年9月1日

《谈学论教集》[①] 序

在一次讨论21世纪中国高等教育的会上，北大副校长王义遒教授把他即将出版的一大厚本高等教育文集校样交给我。当时，我的反应是一则以喜、一则以忧。喜的是先睹为快，忧的是文债累累，还得挤时间来啃这30多万字的论著。在回程的飞机上打开来，没想到篇首竟是一组“谈学论教”的随笔，看似信手拈来，却妙语连珠，亦庄亦谐，以轻松的笔调谈深刻的哲理，引人入胜，欲罢不能。在两个多小时的航程中，我一口气把上篇三组文章读完，以后也就有兴趣和勇气继续读那些大块论文了。一般文集的编排（包括他人为我编的文集），总是把重头文章编在前面，最后才编进一些“有点意思”的序文、杂谈之类的小文章。这本《谈学论教集》却不循常例，倒过来编排，先轻松地“谈学”，后严谨地“论教”；先让你产生一种愉悦的情绪和好奇心，然后把你引入堂奥。我想，这位老兄，不只是一位科学家、管理者，而且是一位掌握教育艺术的心理学家。

文集的堂奥是“论教”，论教的重点是论教学与科研，篇幅约占三分之二。这些论文与报告，对全国正在进行的教学科研的改革与发展，具有特殊的现实意义。

为什么说意义特殊呢?

众所周知，北大是全国大学重中之重。北大的教学与科研的改革与发展，对全国大学具有领先与样板的作用。平时，我们只能从有关文件与报刊上读

---

① 王义遒．谈学论教集［M］．北京：北京大学出版社，2003.

到北大教学科研改革与发展的一些报道、计划、方案或经验总结，往往知其然而不知其所以然，以致学先进只能依样画葫芦。20 世纪 80 年代中期以来，王义遒教授从北大教务长到常务副校长，在这段时间里，北大的教学科研的改革与发展，他是主要的设计者、决策者、执行者之一。以什么教育思想、理论、思路来设计改革与发展方案？在改革与发展过程中遇到什么困难，如何解决？当前又将把什么样的北大模式带进 21 世纪？这些，在“论教”中都有比较真切的展示，例如：新型综合大学模式的探讨，学科建设与经济和社会发展关系的阐述，从北大的实践探讨教学改革和教材建设的问题，高等理科教育在市场经济条件下该怎么办，21 世纪的中国高等教育追求什么样的教学质量，面向 21 世纪应当如何设计课程体系和改革教学内容，等等。这些对我们正在进行的教学科研改革与发展，都有启迪思想、指导工作的意义。

在这里，我想特别推荐两篇文章。一篇是《科学教育中的人文精神》。作者深入到自然科学中，挖掘蕴含于其中的人文精神，从而指出在科学课程教学中贯穿与体现人文精神应当如何下功夫。这篇文章，功力甚深，它的本身，就是科学与人文相结合的完美作品，不是有人文素养的科学家是写不出来的。另一篇是《提高国民文化水准是社会可持续发展的保证》，针对人们只在人口、环境、经济等物质文明层面上认识可持续发展这一概念的意义，从科学技术的角度制定可持续发展战略。作者明确提出：“一个真正可持续发展的社会只能建立在有高度精神文明、道德水准的公众之上”，而“教育既是使经济增长的因素，又是使经济与社会可持续发展的重要战略内容”；因此，“《中国 21 世纪议程》必须包含教育，否则就难以实现”。对这一精辟的见解，作者进行了有说服力的论证，应当引起决策者的重视。

在“论教”篇中，好文章还很多，恕不一一 列举。这些论文，虽然多是大块文章，并且涉及诸多高等教育基本理论，但由于说理深入浅出，行文平易流畅，既有严谨的科学思维方式，又有生动的文学语言韵味，读之并不费力。可以说，这是一本文情并茂的文集，也是一份可以带进 21 世纪的可贵礼物。

潘懋元

《吴咏诗高等教育文集》[①] 序

高等教育学作为一门独立学科，在中国虽已有近20年的历史，并且形成了一个相当可观的学科群，包括高等教育史、比较高等教育、高等教育经济学、高等教育管理、大学教学论，以及高等工程教育、高等师范教育、高等职业技术教育，等等，对于高等教育现代化建设中的许多基本问题，如高等教育与市场经济的关系、高等教育的功能与高等学校的职能、生产—科研—教学一体化，以及终身教育、继续教育等，也进行了有一定理论深度与现实意义的探讨；但是，从总体上说，高等教育研究仍落后于高等教育的实际发展：一是作为一门独立学科的理论体系尚不成熟；二是经验总结的理论提高不足。对于前者，一些理论工作者正在致力探索；对于后者，则唯有依靠广大的高等教育实际工作者的群策群力，尤其是有丰富实践经验和理论水平的各门学科专家和领导管理干部。据我们所知，在国际上，很多重要的高等教育理论是由著名大学的校长首先提出来的，中国也是如此。20世纪80年代以来，多位知名的大学校长亲自参加高等教育理论研究，对于中国高等教育的改革与发展，对于高等教育理论建设，提出了许多源于实践、超越经验的高明见解与深刻理论，吴咏诗校长就是其中之一。

吴咏诗校长自从20世纪80年代主持天津大学校政以来，创办了中国第一个高等教育管理双学士学位班；在培养大批高等教育管理人才的同时，带领一批热心高教研究的老师、干部，立足“天大”，放眼全国，研究高等工程

① 吴咏诗. 吴咏诗高等教育文集［M］. 天津：天津大学出版社，1999.

教育培养目标、办学模式、本科教学、管理体制以及国际合作、终身学习等问题。他们的研究成果，不但促进天津大学向综合性、研究型、开放式的方向发展，而且有的成果已转化为国家教育决策或提供兄弟院校参考。十余年来，我在国内重要的高教研究刊物上，时常读到他的宏论；在几次会议上，聆听他有真知灼见的发言，获益匪浅。现在，从他历年发表的文章、报告、讲话中，选出40多篇，结集出版。对于面向21世纪，建设中国特色社会主义高等教育事业，必将做出进一步的贡献。

潘懋元
1998年5月6日

《现代高等教育思想初探》[①] 序

杨德广教授编撰的第30部专书——《现代高等教育思想初探》，即将出版。这部专书，是在他所主持的全国教育科学“九五”规划重点课题“新时期高等教育思想变革的研究——现代高等教育思想探索”的基础上，经杨教授亲自修改、增删、重组、重写而成的。我没有参加该课题的鉴定组评审工作，但完全赞同鉴定组对该课题研究成果的总体评价：“立足中国实际，选择了我国高等教育发展过程中的七大热点问题与理论问题，进行了深入的调查研究、广泛的国际比较和系统的理论探索。课题组注重高教理论研究和高教改革实践相结合，特别是敢于正面面对敏感的、有重大争论的问题，开展研究，提出看法，表现了理论创新的勇气和可贵的探索精神。一些研究成果已经付诸实施，直接或间接地推动了教育观念的转变与教育改革的实践，产生了良好的社会效益”，“是一项高水平的成果”。

本书作者将“现代教育思想”这一概念界定为“适应现时代社会发展和教育发展的教育思想”。而教育的发展是受制约于经济与社会的发展的，因此，从宏观上研究现代高等教育思想，首先要弄清楚现代经济与社会的发展。

中国从20世纪70年代末改革开放以来，高等教育面临着来自两个方面的挑战：其一是世界性的新科技革命推动生产力的迅速发展，从而引起国际关系的巨大变化；其二是中国的经济体制从计划经济向市场经济转变，世界的经济体制也朝着多元化和全球化方向发展。21世纪初，从根本上说，挑战仍是来自这两大方面；但是，时期不同了，形势更加严峻而问题更加复杂。主要表现为：21世纪，不论发达国家或发展中国家，都将或快或缓地进入知

① 杨德广．现代高等教育思想初探［M］．北京：人民教育出版社，2001．

识经济时代，拥有知识和人才资本的高等学校，将由经济社会的边缘走向经济社会的中心，在经济与社会发展中发挥核心的作用；电子信息技术与互联网进入高等教育领域，冲击传统的教学过程和教学模式，正在引起一连串急剧的变化；为了加强综合国力，实现科教兴国战略，高等教育正在向培养高层次专门人才和大众化两个方向加快发展；加入 WTO，中国的高等教育不仅要面向国内社会主义市场经济，而且要面向全球化市场经济的竞争与合作；如此等等。

因此，在世纪之交，中国高等教育在急剧变革与发展中，出现了许多新的问题。例如，关于更新作为先导的教育思想观念的问题；关于培养高科技、高素质的创新人才的问题；高等教育大众化的问题；发展高等职业技术教育和民办高等教育的问题；通过高等教育产业化以优化高等教育资源配置，特别是优化师资队伍的问题……这些问题在《现代高等教育思想初探》这部专书的 24 篇系列论文中，大多有深入的研究并提出了有理有据的创新见解。此外，面对一些敏感的问题，如高等教育的产业运作、高等学校的改制等，明确地表明了自己的观点；对于一些久难解决的老问题，提出了新的思路。如关于大学德育工作的改革，作者认为不能用智育的方法进行德育，德育改革不能停留在仅靠知识的传授上、方法与形式的改变上，更不能只讲“趣味性”“娱乐性”，必须在内容上贴近学生的生活，注重激发学生内在的需要和驱动力，“必要的大道理还是要说，关键是说得在‘理’，并诉之于‘情’”。同时，他还提出通过“四制”（多张证书制、干部轮换制、半年实习制、综合测评制）活动，提倡文明修身，创建“十无”校园等可操作的措施落实德育工作。

这本专书体现了杨德广教授的文风：从实际问题出发，进行理论探索，提出自己的理论观点，回到实践中检验。全书材料丰富，视野宽阔，行文质朴流畅，说理深入浅出。有的论文已散见于重要报刊，现在结集出版，便于读者系统学习。古人称誉著述丰富的学者为“著作等身”，如果把 30 部专书用木刻本线装书出版，何止“等身”。更为难得的是，这等身的著作是在繁忙的行政领导工作中，午不休、夜少眠，一个格子一个格子爬出来的。杨德广教授第 30 部专书的出版，凝聚了一位高等教育家对高等教育事业的热诚和毅力。

潘懋元

2001 年 7 月 10 日

《文化传承——教育杂谭》[①] 序

庄钟庆教授送来骆明先生的《文化传承——教育杂谭》一书校样嘱我写点读后感之类。同时，简略地介绍骆明先生是一位新加坡知名的华文教育家，从事文学创作与教育工作，业绩卓著，在中新文化交流上，做出重要贡献。我年轻时虽好舞文弄墨，也曾当过中小学教师和校长、教务主任，但那是半个世纪前的事；近年来虽曾读过几本有关新加坡教育的书，并和同事们合作出版过《东南亚教育》《新加坡大学》，还曾到新加坡看过几所学校，但我所研究的是高等教育，而且走马观花、浅尝辄止，对普通教育的实际情况，并不了解。友情难却，思想上实感负担。但当我揭开书页，读了几篇，却不自觉地为作者炽热的事业心、敏锐的观察力、坦率的陈词、素朴的语言所吸引，用两天时间，一口气读完20多万字120多篇教育杂文。

《文化传承——教育杂谭》（以下简称《杂谭》），正如书名所指，谈及教育（主要是普通中小学）方方面面的实际问题，从教育思想、教育政策、教材内容、教育方法、教育管理到教师待遇、学生生活、家长心态以及社会反映，针对现实得失，抒发个人感想。特别集中于议论下面的几方面问题：

一、关于华文教育。华文教育包含汉语言文字的教学和中华文化的传承两重意义，两者密切相关而有所不同。作为语言文字，是新加坡华人的母语；作为中华文化，既是世界华人共同的文化之根，又是新加坡文化的组成部分。这两个方面的意义，在《杂谭》中都有很中肯的论述，如认为在双语教学的

① 骆明．文化传承：教育杂谭［M］．新加坡文艺协会，2001．

新加坡学校华语、华文应当与英语、英文同样受到重视，公平对待，应当革除重英轻华的偏见与积习；对于中华文化，作者认为新加坡的多元文化是长期积累的现实，不是人为地用行政命令所能定于一尊。作者说："不论何种文化，不论是华的，是马的，是印的，都不能够将自己加在别人的身上，要别人尊自己为大，要领袖群伦，那是绝对不可以的。""文化是不能强求的，文化应该是逐渐融合、调和，大家逐渐接受，将不可以共存、共同发展的东西汇集起来，发扬开去，然后三年五年、五十年一百年，逐渐形成，逐渐融合，逐渐形成一个新的个体，这样大家都可以接受，都可以容纳，都认为是自己的东西，再没有争论，那便是自己的文化——'新加坡文化'。"（《文化是逐渐形成的》）我在《海外华文教育与弘扬中华优秀文化》一文（《教育研究》，1996）中，阐述中华优秀文化，既是海外华人民族文化之根，又是人类的共同财富；中华文化本身就是在历史的长河中不断地吸取、融合人类文化成果而形成的。不同的民族文化，在特定环境中，相互尊重、相互认同，逐渐融合为新的文化整体，是符合文化发展规律的。

二、关于教育目标。一般认为进学校就是读书求知识，因为教学过程就是师生间信息传递与交流的过程。这种认识并没有错，但是不全面。作者认为"读书是为了求知识，同时也是学做人"（《如何达致一个优雅的社会》）。求知识相对来说比较容易，许多学生通过会考已经获得好成绩，可以说有学问了。但是，"能读书，有学问，不一定能做人"（同上）。新加坡提出建设"优雅的社会"的口号，优雅社会是要由有良好修身的群体所组成，所以，学校教育，不仅要求学生学好偏重于知识方面的会考科目，而且应重视有利于学生修身的非会考科目，如美术、音乐、体育、生活教育等，"为达致优雅社会铺路"（同上）。作者这一思想，贯穿于《杂谭》中多篇文章。它的根源，无疑承认儒家学说的"修身、齐家、治国、平天下"的思想，也与当前中国所提倡的"素质教育"不谋而合，都反映了世界性的教育反思所提出的新教育理念，即要使受教育者不仅要"学会知识""学会学习"，而且要"学会生活""学会做人"，以及学会关心家庭、朋友、他人、国家以至人类社会。

三、关心教师的成长与生活。骆明先生既是教师，又是学校领导，深知办好学校，关键在于教师，也深切体会到教师的艰辛。在《杂谭》中，大量文章讨论教师的社会地位、工作任务、待遇与擢升等问题。一方面，他向教师提出应当不断提高自己的知识水平和师德水平，积极为教育事业作出贡献；不应把教育事业只当作一种谋生“职业”，批评那些不负责任和斤斤计较金钱的教师。另一方面，他呼吁政府要重视教师节，提高教师受人尊敬的社会地位；要公平合理地擢升教师，改善教师的生活待遇。正是由于像骆明先生这样一批社会贤达和教育家不断呼吁，从20世纪70年代以来，随着新加坡经济的发展和社会的改良，教师的社会地位和生活待遇得到较快的提高与改善。

《杂谭》一书，如上所说，内容广泛，涉及新加坡教育方方面面的实际问题。每篇杂文，看似信手拈来，大多颇有深意。有许多精辟见解，值得回味。例如：

——关于教学法的运用。作者通过对华文教材的教学，认为“教学的目的是在以触类旁通，相辅相成，温故知新，能举一隅而以三隅反，而不是固步自封”，“我们不能用固定一成不变的教学法，因为这样一来，许多都是同一种模型，同一种形式之下训练出来的。”（《谈综合教学与华文教材》）教学方法是为教学目的服务的，要因教学内容、教育对象而变，不能用一种固定的方法教所有的教材和所有的学生。也就是说，“法无定法”。

——关于教师和视学官员的关系。提倡“建立一种相互信赖的视学制度”，改革那种根据规定的表格来评估教学工作的形式主义的视学制度。作者认为“视学的目的是在协助教师如何改进其教学的缺点”，而不是“为了要填写原来的表格而向教师以讨债的态度”来对待教师的工作。建立相互信赖的视学制度，一方面“教师在课堂中比较能够自由发挥他的教学”，另一方面可避免“教师对视学官的敌视态度”。（《从教师的教学谈起》）视学官员与教师应互相信赖，教育管理机构对学校和教师的关系也应建立在互相信赖的基础上。用烦琐的表格来管理学校和教师，对于管理官员是简单易行的，但却抑制了学校和教师的创新性和主动性，无助于教学质量的提高。

——有些殖民地时期遗留下来的陈规偏见，一般人可能习以为常而熟视无睹，作者能敏锐地发现其不合理而提出质疑，促进改革。如“公务员马来语的考试是殖民地的一项政策，是统治者要公务员与土人沟通的”（《服务条件调整薪金应切实履行》）。而长期以来，对教师定职也要求马来语及格，这就更难理解了。此外，如适应英校小学一位教师包办一个小班的点名制度，也要求华校照此办理；不相信本国的考试方面，“有很优良的组织”“完整的系统”“整套的制度”，而“最后还要抱着一个尾巴——剑桥（考试）”。

《杂谭》所针对的情况与问题，大多是20世纪80年代以前的，有的可能已经解决了，有的则自然消失了。但作为一定时期的真实写照，这本《杂谭》的出版，不但有其历史价值，在某些方面，可能还有其现实意义；不但对新加坡教育的发展有积极的意义，对正在进行教育改革的发展中国家的教育，也有一定的借鉴作用。

潘懋元
2001年7月13日
于厦门大学高等教育科学研究所

《陈谟开教育文集》[1] 序

20 世纪 80 年代初，谟开同志担任吉林工业大学教务长、副校长时，就热心于高等教育研究工作，并在教育部东北教育管理干部培训中心高校干部培训班讲授“高等学校管理学基础”，那时已经知名了。我有幸拜读过他这本讲义和其他文章，留下了深刻的印象。此后他担任吉林省教委主任，我们共同参与中国高教学会、全国教育科学规划高等教育学科组等学术团体的工作，接触的机会就更多了。近 20 多年南来北往，都是以文相会，可称得上是君子之交。近悉谟开同志《知》《行》《路》《迹》四卷本文集即将出版，承惠各卷篇目和《我的教育探索》（自序）。这是一位学者型官员为他终生奋斗的教育事业执着追求、开拓进取、充满奋斗与希望的探索历程。谟开同志嘱为文集作序，我欣然从命，并乐意向教育界同道广为推介。

谟开同志是我国一位任职时间最长的资深省教委主任。在他任职的 15 年里，吉林省教育工作取得了卓著成绩，各项教育事业发展指标均位于全国前列。对此不仅为教育界人士所称赞，我相信吉林人民会有更深切的感受。据我所知，他是我国教育领导干部中能带头开展并亲自参加教育科研工作的不多几位同志之一。他的业绩，不仅缘于他对教育事业的热诚、信心与领导才干，而且缘于他对实践中的问题进行不懈的理论探索，以科研成果作为决策的依据。综观四卷本文集，可以明显看出这样几个特点：一是教育研究与教育决策相结合。教育科学的研究成果如果与教育决策结合起来，就能更好地

① 陈谟开. 陈谟开教育文集［M］. 长春：吉林人民出版社，2001.

转化为教育实践，发挥理论指导实践的作用，使教育科学富有生命力。在这四卷本文集中，我们看不到烦琐的考据与论证，而是作者对教育改革与发展中那些亟待解决的重点和难点问题的热切关注和深入思考：一个经济不甚发达的省份实现教育适度超前发展的明晰思路。二是教育系统内部关系研究与外部关系研究相结合。教育系统是社会系统的一个子系统，在教育系统内部要实现各类教育的协调发展、整体优化；在教育系统外部要处理好教育与社会、经济、科技的关系，追求的是教育主动适应与有效促进。谟开同志作为学者十分注重研究和掌握教育内外部关系规律。作为领导干部，他重视研究社会、经济、科技发展与教育的相互作用。他不是就教育论教育，也不是不就教育论教育；而是站在现代化全局看教育、抓住教育的特殊性论教育，从而保证教育宏观决策的正确性。三是社会科学研究方法与自然科学研究方法相结合。教育科学是一门集有关社会科学和自然科学为一体的综合性学科；教育科学的发展出路不仅在于理论的创新，还要实现方法的创新。作者是学理工科的，受过系统的自然科学研究方法训练，把这种研究经验和方法用于观察教育现象，使得他的文章总能给人们提供独特的视角和新鲜的思路。这给我们一个重要启示，教育科学的研究工作必须注重各种学科之间的交叉和融合，要用多学科的观点去分析和研究教育现象，推进教育科学研究的现代化。

谟开同志的四卷本文集内容非常丰富，涉及教育研究、教育管理、教育改革、教育发展等重要领域。全集具有知行结合的特点和开拓创新的精神。这是一个理论工作者所追求的较高境界，也是一名领导、管理者所具备的基本素质。我相信，这套文集的出版，使人们看到了一个称职的教育领导者是如何用科学的理论指导教育决策和管理实践的。希望这套文集的出版，能使教育管理干部从中得到启发。祝愿吉林省的教育事业更加辉煌，企盼作者为教育事业做出新的贡献。

是为序。

潘懋元

2001 年 7 月 30 日

《二十年的实践与探索——高等职业技术教育论文集》[①] 序

高等职业技术教育，是科学技术转化为现实生产力的关键，也是社会主义现代化建设的基础。世界发达国家，20 世纪五六十年代开始，就将职业教育的重心上移到高等教育水平；而我国到 80 年代，对职业教育的认识与政策，基本上还停留在中职、初技上，从而影响了产业结构从劳动密集型向技术密集型转变的进程，也影响了社会主义现代化建设的力度。直到世纪之交，开始推进高等教育大众化，才将高等职业技术教育作为大众化的组成部分摆上高教发展的日程。但直到今天对高等职业技术教育的性质任务、时代意义，认识还未到位，重视不够、倡导不力，甚至在某些政策措施上存在失误，在进一步发展上存在危机。为此，开展高职教育研究，剖析问题，提高认识，探索高职发展的道路，应是实施科教兴国的重要一环。

这一探索工作，叶春生同志在 20 多年前就开始了。三中全会之后，改革开放之初，叶春生同志从中国经济发展的趋势、发达国家职业教育上移的事实出发，预见到高等职业技术教育在社会主义现代化建设中的重要性与创建高职院校的迫切性。中国第一波高职教育发展高潮是从江苏省兴办职业大学开始的，从 1980—1985 年间，江苏省率先创办了 16 所职业大学，主其事者就是时任该省高教局领导工作的叶春生同志。更难能可贵的是他在创业的实践中所进行的高职理论探索，如 1985 年所发表的《总结经验，开拓前进》一

① 叶春生．二十年的实践与探索：高等职业技术教育论文集［M］．北京：高等教育出版社，2004.

文，从职业大学的性质、任务、地位、作用，以及培养目标、发展方向、办学特点、师资队伍建设，勾勒了高等职业技术教育基本理论体系的框架。其后，职业大学由于受传统教育思想的影响，定位不明，方向不清，全国虽已建立了100多所，但大多数转变为普通高校的专科或本科，到20世纪90年代初期，第一波高潮由“起”而“落”，走入迷惘的低谷。

在低谷徘徊中，更需理论指引。叶春生同志仍坚持不懈地研究高职理论，探索走出困境的道路。他同周丕创教授合作，编著出版了《高等职业技术教育概论》（1991年）、《高等职业教育的探索与实践》（1998年）两本专著，并发表一连串的论文、报告。他的专著与论文，为中国高职教育的理论奠定了基础；他的许多意见与建议，成为世纪之交，中国高职教育再度兴起时制定政策的依据。例如，他认为高等职业技术教育的主要特点是地方性与职业性，应根据社会需要培养“适销对路”的人才；普通高等教育与职业教育的区别是前者为学科型而后者为职业型，职业教育应按职业岗位或职业岗位群设置专业；社会主义高等教育体系应包括这两大系列，各具特点，可以相互沟通而不能相互代替，可以互补而不能互换；职业教育的办学方式与学习年限应当机动灵活、长短不拘，除2~3年以至更长的学历教育外，应面向职业岗位，发展职业培训，建立岗位合格证书制；职业教育要加强实习实践，与生产单位合作或共建实习基地；高等职业技术教育应建立“双重素质”（双师型）的专兼职教师队伍；等等。他一再呼吁高职院校不要重蹈老大专的覆辙，把专科教育办成“压缩型的本科”；他认为现存的专科学校应向高职的方向发展，而不是以挤进普通高等学校的行列为荣，要把追求升格和搞单纯学历教育的热情转移到职业技术教育多种形式办学上来。叶春生同志的这些呼吁至今仍具现实的针对性，有相当的一部分高职院校的办学者，把高职当成升入普通本科院校跳板，孜孜以求的是“专升本”，升本之后，就按传统大学的模式，力求办成所谓多科性、综合性、学术性的研究型大学。表面上“志存高远”，实质上屈从于传统思想，走偏方向，形成高等职业技术教育持续发展的危机，致使高职教育，有可能由于脱离经济与社会发展的实际，违反高等教育必须与社会发展相适应的外部关系规律，再度由“起”到“落”。针对这一危机，叶春生同志认为，高等职业技术要发展，必须从“精英教育”思想中解脱出来、从学科本位观念中解脱出来、从单一人才培养模式中解脱出来，在办学体制、管理体制上有所创新，才能走出误区，健康发展。这些真知灼见，对当前高职教育的改革与发展，都有现实的指导意义。

我同叶春生同志认识将近20年，我们都是教育部教育发展研究中心的常客，每年的学术聚会和中心所召开的一些国内国际会议上，经常聆听他来自实践与探索的高论。我对高等职业技术教育肤浅的知识，也是读了他的论文与专著才入门的。他是中国高等职业技术教育的先驱者，我是这一教育领域的后学者。很高兴地得知继两部高职教育专著和一部与高职教育有关的专门人才通向农村的途径和对策的研究出版之后，他又将历年所发表的有关高职教育的论文23篇、国外考察报告3篇、所拟文件2份，整理成册。从中我们可以见到叶春生同志对高职教育前后一贯而又与时俱进的思想脉络。大多数论文虽以江苏一省为主要研究对象，而所剖析的现象、所总结的经验、所概括的理论，对全国高等职业技术教育的改革与发展，都有重要的参考价值与指导意义。

潘懋元
2003年8月15日
于厦门大学高等教育科学研究所

《树人之道——在百年女校里探索》[1] 序

泉州幼儿师范学校（简称“泉州幼师”）是一所知名的百年女校，她培育了一代又一代优秀的学前教育教师，芬芳的桃李遍布省内外以至东南亚，如今正面临着全面建设小康社会的新挑战。率领团队，迎接挑战，保持传统，创新局面的重任，就落在校长陈雅芳的肩上。

陈雅芳在泉州幼师工作近四分之一世纪，其间任正、副校长已达13年。她给我的印象是工作上敬业乐业，学习上孜孜不倦，对问题勤于思考，在事业上敢于创新，乐观自信而又苦恼焦虑。百年老校，面临转型升格。时机很好，困难重重，能不苦恼？转什么型、升哪一格，能不焦虑？

对此，她曾不止一次征求过我的意见。我对幼师的内部条件与外部环境，不甚了解，只能从当前中国高等教育的发展趋势与问题出发，结合幼师女校的特点，认为转型不能抛开幼师的优良传统，不论作为独立院校或某所大学的二级学院都不可抛开女子教育、幼师教育的特色；升格要实事求是，专科也好，以本科为指向也好，都不要片面追求高学历教育，办成学科型、综合型的普通院校。当前一股升格风，中专升大专、大专升本科，升了本科就追求成为高学历的综合性、研究型大学，表面上“志存高远”，实际上是跟风随大流。

陈雅芳校长对我所提意见的回应，是给我送来这本《树人之道——在百年女校里探索》的教育论文集，要我好好读，写个序。这是一个满意的答

① 陈雅芳. 树人之道：在百年女校里探索［M］. 厦门：厦门大学出版社，2004.

复——不忘女子教育，不忘幼师教育，找准位置，定好方向，办好高等教育。

《树人之道——在百年女校里探索》是陈雅芳在幼师边工作、边学习、边研究的写实性纪录。63 篇文章，分为三组。第一组幼儿教育，是她从事学前教育实践的经验与意见。第二组师范教育（幼师教育），是她对幼师的办学理想、管理方略和培养学前教育教师的理论与经验。这一组的内容丰富，得益于福建师范大学老师的指导，将实践经验提高到理论认识上来。第三组高等教育，是她为幼师升格所做的理论准备工作，其中多篇是在厦门大学高等教育科学研究所举办的硕士生、博士生课程班参加学习时所交的作业。许多论文选题较宽，有些论文难度较大，说明她在学习与研究上进入一个新台阶。

陈雅芳是在职进修研究生课程的。她上课时专心致志，下课后手机不停，敢于承担难度较大的研究课题，保质保量、如期如数完成规定的作业。我常以陈雅芳的事例告诉其他学生：好学生才能成为好教师、好校长；而好教师、好校长必定是好学生。

教育论文集中的论文，林林总总，跨度很大，但都体现两个特点：其一，热爱学生，热爱事业；其二，理论与实践密切结合，既非就事论事，又非夸夸其谈。论文集的出版，既为泉州幼师转型升格探明了方向，我相信，也可使女子教育、幼儿教育、教师教育工作者从中获得某些启示。

潘懋元

2003 年 8 月 16 日

于厦门大学高等教育科学研究所

《高等教育：历史、现实与未来》[①] 序

不知从什么时候开始，我被人封为“教育家”。对此，我是诚惶诚恐的。被封为“家”，大概是已年近花甲的事了。只能说是一种“偶然”的机遇——20世纪50年代，我曾提倡要研究高等专业教育理论，这是一个有别于普通教育学的研究领域；为此，写过几篇探讨高等教育特点、规律和教学过程原则的论文，同教研室的同志们合编过一本《高等学校教育学讲义》。但这几件事当时并没有什么反响，70年代末，我旧议重提。当时正值十一届三中全会带来历史的转折，中国迎来了科学的春天，高等教育也在春风中生机勃勃。人们反思此前30年间高等教育的多次失误，认为大多是由于违反教育规律办事；研究教育规律，成为当时高等教育界的热门话题。我的《必须开展高等教育的理论研究——建立高等教育学刍议》得到回响；《高等教育学及教育规律》等报告稿被印成小册子辗转流传；我邀请几位同志合编的《高等教育学》多次获奖；与其他同志一起筹建的“中国高等教育学会”也得到教育领导部门的支持。也正是有此种种机遇，我才不由自主地被封为“教育家”。看来，机遇是很重要的。

但是，对于一个人来说，机遇并不是可以侥幸得到的。我相信一位科学家的名言：“机遇只偏爱那种有准备的头脑。”机遇对我的“偏爱”，可能是我已有两个方面的准备：一是理论准备，二是实践准备。理论准备是在此之前，我曾学过哲学（中华人民共和国成立前读了几本，成立以后在中国人民

① 潘懋元．高等教育：历史、现实与未来［M］．北京：人民教育出版社，2004．

大学上了政治课）、经济学（大学念书副系是经济，修了32个学分）、教育学、心理学（念过师范学校、教育系、教育研究生班），对文学、历史、逻辑学也有所涉猎，20世纪50年代以来，又研究过中国近代教育史和高等教育理论，关于高等教育的特点、高等教育的基本规律、高等学校教学的过程与原则、大学生的心理特征等，逐渐形成粗浅的却是自己的见解。但高等教育学是一门应用性、实践性很强的学科，光有理论准备还不足以学有所用，同时还得靠我几十年来的教育实践。我当过小学教师和校长，中学教师和教务主任；从40年代起，在当大学教师的同时，先后兼任过教学科长、教务处长、副校长、校党委常委。这些实践经验的积累，使我在研究教育理论时，心中有个“实际”；在写文章、做报告时，心中有读者、听众，力求使抽象的理论成为简单、明白、可接受、可操作的知识；更重要的是，养成了从教育实践中发现理论问题，以教育实践检验教育理论的习惯，而不满足于只引用别人的观点和理论来支持自己的论点，论证自己的理论。我总认为，研究社会科学，理论准备重要，实践准备也重要。

一位著名的历史学家这么说：“板凳甘坐十年冷，文章不写一句空。”我把这第一句改为“板凳敢坐十年冷”，第二句改为“文章不写半句空”。坐十年冷板凳是要有勇气的，而实践准备则是为了文章不写半句空。说实话，这第一句我已经历过了，而后一句话则是我还得时时谨记的。有了准备，抓住机遇，并不是就万事大吉。高等教育理论研究，在前进的道路上困难重重，挑战仍来自两个方面：理论方面，还不成熟，还没有系统的科学体系；实践方面，还存在许多脱离实际的空论，不能有效地转化为教育实践。

高等教育要改革，要发展，就需要理论；有中国特色的社会主义高等教育现代化建设，需要有中国特色的社会主义高等教育理论。这是机遇，但我们的准备不足。我愿意为这一新学科的建设继续奋斗。

潘懋元

2003年12月

《治校之道——女校长的管理文化与心理素质》[①] 序

陈雅芳女校长继出版《树人之道——在百年女校里探索》一书之后，又将出版《治校之道——女校长的管理文化与心理素质》。前者是她在泉州幼师这所知名的百年女校20多年边工作、边学习、边研究的写实性记录，对于从事教师教育、女子教育、学前教育的工作者，都有参考价值——其中已孕育着一位敬业乐业的女校长在治校期间的感受与经验，以及在转型期间的追求与困惑；后者则是将片断的感性认识梳理为系统的理论，将形于外的办学行为转化为内心世界的探奥。

本书从管理文化的角度切入以探讨治校之道，从心理素质的角度切入以剖析女校长的治校行为，不但抓住了女性校长的心理特质与行为特点，而且符合于人性化的管理新理念。近年来，学校管理的著作很多，大多着重于刚性的管理理论研究，即所谓“X—理论”（X-theory），虽也重视管理心理知识的运用，但一般只是从社会心理学的角度探讨群体的行为规律，很少涉及情感层面的个性心理。当治校的视野从功利主义的效益观向以人为本的文化观发展，重视柔性的人文情怀、重视营造和谐的校园环境时，建立于“X—理论”基础上的学校管理制度与方法就难以收效，而长于柔性管理的女性校长的优势就凸显出来。作者这本《治校之道——女校长的管理文化与心理素质》，正是以其自身亲历的体验，展示人性化的学校管理新理念。

① 陈雅芳. 治校之道：女校长的管理文化与心理素质［M］. 厦门：厦门大学出版社，2005.

这本新著，不仅反映作者作为一位优秀的女校长，积累了丰富的领导管理经验，也体现了作者具有深厚的心理学、教育学修养和广博的生活知识与古今见闻。但光有这些，还不能写出这样一本融理于情的著作，还得有女教育家慈母般的爱心和女作家细腻的观察力，才能洞悉女校长们的内心世界，娓娓道来，在平淡中见深刻。

由于研究工作的关系，我认识了许多成功的女校长、女董事长。她们有的对事业像一盆火；有的百折不挠韧得像牛筋；有的表现得比男人还刚强；有的在诉说自己挫折时流泪伤心，揩干泪痕又投入拼搏；等等。她们不论表面上逞强或示弱，都有一个共同的特点，就是这本书的立意所在：发挥心理优势，不断克服自身的弱点，树立坚定的自信心——“我能做好!”

这本书是写给女校长读的。其实，我认为男校长们也不妨读一读。这里所论述的管理文化，所剖析的心理素质，虽以女性校长为研究对象，都反映了共性的管理理论与新的管理理念。虚心的男校长们，可以从中倒射男性校长的优势与弱点，从中得到有益的启示。

潘懋元
2005 年妇女节

《教育新视野新理念》① 序

我一直在思考的一个问题：教育理论、教育政策、教育实践是什么样的关系；如何摆正这三者的关系，才能促进教育较好较快地发展。按照一般原则，理论应当先于政策，政策是根据理论、结合实践而制定，并以之规范实践行为的。但在教育理论与教育政策之间，似乎并非如此，而是倒置过来，政策先于理论，教育政策不但规范教育行为，而且规范教育理论，要求理论与政策必须保持一致。因而教育部门所重视的“教育理论”，大多只是教育政策的诠释、宣传，最多只能是在政策规范内，提出一些实施意见。当然，对有理论依据而又符合实际的政策进行诠释、宣传，使之能更好地为人们所理解，更好地起规范实践行为的作用，也是必要的，但不是原创性的理论。原创性的理论只能从实践中以睿智凝练而成，先于政策而为政策的制定所采择，作为政策制定的理论依据。如根据成本分担理论而制定非义务教育的收费政策，以之规范高等学校的收费行为。这种先于政策出现的理论、观点，应当被充分重视，而不应因其没有依据现行政策、超越现行政策，被认为与政策未能保持一致而被抨击、压制。

杨德广教授是一位教育理论界知名的“闯将”。他有丰富的教育行政管理实践经验，接触过许多实际问题，并且亲自处理过许多教育难题。他敏于思维，敢于发表自己独特的见解，往往提出一些原创性而超越现行政策的理论、观点。有人拍案叫好，有人侧目而视，有人询问：“彼何许人耶?”

---

① 杨德广．教育新视野新理念［M］．上海：上海教育出版社，2008.

进入21世纪，杨德广教授已届退休之年。他退而不休，除了继续培养研究生之外，又承担了新的教育事业。由于卸却繁忙的行政工作，可以较有时间、比较从容地考察教育现象、思考教育问题，面对新的形势，拓展新的视野，审视新的事物，形成新的理念。可能因为年龄缘故，睿智不减当年，而表述较少锋芒；感情一贯深厚，而剖析更为精微。相信《教育新视野新理念》一书的出版，能够引起许多读者的共鸣，也对教育政策的制定、教育实践的引导起重要的作用。

潘懋元

2007年12月10日

《树人探究》[①] 序

今年是中国改革开放30周年。30年来，高等教育的体制改革和规模发展取得了举世瞩目的成就。可以历举的大事很多，我认为，民办高等教育的复兴，是最为凸显且具有深远意义的大事之一。30年来，民办高等教育从自发地重新出现到定位为“社会主义高等教育事业的组成部分”，从不被认可到受社会各界和各级政府充分重视，从因陋就简发展到壮丽恢宏，在艰难曲折而快速发展的进程中，凝聚了多少敢于开拓、勇于进取的教育工作者的辛劳与奉献。30年间，民办高校已经接纳了数以千万计的适龄青年，满足了人民群众日益增长的接受高等教育的需求；培养了数百万不同层次的专门人才，在推动经济与社会发展、增强综合国力方面做出了贡献。特别重要的是民办高校以其面向社会、自主办学、机动灵活的机制，贴近人才市场，进行了多样化的办学体制改革，为高等教育体制的进一步改革起到了推动作用。在全面建设惠及十几亿人口更高水平的小康社会的未来十多年时间中，中国民办教育的发展前景如何，不仅是民办高等教育界关注的问题，同时也是整个高等教育界乃至全社会所关注的问题。我们根据科学发展观和国际比较进行预测：到2020年，多种模式的民办高校及其学生，可能达到全国高等教育的二分之一左右，并将有若干所民办高校成为各自定位的一流院校。而其前提条件是自主办学、有所创新、社会支持、政策到位。民办高等教育的发展不仅仅要体现在数量的增加上，更重要的是要体现在质量的提高上。当前，如何贯彻

① 朱玉．树人探究［M］．杭州：浙江大学出版社，2009.

落实党中央、国务院提出的“十一五”期间“高等教育主要任务是抓质量”的方针政策，已成为民办高校改革、发展、稳定的关键环节。在全国民办高校总体质量逐渐提高的同时，已有一批办学理念先进、办学规范、条件较佳、资金雄厚、质量良好、发展前景广阔的优秀民办高校开始冒尖。目前，全国已有的经过严格评审升为本科的40所民办院校，已基本上完成了以规模扩张和校园建设为主的第一阶段的发展任务，开始向提高质量和注重内涵发展的第二阶段转变，浙江树人大学便是最早进入第二阶段的民办高校之一。由于这批院校具有较多的办学自主权和灵活的办学机制，在办学模式的创新、内部管理体制的改革、对外合作办学的模式上，极有可能走在全国高等教育改革的前头。可以预测，在不远的将来，它们完全有可能超越部分公办高校，跻身于中国名牌大学的行列。在这种发展形势下，各级政府应充分发挥政策的导向作用，根据相关法律的规定，积极鼓励、大力支持，正确引导民办高校的健康发展；对综合实力冒尖的民办高校应大胆突破、积极创造条件，不断扶持其上层次、上水平。

多年来，我和我的研究团队一直关注着浙江树人大学的发展，参加该校所主办的民办教育研究活动。其浓厚的学术气氛、务实的工作作风、领导班子的团结奋进、全校上下“创特色、争一流”的十足信心，都给我留下了深刻的印象；浙江树人大学按期出版的学报，也成为我案头经常收阅的刊物。我的不少同事和博士生，也常以浙江树人大学的办学经验作为研究民办高等教育的案例。

朱玉同志主持浙江树人大学行政领导工作近十年，我与他曾有多次交流切磋，深感他对浙江树人大学的热爱与奉献，十分赞赏他把工作、学习、研究结合在一起的执着精神。他的办学理念、浙江树人大学的发展过程、对浙江树人大学未来发展的期望与信心，都忠实而详尽地反映在他所撰写的三本“浙江树人大学校本研究系列”——《树人实践》《树人为本》与《树人探究》著作之中。尤其是反映进入提高质量、内涵发展的第二阶段的《树人探究》，更为成熟。

《树人探究》一书收录的文章是朱玉同志在浙江树人大学2005年5月至2008年8月间，也正值学校不断加强内涵建设、全面建设合格本科院校的时期，在特色与转型、规格与质量、师资与学科、干部与管理、规划与评估等方面进行探索研究的成果。书中既有对学校工作比较系统的回顾，按照高等教育发展趋势做出的总结，摸索规律、把握方向；又有结合时代发展，以前瞻的构思和富有使命感的态度所展开的系统研究。作为学校的主要领导人，既需要有判断和处理重大事件的决策能力，又需要有针对实际情况进行深入细致思想工作的方法。无论是学校的宏观政策方向，还是微观的工作方法，书中都有详尽的阐述。

书中这些来自实践的报告和论文，紧扣实际、剖析深刻，处处闪烁着作者的真知灼见：如学校刚“升本”就提出了新建本科院校建设“三阶段”理论，要求全校有步骤、有计划地“实现转型、勇创特色”；针对新建本科院校的实际，率先确定“高级应用型”的人才培养目标，并要求做好培养目标的具体化工作，即做好“第二层面的设计”（制定教学大纲）、“第三层面的设计”（制定课程大纲、进行课程建设）等工作；在本科院校的建设过程中，及时提出了“教学是学校转型的先导和关键”的思想，并于2005年下半年开始实施了“教学质量工程”；针对教育部教学工作评估的要求，将“以评促建”改为“以建迎评”。正是这些精辟的见解和不懈的努力，推动了浙江树人大学的健康快速发展，构建了良好的发展态势。

鉴于此，我认为《树人探究》是一本校本研究的佳作，对民办高校和新建本科院校都有借鉴意义，也为民办高等教育研究者提供了有价值的原始资料。

潘懋元

《吴端阳教育研究文集》[1] 序

我认识吴端阳同志是在30年前，他任泉州师范专科学校副校长时。1982年，他被指派到国家高级教育行政学院（中央教育行政学院）进修。据我所知，这是该院于“文革”后复办以来唯一的一届长达一年系统学习几门政治课和业务课的高等学校领导干部进修班。当年，刘佛年教授和我被学院负责人于北辰同志邀请到该班讲课。刘佛年讲教育学基本理论，我讲的是高等教育学主要内容，并把当年尚未正式出版的《高等教育学》稿本发给学员征求意见。吴端阳当时是最认真学习的学员之一，不但在进修班学习时多次找我谈办学问题，进修结束后，还经常带他的文章从泉州到厦门来谈他对高等教育的研究心得。这样，吴端阳同志就从一位高等学校的办学者进入研究领域，成为高等教育的研究者。

他最初的研究重点是富有实践经验的高等师范教育，特别是他所从事的师专办学问题。1983年第一篇《师专要面向农村》在《教育研究》上发表，针对当时师专办学的方向与学生就业的流向问题献策建言，可以说是一炮打响。正是由于他从办学实践到理论研究，进入研究领域之后，不受具体职务限制，不计较老干部的社会地位，使他在20世纪90年代之后，离而不休，并且从结合个人具体经验的师专问题研究，进入比较宽阔的区域研究领域，组织厦漳泉三角地区教育发展战略研究。在20世纪90年代初，以他为主要负责人的《闽南厦漳泉三角地区教育发展战略研究》与全国为数不多的上海、苏

① 吴端阳．吴端阳教育研究文集［M］．厦门：厦门大学出版社，2012．

南、深圳地区教育发展战略研究并列，对全国区域教育研究起带头作用，受到教育部教育发展研究中心的充分肯定。继地区教育发展研究之后，吴端阳于20世纪90年代中后期，进一步扩大研究视野，根据他所在的泉州侨乡特点，同东南亚华侨、华人密切联系，着重研究东南亚华文教育和华人高等教育。21世纪初，他又以台港澳私立高等教育作为研究重点，撰写多篇有理论价值和现实意义的论文并编撰专著。从这本论文集，可以清晰地见到一位离休老同志30年来从事教育研究工作所走过的道路：视野由近及远，辨析由表及里，思路不断拓宽。

除此之外，吴端阳同志的教育研究，还有一个值得称道的特点：初期的论文，大多带有浓厚经验总结的局限性；后期的论著，理论思维有所加深，而仍能保持实证性研究的优点。除个别文章外，绝大多数论文都有充足的实证性资料为依据，特别是境内外私立（民办）高等教育的比较研究、东南亚华文教育问题研究，据我所知，都是他利用开会或专门组织访问，亲临现场观察、调研所获得的第一手资料。我曾同他一起组团到台湾地区访问，大家都只是看看、听听，接受一些介绍性资料（多半是宣传性的），而他却不断提问，认真记录，索取被访问单位未提供的资料。人们从境外带回来的是礼物、食物，而他的箱子里除了一套茶具之外，塞满了成叠、成捆、各种各样的资料。

现在，吴端阳同志30年来所写的论文即将选编出版。这本文集的意义，既是为高等教育现实问题的研究添砖加瓦，更为重要的是体现一位高等教育的实际工作者，如何进入研究领域，以锲而不舍的精神和成就，影响更多的实际工作者参加理论研究，壮大理论研究的队伍，使理论与实践更好地结合。是为序。

潘懋元

2012年6月2日

《严雪怡文集》[1] 序

人们习惯于将教育家分为教育事业家和教育理论家：前者指热心教育事业、富有教育经验、对教育事业做出重大贡献的办学者；后者或称教育学家，指从事教育理论研究，有创新见解的教育著述，为学术界所认同，在教育界有影响的专家、学者。严雪怡先生兼而有之。在他从事教育工作的60年间，筹办过中等职业学校、高等职业学校、技术教育本科学院，并担任过这些院校的领导。长期的领导管理工作为他积累了丰富的实践经验，成功的事业经营倾注了他一生的心血。他的成功，不仅体现在这些职业技术院校的成功晋级，更体现在他对全国职业技术教育的改革与发展所撰写的具有指引性的一百多篇论文和数百封函件中。

这里所说的"指引性"，不只是一般的理论所起的指导作用，也不只是对一所院校的具体指导，而是在理论与实践的结合上转化为政策所起到的指引作用。

举例说：中国在20世纪80年代初，就曾利用世界银行贷款，支持一些省、市开办一百多所"职业大学"。由于缺乏政策指引，这些职业大学，沿着传统的高等专科学校老路，办成本科压缩型的多科性高专。到了90年代，大多数与师专合并或自行申请，升格为普通本科院校，丢失职业技术教育特色，成为普通高校同质化的主要组成部分。90年代，随着生产的发展、经济的转型，社会需要受过高等教育的技能型人才，作为生产、建设、管理、服务第

① 严雪怡．严雪怡文集［M］．上海：上海教育出版社，2013．

一线的骨干，兴办与发展高等职业技术教育，重新提到日程来。总结80年代第一批职业大学因培养目标不明而走偏方向的教训，借鉴国外成功的模式，征询了有经验的办学者和有研究的专家学者的意见，国家教委制定了若干指导性也是规范性的要求。例如：培养目标定位于第一线专门人才；在课程设置上，理论教学，只求够用，技能实训的时数应占总学时一半左右；大力推行产学合作教育，要求建立校内尤其是校外的实训基地；必须建设“双师型”的教师队伍；如此等等。这些保障职业技术教育不变质的规范，是由当时国家教委有关司所制定的。从严雪怡先生当年的论文及其与杨金土、孟光平司长等的来往信件中，可以看到，严先生的建言献策，功不可没。此外，还有许多重要主张，因当年有不同见解而未被采纳，如高等职业技术教育的培养目标、人才规格、课程设置、教学方法不同于普通高等教育，应构建独立的教育系统，以免成为普通高等教育的“附属品”；高职生源素质要求，也不同于普高生源，应当分别招生考试。现行的纯知识性考试，并按分数划线，先本后专，既不利于高职院校选择技能型人才，又人为地贬低职业教育的社会地位。这些前瞻性的精辟见解，虽未被采纳，但为越来越多的人所认同，直到今天才有机会在局部中试行。

严雪怡先生的职业技术教育思想，贴近实际而广博精深，在职业教育领域有广泛影响。对此，夏建国院长的《严雪怡先生职业技术教育思想综述》已做了全面深入的分析评介。我在这里，只就学习《严雪怡文集》后谈几点心得。

一、我认为严雪怡先生一生从事职业技术教育的办学实践与理论研究，基于如下认识：教育是培养人的社会活动，教育所培养的人才，必须适应社会的需要。中国在现代化建设中，需要大量的技能型人才，因此，应当大力发展职业技术教育；并且根据应然的社会人才结构，不断地调整职业技术教育体系的层次、专业结构，由中等职业教育到高等职业教育，由职业专科教育到职业本科教育。这是符合教育必须与社会相适应的基本规律，也是严雪怡先生一生教育实践与理论研究的出发点与归宿。

二、作为职业技术教育事业的先驱、职业技术教育研究的专家，严雪怡先生对职业技术教育方方面面的问题都有独到的精辟见解。他的研究范围，涉及人才分类与教育分类、职业技术教育体系的发展、中等与高等职业技术教育的有效衔接、职业技术教育的课程与教学改革等。他较早地将“职业带”理论和《国际教育标准分类》引介入我国职业教育领域，前者以操作技能与理论知识的消长作为职业技术人才的类型区分；后者认为高等职业教育（5B）应与中等职业教育（3B）衔接而不应从普通高中（3A）招生。这些理论的引介，不仅拓宽国际视野，也由此奠定了他关于人才分类的理论基础。严雪怡先生不只是一般地同意将工程技术人才分为学术型人才、工程型人才、技术型人才、技能型人才，更为重要的是创造性地将技术人才的培养区分为“经济技术”与“理论技术”，深入地论述两者的区分与关系：“现代社会中的技术应用能力是理论技术与经验技术紧密结合而成的，离开了理论技术的指导，技术创新就会失去活力，技术应用能力就会停滞不前”；“以掌握经验技术为主的技能型人才会因逐渐提高理论水平而转变为技术型人才；以掌握理论技术为主的技术型人才必须了解并掌握一定的经验技术，否则他们的理论技术也得不到发展”。技能型的中职、高职，以经验技术为主（程度有所不同）；而技术本科，应以理论技术为主。经验技术与理论技术的区分及其转化的理论，对于职业技术教育的定位与建设有重要的意义。

三、“在真实环境中教学”“在真实情景中学习”，技能的掌握必须通过真实的实践活动。这是严雪怡先生职业技术教育思想的核心。他根据人类的发展史，认为通过实践活动学习生产、生活技能，远远早于通过书本学习知识；马克思曾热情歌颂从工厂制度萌发出来的教育幼芽；德国工业成为西方的后起之秀得力于大办职业学校；而中国最早的职业技术学校福建船政学堂和上海机电学堂，就分别办在福建和江南造船厂中；他赞赏杜威所提倡的“做中学”和维果茨基的社会建构主义教学模式。在他的论文和书信中，一再强调“工学结合，校企合作”，“迈出教室进车间，出了车间回教室”，“学校中有工厂，工厂中有课堂”。他这样说，也就这样做。早在20世纪50年代，他主持的上海电机制造学校，就是刘少奇所提倡的“半工半读”学校。“文革”期间，“半工半读”遭受诬陷，“文革”后他又大力提倡，并且很好地结合“产学合作”进行。他对产学合作，也有许多精辟见解。这里只举两点：其一，他认为产学合作必须落实到制度上才能保证深度合作，因此主张职业学校的专业科应同生产单位的车间建立领导组织，共同负责教学与生产的领导工作。其二，他认为半工半读，既要完成教育任务，又要完成生产任务。在产学结合上，这本来就是一条重要的“双赢”原则，只有“双赢”，合作才能持续发展。不仅如此，完成生产任务，才能更好地完成教育任务，要让学生承担一定的生产任务，才能培养学生的责任心与认真负责的职业道德。

严雪怡先生的实践与研究主要在职业技术教育领域，但他许多创新的理论与精辟的见解，对于普通高等教育，也有重要意义。例如，夏建国院长文中所介引的“放活专业设置、放活教学计划，制定弹性的课程内容和教学大纲，从而增强学生的学习自主性”；“对不同学生采用不同的教育方法”；“为每个学生制定个体性学习计划，作为整体计划的补充”；“尊重学生个性，相信所有学生都能成功”。这些在教育上都具有普遍意义。

“使所有学生都成功!”这是严雪怡先生的信念，也应当是每个教育工作者应有的信心。感谢上海电机学院将严雪怡先生的论文和书信，重新编辑出版，使更多的教育工作者能够学习严雪怡职业技术教育思想。

潘懋元
2013 年 8 月 22 日
于厦门大学教育研究院

《大学行知录——陈笃彬高等教育文集》[①] 序

理论来源于实践，但实践不能自发地提升为理论；理论也不可能直接地转化为实践。研究工作者的任务，就是从事实践与理论之间的提升、转化工作。但由于研究工作者自身条件的限制，很难在实践与理论之间，也就是行与知之间，做好提升、转化工作。

就高等教育研究来说，参与研究的群体有几种人：专门从事研究工作的学者、专家，他们往往缺乏实践经验，只能通过各种形式的调查、统计、访谈，或从各种媒体搜集到原始的或二手的资料，通过数据、公式的演算和典型事例的佐证，进行逻辑推理，以获得“自足”的理论研究成果，同时，也很难回到实践进行检验。当然，许多学者、专家，他们是大学教师，有一定的教学工作实践经验，对微观层面的教育、教学问题，能够较好地将理论与实践联系起来；但对于宏观层面的教育问题、管理问题的研究，仍然缺乏实践经验，理论脱离实际。近年来，不少高校的领导和中层以上的管理干部，以及地方教育行政人员，对高等教育问题的研究有所重视，并经常发表意见，但他们大多只是传达政策，总结经验，很难提升为理论认识，甚至以个人狭隘的经验作为普适理论，产生保守、误导等偏向。他们不是理论脱离实际，而是“实际脱离理论”，都是行与知的分离。陈笃彬的高等教育文集《大学行知录——陈笃彬高等教育文集》，就是利用其自身优势，在行与知的矛盾、实

① 陈笃彬. 大学行知录：陈笃彬高等教育文集［M］. 厦门：厦门大学出版社，2016.

践与理论的提升与转化上，进行有益的探索。

陈笃彬教授所具有的优势，就我所知，作为高等教育理论工作者，他毕业于华东师范大学中文系，具有普通教育的基础知识和人文素养、写作能力；毕业于厦门大学高等教育科学研究所高等教育学博士生班，从事高等教育研究多年。除研究中国当前高等教育问题外，还特别致力于中国教育史研究，同苏黎明教授合著《泉州古代科举》《泉州古代书院》《泉州古代教育》《泉州古代著述》以及《泉州历史上的人与事》等论著。作为高等教育实际工作者，他从事的是高等学校的领导管理工作，当过地方医科院校、师范院校、“211”工科大学，以及民办高校的书记、校长数十年，是一位住在大学生宿舍、办公室兼作书房、骑自行车上下班的“低碳书记”，亲自捡垃圾、拾碎纸的“火钳校长”；是一位“以点滴言行赢得师生爱戴”的高校领导人。他具有领导管理一所大学、做好学生指导工作的丰富实践经验。这些，都是行知结合的有利条件。

即将出版的《大学行知录——陈笃彬高等教育文集》，分为理论篇和实践篇各23篇文章。如果说，理论篇是由实践探讨理论，则实践篇就是以理论指导实践。但在实际上，很难将行与知截然分开。从实践提升为理论，所探索的理论，并不局限于个人经验；以理论指导实践，还必须结合研究对象的具体条件。不论高等教育理论工作者或高等学校的领导管理干部，阅读《大学行知录——陈笃彬高等教育文集》，相信都可能从中揣摩出自己的体会。

是为序。

潘懋元

2015年7月14日

于厦门大学教育研究院

《思考大学》[①] 序

大学，高居于社会文化的顶层，纵览万象，视野宽阔；大学，又是藏龙卧虎之地，杰出的人才辈出。因而“大学何为”，是大学内外学者常常追问的问题。大学精神、大学理念、大学功能、大学使命、大学文化、大学人文……更是人们津津乐道、各抒己见、信马由缰、随意发挥的话题。有的是怀古讽今，如对于古代书院制度的怀念；有的是西学东移，如对于洪堡大学理念的向往。观今宜鉴古；他山之石，可以攻玉；历史与比较，可以发人深省，对思考大学，有重要意义。但中国今日的大学，其内部治理、外部关系，远比古代书院或欧洲中世纪大学复杂得多，变化得快。对于“大学何为”的追问，也须因应时代，与时俱进。人们常常称颂著名的哈佛大学校训“与柏拉图为友，与亚里士多德为友”，其实说的是“与真理为友”。同时，要求“课程要适应社会发展的需要”，而不是只从希腊典籍中寻求社会发展的答案。“通识教育”之所以首先从哈佛大学提出，就是根据现代大学培养人才的需要。也就是说，思考大学何为，既要从多角度，又要有前瞻性。

贺祖斌教授的新书《思考大学》，就是从多角度与前瞻性来思考大学何为的佳作之一。

《思考大学》一书，汇集贺祖斌教授的近作67篇，分为八个视角。多数文章从实践出发，追踪大学历史，考察大学文化，思考大学问题，沉思大学理念，比较中外大学，评论大学改革，发扬大学精神。既从大学校长的角色

---

① 贺祖斌. 思考大学［M］. 北京：北京大学出版社，2015.

研究大学，又从旁观者的角度观察大学。鉴古而不泥古，前瞻而不脱离现实，将古与今、理论与现实，较好地结合起来。正如作者在《书院文化与大学精神》一文的结束语所说："借鉴精华和获得启示，不断改革与发展，建立起具有现代理念和传统文化相结合的现代大学制度。"又如作者在思考之后的结论："大学高雅的文化品位和卓尔不群的内涵，以及孜孜以求的理想，注定是社会道德与理性的凝聚之地。大学文化不仅以自身纯洁的德性潜移默化地影响着社会，更以积极的姿态投入到改造社会的潮流中，成为社会道德的捍卫者和引领者。"相信这本文集的出版，将会引领更多学者思考今日的"大学何为"。

潘懋元
2014 年 1 月 24 日
于厦门大学教育研究院

《1981—2016 教育发展趋势分析与改革建言文集》[①] 序

我认识王一兵教授算起来已30多年。20世纪80年代初，我经常应邀参加教育部政策研究室所召开的一些研讨会，其后又被聘任为教育发展研究中心的兼职研究员，而王一兵教授则是研究室和发展中心的领导之一。只是由于他经常外出活动，见面的机会并不是很多，一般是在中心所召开的几次国际研讨会和内部讨论会上，听过他简短的发言，包括1992年夏天那一次关于中国高等教育发展规模速度颇有争论的研讨会。每次会上，他话虽不多，但那充满自信、铿锵有力的发言，却给我留下深刻的印象。与此同时，他所组织、编译的《发达国家教育改革的动向和趋势》（前后出版五集）和《七十国教育发展概况》等书，是我当年常置案头浏览查阅的重要资料。

交往比较频繁，是他出任联合国教科文组织亚太地区总办事处高等教育专家之后。1995年他委托厦大高教所承办亚太地区私立高等教育第一次国际研讨会；后又约请我们编撰介绍中国学位与研究生教育的专文；1998年邀请我到东京参加他所主持的亚太地区高等教育政策国际研讨会；我所主持的全国高等教育学研究会第五届年会（1999年）讨论知识经济与高等教育、第六届年会（2001年）讨论高等教育质量及其保障体系，他都亲临指导并做学术报告，使这两届年会能够较好地与世界高等教育理念衔接并作为世界高等教育会议在中国的延伸，提高了年会的学术水平与国际影响。在这期间，我们

① 王一兵. 1981—2016 教育发展趋势分析与改革建言文集［M］. 北京：中国社会科学出版社，2016.

较多地谈论世界高等教育的新理念及其对中国高等教育改革与发展的积极意义。确切地说，是我在聆听他的高见宏论。他于2002年出版的《高等教育大众化、国际化、网络化和法人化——国际比较的视角》论文集，就是这一时期他的重要研究成果。

众所周知，世纪之交，世界向信息社会、知识社会、全球化社会和学习型社会转型之际，高等教育界都在思考这样的问题：21世纪的高等教育将面临什么样的挑战？应当树立什么理念？解决什么问题？如何使高等教育“融入未来世界的全球知识社会”，“促使整个社会的可持续发展和进步”？这些思考，集中体现于1998年在巴黎召开的世界高等教育大会及其所通过的《21世纪的高等教育：展望与行动世界宣言》和《优先行动框架》等文件中。而这次大会，据我所知，王一兵教授作为联合国教科文组织亚太地区的主管高等教育的官员，是亚太地区一级会议和相关活动的主要组织者。

在中国，高等教育更是面临着来势甚猛的新挑战：迎接知识社会的来临，高科技与低素质在人才培养上的矛盾将日益凸显；电子信息技术进入高等教育领域，猛烈地冲击着传统的教育理念、教学过程与教学模式；高等教育大众化的步伐加快，经费及其他教育资源短缺、大学生就业形势严峻、教育质量保障等问题成为社会关注的热点；加入WTO后，如何应对全球化国际市场培养人才、改革体制；如此等等。这些都是高等教育工作者和高等教育决策者不容回避的迫切问题。而在面临挑战和战略选择时，都需要把握世界高等教育的走势，借鉴世界高等教育的理念和经验。

这本论文集所选论文近80篇，是王一兵教授1981年到教育部、1993年去联合国教科文组织、2003年退休回到国内至今35年的研究心得和成果，也是他用全球视野和国际比较的视角对我国教育35年的改革与发展历程进行追踪、求索、评论和建言的一个见证。王一兵教授的这些论文，结合中国的实际，着重讨论高等教育大众化、国际化、网络化、法人化，现代开放远程教育、现代信息交流技术推动教育改革和创新，全球性知识经济对大学法人化的诉求，以及21世纪的素质教育，等等。他的很多论述、预测和建言，对于思考当今中国高等教育面临的众多挑战与现实问题，仍然给人以启发和借鉴。这本论文集在中国的出版，对21世纪中国高等教育进一步的改革与发展的决策有拓宽视野、转变观念、做出比较正确抉择的作用。

王一兵教授曾在 2002 年论文集“前言”中说：“明年退休前再也不写长文了。”那就是说，退休之后，将可以更专心地从事研究工作，观察形势的变化，总结所积累的经验，写出长篇巨著，以飨读者。果然，这本即将出版的新文集中近 2/3 的论文都是他在 2003 年从联合国教科文组织退休后的新作。我对此表示祝贺，并赠此序。

潘懋元
2015 年 9 月 11 日
于厦门大学教育科学研究院

《进出象牙塔：沉思与遐想》[①] 序

《进出象牙塔：沉思与遐想》是方泽强、欧颖两位高等教育学科博士的近作。方泽强在理论学习和工作实践过程上是“三进三出”，既有一定的学术造诣，又有相当的实践经验；欧颖在攻博期间专注于高考研究，现在从事英语教学，是一位卓越的青年教师。他们的共同特点是能够在研究工作中，较好地做到理论与实践相结合。体现在这本论文集中，27 篇论文分为五组（编），首尾两组是在实践的基础上研究理论，中间三组是运用理论探讨实际问题。

例如：第一组，根据当前高等教育发展中存在的问题辨析大学的理念、定位、功能、任务等基本概念的演变，有助于大学认识自己。第二组与第三组，分别论述地方大学和职业院校的性质、任务与存在问题，有助于这些高校各自认清自己的定位和发展方向。办学者应了解地方的环境和人才需求，为地方发展服务，以就业为导向，而不应追求与传统的精英大学同质化。第四组对高考改革提出“因需而定”的社会化改革方向，并以英语考试为突破口，在近年来大量的高考文章中，走出迷惘，提出符合教育规律的新见解，具有创新的勇气。最后一组是关于高等教育理论研究的反思与展望，通过高等教育学科建设和教育规律辨析，辨清是非，提出高等教育学科建设的正确途径，是作者之一方泽强继博士论文《高等教育学的学科建设研究》之后的沉思。

这本论文集，不论理论研究或实践探索，都能让读者，尤其是置身于大

① 方泽强，欧颖．进出象牙塔：沉思与遐想［M］．北京：科学出版社，2016.

学校园中的教师和干部，理性地思考大学（高等教育）的实然状态和应然趋势。

中国高等教育现状是已经从精英教育阶段进入大众化阶段，并且即将迈进普及化阶段。但是有些出身于精英大学的学者或决策者，仍然沉湎于“象牙塔”中，怀古幻今，用传统的保守观念来对待新事物，从而有意无意地阻碍了高等教育的现代化发展。说清道理，辨明是非，可能是这本论文集的主旨。当然，作为一本论文集，提出了许多新见解，有的还值得推敲。如果能引起不同意见的争论或补充，可能更有意义。

此为序。

潘懋元
2015 年 10 月 21 日

纪念文集

《杨贤江文选——青年修养与青年教育》[①] 序

杨贤江同志是马克思主义教育理论家，又是杰出的青年运动领导人。他所遗留下来的许多有关青年教育与青年修养的文章和书信，就是理论与实践相结合的产物。这些文章和书信，不但在当时起着引导青年、鼓舞青年走向革命的作用，今天仍有教育青年、指导青年健康成长的现实意义；不但对青年人有直接的教育意义，对于从事青年教育工作的教师和政工干部，更有重大的指导作用。教育科学出版社出版的《杨贤江教育文选》，着重选编有关教育原理和教育发展史论著，当然也选了若干有关青年教育的文章和书信，但数量较少，不足以全面地反映杨贤江关于青年指导的观点、原则、方法与丰富的内容。天津人民出版社编选的《杨贤江文选——青年修养与青年教育》这本书，集中地选编了杨贤江关于青年修养和青年教育的文章，既可补前书的不足，又方便于广大青年和青年教育工作者的学习，对于发扬老一辈革命家光辉的思想，对于当前加强思想道德教育，建设社会主义精神文明，无疑地具有重大的意义。

杨贤江关于青年指导的文章，写于50多年前。50多年的中国历史，时间虽不算长，却分别属于两个不同的历史发展阶段，而且中间还经过一个曲折、

① 钱忠源．杨贤江文选：青年修养与青年教育［M］．天津：天津人民出版社，1982.

反复的过程。社会主义的今天同半封建半殖民地的20世纪二三十年代，不但社会制度本质不同，国民经济、人民生活、文化科学都发生了巨大的变化。生活在这样不同的时代背景的青年，他们的思想意识，他们所遇到的实际问题，是不可类比的。但是，历史的发展又有延续性与继承性；文化的精华是民族的精神财富，而其糟粕却成为后代人沉重的精神包袱。不可否认，封建主义的余毒至今尚未肃清，在十年动乱中还有所滋长；资本主义思想和生活方式仍在不断侵害和影响青年人的思想和行为。杨贤江针对当时青年人的思想实际所提出的某些意见，仍值得我们参考，他教育青年、指导青年的原则与方法，尤其值得我们认真学习研究。

下面，谈谈我学习杨贤江有关青年指导理论的几点体会：

（一）杨贤江关于青年指导的基本观点是：以树立革命人生观为核心的“全人生指导”。杨贤江认为对于青年的思想道德教育，最根本的是“人生目的”的教育，树立革命的人生观。他分析当时青年学生中，存在许多错误的思想和问题。如有的沉醉在古书堆中；有的糊里糊涂混分数；有的不问国家社会，只顾自己的私生活；有的随波逐流混日子；有的因无力升学而悲观消极；有的因对政治不满而想遁世隐居；有的因失恋而想自杀；等等。他认为这些表现都是由于缺乏革命的人生观，或虽有朦朦胧胧的改造社会的要求而缺乏信心与勇气。因此，不论从社会改造或个人改造来说，关键在于树立革命的人生观，使青年立志改造社会。他说：“人生的目的，在于对全体人类有贡献，来促进人生的幸福。”“世事的好坏，大概是由制度环境造成的，我们做青年的，应该有积极的爱世的人生观去从事改革。”对于青年学生来说首先应当解决两个问题：（1）我们为什么求学？（2）我们和社会国家有什么关系？他指出，求学的目的在于“改良并丰富人类的生活，在于获得人类普遍的幸福”。青年求学的大目的，实在只有“为改造社会”五个字，“无论研究何种科学，都要抱着‘为改造社会’的存心”。

树立革命的人生观，在青年中最大的障碍是享乐的人生观。享乐的人生观使人一生无大志，只是“专谋自身快乐”。他认为持有这种人生观的人，把这个“人”字看得太小了。他们不懂得人生真正的意义在于谋“全体人类的利益”。同时，由于他们“过分重视物质生活”，“专谋自身快乐”，就把自己的“快乐”建立在人民的痛苦上，剥削人民的利益以享受豪奢放纵的生活，这种人，自身也得不到“真正的幸福生活”，因为“圆满的人生是心身调和的发达”。物质享受而精神空虚的人，是得不到真正幸福的。所以，树立革命人生观，“先要自我解放”，不可“独善其身”，而应把自己作为社会的个人。

为了教育青年树立革命的人生观，立志改造社会，他鼓励青年学习新兴社会科学，学习马克思主义，关心时事，关心政治。在20世纪20年代初，他就提出学校里应当以“唯物社会观”教育学生，开设“社会运动指导”课程。在他所编的《学生杂志》上，除了发表大量的论述革命人生观与社会改造的论文、短评之外，还指导学生阅读《社会科学概论》《马克思学说概要》《资本论入门》等社会科学著作，并介绍《向导》《前锋》《中国青年》等进步刊物以及苏联当时的革命书刊来号召青年走马克思、列宁所指引的道路。

正如杨贤江所指出，青年“对于人生的问题，总该有个确定的观念”。青年，正是人生观初步形成的时期。树立革命的人生观，反对享乐的人生观，同样是今天青年指导的根本问题。今天，有些青年所缺乏的正是革命的人生观，为“四化”建设，为人类幸福服务的远大理想，他们所孜孜追求的物质享受、舒适生活等个人“实惠”，正是由于把“人”字看得太小，或者干脆说就是把自己看得太小了。对于一个看不起自己的人，什么思想政治、道德品质、组织纪律教育，什么舍己为人、公而忘私、到祖国需要的地方去，把青春献给社会主义“四化”等大道理，如果不是逆耳之言，也是耳边风而已。杨贤江总结他长期从事青年工作的经验，认为思想道德教育的根本在于“人生目的”的教育，对今天青年教育工作者仍然是重要的启示。

但是，青年人的生活是丰富多彩的，青年人的需要是多方面的，他们所遇到的实际问题也是各色各样的。对于青年人的正当需要，应当予以满足；对于青年的指导，不能只限于讲革命的道理，反对享乐的人生观，不是要提倡禁欲主义。杨贤江认为必须全面关心青年的生活，对青年进行“全人生指导”，帮助青年过“正常生活”。杨贤江所指的“全人生指导”有广泛的含义，既指德、智、体，知、情、意的全面教育，也指对青年的求学、择业、交友、恋爱、家庭以及为人处世、兴趣爱好的全面关心与指导。他说：“向来的学校教育，大都偏于知识的传授，而对于良好习惯的培养，青年问题的探索，未尝加以留意。换句话说，就是未能为全人生的指导；于书本的教室的课业以外，对于如何过日常生活，如何交友，如何消闲，如何处世，如何发现并解决本身各种问题，如何满足并达到学生所喜欢做的活动，都在所不问，这怎能完成他的指导人生的职责呢?”(《中学训育问题的研究》，1925 年）他认为青年问题，就是在青年的生活上所发生的困难，凡是青年生活上发生困难之处，青年工作者都应尽力帮助他们解决。杨贤江编辑《学生杂志》的指导思想，除了引导青年立志改造社会之外，可以说就是贯穿着“全人生指导”的思想。《学生杂志》既突出思想政治教育，也兼顾青年各方面的问题与需要；除刊载自然科学尤其是社会科学各科知识和学习方法的文章外，对于青年生活的各个方面，如生理现象、体育锻炼、品德行为以及社交、恋爱、婚姻、家庭、就业、文化生活等方面，都占相当篇幅，并经常组织学习、生活问题的专号，借以指导青年过健康的正常生活。他认为：一个革命的青年，应该是一个过健康的、正常生活的青年。指导青年立志改造社会与过“正常生活”是一致的。而杨贤江同志自身，就是一位革命与生活结合得很好的典范。

多年来，我们对于青年的指导，着重于政治立场、阶级觉悟，这是必要的，但是，对于青年人生活中的问题与需要，很少注意，甚或避而不言，怕关心与指导他们的生活问题，会被指责为“不突出政治”，以致德育内容简单枯燥，同丰富多彩的青年生活与青年心理严重脱节，青年指导效果不够理想。杨贤江的以树立革命人生观为核心的“全人生指导”这一基本观点，值得我们重视。

（二）如何看待青年问题，是做好青年教育工作的前提。青年问题的形成，既有社会的因素，也有青年身心发展的特征。既要从社会发展的要求去确定青年指导的方向、任务，又要根据青年身心发展的规律去研究青年指导的原则、方法。杨贤江就是坚持以历史唯物主义的社会观点和教育观点来看待青年问题，分析青年问题，对于形成青年问题的社会的、心理的因素有着深刻的认识。

首先，他不是孤立地去看待青年问题，而是把青年问题摆在整个社会问题中来研究，看作是社会问题的重要组成部分，是社会问题在青年身上的集中反映，从而把教育青年、解决青年问题与改造社会制度紧密联系起来，看成是革命者的责任。

杨贤江分析当时的社会，仍然是半封建半殖民地的性质。帝国主义加紧侵略，封建军阀连年混战，官僚地主重重压榨，加上天灾频仍，农村破产，民不聊生，以致大多数青年，失学失业，少数青年，幸得上学就业的，但在这样的社会大熔炉中，难免被融化侵蚀。所以，不论是对于青年的思想道德教育，或是解决青年的失学失业以及婚姻、家庭等问题，都不应“就事论事”，零零碎碎地解决，必须从改造社会入手，“求得政治经济问题的总解决”。而要改造社会，就必须参加革命；革命不是个人力所能及，必须组织起来。他于1923—1924年间，在《学生杂志》上，组织了一次规模宏大、连续数月的学生“干政”与“入党”问题的讨论，全国各地青年，纷纷参加，影响很大，使许多学生认识积极干预政治、参加革命政党的必要性，为发展党团组织，做了思想准备。

其次，他不是抽象、静止地看待青年问题，而是根据青年身心发展的特征，去分析青年问题。他认为青年问题，不只是一个社会的、政治的问题，涉及青年人生理上、心理上发展到特定年龄所产生的问题。他认为必须正视青年人的意志、性格、兴趣、情感的特点，求知的欲望，以及生理的需要，按照青年自身发展的规律，正确引导与妥善处理青年的各种问题。杨贤江对于青年期的生理、心理，进行了大量的分析研究工作，提供了许多有价值的资料。他认为青年期以前，身体发育尚未成熟，“自我观念”还不发达，社会上的种种事情，还不甚理解，思想很简单。青年期由于性的成熟和神经系统的发育完善，“自我观念”骤然发达，能明人己的关系，发展了好群、利他、同情、自炫等所谓“社会的本能”。人世间的种种事情都要来萦绕青年的心意，从而也就有种种良好的或不良的社会行为发生，迫切需要得到正确、及时的指导。所以，研究青年问题，既要从社会的角度看，又要从青年自身的角度看；解决青年问题，同样既要遵循社会发展规律，又要遵循青年身心发展规律。因此，他极为反对那种“第一不从学生本身着想，第二不从社会环境着想”的旧训育方法。这种旧训育方法除了规定几条应守的校规，讲解几个好听的德目以外，其他一概不加考虑；只靠“僵死”“空洞”的说教，不能以理服人，束缚了青年思想与个性的发展。

今天，青年的社会环境不同于旧中国的社会环境；青年人的身心发展，在改善了的生活条件与社会主义的教育条件的影响下，它的特征也不尽相同。但是，杨贤江反对旧的训育方法，主张从社会环境和青年身心发展特征来考察青年问题的唯物主义观点，仍然是值得我们青年教育工作者深思的。

（三）杨贤江指导青年，在方法上也有许多可贵的经验，值得我们学习。

他重视调查研究，因此解决问题有针对性，指导意见合情合理，有说服力。杨贤江平时同青年有广泛的联系，随时搜集整理来自全国各地青年所反映的材料。他对于青年生活背景、思想感情，洞察精微。他所写的青年指导文章，不发空泛议论。如《中学训育问题的研究》《好习惯怎样造成》《勖自学者》等有关青年问题的重要文章，都是根据各地青年所反映的实际情况与问题，加以分析综合所写成。这些论文事实确凿，析理深刻，有独到见解，使青年们感到说出自己的心里话。

在同青年们的通信来往中，他对于不同处境、不同思想状态的学生，往往提出不同的指导意见。如对于愤世嫉俗、思想消沉的青年，鼓励他们要正视现实，关心时事，树立正确的人生观；对于慷慨激昂、夸夸其谈的青年，劝导他们要做对社会、对群众切实有益的工作；对于满腔热情，愿为宣传群众、改造社会贡献力量的青年，指导他们要团结同志，参加组织，深入群众，讲究工作方法；对于家庭富裕、重视学业的在学学生，希望他们除了正课学习之外，要学点新兴社会科学，参加一些社会活动；对于家境贫困、无力入学的青年，提出“无产者不必定要入学校读书”的口号，列举许多自学成才的科学家、思想家的例子，并且开列自学书目，指导他们自学方法，鼓励他们刻苦自学，提高他们为人民服务的信心。

杨贤江对于青年指导的成功，还在于具有革命家的高度责任感和教育家循循善诱、诲人不倦的精神。他在短促的一生中，写了三百多篇论文与短评，公开发表的通讯百多篇，答问千余则，其中绝大部分是教育青年的言论，回答青年的问题。它所涉及的范围，大至国际形势、国家前途、革命事业、社会发展，以及人生意义、教育制度等问题，小至兴趣爱好、起居生活以及如何记日记、如何处理日常生活。有的通讯、答问，几句话就解决；有的则花上几个月的准备，写了洋洋数万言的专论。不论是长篇论文，或者寥寥数言的短简，都充满了对青年们严肃的态度、真挚的感情、不厌其烦的耐心。正是由于他的精辟见解和热情耐心，使青年们对他十分敬仰，把他引为良师和知心朋友，向他倾吐内心的思想感情。

杨贤江同志关于青年修养与青年教育的文章，内容丰富，理论精辟。他关心青年、指导青年的言行，至今仍闪耀着革命的光辉，洋溢着对青年人无限的热情，凝聚着革命先驱者对后来人殷切的期望。他的言教，为我们留下宝贵的遗产；他的身教，更为我们树立崇高的典范。我衷心希望《杨贤江文选——青年修养与青年教育》一书的出版，为广大青年和青年教育工作者所重视并认真学习研究，并建议作为学校德育课程的参考书。

潘懋元

1982 年 6 月

《连家瑶老师纪念册》① 序

读了《连家瑶老师纪念册》，深受感动，这是一本有意义的书。它总结了一位优秀教师的成功经验，论述了教师这一平凡工作的伟大意义，塑造了为人师表的高大形象；它从学生对老师真诚的敬仰中反映出老师平素对学生深挚的热爱；它生动地论证了教师应当是一种受人崇敬的职业。这本书，对于准备当教师的师范生有教育意义，对于中小学老师有教育意义，我想：对于那些由于无知而轻视教育事业、轻视教师职业的人们也应当有教育意义。

连家瑶老师的历届学生，从各自亲身的感受，追忆连老师成功的教育经验，具体生动。连老师多年积累、潜心探索的经验体会，形成了多种符合教学原则，效果优良，又有个人风格的教学方法。尤其是在课堂教学上，善于深入浅出、引喻设例，既说清道理，又启发思维；在课外辅导上，因材施教、循循善诱，还自编课外读物，为学生打开瑰丽的科学之门，引导学生探索自然奥秘。同时，连老师既对学生严格要求，教书育人；又严于律己，以身作则。“严师出高徒”，他的学生，英才辈出，绝不是偶然的。

在忆念文章中，《良师虽逝，风范犹存》一文，分析连老师成功的三个条件，尤其发人深省。下面试就这三个条件申说：

（一）他学识渊博，既兼通数理，又擅长文史。有的师范生认为，中学教师，无非年复一年地传授某一门相对稳定的普通文化科学知识，似乎当中学

① 惠安一中《连家瑶老师纪念册》编辑小组. 连家瑶老师纪念册［M］.［出版者不详］，1985.

教师，用不着在大学里认真学习那么多“高深”知识，有的竟认为读了四年书，当中学教师是“屈才”。请看连老师是怎样对待知识的？他数十年如一日，钻研数、理、化，天、地、生，还广泛涉猎文史，不断扩大知识领域，提高学术水平。一生除教学外，写出十多本有学术价值的数理专著和教学资料。这样，他的学问，能够随着科学的发展而常新；他的教学，能够旁征博引，融会贯通，引导学生在浩瀚的学海中游泳。

（二）他积累了丰富的教学经验，摸索到不少有效的教学方法。有的教师认为，只要有学问，就能教好书，教学方法是“雕虫小技”。请看连老师是怎样重视教学方法的研究、按照教学规律进行教学的？他的学问渊博，但传授知识却能深入浅出，由博返约。他善于机敏地采用适当的方法，提出有启发性的难题，引导学生更好地克服困难，掌握知识，并从而发展他们的独立思考能力和自学能力。尤其是，他重视对学生的理想教育，帮助他们树立攻克科学难关的信心，激发他们攀登科学高峰的壮志。

（三）他认真教学，高度负责。既有学问，又懂方法，是不是就能教好书，育好人呢？未必！有的人对教师工作不安心，对学生感到厌烦，工作敷衍塞责，缺乏当教师的职业道德。应当看看连老师是如何敬业、乐业，为人师表的？他深更挑灯，诲人不倦，为学生的成长而呕心沥血，历经坎坷而对教育的信念不动摇。他过着艰苦的物质生活，却享有了丰足的精神报酬——孔夫子有弟子三千、贤士七十，而连老师的及门弟子近万，良才何止两位数。“留得三分命，再教十年书”，这感人肺腑的豪言，确实是发自敬业乐业的心声。

胡耀邦同志在全国师范教育座谈会上对教师提出三项要求：一要努力学习掌握比较渊博的知识；二要认真掌握教学科学，懂得教育规律；三要有高尚的道德品质和崇高的精神境界，能为人师表。连老师成功的三个条件，正是这三项要求的具体实践，也是我们将要学习的楷模。

后学潘懋元敬序

1985 年 6 月

《陈嘉庚教育文集》[1] 序

陈嘉庚在中国现代教育史上，占有一个特殊的地位。这不仅由于他毕生致力于教育事业，在国内和南洋兴办了几十所大、中、小学，树立了捐资兴学的典范；更由于他具有现代中国特色的、对发展中国教育事业有其深邃意义的教育思想。陈嘉庚的办学事迹，已有颇多记载，他的办学精神，广为后人颂扬；但是对于他的教育思想，相对来说，论述较少。这是因为他的教育言论，散见于60余年办学历程中的演讲、函电、文稿、谈话之中，非经精心整理，难以窥其全貌，择其精微。《陈嘉庚教育文集》对他一生的教育言论，广征博引，认真校勘，系统辑录，提供后人学习、研究陈嘉庚教育思想以翔实、丰富的原始资料。这本文集，除辑其公开发表的专书、文章外，大多摘自尚未发表的书札、文稿中，从中我们更可以了解这位教育家的教育思想。

陈嘉庚所创办的教育事业，我深受其益；陈嘉庚的办学精神，素为我所敬仰。而陈嘉庚的教育思想，我的认识很浅。这里只能谈点学习陈嘉庚教育思想的体会。

我认为：陈嘉庚教育思想，是在一定历史条件下，继承中华民族文化传统中的精华，兼采西方现代文明思想而形成的。

尊重知识、尊重人才，是中华民族的传统思想。“士为四民之首”，剔除其“劳心者治人”的封建糟粕，多少反映了对知识与人才的尊重；“礼贤下士”，更是历代所称颂的美德。“建国君民，教学为先”，用今天的话说，就是

① 陈嘉庚. 陈嘉庚教育文集［M］. 福州：福建教育出版社，1989.

治理国家、建设社会，必须依靠教育；而振兴教育，又必须“尊师重道”，因为“道之所存，师之所存也”。在中国文化传统中，教师具有崇高的地位。这种遗风，多少还保留在中国纯朴的农村社会和一些受中国文化传统影响的东方国家中。陈嘉庚青少年时虽然只两度在私塾念了约十年书，对中国古代文化“略有一知半解”而已；但生于农村、长于中国文化传统气息浓厚的新加坡华侨社会中，不难设想其受过中华民族文化传统的影响。这种影响，在他一生的言论中，随处可见。面对当时内忧外患、经济凋敝、教育窳败、民众愚昧的现实，亲受“海外孤儿”任人欺凌的痛苦，培育了他强烈的爱国思想，立下了“救亡图存，匹夫有责”的壮志和“教育为立国之本，兴学乃国民天职”的信念。这一信念，贯串于他一生的教育实践中，老而弥笃。但是，时代毕竟不同了。在资本主义生产力迅猛发展的20世纪初，经济实力成为富强的基础；在帝国主义军事与经济的侵略下，他认识到非振兴实业不能富强。而他本身又是一位早年参加辛亥革命的实业家，为革命活动与工商业的经营，往来于得西方现代文明风气之先的南中国和新加坡，广泛接触革命家、资本家和学者，使他得以用当时的新思想净化掉那些旧文化传统中不合时代潮流的糟粕，在东西方文化交汇处形成了他办实业、兴教育的报国思想。

陈嘉庚的报国思想是既要发展经济，又要发展教育；而发展经济有赖于发展教育。他说：“振兴工商业的主要目的在报国，但报国的关键是在提倡教育。”“教育不振则实业不兴，国民之生计日绌。”也就是说，在报国的两大任务中，他把兴教育看得比办实业更有深远意义。因此，当他企业经营失败，经济陷于困难境地，有人劝他减少厦门大学、集美学校两校投资时，他斩钉截铁地回答：“企业可以收盘，学校不能停办！”如此思想，不但比之当年的实业救国论者看得更全面，也比今天那些只追求产值而忽视教育者站得更高、看得更远。

陈嘉庚的办学特点与经验，王增炳同志在《陈嘉庚的教育实践与教育思想》一文中（见本书附录），已有全面缕析。为说明陈嘉庚教育思想如何继承中华民族文化传统中的精华而弃其糟粕，又如何兼采西方现代文明思想而斥其消极影响，仅举若干事例，加以阐述。

如上所述，中国有尊师的传统，又有严师的要求。“师者，人之模范也。”

（杨雄《法言》）“凡学之道，严师为难。师严然后道尊，道尊然后民知敬学。”（《学记》）陈嘉庚认为办好学校，“第一问题”是要有合格的师资；而对于优秀教师，必须给予优遇。他在办学过程中，筹集资金，建筑校舍，充实设备，为学校创造良好的教学环境，自无待言；而他殚精竭虑、多方请教，则是为选聘优秀教师。积累多年的办学经验，他感慨地说：“最难是教师，此为第一问题。”严师难求，所以他非常重视师范教育。为培养合格的小学教师，他创办集美学校，首先设立的是师范与中学两部。开学第一年，中学只设两班，师范竟设三班。其后，集美学校先后办了旧师范、普师、简师、女师、幼师和乡村师范各种班级。创办厦门大学，首先设立的是商学与师范两部。商学部为培养经营管理人才和职业学校教师，而师范部则为培养合格的中学教师。其后，师范部扩展为国内外知名的厦门大学教育学院，下设教育原理、教育心理、教育行政、教育方法四个学系。他还经常资助优秀青年升学或留学，多方培养新师资；对于优秀教师，则不惜重金礼聘，给予优渥待遇，但绝不像资本主义社会把教师当作被雇佣者。他在一封办学的指示信中说：“聘请教师非同市上购物，可以到时选择……稍好教师设有更动，早被他人聘走，决无待价而沽之理。”陈嘉庚当时所办学校，对教师的尊重、待遇的优渥，在一般公立学校之上；厦门大学、集美学校，在一个时期，名师荟萃，海内外学生慕名远道前来就学者甚多，名声卓著。

但是，中国文化传统也存在许多糟粕，如封建宗亲帮派、重男轻女以及求学只读死书等。陈嘉庚竭力打破宗派观念，反对“办学而分帮派”。如劝说把集美陈氏各族私塾联合起来，办成“私立集美两间小学校”；召集新加坡、马来西亚等地六所华侨学校通力合作，成立“华侨南洋中学”；创办厦门大学，规定“大学生不分省界”；当潮州拟办大学时，他更进一步指出：“潮州创办大学，非但为潮州大学，乃中国之大学。不但为中国之大学，将来亦可为东南亚之大学。”又如陈嘉庚否定“女子无才便是德”的传统陈腐观念，在闽南首开女禁，设立女子小学，给就学女生以生活津贴，鼓励女子上学；其后还在海内办女子中学、女子师范多所。再如，陈嘉庚极力反对旧式教育的教学内容与方法，认为对学生“不但教其识字而已，其他如知识、思想、能力、品格、实验、体育、园艺、音乐以及其他海外活动，均须注意，与正课相辅并行”。这个道理，在今天看来很简单明白，但在七八十年前，新学、旧学交争之际，陈嘉庚显然站在新学方面。如在集美学校，不仅为学校建筑当时可谓规模宏大的图书馆、科学馆以拓广学生知识，而且建置了美术馆、音乐馆、军乐亭、俱乐部等以丰富学生课外生活；他对于体育，尤为重视，指出“有一部分同学只着意攻书，而对于课外运动不甚注意，是未悉三育并重之宗旨也”。上述这些事例，都可以说明陈嘉庚在办学过程中，结合东西方文化之精华而弃其糟粕，形成了他的教育思想并付诸实践，在中国现代教育史上有其特殊的地位。

陈嘉庚的教育事业与教育思想，不但有历史的意义，而且有现实的意义：陈嘉庚作为爱国华侨领袖与实业家，为祖国与华侨教育事业鞠躬尽瘁的崇高精神和教育思想，感召海内外无数爱国人士捐资办学之风，至今方兴未艾；陈嘉庚的教育思想，在今天新的历史条件下，仍有重要的启示——为什么陈嘉庚把发展经济与发展教育并列为振兴中华的两大任务，并且把兴教育作为办实业的前提而不是“经济过热，教育失误”；为什么陈嘉庚不惜耗尽全部资财办学而不是斤斤计较于教育投资；为什么陈嘉庚在实践上尊师、严师，而不是口头说说而已？这些，难道不正值得我们思考么？今天我们正沿着中国特色社会主义道路前进，既要加强物质文明建设，也要加强精神文明建设，学习、研究陈嘉庚教育思想，是有现实意义的。

潘懋元

《撒布革命火种：许虹遗作选集》[1] 序

许虹同志离开人间，已经三十年了。今天，才由他的学生、战友、泉州师专副教授蔡祖卿同志和中共厦门市委党史办主任曾昭铎同志搜集他的遗作整理编辑成册。作为许虹的挚友，我为此感到安慰，也为此深感负疚。

许虹在革命的年代，像一团火，他走到哪里，就有大群青年围绕在他周围，用今天的话说，他在青年间具有一种特殊的“魅力”。这种“魅力”，可不是什么浮面的所谓英俊、潇洒，而是用恨与爱交织着的一团火，引导青年追求理想，奔向革命的“魅力”。

许虹性格开朗、胸怀坦荡、不拘小节，有点近于狂，但狂而不傲；他说话、写文章，宣言无忌，有点近于粗，但粗中有细。他工作繁忙，往往不修边幅，但绝非落拓不羁；他生活坎坷，命途多舛，但豁达乐观，对未来充满信心。最可贵的是他爱憎分明，对帝国主义、国民党反动派、官僚腐败的政治有无比的恨，对青年有无限的爱。不论他的学生或曾经受过他指导、帮助的青年，至今回忆起许虹，都怀着诚挚的感激深情。

许虹的革命活动与工作，前后两个时期在广东，中间一段时间在福建，而以解放前夕在厦门的几年间，最为活跃。在集美中学、侨民师范、省立一中教书，在星光日报编副刊，组织了中教联等进步团体。这段时间，他团结了大批青年作者、大中学生、中学教师，在厦门文坛、学校讲坛，掀起了迎

① 蔡祖卿，曾昭铎．撒布革命火种：许虹遗作选集［M］．太原：北岳文艺出版社，1990.

接解放的阵阵浪潮。他当时虽未恢复党籍，但主动按照党的指示活动。这本遗作集所选辑的，主要的也就是这段时间的作品，而且主要是作为战斗投枪的散文与杂感。

潘懋元
1989 年 12 月 27 日
于厦门大学

《毛泽东教育思想研究》[①] 序

作为教育家的毛泽东，不同于许多著名的革命家、政治家、哲学家、文学家……因其偶尔发表教育言论或推行某些教育政策而列名于教育家传记；也不仅是因为他曾就学于师范学校、当过教师，晚年要求摒去一切头衔，只保留教师称号，一生向往教育事业；而是他的教育思想，引导中国社会主义教育事业的建设与发展近半个世纪，至今仍有重要影响，今后的影响也将长存于世。

但是，如何准确地理解毛泽东教育思想，却是一个难题。虽然十一届六中全会《关于建国以来党的若干历史问题的决议》做出一个总体的结论，但具体到教育理论与实践上，仍存在许多难以解读的问题。多数有关教育论著，只作抽象的正面论述，对于负面影响，采取回避态度；而中年以下的教育理论工作者，对于“文化大革命”“教育革命”的感触特深，也难于进行冷静的反思。

半个世纪前，我曾对毛泽东教育思想有过初步的学习，先后写过《毛泽东同志教育思想试述》《毛泽东同志教育思想试探》[②]。由于受时代和视野的局限，既不全面，也不准确，已作自我否定。多年来，一直想重新进行一番研究，但限于时间与水平，力不从心。获知刘宏煊教授新著《毛泽东教育思想研究》即将出版，十分高兴。但只读到前言、目录、若干章节和专家评价

① 刘宏煊．毛泽东教育思想研究［M］．北京：解放军出版社，2009.

② 分别发表于《厦门大学学报》1954 年第 5 期和 1960 年第 2 期。

意见，初步印象：这是一本全面准确论述毛泽东教育思想的力作。“专著的出版，对于科学地评价毛泽东教育思想体系，总结我国教育教学改革的经验教训，指导当前的院校教育教学改革，都具有重大的理论意义和实践意义。”①

刘宏煊教授的研究成果，最重要的特点就是“实事求是”四个字：实事求是地还历史的真实面貌，实事求是地透过纷歧错杂的现象看毛泽东教育思想的本质，实事求是地弘扬毛泽东教育思想的主流——建设中国特色的社会主义教育和辨析晚年错误形成的原因。实事求是地说，有些是自身的认识问题，如错误地估计教育形势、错误地判断知识分子主流、错误地提出教育工作以阶级斗争为纲等，更多的是一些针对具体问题的片言只语或在特定环境中所说的过头话被歪曲为普遍意义的真理，从而失去其本来意义。

邓小平在《关于建国以来党的若干历史问题的决议》起草时说过：“毛泽东同志说了许多好话，但因为过去一些制度不好，把他推向了反面。毛泽东同志晚年在理论和实践上的错误，要讲，但是要概括一点，要恰当。主要的内容，还是集中讲正确的东西，因为这符合历史。”② 刘宏煊教授的研究成果，正是实事求是地以分析正确的教育思想为主而不讳言晚年的某些错误。这是符合历史的。

潘懋元
2004年7月1日
于厦门大学教育研究院

① 引自熊志勇教授对该书的评价意见。

② 三中全会以来重要文献选编：上［M］. 北京：人民出版社，1982：417－418.

《望海楼札记》[1] 序

默默的奉献，永恒的纪念——悼念李熙泰老师。

我认识李熙泰老师是在半个世纪以前。早在解放之初，一批热心于闽南方言研究的大、中、小学教师，组织拉丁化新文字研究会，常聚在一起，讨论推广闽南话新文字问题，李熙泰是其中之一。我虽不是闽南人，对闽南方言只是略知一二，但因昔年曾随先兄研究潮汕方言，新中国成立前曾参加进步青年的拉丁化新文字推广活动，也常参加讨论。我的印象：李熙泰发言不多，但有许多精辟见解，显示他有音韵学特别是言语学的功底。其后中央确定文字改革的方向为汉字简化，不再推行拉丁化新文字，我们之间也就很少联系，只是偶尔以报刊上看到他所写的短文，知道他仍从事地方文献和闽南方言研究。"文革"之后，我兼管校行政工作。有一次，中文系送来的拟引进新教师名单中，有两位学历不高，经历只当过中小学教师而学有专长的人才，李熙泰就是其中之一。按照人事部门的硬杠杠来衡量，不能入选，经过一番周折，两人才获通过。后来的事实证明，不拘一格选人才，为中文系的基础课程增添了良师。

李熙泰老师进入厦门大学中文系后，有较多的时间从事他所专长的研究工作。除认真教学，深受师生好评之外，他专心于厦门文献研究，参加《闽南话词典》的编纂工作，对于历次评工资、评职称，从不介入。同事们对他

---

① 李熙泰．望海楼札记［M］．厦门：厦门大学出版社，2005．

的印象是默默工作，谦虚而知足。

我同李熙泰老师来往较多是他退休之后。为了编辑“厦门文化丛书”，他邀请我当丛书顾问，经常拉我参加丛书讨论会，无数次从山下步行到山腰我的家中商量有关丛书编辑出版工作。

“厦门文化丛书”前后出版两辑。第一辑着重于厦门文化特点，共12卷；第二辑除补充第一辑的文化特点外，着重于厦门文化事业，原定也是12卷，其后加上《厦门报业》共13卷。两辑总计25卷约500万字。除了他亲自参编的《厦门方言》《厦门语文》《厦门景观》和《厦门诗荟》4卷外，其余各卷，无不是由他亲自组稿和审校。作为丛书编委会的副主任和秘书长，他还要为筹集出版经费、申请出版审批而奔忙。两辑丛书，从筹备到出齐，前后近10年。在这10年间，他无怨无悔，日复一日地辛勤工作、默默奉献。每当我对着书架上竖立整齐的25卷丛书时，李熙泰那穿着汗衫短裤、踩着拖鞋、汗流浃背的身影，就浮现脑际，不禁热泪盈眶。当时他已年近古稀，从他所住的西村到我所住的东村，得在烈日下或风雨中走20分钟。我多次嘱咐他有事商量挂个电话就行。他总是说，当面谈谈更清楚。

1998年底，两辑“厦门文化丛书”出齐之后，他本可以松一口气，可又在策划一项更为艰巨的工程——出版“闽南文化资料丛书”。“厦门文化丛书”是科普性的，市场价值高，组稿与出版相对较容易；“闽南文化资料丛书”是学术性的，供少数人作为研究资料的无价之宝，文献价值高、搜集整理难而市场无价。

在此之前，他已经承担了厦门最早的地方志书《鹭江志》的整理工作。这本志书的手抄孤本存于荷兰莱顿大学汉学院图书馆，残缺错漏甚多。辑佚补缺的艰巨，可以想见。《鹭江志》的出版，可以视为“闽南文化资料丛书”的首卷。另一本由李熙泰发现并收藏的闽南方言韵书《渡江书十五音》孤本，经语言学专家李荣、李如龙教授和李熙泰老师分别考证，鉴定其学术价值，正式列入“闽南文化资料丛书”，于2003年9月出版。当他辞世前数天，我到医院看他时，他仍乐观地等待这本稀世珍本的出版，惜乎已不及见。

李熙泰老师的一生，怀志而不露，默默奉献而无阁，用切实的工作为厦门文化事业的繁荣做出了重要的贡献。在他有生之年，并未考虑到遗作会整理出版，是他的夫人林桂卿女士和他的学生杨国锁教授，从尘封散乱的书刊中搜集整理，并经厦门大学出版社副总编侯真平先生精心校订而成。如果说，“厦门文化丛书”两辑和“闽南文化资料丛书”两卷是厦门文化发展的里程碑，那么《望海楼札记》将是留给人间的一份“永恒的纪念”。

潘懋元
2005 年 3 月 11 日
于厦门大学高等教育科学研究所

《王增炳教育文选》[①]序

我同王增炳同志交往已近半个世纪。既是师生，又是同事，并共同为中国高等教育事业做出各自的贡献。

王增炳于1950年考进厦门大学教育系，在全班30多位同学中，他是最年轻的，也是最突出的。其所以突出，不仅是由于他学习认真，成绩优秀，更由于他追求进步，热心为班级集体服务，人际关系融洽；而且勤于写作，文笔流畅，在学生中崭露头角。当时值中华人民共和国成立之初，需才告急，大学生一般只修三年就毕业分配工作，王增炳更于未满三年就提前毕业，到马列主义教研室任政治大课助理员。不久，又被学校推荐到中国人民大学马列主义研究班进修，毕业后回马列主义教研室任助教。1958年调到教务处工作。从此，我们之间，就由师生关系而成同事关系。

在长期的教务处共事中，我对他形成这样的印象：

1. 关心国家大事，对于政治问题有自己的独立思考。在一定历史时期，认识总有其局限性，而对于社会主义事业的忠诚则是一贯的。即使在"文革"那样的艰难岁月，也能保持清醒的头脑。

2. 勇于承担责任。不管任务来自何方，也不论职内职外，有求必应。一经承诺，便负责到底。因此，他是当年教务处最忙的干部，也是领导与群众公认的一位"信得过"的好干部。

① 王增炳. 王增炳教育文选［M］.［出版者不详］，2000.

3. 思维敏捷，笔头勤快。不但是当年校内外许多报刊的优秀通讯员，而且经常结合工作实际，进行理论思考，写出有理有据的实证性研究的总结和论文。

1978 年，校党委决定成立厦门大学高等教育科学研究室，王增炳同志是四位创建高教室的成员之一。1981 年正式调任高教室副主任（其后室改所）。1984 年调回教务处任处长，仍兼任高教所的教学、科研工作。

这段时间，是王增炳同志科研工作的旺盛期。他所主编或参加编写的几本有广泛影响的著作，如《陈嘉庚兴学记》《王亚南治学之路》《高等教育学》《高等教育管理学》《高等教育管理体系》《沿海开放城市高等教育概况与发展研究》《教育事业家陈嘉庚》《陈嘉庚教育文集》《现代大学管理原理》《大学本科教学质量管理研究》，以及大量的教育论文与研究报告，都是在 20 世纪 80 年代完成的。

一方面是繁重的行政领导工作，一方面是接踵而来的教学、科研任务。在行政领导工作上，事必躬亲；在教学、科研上，一丝不苟。夜以继日，通宵达旦。1990 年秋，他同我一起从大连和丹东两地开会回来，一大堆行政事务工作等他处理，第三天他就为青年教师培训班上课，终于劳累过度，病倒在讲台上。

在治疗和养病期间，王增炳同志以顽强的意志，配合医疗，坚持锻炼。历经十年，基本康复。虽不宜再从事繁重的工作，仍念念不忘高等教育事业，在他的长公子王有光协助下，将历年所发表的文章，精心选辑，缩成这本《王增炳教育文选》。

王增炳同志的论著，大体可以分为三类：一类是教育家的评传，主要研究陈嘉庚的教育思想，还有王亚南、杨贤江的教育理论与实践，旨在弘扬教育家的精神；另一类是高等教育理论研究，主要集中于教学理论与教育管理理论，在高等教育基本理论研究上做出贡献；数量最多的第三类，是作者在自己的教育实践中，总结实际经验所发表的议论。前两类多已见之于他所主编或参加编写的专书，因此这本文集所选编的大多是第三类属于工作研究的文章。这类文章，虽时空性较强，其中许多精辟见解，至今仍有现实意义；

但如果要全面了解王增炳同志的教育观点及其理论贡献，还应兼读其他专著。

在选集即将付印之际，抽空写了这篇短序，实不尽欲言。但愿读者能从这本选集中，获得做人做学问的道理。

潘懋元
2000年6月28日
于厦门大学高等教育科学研究所

《杰出师表连家瑶》[1] 序

25 年前，一代名师连家瑶老师离开人世时，他的学生、同事、亲朋怀着沉痛的心情，写了近百篇的悼词和悼文，表达痛失良师益友的哀思，汇集成《连家瑶老师纪念册》。我读了纪念册，深受感动。承连老师公子鸿仁学长之嘱，写了一篇读后感作为序文。这篇序文，既是我对连家瑶这位深受师生爱戴，在教育事业上作出卓越贡献的优秀教师的初步认识，也是针对当年社会上对教师这一崇高事业认识不足有感而发。历经四分之一世纪，中国教育事业已有了辉煌的发展，教师社会地位与生活待遇已有了较大的提高，然而人们并不因岁月的流逝与环境的变化而冲淡对连老师的思念，反而有更多的纪念文章怀着浓郁的恩情对这位杰出师表的崇高风范与成功教学，从切身体验进行多角度、深层次的礼赞。连老师工作过的永春一中、厦门一中和惠安一中，将于今年教师节，连家瑶老师 104 周年诞辰之际，重新增编出版新的纪念册《杰出师表连家瑶》，作为节庆、校庆献礼，使连家瑶先生的敬业精神与成功经验，能广为流传，教育后人。

连家瑶老师的历届学生，分布于各个领域，尤其在教育、科技领域中，英才辈出。他们回顾自己的成就，深感受益于当年连老师的言传身教。他们各自从亲身感受，追述和剖析连老师成功的教育精神与教学方法，具体生动。连老师具有个人特色的教学方法，不但符合于现代教学原则，而且对于今天

---

① 黄磐石，等. 杰出师表连家瑶［M］. 北京：中国文化出版社，2006.

普通学校教育所提倡的以学生为主体的课程改革，也有先行者的启发意义。例如，他在课堂教学组织上，先有引喻，后有质疑，由浅入深，由具体到抽象，既说清道理又引人入胜；他善于设喻、提问，启发学生思维，发展学生思维能力与自学能力。他在课外辅导上，因材施教，循循善诱。他自编出版多本课外知识读本，为学生打开瑰丽的科学之门，引导学生探索自然的奥秘。许多学生在他的引导下，对数理发生浓厚的兴趣，踏着老师的足迹，进入科学的殿堂。他重视对学生进行理想教育，帮助他们树立攻克科学难关的信心，激发他们攀登科学高峰的壮志。在他历届的学生中，产生了许多的院士、教授、高级工程师，绝不是偶然的。

连家瑶老师之成功，还在于他的博观约取、厚积薄发。他学识渊博，既擅数理，又通文史，还不断更新知识。有的人认为中学教师，无非是年复一年传授一门普通文化基础知识，用不着在大学里研究那么多“高深学问”，更用不着继续修研究生课程。请看连老师是怎样对待知识的？他数十年如一日，不断研究数理知识和教学方法，广泛涉猎文史以扩大知识领域，提高学术水平。他一生除教学外，写出有学术价值的数理专书多部，经常在报刊上发表诗文，评论时政。这样，他的学问能随着科学的发展而常新。他的讲课，旁征博引，融会贯通，不是强求学生对理论、公式的死记硬背，而是引领学生在浩瀚的学海中游泳。他能以身作则，鼓励长于数理的学生读文学著作，要求长于文史的学生打好数理基础，使科学知识与人文素养交融。这同今天我们所提倡的文理渗透、科学与人文交融的素质教育理念，不谋而合。

有学问，懂方法，可以为成功的“经师”，还不足以成为受学生景仰的“人师”。“经师易得，人师难求。”从历届学生对连家瑶老师的真诚景仰中，反映出他对学生深挚的热爱。他深夜挑灯，诲人不倦，为学生的成长呕心沥血，经历坎坷而对教育事业的信念始终不动摇。他过着清贫、艰苦的物质生活，却享有繁花似锦的精神乐园。“留得三分命，再教十年书”，这感人肺腑话语，确是发自对教师这一崇高事业的敬业、乐业的心声。

25 年来，中国的教育事业，突飞猛进。连家瑶老师曾经任教的漳州一中、永春一中、厦门一中和惠安一中，都已成为一方名校。名校之盛名，不仅在于校舍堂皇、设备精良，更在于名师云集。《杰出师表连家瑶》的出版发行，必将更好地激励四所中学以及更多学校的教师，以连家瑶老师为楷模，成为良师、名师；像连老师那样，为培育人才、振兴国家，作出杰出的贡献。

后学潘懋元敬序

（1985年6月原稿，2006年8月改写）

《囊萤之光》[①] 序

古人以囊萤、映雪，喻刻苦学习，励志成才；厦门大学以囊萤之光，喻星星之火，可以燎原。多少学子，在囊萤楼微弱的灯光下，孜孜探索，自强不息，报效祖国；多少革命志士，从囊萤楼出发，将火种点燃八闽大地。囊萤楼是一座屹立于祖国东南海岛上的革命灯塔、永远的丰碑。

陈炳三同志也是一位从囊萤楼走出来的优秀共产党员。他虽然不是厦门大学的学生，也未能赶上那个地下斗争的年代，但他是设立在囊萤楼中的厦门大学高等教育科学研究所的首任直属党支部书记，既受熏陶于高教所浓厚的学术气氛，又深为革命先烈的英勇事迹、牺牲精神所震撼。退休之后，他开始新的长征。在他与几位老干部、老专家联名的倡议与努力下，厦门大学党委在厦门大学党支部诞生地的囊萤楼中，建立了“福建省第一个党组织——中共厦门大学党支部暨罗扬才烈士纪念室”。陈炳三同志参加由组织部和宣传部牵头的筹建工作组，从纪念室的策划到革命史资料的搜集，投入了全部的时间与精力。历经近3年的筹备，纪念室于2003年7月1日正式揭牌开放，使囊萤之光重焕异彩，使后人能够在瞻仰先烈先贤的丰功伟绩中接受革命精神与爱国主义教育。

在当年严峻的岁月里、地下工作的特殊环境中，许多史料难以保存，有些传闻不甚准确。为了坚持求真、立准存实，陈炳三同志又和其他同志，到中央和地方几十个单位查阅档案材料，向当年直接或间接的知情者调查访问，

① 陈炳三．囊萤之光［M］．北京：中共文献出版社，2006.

对所搜集的材料，分析核实，呕心沥血，发奋钩沉，使许多已被湮没了的革命史实，重新浮现，扫清迷雾，还历史的真实；使几位鲜为人知的革命先驱老校友，重现光辉形象。既填补了党史、校友的空白，又为厦门大学师生提供了一份真实、珍贵的思想政治教育教材。

中国共产党是以马克思主义武装起来的政党，以最终实现共产主义为其奋斗目标。在不同的历史时期、不同的发展阶段，根据当时的实际情况，党的具体任务与策略，可以而且应当有所不同。在社会主义初级阶段、在市场经济的条件下、在社会主义现代化的建设中，我们不应放松对社会主义现代化建设的建设者和接班人进行共产主义思想教育，所以，必须将党的历史，包括我们学习、生活在其中的厦门大学的党的历史，作为思想教育的教材，从厦门大学的爱国、民主运动，从革命先烈为共产主义事业奋勇献身的崇高形象中汲取精神力量。

潘懋元

其他

与台湾高等教育学会会长杨国赐教授（2008 年 10 月）

《校长职业化培训教程》[①] 序

在计划经济体制下，学校由各级政府举办，属于政府的一级机构；校长是政府任用的公务人员，相当于某一级别的干部，承担管理学校的职务。在市场经济体制下，学校是独立法人，面向社会，自主办学；校长（或董事长）是法人代表，负责学校的管理经营，是一种特殊的职业。从理论上说，从职务校长转变为职业校长，是教育体制适应经济体制转轨的必然；但在事实上，这种角色的转换，是一个相当困难的过程。首先，政府、社会、学校以及校长自身，都要有一个转变思想、重新定位的过程；其次，如何当好职业校长，还要有一个学习、体验的过程。无论思想转变或工作学习，都有必要接受校长职业化的培训。

清华大学的校长职业化研修中心建立以来，在王继华教授的提倡、策划、主持下，积极开展校长职业化的研究与宣传，举办了校长职业化培训班，取得了很好的效果。根据他们的研究，作为职业校长，应当具备良好的管理、经营与科研开发能力，通过职业化的培训，要求管理、经营与科研开发三种能力都达到A级水平，取得“清华职业化校长3A标准认证”，成为新型的职业校长。

的确，在市场经济体制下，校长应该具备3A能力，才能办好一所学校。3A之中，经营能力是中心的一环。在计划经济体制下，职务校长只要能按规章办事，完成教育主管部门所交给的任务，把学校管好就行；而面向社会、

① 王继华．校长职业化培训教程［M］．北京：当代中国出版社，2002．

面向市场，自主办学的职业校长，除了要会管理之外，还必须会经营，包括成本核算，对招生与就业做好人才市场预测与具体规划，同学生家长、社会各有关部门以及企业界搞好公关，做宣传广告，如此等等。对于公办学校来说，不会经营，很难发展；而对于民办学校来说，不会经营，则无法生存。据我所知，当前许多办得好的民办学校的校长（董事长），都是既会管理，又懂经营的职业人才；有些公办学校的校长，也开始重视经营，使学校办活办好，一派生机。从只管理不经营到既管理又经营，正是职业校长区别于职务校长的特点。

但是，管理与经营，都不应只顾眼前利益而不顾长远发展。急功近利、缺乏创新性与前瞻性，必难于办出特色和持续发展。因此，职业校长还必须具备高瞻远瞩、不断创新的科研开发能力，这就是第三个 A。3A 标准作为职业校长的评估认证，各有特殊的要求而又构成校长职业化研修的统一整体。

王继华教授作为校长职业化的首倡者，提出了 3A 能力的理念，策划了清华校长职业化的培训活动；并在培训实践的基础上，融合他的理论研究成果，编著《校长职业化培训教程》一书。本书汇集了有关专家在历次培训班所开的讲座和有关的论文，以及多位成功的校长所做的办学案例报告和编者的点评，内容丰富，视野开阔，百余万字，洋洋大观。我只看到全书的目录和王教授热情奔放的《总策划人之思——责任・使命》一文，认识还很肤浅。希望此书能及时出版，既可作为职业校长培训教材，也可提供未能亲自参加培训的校长们自学参考。当然，职业校长这一概念刚刚提出不久，校长职业化的研修也只是开始；作为教程，还需要在实践经验的积累与理论水平提高上不断完善。是为序。

潘懋元

2002 年 8 月 28 日

《大学语文》[1] 序

中国近代高等教育制度，是从西方经日本引进的；而将中国语文作为大学基础课程，则是中国自己的传统。从京师大学堂开始，“中国文学”就是各科各门共同的先修（相当于预科的高等学堂）课程。民国时期，“大学国文”与“大学英文”并列为所有院系共同的基础课程。20 世纪 50 年代初的院系调整与教学改革，仿照苏联当时的教学计划设置课程，除汉语言文学专业外，不再修习中国语文，只在文科的个别专业开设“现代汉语”或“写作”课程。以致“文革”之后，为进行中国传统文化教育，提高大学生语文基础，拟为各系开设中国语文与中国通史共同选修课程，竟找不到一本中国语文、中国通史教材，也难找到一位能讲授贯穿古今的中国语文、中国通史的教师。因为中文系的教学计划不但语言与文学截然分开，而且汉语课程分别开设古代汉语、现代汉语，文学课程分别开设古代文学、现代文学、当代文学；而历史系的教学计划，则把中国史课程切成若干断代史，由几位教师“接力”主讲，从而导致教师、学生都“专”而不“通”。

经过 20 年来的课程改革与教学改革，从重视专才教育到重视通才教育、从重视知识教育到重视素质教育，中国语文作为一门素质教育课程重新成为大学本科的公共基础课程，它的教育价值，也从提高大学生的语文知识演变为主要在于提高大学生的人文素养。中国语文课程的存废，以及它的教育价值的变化，反映了高等教育价值观的演变，也告诉我们，必须从中国语文的

① 薛锡振．大学语文［M］．厦门：厦门大学出版社，2003.

教育价值上来把握这门课程的教与学。

为什么这样说？

语文课是中小学的主要课程。一般地说，中国语文知识和读写能力，是普通教育阶段所应完成的教学任务。作为培养专门人才的高等教育，在重专才、轻通才，重专业、轻基础的思想影响下，中国语文就成为可有可无的课程。直到20世纪70年代之后，人们才逐渐从社会发展危机中认识到现代专门人才的培养，不仅要掌握先进的科学技术以提高社会生产力，而且应当不断地提高人的自身素质以保持社会的可持续发展。人才观的转变促使高等教育价值观的转变，在中国，80年代开始引进西方人文主义的通识教育理念，在大学里提倡学科交叉、文理渗透；90年代，进一步提倡素质教育，开设人文素质教育课程，中国语文也就作为素质教育课程重新进入大学教学计划中；但作为知识教育还是作为素质教育来把握这门课程的教与学，在师生的认识上并未完全解决。

人们往往认为现在中学生的语文知识与读写能力不够，高考评卷不就往往传出许多错别字连篇、常识性错误的责难吗？因此，认为开设大学语文的任务是为了弥补中学语文教学之不足，这种看法不无道理，但不是主要的。大学语文的主要教学任务是提高现代专门人才的人文素质。当然，提高语文知识与读写能力同提高人文素质并不是非此即彼的矛盾，但作为知识教育还是作为素质教育来把握中国语文课程的教与学，在教学目的的确定、教学内容的选择、教学方法的运用上，是有所不同的。

厦门大学人文学院中文系所编的这本《大学语文》教材的指导思想，就在于追求人文素质教育价值。例如，在选材上，以文学为主，题材多样、风格各异、内容健康、格调高雅，使学生在文学鉴赏中，受中华文化丰富的内涵与优秀的传统的熏陶，培养大学生的道德品质与审美情操；又如，在教法上，每篇文章之后所附的“思考与练习”，不求全面、不拘一例，借以启发学生的创新思维与文学欣赏。最后两篇附录，可谓独具匠心——一篇是叶圣陶的《文艺作品的鉴赏》，体现人文素质教育；一篇是编者所写的《大学生毕业论文的写作》，体现语文知识能力的运用——可谓对培养人文素质和提高语文知识能力两个相辅相成的教学任务画龙点睛。

当然，一本教材，不可能尽善尽美，还须在教学过程中，不断总结经验，不断修改完善。更为重要的是，一本好的教材，还必须有好的教学方法和学习方法；还需要教师和学生，从提高人文素质的高度出发，教好学好。

潘懋元

《论教育家》[1] 序

孙孔懿教授寄来小砖头一样厚厚的《论教育家》原稿，嘱为写序。我心中有点发憷，一直拖延到超过预约交稿日期的寒假开始，才下决心翻开阅读。打开卷，就被“教育家，你在哪里?”这一回响于大地的呼唤所震撼，被跌宕起伏、发人深思的“目录”引发一连串“是什么”“为什么”的求解渴望。读下去，我深深地被吸引住了，欲罢不能。

为什么被吸引住？不只是由于内容丰富而生动，文笔精练而流畅，理性思维而热情洋溢；更由于许多久积心中的困扰，得到恰切的解惑，使人有豁然开朗的舒爽。例如：什么人可称之为教育家和能为教育家“加冠”？知名的教育家与“沉默的大多数”的教育工作者的关系，以及作为山峰的教育家与作为山脉的教育家群体的关系；为什么历史动荡年代（春秋战国、宋代、民国初）是教育家大批涌现的高峰？与此有关的另一问题是为什么历代（包括古代、近现代、当代）私学产生更多的教育家？在市场经济条件下，“后现代主义”盛行中，是否还有必要树立教育家形象，弘扬教育家崇高精神？如此等等。读后掩卷，启迪良多。

我曾介入中国教育史研究，读过不少教育传记，也曾写过几篇近代教育家评传，其所涉及的是教育家的个体或群体。孙孔懿的《论教育家》，则是以教育家的整体为研究对象。整体不等于个体之和，研究难度更大。作者“试图在前人对教育家个体和群体研究的基础上，着重对教育家整体（全体）进

① 孙孔懿. 论教育家［M］. 北京：人民教育出版社，2006.

行理论和实证的研究”，以“全面展现教育家风貌，着力揭示教育家精神，仔细寻求教育家足迹，热望壮大教育家阵营”。全书10章，以梳理教育家谱系，界定教育家概念开篇，顺序研究教育家的社会影响、人格、个体风格、群体与流派，回顾教育家涌现的时代，总结教育家成长的规律，确认教育家的人生意义与社会意义，寄希望于当代的和未来的教育家。最后一章也是最重要的一章，画龙点睛地概括全书的研究宗旨——多层次、多侧面、全方位地描述与阐释教育家的整体面貌；以自己“艰辛与幸福的研究过程”表达理性思维与非理性激情并用的研究方法，为本书作一个情理交融的方法论总结。也许这是一种研究人物的新的方法。

“不想当将军的不是好士兵。”应当鼓励众多教育工作者，为当好教师和教育管理干部，追踪教育家的足迹，领会教育家成长的规律，以成为教育家自期，当一名优秀的教育工作者。因此，我以自己的阅读体会，推荐这本专著作为广大教育工作者和准备作为教师、教育管理干部的大学生、研究生的读物，相信必能“开卷有益”。

潘懋元
2005年1月24日
于厦门大学高等教育科学研究所

《高校公共关系教程》[①] 序

公共关系作为一种自发的社会活动，古已有之；作为一种组织与公众之间自为的社会活动，一般认为肇始于20世纪初商品经济发达的美国，在中国则是改革开放以来才开始受到重视，并且随着计划经济向市场经济的转型和现代管理制度的构建，逐渐显示其重要性。但由于引入之初，对这一社会活动存在一些错误的理解和庸俗的做法，影响了它的健康发展，也影响了公共关系学作为一门新兴的学科进入高等学校课程的认可度。经过许多先行的管理学者的倡导与推动，特别是以李健荣教授为首的全国公共关系研究会十余年来不懈的努力，公共关系教育在我国高校的发展才得以进入学科建设阶段，该会也被中国高教学会接纳为下设的专业委员会。

学科建设的重要任务之一是编写能充分反映科学前沿的精品教材。公共关系专业委员会在编写教材上，已做了大量工作，发表了许多有创新见解的研究论文，出版了一系列的专书，我所看到的就有《现代公共关系理论与实践》、六卷本的“现代公共关系丛书”等。由公关专业委员会理事长李健荣教授和副理事长邱伟光教授编著的这部《高校公共关系教程》，是在一系列研究成果和上述专书的基础上加工完成的，是一部公共关系学的标志性专著，也可以说是一本内容完备的精品教材。

这本新著，我认为具有如下特色：

---

① 李健荣，邱伟光. 高校公共关系教程［M］. 上海：上海中医药大学出版社，2007.

（一）构建了公共关系学完备的基本框架。全书共13章，从公共关系构成的要素、职能、工作程序到公共关系的专题活动与应用、不同类型与不同组织的运作、从业人员的素质与职业道德，最后阐述公共案例的编制、运用与成功案例的赏析。洋洋大观、内容丰富、深入浅出、理论与实践紧密结合。手此一书，纲举目张，框架完备而清晰。

（二）充分反映现代公关的新发展。书中不仅分别详细地介绍了文化公关、网络公关、生态公关、国际公关等新的公关运作，以及国际和中国的公关道德新准则，而且专章探讨危机公关的处理与运作，给读者增长了不少公关新观念与新知识，同时还对中国公关的发展进行了前瞻性的研究。

（三）突出了高等学校的公共关系教育问题。本书针对高校实际，尤其是大学生的实际，力求提升大学生的公关意识与公关能力，特别是有针对性地强调“诚实守信是公共关系工作的灵魂”，对大学生进行做人做事的素质教育。同时，本书还专章探讨高校形象建设这一我国高校发展的重大战略问题：一所高校要成为国内知名、国际有影响的大学，必须十分重视树立良好的、令人景仰的形象。这一专章，阐释了高校形象的重要性与制胜作用、高校形象的构成要素，特别是分别论述了校长、教师、大学生的人群形象。任何一个高校群体的成员，包括已经毕业的校友，都是高校形象的一面镜子，人们正是通过人群形象的镜子来认可一所大学的社会地位、学校特色、教育质量的。

综观本书，具有理论性、实践性和创新性等特色。它的出版，必将促使高校的公共关系教育，在大学群体尤其是大学生的成长中，发挥积极的作用。

潘懋元
2007年8月4日
于厦门大学高等教育科学研究所

百岁感言

我即将进入百岁高龄，但仍耳聪目明，思维清晰，可以授课、指导研究生、作报告、写文章。许多人问我有什么长寿秘诀。

说是遗传：我的祖父母在我出生之前，均已辞世；我的父亲虽高寿达八十一岁，但我的母亲五十岁就去世了；我有兄弟姐妹共十人，除大姐、四弟和我高寿外，余均夭折；对我影响最大的二兄潘载和，也只活到二十一岁就染肺病去世。

说是健康：我一生身体多病。我的最早记忆（约三岁或四岁），就是在病榻上母亲的擦摩；其后的记忆是少年时经常得感冒和胃病，青年期经常患恶性疟疾（打摆子）。一生还生过几场大病：十七岁时患伤寒；五十二岁时患急性黄疸肝炎；六十四岁时胆结石急性发炎，两次手术，切除了胆囊；如今是肝癌经放疗在养病中。疾病的磨难使我后半生腰弯背驼。

说是运动：身体运动，有利于健康，的确如此。但我只在青年时喜欢翻双杠，其后坚持做掌上压，现在只是每天做十五分钟的简式太极拳而已。

我的理解：身体的运动很重要，大脑的运动更重要。大脑是全身的“司令部”，指挥全身活动。“心之官则思，思则得之，不思则不得也。”人应当保持大脑有足够的运动量。例证：选择做官员，在位时忙于开会、作报告、处理种种复杂问题，精神焕发，身体健康。退休之后，“门庭冷落车马稀”，很快显得老态龙钟；选择做生意人，在淡生意时，跑市场、陪客户，酒酣茶热，满面红光，生意做完，“人一走，茶就凉”，也容易催人衰老；而从事教学与科研二作的人，可以退而不休，继续从事脑力活动。如果说有什么长寿秘诀的话，这就是我所体会的秘诀——大脑的运动比身体的运动更有利于长寿！因此，身体从职位上退下，但大脑不要“退休”。人要退而不休，发挥余热。西方有一种更有意义的说法：“迎接人生的第二个青春！”

潘懋元
2019 年 10 月 28 日于厦门

编　后　记

传承是根，创新是魂。

编纂整理《潘懋元文集》具有极其重要的理论意义、历史意义和现实意义。在潘先生百岁华诞暨从教85周年来临之际，编纂整理《潘懋元文集》(第二版)，其意义更为重要。

世纪老人潘懋元先生是中国高等教育学科的奠基者和创始人，是学术上的“老人与海”。潘先生人生经历丰富，内蕴深刻，富于传奇。他的学术成果丰硕，富有创见。早年作品涵盖诗歌、散文、杂文和小说等，很有文学功力，如果在这条路上走下去，说不定会成为文学大家。然而，潘先生志向不在于成为文学家，而是矢志从教和教育研究，他甚至说：“如果有来生，我还愿意当教师！”他不是一般的教师，而是具有学术创见和学术生命力的教师。作为我国高等教育学的创始人，他创造了一种存在！他的学术生涯开创和见证了我国高等教育研究的发展历程，他的学术成果反映了我国高等教育学科建设和高等教育研究的理论创新。他的学术事业不仅为我国高等教育事业的发展做出了重大贡献，而且对世界高等教育研究做出了创造性贡献。这些贡献体现了中国学者的文化自信、责任担当、精神风貌和卓越成就。

编纂整理《潘懋元文集》(以下简称“文集”)是一项宏大的工程，聚集了不少人的智慧和努力。这里有必要简介文集的构想和编辑过程，同时表达最真诚的谢意。

首先，需要说明的是，《潘懋元文集》(第二版)是在2010年出版的第一版文集的基础上重新整理而成的，主要是加进2010年以后的内容，也有少量2009年以前的内容。

最初提出编纂文集设想的，是广东高等教育出版社原社长张耀荣先生。2008年5月，厦门大学教育研究院在院庆30周年之际举办“大学教育质量的理论与实践研究”国际学术研讨会，参加会议的张耀荣先生向潘先生提出，希望出版《潘懋元文集》，以及出版厦门大学教育研究院承担的“国家985工程中国特色高等教育体系研究”系列成果。这一想法得到潘先生的同意和厦门大学教育研究院的支持。潘先生便将整理文集的任务交给了我。我想一个重要原因是，在跟随潘先生做博士后期间，我整理过《潘懋元教育口述史》，以及协助潘先生在广东高等教育出版社出版“高等教育大众化研究丛书”（如《现代高等教育思想的演变——从20世纪到21世纪初期》《中国高等教育大众化的理论与政策》《中国高等教育大众化的结构与体系》等），任务完成得还不错。我深感责任重大，使命光荣，欣然受命。很快，我们组织了一支精干的团队：除我之外，还包括韩延明教授（临沂大学，当时是校长）、李均教授（深圳大学）、向春博士（深圳大学）、刘志文教授（华南师范大学）、李枭鹰教授（广西民族大学，现大连理工大学）等。经过两年多认认真真、踏踏实实的埋头苦干，文集终于在2010年庆祝“潘懋元先生九十华诞暨从教七十五周年”研讨会之际首发，受到高度评价。

光阴似箭，一晃又是十年。青山不老，绿水长流，潘先生的学术生命力依旧生机勃勃。潘先生虽已百岁高龄，仍耳聪目明，思维清晰，继续指导研究生、讲课、做报告、写文章，活跃在教学第一线，而且是老当益壮，益见其高远的智慧。

2018年底，广东高等教育出版社领导提出进一步修订出版《潘懋元文集》。广东高等教育出版社副社长钟凌翊女士与我通电话讲到修订文集事宜，我立即打电话向潘先生汇报此事，潘先生欣然同意。而且，潘先生电话中的反应敏锐让人惊叹不已。听我讲了重新修订文集的事宜后，潘先生接口就说：“好啊，辛苦你出力、出版社出钱，辛苦啦，谢谢哈！”我一听也笑了，老爷子青松不老，太厉害了！跟着潘先生干活，再辛苦也是幸福的，何况我能借此机会再次认真而系统地品读潘先生的作品，从中受益。

广东高等教育出版社的领导真是能干事的人，其出版眼光和务实精神让人很生敬佩。通过电话不久，钟凌翊副社长从广州来到深圳，与我面谈修订文集的具体设想和准备工作，虽然在电话中我一再说这事我一定会重新干起来，不用亲自过来，电话沟通就好。总编辑黄红丽女士更是积极，她当时正在福州组稿，又电话约请钟凌翊副社长立即奔赴厦门，她们一起登门拜访潘先生，商谈再版文集事宜。其诚可鉴！

不久之后，黄红丽总编辑、钟凌翊副社长和我一起去厦门拜访潘先生，讨论文集修订方案。印象深刻的是，黄总编、钟副社长一行先从广州到深圳，在深圳高铁站与我会合，一起去厦门。我一到深圳高铁站，大吃一惊，这么多人！我原以为只是我和黄总编、钟副社长三人行，结果发现她们几乎整个编辑团队都出动了。有些是我认识的，她们原来就参与过文集（第一版）或“高等教育大众化研究丛书”的编辑工作；也有新面孔，她们都是认真干事的人。

在修订文集的方案中，我们确立了“框架不变，分类整理，依照时序，加进新鲜”的原则，以及“人员到位，统筹兼顾，分工合作，各负其责”的原则。接下来，我们立即全身心投入，认认真真干起来。具体分工情况及体系如下：

肖海涛：卷一·高等教育学讲座

肖海涛：卷二·理论研究（上、下）

李　均：卷三·问题研究（上、下）

肖海涛：卷四·历史与比较研究

刘志文：卷五·序文

朱乐平：卷六·讲课录

向　春：卷七·昔年作品及其他

韩延明：卷八·潘懋元教授纪事年表

肖海涛：卷九·潘懋元教育口述史

这里特别要对编辑工作做些说明。

卷一，在保持原貌的基础上，少量地方由于时代发展加进了注释。

卷二、卷三、卷四，包括潘先生有关高等教育理论研究、问题研究、历史研究、比较研究等内容，分别由我和李均教授负责。这部分内容繁多，工作量大，搜集资料，按主题进行分类和进一步再分类，是一件很细致的工作。好在我和李均教授是同事，同事合作的好处是非常便利和默契。在文章分类上，我们根据材料，逐一整理，共同协商，分工合作。在这个过程中，包括在平时的工作中，李均教授都给了我很多帮助。

卷五，由华南师范大学的刘志文教授负责整理。当初人手不够，我打电话给刘教授，请他负责序文卷，他毫不犹豫，满口答应，工作认真，高效负责。而每当我给他打电话道谢时，他总说是应该的。

卷六，是潘先生最新版的讲课内容，由厦门大学的博士生、潘先生的学术助手朱乐平负责。我们都知道，潘先生虽已百岁高龄，但仍活跃在教学第一线，而且一讲课就是整个上午。这卷讲课录就是潘先生给2019级博士生讲授“高等教育学专题研究”课程内容的讲课实录。

卷七，包括潘先生早年的学士学位论文、文学作品、人物回忆、杂文、散论等，由向春博士负责整理。这卷新加进了一些有趣的篇章。韩延明教授在整理纪事年表及诸位院友在查阅资料的过程中，一旦发现潘先生早期的作品，就在院友微信群中发布，我们如获至宝，赶紧收录在文集中。潘先生15岁开始从教，实际上他在15岁之前的中学时代就开始了创作和发表，文集收录的最早作品是从他16岁时开始的。这里也特别要感谢刘海峰教授，他在浩如烟海的厦门大学图书馆馆藏中查到了潘先生1945年的本科毕业论文；还要特别感谢刘志文教授，10年前他带领学生去广东省图书馆查阅潘先生1949年以前的作品，搜集到不少珍贵史料，其中不少作品是潘先生自己并没有保存的。

卷八，包括潘先生各个时期个人生活、学术活动等内容的照片和教学、科研及学术活动纪事，由韩延明教授负责。这部分涉及日常生活，时间跨度大，内容细致而繁多，韩延明教授作为校长亲力亲为，真是了不起，他以极大的兴致和求真务实的精神，很早就开始做这些耗时耗力的细致工作。在编纂文集过程中，我们多次通电话，相互讨论，相互鼓励。

卷九，由潘先生口述，我和殷小平博士整理，2007 年北京师范大学出版社出版。在潘先生温馨的家中，听着潘先生口述其丰富的教育人生经历，是我们珍贵而难忘的回忆。这次将《潘懋元教育口述史》补充进文集之中，稍加修改，并加进一些新的照片，生动地反映潘先生的教育人生，有助于加深对潘先生作品的理解，也使得文集更为完整。遗憾的是，潘先生的另一本侧重谈高等教育改革的口述史《实践—理论—应用：潘懋元口述史》（2019 年华中科技大学出版社出版），由于未满合同期，不能收入文集中。

再者，要特别感谢潘先生的家人、厦门大学教育研究院的领导及师生、众多院友对文集的支持。虽然在工作过程中我们一直踏踏实实地埋头苦干，没做刻意宣传，但仍收到不少关心和问候。厦门大学教育研究院院长别敦荣教授、华中科技大学教育科学研究院原院长张应强教授等多次表达关心和问候。还要感谢为文集搜集资料的潘先生的博士生朱乐平、刘明维等，以及为第一版文集搜集资料的葛喜艳博士、冯晓玲博士等。

当然，最需要特别真诚感谢潘先生对我们的信任，将出版文集这一重大事情交予我们，能够参与其中是我们的荣幸。

有时候，对一个人，你越走近他，就越崇敬他。我们对潘先生的感觉就是这样的。在研究潘先生的过程中，我常情不自禁地感叹：“我越来越崇拜潘先生了！”“高山仰止！”于我而言，能做潘先生的学生是幸福的，能整理潘先生的教育口述史是幸福的，能一再整理潘先生文集更是幸福中的幸福！

潘懋元先生是一个传奇。研究潘先生丰富而传奇的教育人生，可以发现，他的学术人格、生命意蕴和人生哲学有两个鲜明的特征：一曰“诚”，二曰“闯”。

“诚”是中国文化的核心概念，是潘先生立身处世的生命哲学。他赤诚向学，忠诚教育，精诚开拓，如《中庸》所言：“诚之者，择善而固执之者也”，“诚则明矣，明则诚矣”，“唯天下至诚为能化”。

“闯”是潘先生的英雄本色，是他大丈夫立德、立功、立言的本体功夫。他性格乐观坚强，敢闯，善闯，能闯，敢于创新，敢为天下先，闯出了一条建设和发展中国特色高等教育学之路。

两者合起来，潘先生是诚中有闯，闯中有诚；因诚而闯，由闯见诚；二者的和谐统一，成就了他的教育事业，也为国家的教育事业做出了贡献。

概言之，潘先生是一名优秀的教师，他忠诚国家和人民的教育事业，真诚地热爱教师职业；潘先生是爱国的人民教育家，他“板凳敢坐十年冷，文章不写半句空”，“精诚所至，金石为开”，开创出高等教育学这门“中国创造”的新兴学科。

今天，我们无限自豪、满怀欣喜地看到，中国高等教育学学科体系日益成熟，研究队伍日益壮大，科研成就硕果累累，对不同层面的教育政策和实践产生了积极而有效的影响……这一切，潘先生功不可没，真可谓：

由诚而成懋业，

敢闯而创新元。

最后还需要说明的是，文集涉及的研究成果内容丰富，时间跨度大，编辑加工难度大，难免有不当、错漏之处，敬请批评指正。

肖海涛

2019 年 10 月 30 日初稿

2020 年 4 月 23 日修改于深圳半塘斋